석학
人文
강좌
77

베트남

— 역사와 사회의 이해

석학人文강좌 77

베트남
— 역사와 사회의 이해

초판 1쇄 인쇄 2016년 7월 25일
초판 1쇄 발행 2016년 8월 1일
지은이 유인선
펴낸이 이방원
편 집 안효희 · 김명희 · 이윤석 · 강윤경 · 김민균 · 윤원진
디자인 박선옥 · 손경화
마케팅 최성수
펴낸곳 세창출판사
출판신고 1990년 10월 8일 제300-1990-63호
주소 03735 서울시 서대문구 경기대로 88 냉천빌딩 4층
전화 723-8660
팩스 720-4579
이메일 sc1992@empal.com
홈페이지 http://www.sechangpub.co.kr

ISBN 978-89-8411-621-4 04910
978-89-8411-350-3(세트)

_ 책 값은 뒤표지에 있습니다.

이 도서의 국립중앙도서관 출판시도서목록(CIP)은 서지정보유통지원시스템 홈페이지(http://seoji.nl.go.kr)와
국가자료공동목록시스템(http://www.nl.go.kr/kolisnet)에서 이용하실 수 있습니다. (CIP제어번호: CIP2016017768)

석학
人文
강좌
77

베트남

— 역사와 사회의 이해

유인선 지음

세창출판사

본인이 하는 공부를 옆에서
묵묵히 지켜보시면서 무언의 지원을 해 주셨던
아버님께 이 책을 바칩니다.

_ 책머리에

본인이 베트남역사를 공부한 지도 금년으로 꼭 반세기가 되었다. 반세기 전이라면 1960년대 후반으로 베트남전쟁이 한창 격렬했던 시기였다. 당시 우리나라에서 베트남에 대해 알고 있는 것은 '월남전'과 '베트콩' 뿐이었다고 해도 지나친 말이 아닐 듯싶다. 그때는 베트남보다 월남이란 말이 더 일반적으로 사용되고 있었다.

후일 고려대학교 총장을 역임하신 은사 김준엽 선생님의 권유로 베트남역사에 관한 공부를 시작했지만, 지금 생각하면 당시 조건으로서는 무모한 결정이었지 않은가 한다. 다행히도 김준엽 은사님의 배려로 홍콩과 일본을 거쳐 미국까지 가서 공부할 수 있었기에 오늘의 본인이 있게 되었다는 생각이다.

미국에서 공부할 때 베트남에 관한 저술들이 많았지만 거의가 베트남전쟁에 관한 것들이었다. 그러나 본인은 전쟁보다 베트남 사회의 성격이 어떤가에 대해 관심을 가져, 가족문제를 중심으로 이를 밝혀 보려고 했다. 초기 정치적인 면에서 시작된 베트남-중국의 관계가 사회문화적인 면으로 확대되었다는 점을 고려해 보면 베트남 사회를 이해하기 위해서는 정치적인 문제에도 관심을 가지지 않을 수 없었다.

미국에서의 공부를 마치고 귀국해서는 주로 이들 문제에 관심을 가지고 글을 썼다. 이 책의 제1장과 제3장은 이미 출판된 두 책의 내용에 기초하면서 이전에 보지 못했던 점을 첨가했기에 크게 새롭다고는 할 수 없다. 제2장은 관심을 가지고는 있었으면서도 손을 대지 못하고 있었다가 이번 기회를 이용했다. 제2장에서 다룬 베트남의 남진(南進)과 관련하여 중요한 대상국가인 '참파 왕국'(오늘날의 베트남 중부지방)에 대한 연구가 1980년대 중반부터 프랑스 학자들에 의해 전혀 다른 새로운 해석이 시작되어 지금은 여러 나라에서 좋은 연구 성과가 많이 나오고 있다. 그런 점에서 자료도 부족한 우리나라에서 이를 서둘러 다루지 않은 것은 어쩜 본인으로서는 다행이라는 생각이 든다.

본인이 이 책의 내용을 중국과의 관계와 남진 및 여성의 지위로 구분지어 총 3장으로 구성한 의도는 책의 본문에서도 언급하고 있지만, 역사적 사건뿐만이 아니라 그 역사 속에 살고 있는 보통 사람들의 일상적인 삶이 어떠했는가를 함께 살펴보기 위해서였다. 역사적 사건들에 많은 사람들이 관련되어 있는 것은 부정할 수 없다. 예컨대, 전쟁이 일어나면 그렇다. 그러나 달리 보면 역사적 사건이란 소수 지배계층의 이야기인 경우가 적지 않다. 우리가 오늘날 보는 과거의 역사책에 일반 평민들의 이야기는 거의 없다고 해도 그리 틀린 말은 아니다.

이 책에서 다룬 내용들은 한국연구재단의 '석학과 함께하는 인문강좌 8기'에서 지난해 11월 일반대중을 대상으로 이미 강연을 했었다. 한국연구재단은 가능하면 대중적인 책이 되기를 기대했지만, 그러기 위해서는 본인의 공부가 좀 더 필요하지 않은가 한다. 쉽지 않은 학술서적이 되었음에도 출판을 적극 지원해 준 데 대해 미안한 마음과 함께 깊은 감사를 드린다. 끝으로 이 책의 출판을 맡아 주신 세창출판사와 자기 글처럼 정성을 들여 편집과 교정을 해준 편집부 여러분의 노고에 고마운 뜻을 전한다.

2016년 7월
유인선

차례

머리말

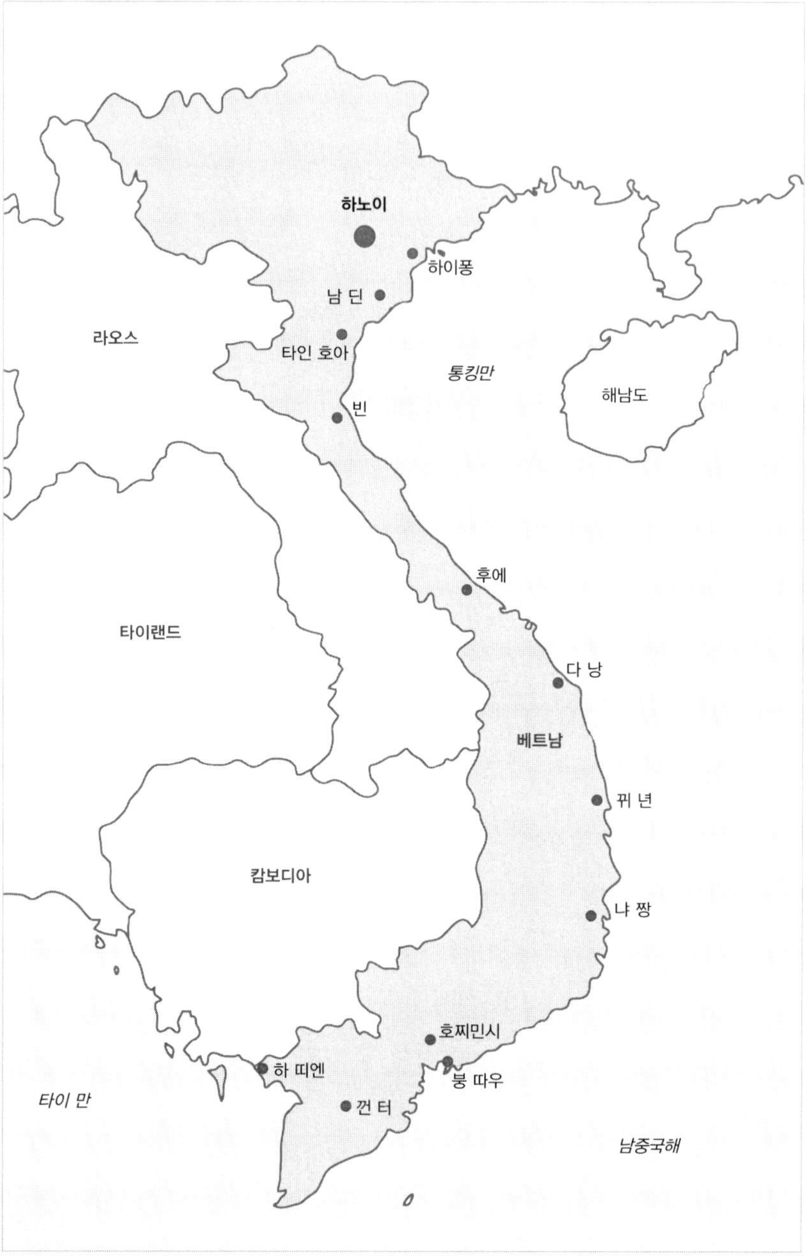
하노이
하이퐁
남 딘
타인 호아
라오스
통킹만
해남도
빈
후에
타이랜드
다 낭
베트남
꿔 년
캄보디아
냐 짱
호찌민시
하 띠엔
붕 따우
껀 터
타이 만
남중국해

[그림 1] 현재의 베트남

베트남은 지리적으로 동남아시아[01]에 속하면서도 북에서는 동아시아와 접하고 있다. 보다 정확히 말하면, 동남아시아 대륙부의 동쪽 끝에 위치해 북쪽에서는 중국, 서쪽과 서남쪽에서는 라오스·캄보디아와 국경을 맞대고, 동쪽과 남쪽은 남중국해(베트남어로는 '동해' Biển Đông)에 연해 있다. 위도로 볼 때 북위 24도와 8도 사이에 위치해 북에서 남으로 S자 모양으로 길게 뻗어 있어 그 길이가 1,650km 이상에 달한다. 이러한 위치는 베트남이 동남아시아문화권에 속하면서도 동시에 동아시아문화, 다시 말해 중국문화의 영향을 받게도 했다. 더욱이 후술하는 바와 같이 베트남의 역사가 북부로부터 시작되었기 때문에 중국과의 관계가 밀접했다. 그 때문에 흔히 우리나라 사람들은 우리문화와 베트남문화는 비슷하다고들 말한다.

베트남이 중국문화의 영향을 받았다는 것은 그 이름만 보아도 알 수 있다. 베트남(Việt Nam)이란 나라이름은 월남(越南)이란 한자의 베트남어 발음으로, 정확하게 발음하면 '비엣 남'이다. 이 이름은 베트남의 마지막 전통왕조인 응우옌 왕조(Triều Nguyễn, 阮朝, 1802-1945)가 창건되면서 당시 중국 청나라와의 합의하에 1804년 만들어졌다.[02] 그뿐만 아니라 1950년대 초까지만 하여도 베트남은 중국에서 '안남(安南)'이란 이름으로 더 많이 불리었는데, 이는 당나라가 베트남을 지배하기 위해 안남도호부(安南都護府)란 관청을 두

01 '동남아시아'란 명칭은 제2차 세계대전 중 일본이 이 지역을 점령하면서 연합군측이 1943년 8월 '동남아시아사령부(South East Asia Command)'를 설치한 데서부터 생겼다.

02 『大南寔錄』 正編 第1紀(東京: 慶應義塾大學言語文化硏究所, 1968) 권23, 1b-2a면; 『國史遺編』(Hong Kong: 香港中文大學新亞硏究所, 1965), 3면; Choi Byung Wook, *Southern Vietnam under the Reign of Min Mạng (1820-1841)*(Ithaca: Southeast Asia Publications, Cornell University, 2004), pp.131-132.

었던 데서 유래한 것이다. 이 안남이란 이름이 우리나라와 일본은 물론 서구에도 그대로 전해져 베트남은 1950년 전후까지만 하여도 안남으로 많이 알려졌다. 한 가지 더 예를 든다면, 전근대시기 베트남의 공식문자는 한문이었다.[03] 그러기에 베트남은 우리나라나 일본과 함께 한자문화권에 속한다고 말한다. 우리나라 조선시대 사신들이 베트남 사신을 중국의 북경에서 만나 문답(文答)[04]을 할 수 있었던 것도 그 때문에 가능했다.

이들 이름이나 한자사용이 보여주듯이, 베트남의 역사는 중국과의 관계를 떠나서 생각하기가 쉽지 않다. 뒤에서 상세히 설명하겠지만, 베트남은 기원전 111년부터 기원후 938년까지 천년 이상 중국의 정치적 지배를 받았다. 이를 베트남 역사에서는 북속기(thời Bắc thuộc, 北屬期)라고 일컫는데 이 시기의 특징이라면 '지배와 항쟁'이란 말로 표현할 수 있을 것이다.[05] 독립한 후에도 중국의 침입은 계속되어 일곱 차례나 있었고, 더구나 1400년대 초에는 20년 동안 또다시 중국의 지배를 받기도 했다. 중국 왕조들의 이러한 지배와 침입에 대해 베트남인들은 굴하지 않고 끝까지 싸웠는데, 이러한 저항을 '북거(Bắc cự, 박 끄, 北拒)'라고 한다.[06] 베트남 사람들이 말하는 "독립에의 불굴의 의지"라든가 "민족독립에의 강한 의지"라는 표현도 본시 중국에 대한 저항으로부터 시작된 것이었다. 오늘날 베트남에서 민족의 영웅으로 떠

03 베트남에는 우리의 이두와 비슷한 한자의 음과 뜻을 따서 만든 쯔놈(chữ nôm, 字喃)이 있었다. 그렇지만 이는 15세기 초 호 왕조(Triều Hồ, 胡朝, 1400-1407)와 18세기 말의 떠이 썬 시대(Triều Tây Sơn)를 제외하면 공식문자는 아니었다.

04 대표적인 문답으로는 이수광(李睟光)이 베트남 사신인 풍 칵 코안(Phùng Khắc Khoan, 馮克寬)을 1597년 북경에서 만나 주고받은 문답을 들 수 있다. 이수광은 이 내용을 『安南國使臣唱和文答錄』이란 책으로 남겼다. 박희병, 「조선 후기 지식인과 베트남」, 『한국문화』 47(2009), 164면 및 최병욱, 「이수광(李睟光)의 베트남, 1597-1598」, 『동남아시아연구』 19-3(2009), 31-55면.

05 유인선, 『베트남과 그 이웃 중국: 양국관계의 어제와 오늘』(서울: 창비, 2012), 19-124면.

06 Li Tana, *Nguyễn Cochinchina: Southern Vietnam in the Seventeenth and Eighteenth Centuries*(Ithaca, N.Y.: Cornell Southeast Asia Program Publications, 1998), p.19.

받들어지고 있는 쯩씨 자매(Hai Bà Trưng, 徵氏姉妹)라든가 쩐 훙 다오(Trần Hưng Đạo, 陳興道) 및 레 러이(Lê Lợi, 黎利) 등은 모두 중국의 지배나 침략에 대항하여 싸운 인물들이다.

베트남 역대 왕조가 중국에 대한 투쟁의 다른 일면은 이른바 조공(朝貢)이다. 사실 조공은 투쟁과 밀접한 관계가 있었다. 말할 것도 없이 조공은 베트남이 중국으로부터 독립한 10세기 이후부터의 일이었다. 독립을 이룩했다고는 하지만, 베트남 지배자들은 중국이 베트남에 비교할 수 없을 정도로 강력할 뿐만 아니라 동시에 위협적인 존재라는 것을 분명히 인식했다. 실제로 중국 왕조의 침입은 딘 왕조(Triều Đinh, 丁朝, 966-980)가 띠엔 레 왕조(Triều Tiền Lê, 前黎朝, 980-1009)로 교체되는 계기가 되었으며, 후일의 호 왕조(Triều Hồ, 胡朝, 1400-1407)는 명의 침입으로 멸망했다. 때문에 딘 왕조를 세운 딘 보 린(Đinh Bộ Lĩnh, 丁部領)은 창건에 앞서 남한(南漢, 905-971)에 사절을 파견했다.[07] 남한은 938년 베트남을 침공했다가 비록 실패하기는 했지만 계속 위협적인 존재라고 보았기 때문이다.

중국 왕조들에의 조공은 대내적인 권위의 확립을 위해서도 중요했기 때문에 새로운 왕조의 창건자들이나 또는 경쟁세력은 모두 중국에 사절을 보내 그 승인을 얻으려 노력했다. 대표적인 예로는, 1527년 레 왕조(Triều Lê, 黎朝, 1428-1788)를 찬탈한 막 당 중(Mạc Đăng Dung, 莫登庸)이 이듬해 명에 사절을 파견하여 승인을 얻으려했는가 하면, 그의 찬탈에 저항하는 레씨 부흥세력 역시 곧 사절을 명에 보내어 도움을 요청한 것을 들 수 있다.[08]

베트남 왕조들이 중국적 개념인 조공을 외형상 받아들이기는 했지만 대내적으로까지 그랬던 것은 아니었다. 베트남의 역사서 어디에서도 중국에

07 河原正博, 「丁部領野の即位年代について」, 『法政大學文學部紀要』 15(1970), 32-33면.
08 유인선, 『베트남과 그 이웃 중국: 양국관계의 어제와 오늘』, 210-211면.

'조공'사절을 보냈다는 표현은 보이지 않는다. 베트남 역사서는 사절의 파견을 '여송(如宋)'이니 '여원(如元)'이라든가 '여명(如明)'이라고 하여 '여(如)'자를 써서 '송에 가다' 및 '원에 가다'라든가 '명에 가다'라는 표현을 썼다.[09] 뿐만 아니라 레 왕조에서는 명과의 관계가 대등하다는 의미로 '교방(交邦)'이라는 용어까지 썼다.[10] 이 말은 떠이 썬(Tây Sơn, 西山) 정권시대(1788-1802)에 '방교(邦交)'로 쓰이기 시작하여[11] 응우옌 왕조에서 완전히 공식화되었다. 응우옌 왕조의 실록인 『대남식록(大南寔錄)』[12]에는 1804년 국호가 월남으로 정해지면서 청과 '방교의 대례(邦交大禮)'가 이루어졌다고 했다.[13] 이렇게 본다면, 독립왕조시기 중국과의 관계는 '조공과 방교'라는 말로 요약되어도 좋지 않을까 한다.[14]

베트남 지배자들의 중국에 대한 대등의식은 조공관계에서만 그랬던 것은 아니었다. 그들은 중국에 사절을 보낼 때는 자신들을 '왕(王)'이라고 했으나, 대내적으로는 '황제'를 칭하고 '연호'도 사용했다. 나라이름 또한 중국과는 무관하게 자체적으로 역대왕조 모두 응우옌 왕조 이전까지 '다이 비엣(Đại Việt, 大越)'이라고 칭했다. 더욱이 응우옌 왕조의 제2대 군주인 민 망 황제(Minh Mạng, 明命帝, 1820-1840)는 청나라가 대청(大淸)이라고 한 데에 대한 저항의식에서 1839년부터 나라이름을 '다이 남(Đại Nam, 大南)'으로 바꾸게 했고,[15]

09 『大越史記全書』 3권, 陳荊和 編校(東京: 東京大學東洋文化研究所 附屬東洋學文獻センター, 1984-1986)[이하 『전서』(상), 243, 353, 357, 368면 및 (중), 592면].

10 『전서』(중), 713면.

11 吳時任(Ngô Thì Nhậm), 『邦交好話』(Hà Nội: Viện Nghiên Cứu Hán Nôm, VHv 1831, 연대미상). 이 책은 떠이 썬 정권이 1789-1799년까지 청나라에 보낸 외교문서를 정리한 것이다.

12 『大南寔錄』은 원칙대로 하면 『大南實錄』이다. 그런데 '實'자 대신 '寔'자로 한 것은 응우옌 왕조 3대 티에우 찌 황제(Thiệu Trị, 紹治帝, 1841-1847)의 어머니 이름이 '實'이기 때문에 이를 피하기 위해서였다. 그러나 두 글자의 베트남어 발음은 '특(thực)'으로 같다.

13 "癸卯邦交大禮." 『大南寔錄』 正編 第1紀, 권23, 3a면.

14 유인선, 『베트남과 그 이웃 중국: 양국관계의 어제와 오늘』, 125-281면.

15 『大南寔錄』 正編 第2紀, 권200, 16a-b면; 유인선, 『베트남과 그 이웃 중국』, 267면.

이 이름은 이후 황제들에 의해 그대로 사용되었다. 여기서 '남'은 '남국(南國)'의 의미로 베트남인들은 오래전부터 중국을 '북국(北國)'이라고 불렀기에 그에 대비되는 명칭이다.

베트남 역사의 한 축이 북쪽에서 중국과의 관계라면, 또 다른 한 축은 남으로 영토를 확장해 가는 이른 바 '남진(nam tiến, 남 띠엔, 南進)'이다. 뒤의 설명에서 보면 알겠지만 남으로의 진출이라기보다는 '남침'이라는 단어가 더 적합할지도 모르겠다.[16] 중국이 베트남 역대왕조에게 위협적인 존재였던 데 반해, 남으로의 진출에서 이들 지역 역시 15세기 후반까지는 베트남 왕조들과 대등한 관계에서 투쟁이 계속되었지만 그 이후로는 번거로운 존재에 지나지 않았다.

호찌민(Hồ Chí Minh, 胡志明)은 일찍이 "베트남은 하나다. 베트남민족도 하나다"라고 했다.[17] 이는 처음 프랑스 식민통치에 대한 독립투쟁 과정에서 행해진 말이지만, 그 후 하노이정부가 미국과 싸우는 중에 일상적인 구절이 되었다. 1950년대 중반 이후, 국내의 분열과 전쟁이 외압으로 인해 전쟁의 확대조짐이 보이는 와중에서 베트남이 본질적으로 '조화롭고 동질적 사회'임을 강조해야 할 정치적 필요성이 절실했을 것이다.[18] 사실 현시점에서 보기에 베트남은 하나의 통일된 국가이고 단일한 역사와 문화를 가지고 있는 듯하다. 그러나 베트남 역사부도를 보면 과연 과거 베트남이 한 나라였는가를 의심하지 않을 수 없다.

베트남 사람들은 지리적 편의상 전국을 북부(Miền Bắc), 중부(Miền Trung),

16 宋正男, 「베트남史의 兩面性」, 『釜大史學』 23(1999.6.), 422-426면.

17 Đặng Nghiêm Vạn, "Những chẳng đường hình thành dân tộc Việt Nam thống nhất"(통일 베트남 민족형성의 여러 단계), *Nghiên Cứu Lịch Sử*(이하 *NCLS*), 179(1978), p.9에서 재인용.

18 Patricia Pelley, "'Barbarians' and 'Younger Brother': The Remarking of Race in Postcolonial Vietnam," *Journal of Southeast Asian Studies*(이하 '*JSEAS*'로 약함) 29-2(September 1998), p.377.

남부(Miền Nam)로 구분한다.[19] 이들 중 북부만이 11세기까지 베트남이었고, 중부에는 오스트로네시안(Austronesian) 어계의 참족(Chams)을 중심으로 하는 참파(Champa, 占城)라는 인종과 종교가 다른 국가가 있었다. 항해술이 발달한 참족은 아마도 오늘날 말레이시아나 보르네오로부터 왔을 것으로 추정된다.[20] 남부 역시 베트남과는 인종과 문화가 다른 크메르(Khmer)인이 세운 캄보디아의 영토였다. 또한 산간지역에는 수많은 소수민족들이 살고 있었다. 베트남 왕조들은 처음부터 자기들이 이들보다 정치적으로나 문화적으로 우위에 있다고 생각하여 베트남 역사서에는 이들이 '조공'을 바쳤다고 했다.[21] 아이러니하게도 이 같은 우월적 태도는 중국문화의 영향을 받아들인 결과였다. 여하튼 이런 우월적 태도로 인해 쩐 왕조(Triều Trần, 陳朝, 1225-1400) 때에는 공주를 참파 왕과 결혼시키는 문제에 대해 문인들이 이를 중국의 한나라 때 흉노에 보내진 왕소군(王昭君)의 예에 비유하여 적극 반대하고 나서기까지 했다.[22]

베트남 사람들이 남으로만 진출한 데는 무엇보다도 지리적 요인 때문이었다. 북쪽에는 중국이 있어 더 이상 갈 수가 없었다. 다른 한편 서쪽지방은 지형이 산간지대인 데다가 모기가 많아 삶의 터전이 되기에는 부적절했다. 동쪽은 바다였기에 결국 해안선을 따라 남으로 내려갈 수밖에 없었던 것이다. 한 가지 더 언급한다면 중부지방의 해안선을 따라서는 평야가 비좁아 많은 사람들이 생활하기에 적절치 않아서 더 넓은 토지를 찾아 남하한 결과 비옥한 메콩델타에까지 다다르게 되었다. 베트남 사람들이 중부지방에 다

19 또는 박 끼(bắc kỳ, 北圻), 쭝 끼(trung kỳ, 中圻), 남 끼(nam kỳ, 南圻)라고도 한다.

20 Anne-Valérie Schweyer, *Ancient Vietnam: History, Art and Archaeology* (Bangkok: River Books Co., 2011), p.9.

21 「占城國王 孫制茇入朝」, 『전서』(상), 194면; 「眞臘來貢」, 『전서』(상), 241면 등.

22 『전서』(상), 388면.

다른 것은 15세기 말이었으며, 남부지방까지 차지한 것은 18세기 말이었다. 베트남이 북에서 남으로 길게 'S'자 모양을 하며 뻗은 것은 이러한 남진의 결과로 보아야 할 것이다. 그리하여 19세기 초에 성립한 응우옌 왕조에 이르러서야 비로소 오늘날과 같은 모습의 베트남이 이루어지게 되었다.

인도문화의 영향을 받은 중부지방의 참파에 대해 세계 학계에서는 1970년대까지 그 역사가 참족이라는 단일 종족에 의한 단일 왕국이었으며, 베트남 레 왕조(Triều Lê, 黎朝, 1428-1788)의 제4대 타인 똥(Thánh Tông, 聖宗, 1460-1497)이 1471년에 행한 원정에 의해 종말을 고했다고 보는 경향이었다. 이는 1920년대 조르주 마스페로(George Maspero)가 중국과 베트남의 한문 자료들과 당시까지의 고고학 발굴 및 비문들을 종합하여 쌓아놓은 연구를 따른 결과였다.[23] 그러나 지금은 참파란 주로 베트남 중부지방의 해안을 따라 정치적·경제적으로 독자적이었던 소국가들을 총칭하는 용어라는 것이다. 이들은 때에 따라 중국이나 베트남 또는 캄보디아로부터의 침입에 대응하여 연합세력을 이루었지만, 권력의 중심은 정치적·경제적 상황변화에 따라 한 지역으로부터 다른 지역으로 이동하곤 했다. 다시 말하면, 위와 같은 상황의 변화로 인해 소국가들 사이에 세력의 부침이 있었다. 소국들 중에서 끝까지 명맥을 유지한 것은 판두랑가(Panduranga)로 1692년 이래 베트남의 지배하에 있다가 1832년 응우옌 왕조의 민 망 황제가 이를 종식시켰다. 이리하여 참파는 소멸되고 말았다.

참파와 관련하여 한 가지 중요한 사실은 후술하는 하는 바와 같이, 오늘날에는 참파는 참족(베트남어로는 Chàm)만의 국가가 아니라 중부 고원지대에 거주하고 있는 오스트로네시안(Austronesian) 언어를 사용하는 인종집단은 물

23 George Maspero, *Le royaume de Champa*(Paris: Ecole Française d'Extrême-Orient, reprint, 1988). 이 책은 1928년에 처음 출판되었다.

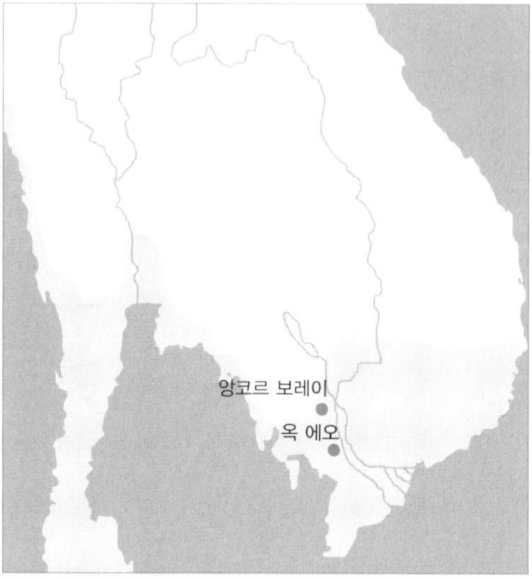

[그림 2] 캄보디아의 초기 왕국 푸난

론 오스트로 아시안(Austroasiatic) 언어를 사용하는 인종집단 같은 소수민족들도 포함하고 있었다고 한다.

남부는 기원 1세기에 성립한 왕국 푸난(Funan, 扶南) 이래 캄보디아의 영토였다. 푸난은 동서 교통의 요지로 발달했으며 일찍부터 힌두문화를 받아들였는데, 현 베트남 안 장 성(tỉnh An Giang)에 있었던 옥 에오(Oc Eo)는 그 중심 항구였다. 옥 에오에서는 로마의 동전도 발견되었으며, 프톨레미(Ptolemy)의 『지리학(Geographia)』에도 그 이름이 언급되어 있다. 쩐라(Chenla, 眞臘)는 6세기 중반 푸난의 뒤를 이은 왕조로 9세기 초 앙코르 왕조(Kingdom of Angkor)에 의해 멸망했음에도 불구하고 베트남 역사서는 한참 후대까지도 캄보디아를 쩐라[베트남어로는 쩐 랍(Chân Lạp)]라고 부르고 있다. 앙코르 왕조는 15세기 전반에 이르러 쇠퇴하고, 이후 캄보디아는 왕위계승을 둘러싼 내분에 휩싸인데다 서쪽에서 타이가 새로이 등장하는가 하면 동쪽에서는 베트남의 남침을 받으며 영토가 축소되었다. 캄보디아는 1863년 프랑스의 보호령이 되면서 프랑스의 압력으로 타이[24]에 빼앗겼던 영토를 상당 부분 되찾았다. 1976년까지 사이공(Saigon)으로 알려졌던 현재의 호찌민 시(Thành Phố Hồ Chí Minh)는 캄보디아 영토였을 때 프레이 노꼬르(Prey Nokor)라고 불리었는데, 이는 '숲속의 도시'란 의미이다.

이상에서 보았듯이, 베트남의 대외관계사는 북쪽 중국에 대해서는 자기방어적이었는가 하면 남쪽의 참파와 캄보디아에 대해서는 공격적이었다. 문화적인 면에서는 정치적으로 중국에 저항하면서도 역설적이게도 그 문물을 적지 않게 받아들였다. 그런가 하면 남쪽으로 진출하면서는 그들 국가의 문화를 받아들인 점도 없지 않지만, 그보다는 오히려 자기 문화의 이식에 더 노력했다. 이렇게 본다면 베트남의 문화를 논할 때는 남쪽 국가들의 영향보다 중국이 어느 정도 영향을 끼쳤는가를 보는 것이 더욱 중요하게 된다.

전근대 베트남에 끼친 중국문화의 영향 정도는 정치제도라든가 경제제도 등과 같은 제도사를 통해서 살펴볼 수도 있으나, 여기서는 베트남 근세[25]에 해당하는 14세기 후반, 특히 15세기부터 18세기 말까지의 가족제도에 중점을 두어 이 문제를 다루려고 한다. 특히 이 시기는 불교가 지배적이었던 이전 왕조들과는 달리 유교를 지배이념으로 한 레 왕조(黎朝)에 해당하기 때문에 중국문화의 영향이 컸던 것으로 이야기되고 있다. 가족이라고 했지만 특히 가정 내에서 부부관계를 중심으로 하여 베트남 근세사회에서 여성의 지위문제를 살펴보고자 한다. 그리하여 중국문화의 영향 여부에 어느 정도 해

24 타이(Thailand)라는 말은 1939년부터 사용되었다. 그 이전에는 'Siam(중국에서는 暹羅)'이라고 했다.

25 일반적으로 베트남 사학계에서는 '근세'를 인정하지 않는다. 이들은 베트남이 중국의 지배로부터 벗어난 10세기로부터 프랑스가 다 낭(Đà Nẵng) 항(港)을 공격한 1858년까지를 중세라고 한다. 그러나 최근 젊은 학자들은 14세기 후반부터 1800년까지를 근세로 보는 경향이 있다. *Early Modern Southeast Asia, 1350-1800*, edited by Ooi Keat Gin and Hoàng Anh Tuấn(London: Routledge, 2016), p.xxxiii.

답을 주면서, 동시에 베트남 전근대 사회의 특질은 무엇인가를 밝혀볼 생각이다.

본인이 특히 가족문제에 관심을 갖고 이 문제를 다루려는 데는 그 속에 베트남 사람들의 삶이 들어 있기 때문이다. 중국과의 관계라든가 남으로의 진출에 관한 서술에는 베트남 사람들의 삶이 어떠했는가가 잘 나타나 있지 않다. 물론 여기에도 베트남인들의 삶이 전혀 나타나 있지 않다고는 할 수 없으나 분명히 한계가 있는 게 사실이다. 극단적으로 말하면 그것은 지극히 일부 지배계층의 이야기일 뿐이라고 해도 지나친 말은 아닐 것이다.

어느 한 사회를 이해하기 위해서는 가족사의 연구가 중요하다는 것은 이미 많은 역사가들이 인정하고 있다. 존 데모스(John Demos)의 다음과 같은 말을 보면 가족사의 중요성이 쉽게 이해되리라고 믿는다.[26]

> 가족은 … (중략) … 매우 기본적이며 영속적인 제도이다. 따라서 가족은 흔히 한 문화 내의 여러 가지 부분들이 어떤 면에서 또는 근본적으로 서로 다를 경우, 그 문화에 대한 일종의 공통요소 내지는 기준을 제공해 준다.

1960년대 초까지만 하여도 역사가들은 주로 국가적 차원에서 정치·경제·문화 등의 문제를 탐구하는 데에만 노력을 경주했다. 가족사는 그 이전에도 있었지만, 그것은 주로 저명한 여류인사들의 전기와 같은 이야기에 집중되어 있었다. 전과 다른 새로운 가족사가 등장한 것은 1960년대 초중반부터였다. 여기에는 프랑스 학자 필립 아리에스(Philippe Ariès)의 『구제도 하에

26 John Demos, *A Little Commonwealth*(New York: Oxford University Press, 1970), p.ix. Tamara K. Hareven, "The History of the Family as an Interdisciplinary Field," in *The Family in History*, edited by Theodore K. Rabb and Robert I. Rotberg(New York: Harper & Row, 1973), p.212에서 재인용.

서의 어린이와 가족생활』[27]이 결정적인 영향을 끼쳤다. 그에 따르면, 유럽의 중세시대에는 어린아이에 대한 개념이 존재하지 않았다는 것이다. 보다 구체적으로 말하면, 어린아이에 대한 애정이 없었다는 것이 아니라 어린아이와 어른을 구분하는 개념이 존재하지 않았다고 한다. 이를 입증하는 한 예로, 아동복은 없었고, 어린아이가 자라면 어른의 옷을 줄여 입혔을 뿐이다.

아리에스의 영향에 의해, 1960년대 후반을 기점으로 적지 않은 역사가들이 '가족사'라고 하는 새로운 분야에 관심을 돌려, 필부필부의 일상생활을 연구의 주요 대상으로 삼고 있다.[28] 그리하여 유아의 출생·성장이라든가 성년남녀의 결혼생활, 또는 가산의 소유나 상속 등과 같은 한 사회에서의 관습에 깊은 관심을 보이고 있다. 특히 역사 연구에서 오랫동안 경시되어 온 여성의 문제가 이제 새로이 부각되고 있는 것은 이러한 가족사에 대한 관심의 증대와 밀접한 관계에 있다. 역사학자들이 여성연구에 주의를 기울이게 된 또 다른 중요한 이유는 1960년대 중반부터 구미각국에서 일고 있는 여권신장운동의 영향이다.[29] 여성해방운동자들의 주장에의 동조 여부와는 관계없이 역사가들은 이들의 주장에 영향을 받아 가정과 사회에서의 여성의 역할·지위 등과 같은 문제에 관심을 갖게 되었다.

그러나 베트남의 역사를 연구하는 데서 여성의 지위나 역할에 대한 관심은 이상의 두 가지 이유보다도 베트남 전통사회의 고유한 특성이 무엇인가를 밝히려는 노력으로부터 출발했다. 앞에서 언급한 바와 같이, 베트남은 이미 기원전에 중국의 정치적 지배하에 천여 년 동안 그 통치를 받았으며, 정치적인 독립을 획득한 후에도 중국과 이른바 '조공관계'를 계속 유지하면

27 Philippe Ariès, *L'Enfant et la vie familiale sous l'Ancien Régime*(Paris: Plon, 1960).

28 정지성, 「서구 가족사 연구의 부흥: 아날 학파와 케임브리지 그룹을 중심으로」, 『사회와 역사』 24(1990), 71-101면.

29 천성림, 「새로운 여성사」, 『역사학보』 200(2008.12.), 133-134면.

서 그 제도와 문물을 받아들였다. 따라서 베트남은 우리나라나 마찬가지로 중국문화권(또는 유교문화권 내지 한자문화권)에 속하는 나라로 일컬어지고 있다. 그렇다면 문제는 전근대 베트남사회에 끼친 중국문화 영향이 어느 정도였는가 하는 것이다.

본 연구는 두 나라 가족제도에는 본질적인 차이가 있다는 가정으로부터 출발하고자 한다. 간단히 말해, 중국 가족제도에서는 가부장의 권위가 절대적이며 부자중심적(父子中心的)이었던 데 비해, 베트남 가족 내에서는 부부가 거의 동등한 지위를 누리는 부부중심적(夫婦中心的)이었다고 할 수 있다. 베트남 가족제도에서 부부의 동등성 및 부부중심적인 성격은 가족재산이 부부공산(夫婦共産)이었다 라든가,[30] 자녀가 부모생존 중에 분가할 수 있었다[31]는 사실들에 잘 나타나 있다. 본인이 근세 베트남의 가족제도에서 부부관계를 통해 여성의 지위가 어떠했는가를 살펴보려고 하는 이유도 바로 여기에 있다.

이 연구에서 유의해야 할 점은 근세 베트남의 가족에서 부부관계라 해도 지역과 사회계층에 따라 차이가 있었다는 사실이다. 앞에서 본 바와 같이, 베트남인들은 일찍부터 통킹델타 지방과 그 주변지역에 정착해 살아왔다. 그들이 중부나 남부로 이주하는 것은 훨씬 후대의 일이었다. 따라서 이들 중부 이남지역에서는 그곳에 본래부터 살고 있던 참족이나 캄보디아인들의

30 牧野巽, 「安南の黎朝刑律のあらわれた家族制度ー特に其の家産制度について」, 牧野巽, 『支那家族研究』(東京: 生活社, 1944), 687-724면; Robert Lingat, *Les régimes matrimoniaux de Sud-Est de l'Asie*(Hanoi: Ecole Française Extrême-Orient), Tome I, pp.75-88.

31 중국법에서는 십악(十惡) 중 '불효'에 해당하는 행위의 하나로 조부모나 부모의 생존 중에 '분가하여 재산을 나누는 것[別籍異財]'을 들고 있다. 그러나 레 왕조의 기본법으로, 흔히 『여조형률(黎朝刑律)』로 알려진 『국조형률(國朝刑律)』에서는 이를 부모의 '가르침을 따르지 않는 것[違背教訓]'으로 바꾸어 분가를 허용하고 있다. 『唐律疏議』, 劉俊文 點校(北京: 中華書局, 1983) 권1, 12면; 『大明律』, 懷效鋒 點校(瀋陽: 遼瀋書社, 1989) 권 1, 4면; 『國朝刑律』(東京: 東洋文庫 所藏), 4a면; *The Lê Code: Law in Traditional Vietnam*, 3 vols., translated by Nguyễn Ngọc Huy et al.(Athens: Ohio University Press, 1987), vol.2, p.21; 유인선, 『근세 베트남의 법과 가족』(서울: 위더스북, 2014), 61면.

영향이 남아 있어 베트남의 전통문화가 약한 편이다. 한편, 다른 많은 나라에서처럼 베트남 사회도 상층계급과 하층계급으로 구분될 수가 있다. 상층계급은 외부 지향적으로 토착관습을 버리고 외래의 유교도덕을 받아들이는 경향이 강했다. 이들과 달리 하층계급은 외래의 문화와 접촉할 기회도 많지 않아 그 문화를 이해하지 못하고 조상 전래의 관습을 고수하는 편이었다.

결국 본 연구는 북부 베트남의 하층계급의 관습에 주안점을 둘 것이다. 왜냐하면 이들이야말로 베트남 전통사회의 성격을 가장 잘 나타내고 있다는 생각 때문이다. 물론 필요에 따라서는 지배계층의 제도와 관습 및 여타 지방의 풍습도 고려하고자 한다.

동남아시아 역사의 세계적 권위자인 세데스(George Coedès)는 일찍이 동남아시아 고대사회의 한 특징으로 여성들의 중요한 위치를 꼽았다.[32] 중국 사료들에 의하면, 참파에서 "여자는 귀하고 남자는 천하다."고 했다.[33] 한편 푸난 최초의 왕은 유엽(柳葉)이란 여인이었다.[34]

베트남 사회에서 여성의 중요한 위치도 그 전설로까지 소급된다. 베트남인들이 오늘날 자기네 시조로 생각하는 락 롱 꿘(Lạc Long Quân, 貉龍君)과 어우 꺼(Âu Cơ, 嫗姬) 사이에서 100명의 아들이 태어났다. 얼마 후 락 롱 꿘은 부인인 어우 꺼에게 다음과 같이 말했다. "나는 물의 종족이고 당신은 산의 종족인지라 물과 불은 서로 다름으로 같이 사는 게 힘들지 않겠소." 그리고는 이들은 곧바로 100명의 아들들을 둘로 나누어 락 롱 꿘은 50명을 데리고 바다로 가고 어우 꺼는 나머지 50명을 데리고 산으로 갔다. 산에 남은 50명 중

32 George Coedès, *The Indianized States of Southeast Asia*, trans. Susan Brown Cowing, edited by Walter F. Vella(Honolulu: East-West Center Press, 1968), p.9. 이 책의 프랑스어 초판은 1944년에 출판되었다.

33 『晉書』(北京: 中華書局, 1974) 권97, 열전67, 2545면; 『南齊書』(北京: 中華書局, 1972) 권58, 열전39, 1014면; 『梁書』(北京: 中華書局, 1973) 권54, 열전 48, 785면.

34 『晉書』 권 97, 열전67, 2547면; 『南齊書』 권58, 열전39, 1014면; 『梁書』 권54, 열전 48, 788면.

가장 강한 자가 훙 브엉(Hùng Vương, 雄王)으로 불리어지면서 왕위에 오르고, 나라 이름을 반 랑(Văn Lang, 文郞)이라 했다고 한다.[35] 100명의 아들들을 50명씩 똑같이 나누었다는 이야기나 어머니를 따른 자들 중에서 왕이 나왔다는 사실은 남녀의 지위가 동등했거나 아니면 여성의 지위가 더 높았다는 사실을 보여주는 것이다. 이는 다시 말하면, 당시 사회에 부계와 모계가 공존했거나 혹은 모계적 성향이 더 강했음을 말해준다.

후일에도 베트남 사회에 모계제가 존속했다는 것을 보여주는 예가 많다. 한 예로, 938년 남한의 군대를 물리쳐 베트남을 중국지배로부터 벗어나게 한 응오 꾸옌(Ngô Quyền, 吳權)은 남한에 처음 저항했다 실패한 즈엉 딘 응에(Dương Đình Nghệ, 楊廷藝)의 사위로서 그의 사후 지위를 물려받았다.[36] 또 다른 예로는, 1527년 레 왕조가 막씨(Mạc, 莫)씨에게 찬탈되자 레 왕조의 부흥운동을 일으켰던 응우옌 낌(Nguyễn Kim, 阮淦)의 뒤를 이어 받은 찐 끼엠(Trịnh Kiểm, 鄭檢) 역시 그의 사위였다.

베트남의 여성지위와 관련하여 더 중요한 예는 앞에서 언급한 쯩씨 자매다. 이들은 중국지배에 대해 최초의 대규모 저항을 한 여성들인데, 베트남 역사상 여성의 지위를 논할 때면 가장 먼저 거론되고 있다. 언니인 쯩 짝(Trưng Trắc, 徵側)은 남편이 서기 40년 중국 관리에게 체포된 데 분개하여 동생인 쯩 니(Trưng Nhị, 徵貳)와 더불어 거병을 하자 그 영향이 순식간에 통킹델타 중심부의 65개 성(城)으로 확대되었다고 한다.[37] 또 중국 삼국시대 오나라의 지배 때인 248년 델타 남부지역에서 찌에우 어우(Triệu Ẩu, 趙嫗)라는 젊

35 Trần Thế Pháp, *Lĩnh-Nam Chích-Quái*(嶺南摭怪)(Sài Gòn: Nhà Sách Khai-Trí, 1961), p.44; 『전서』(상), 97-98면; 박희병 옮김, 『베트남의 신화 전설』(서울: 돌베개, 2000), 20-21면. 훙(Hùng)은 몬·크메르어(Mon Khmer)로 '우두머리'를 뜻한다. 베트남 정부는 2007년부터 훙 브엉을 기리기 위해 음력 3월 10일을 국경일로 정했다.

36 『전서』(상), 172면.

37 『전서』(상), 126면.

은 여인이 항거한 예도 빠지지 않고 이야기된다.[38] 여성의 지위가 인정되었기에 이들은 지도자 역할을 할 수 있었을 것이다.

그런가 하면 새로운 왕조의 창건자는 전(前) 왕조의 왕후와 결혼하여 자기 권력의 정당성을 꾀하려고 했다.[39] 예컨대, 띠엔 레 왕조(前黎朝)의 창건자인 레 호안(Lê Hoàn, 黎桓, 980-1005)은 자기가 무너뜨린 딘 왕조(丁朝)의 마지막 황제인 어린 딘 또안(Đinh Toàn, 丁璿)의 어머니를 황후로 맞아들였다.[40] 이러한 결혼은 모계를 통한 왕위계승의 개념에 근거한 것이다.

한편, 드문 예이기는 하지만, 공주가 어느 정도 정치적 역할을 한 경우도 있었다. 리 왕조(Triều Lý, 李朝, 1009-1225)의 타인 똥(Thánh Tông, 聖宗, 1054-1072)이 1064년 재판을 주재할 때, 동 티엔 공주(Công chúa Động Thiên, 洞天公主)가 "옆에서 모셨다."는 기사가 『대월사기전서』에 보인다.[41] 당시까지 타인 똥은 아들이 없어 일단 여자에게 정무를 견습시킨 것으로 생각된다.[42] 실제로 리 왕조의 후에 똥(Huệ Tông, 惠宗, 1211-1224)은 아들이 없어 딸인 펏 낌(Phật Kim, 佛金), 즉 찌에우 호앙(Chiêu Hoàng, 昭皇, 1224-1225)에게 제위를 물려주었다.[43] 그러고 보면 유교의 영향이 적었던 리 왕조에서 여성의 정치적 역할은 훗날에 비해 훨씬 컸던 것 같다. 1069년 타인 똥이 친히 참파 원정을 할 때에 원비(元妃)가 내치를 돌보면서 민심을 화합시키고 경내를 안정시켰다

38 『전서』(상), 138-139면.

39 John K. Whitmore, "Social organization and Confucian Thought in Vietnam," *Journal of Southeast Asian Studies* 15-2(1984), p.297.

40 『전서』(상), 189면.

41 "帝御天慶殿聽訟 時洞天公主侍側." 『전서』(상), 243면. 『대월사략』에는 '1065년'과 '동 띠엔 공주'(Động Tien, 洞仙公主)로 되었다. 『大越史略』, 陳荊和 編校(東京: 創価大學アジア研究所, 1987), 59면; 桃木至朗, 「一家の事業としての李朝」, 『東洋學報』(東京) 79-4(1998), 436면.

42 桃木至朗, 『中世大越國家の成立と變容』(大阪: 大阪大學出版會, 2011), 219면.

43 『전서』(상), 315면.

는 것이 이를 말해준다.[44]

베트남 여성의 사회적으로 높은 지위에 대해여는 17세기 베트남을 방문한 외국인들에 의해서도 말해지고 있다. 우리나라 제주도 사람인 고상영(高商英)이란 이는 17세기 후반 베트남에 표류한 적이 있었는데, 돌아와서 베트남의 풍습을 보고는 "남자는 천하고 여자는 귀하다."라고 했다.[45] 1688년 베트남을 다녀온 중국인 반정규(潘鼎珪)에 의하면, 베트남 사람들은 "딸이 태어나면 기뻐하고 아들이 태어나면 우울해 했다."는 것이다.[46] 베트남의 가보(家譜)에서 아들과 딸을 구별하지 않고 나이에 따라 열거한 것[47]도 딸에 대한 차별이 없었음을 보여주는 것이다. 이런 이유로 인해 베트남에서는 빈곤할 때 중국의 악명 높은 풍습인 여아 영아살인은 없었다.[48]

이러한 사실들이 보여주듯이 베트남 여성의 지위는 가정 내에서 비교적 높은 편이었다. 이를 잘 보여주는 것이 우리가 부부(夫婦)라고 하는 말은 베트남에서는 '부부(vợ chồng, 婦夫)'라고 하는 표현이다. 또한 후반부에 자세히 설명하겠지만 부부는 재산상에서도 거의 동등했다. 결혼 후에도 부인은 자기의 재산을 그대로 간직했고 남편의 재산에 흡수되지 않았다. 뿐만 아니라 결혼한 후에 모은 재산에 대해서도 남편과 동등한 재산권을 가졌다. 이와 관련하여 주목할 것은 딸도 부모의 재산을 아들과 차별되지 않고 똑같이 상속받을 수 있는 권리가 있었다는 점이다. 이는 분명 가부장권이 강한 중국

44 『전서』(상), 245면; 桃木至朗,「一家の事業としての李朝」,『東洋學報』, 434면.

45 "男賤女貴." 鄭東愈 著. 서울大學校 고전刊行會 編,『晝永編』(서울: 서울대학교출판부, 1971), 82면.

46 "生女則喜 男則憂." 潘鼎珪.「安南紀遊」, 인하대학교 한국학연구소 편,『小方壺齋輿地叢鈔: 越南篇』(인천: 인하대학교출판부, 2010), 122면.

47 山本達郎,「越南の家譜」, 和田博士古稀記念 論叢編纂委員會 編,『和田博士古稀記念 東洋史論叢』(東京: 講談社, 1961), 1045면.

48 리샤르 수사는 말하기를, 통킹사람들에게는 중국인들이 자녀를 부양할 수 없을 때 익사시키는 그런 야만적인 풍습은 없었다고 했다. Abbé Richard, *Histoire naturelle, civile et politique du Tonkin*(Paris: Chez Moutard, 1778), vol.1, p.110.

가족 내에서의 여성의 지위와는 차이가 있었음을 보여준다.

물론 어느 사회에서나 마찬가지로 베트남 사회에서도 여성의 지위는 시대에 따라 차이가 있었다. 후대로 갈수록, 다시 말하면 중국문화의 영향이 커질수록 여성의 지위는 낮아진 게 사실이다. 특히 지배계층에서 그러했다. 그럼에도 불구하고 중국문화의 영향에는 한계가 있었다. 왜냐하면 베트남은 중국문화를 그대로가 아닌 필요에 따라 선별적으로 받아들였기 때문이다. 쉬운 예로, 중국여인들의 전족(纏足) 관행이 베트남 여성들에게는 없었다는 것이 이를 말해준다.

제 1 장

대중(對中)저항과 대등의식

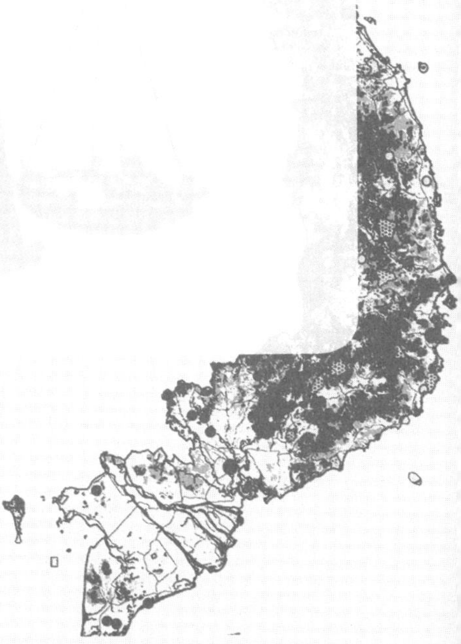

1. 북속시기의 저항의식

1479년 『대월사기전서』를 편찬한 응오 씨 리엔(Ngô Sĩ Liên, 吳士連)은 베트남 역사의 기원은 중국 삼황(三皇) 신화에 나오는 염제 신농씨(炎帝 神農氏)의 3대 후손인 낀 즈엉 브엉(Kinh Dương Vương, 涇陽王)부터 시작한다고 보았다. 때는 기원전 2879년이다.[01] 1479년은 레 왕조가 명의 지배로부터 벗어난 지 반 세기가 지난 후였다. 응오 씨 리엔은 중국과의 관계를 어떻게 설정할 것인가에 대해 심각하게 고려하고 나서 이처럼 중국과 베트남은 역사적으로 보아 대등하다고 서술했음에 틀림없다.

그는 이에 그치지 않고 한 걸음 더 나아가 베트남인들이 중국인들보다 우월하다는 것을 암시하기까지 했다. 전해 내려오는 이야기로 베트남을 처음 다스렸다고 하는 낀 즈엉 브엉이 이복형인 데 응이(Đế Nghi, 帝宜)보다 우수했다고 하는 이야기가 이를 말해준다. 신농씨의 3대 후손인 데 민(Đế Minh, 帝明)은 장자인 데 응이를 낳고 얼마 후 남방으로 순행 중 부 띠엔(Vụ Tiên, 婺仙)의 딸을 만나 후일의 낀 즈엉 브엉이 태어나게 된다. 데 민은 낀 즈엉 브엉이 총명하여 그에게 제위를 물려주려고 했으나 굳이 사양한 이유로 남방을 다스리게 하는 한편, 데 응이에게 왕위를 물려주어 북방을 다스리도록 했다는 것이다.[02]

01 『전서』(상), 97면; Trần Trọng Kim, *Việt-Nam sử-lược*(越南史略), Quyển 1(Sài Gòn: Trung-Tâm Học-Liệu Xuất-Bản, 1971), p.11.

02 『전서』(상), 97면; 유인선, 「전근대 베트남인의 歷史認識」, 『동양사학연구』 73(2001), 196면; 『嶺南摭怪』, p.43; 박희병 옮김, 『베트남의 신화 전설』, 17면.

[그림 3] 기원전 7세기의 동고(銅鼓)

전설과는 달리 베트남 최초의 국가가 성립되는 시기는 훨씬 후대였다. 베트남 학계는 앞에서 언급한 반 랑(文郎)이 첫 국가로, 그 성립은 고고학 발굴 조사에 의해 기원전 7세기라고 밝혀졌다. 이때는 베트남 북부의 타인 호아(Thanh Hóa, 淸化) 지방의 동 썬(Đong Sơn, 東山) 마을에서 처음 발견되어 그 이름 따 '동 썬 문화'라 불리는 문화가 입증해 주듯이 고대 베트남에서 청동기 제조기술이 절정에 달한 시기였다. 당시 청동기를 대표하는 것은 청동으로 만든 북 모양의 동고(銅鼓)이다. 그렇다고는 해도 반 랑은 우리가 생각하는 국가라기보다 부족연맹체에 가까웠지 않은가 한다. 이는 홍 브엉(雄王)의 '홍'이 '우두머리'라는 의미에서도 알 수 있다.[03] 반 랑의 주민은 락 비엣(Lạc Việt, 雒越)이었다.[04]

03 Keith Taylor, *The Birth of Vietnam*(Berkely: University of California Press, 1983), p.3.
04 羅香林, 『百越源流與文化』(臺北: 中華叢書委員會, 1955), 66-77면; Đào Duy Anh, *Đất nước Việt*

베트남 역사서에는 기원전 3세기 중반 반 랑은 인접한 곳에 있던 툭 판(Thục Phán, 蜀泮)에 의해 멸망한 것으로 되어있지만 실제 시기는 다음에서 설명하듯이 훨씬 후대로 보아야할 것이다. 툭 판은 어우 락(Âu Lạc, 甌貉) 왕국을 세우고 스스로를 안 즈엉 브엉(An Dương Vương, 安陽王)이라고 했다는 것이다.[05] 그러나 어우 락 왕국의 성립은 보다 후일 진시황의 중국통일과 관계가 있지 않은가 한다. 『회남자(淮南子)』에 따르면, 진시황은 전국을 통일한 후 대군을 동원하여 남방 월(越)을 공격했다가 처음엔 대패하고[06] 후에 가까스로 평정한 다음 214년 그 지방에 계림(桂林)·상군(象郡)·남해(南海)의 세 군(郡)을 설치했다.[07] 계림은 현 광시성의 구이린(桂林)이며 상군은 구이저우(貴州)성과 광시성의 경계이고 남해는 광둥성의 광저우(廣州, 당시는 番禺)에 걸쳐 위치했던 것으로 보인다.[08]

오늘날 베트남 역사학계에선 『회남자(淮南子)』의 상기한 기록을 근거로 진이 베트남까지 침입했다고 주장한다. 그러면서 이를 중국의 최초 침입에 대한 베트남인들의 성공적 저항이라고 한다.[09] 하지만 그 구절 중에 '살서구군(殺西嘔君)'이란 말이 있는데, 다오 주이 아인(Đào Duy Anh)은 이 서구(西嘔)와 광시성의 서구(西甌; 베트남어는 떠이 어우, Tây Âu)는 동일한 종족으로 보고 있

Nam qua các đời(베트남 역대 강역)(Huế: NXB Thuận Hóa, 1994), p.21; Keith Taylor, *The Birth of Vietnam*, p.9.

05 『전서』(상), 100면.

06 劉安 等編, 『淮南子』(上海: 上海古籍出版社, 1989) 권18, 203면.

07 "發諸嘗逋亡人 贅壻賈人 略取陸梁地 爲桂林象郡南海 以適遣戍." 『史記』(北京: 中華書局, 1963) 권6, 본기6, 253면.

08 Henri Maspéro, "La commanderie de Siang," *Bulletin de l'Ecole Française d'Extrême-Orient*(이후 '*BEFEO*'로 약함), 16(1917), pp.49-55; 吉開將人, 「歷史世界としての嶺南·北部ベトナム一その可能性と課題」, 『東南アジア一歴史と文化』 31(2002), 81-83면.

09 Ủy ban khoa học xã hội Việt Nam(UBKHXHVN), *Lịch Sử Việt Nam*(베트남역사), tập I(Hà Nội: NXB khoa học xã hội, 1971), p.73; Trương Hữu Quýnh, chủ biên, *Đại cương lịch sử Việt Nam*(베트남역사 개요)(Hà Nội: NXB Giáo Dục, 2008), tập I, pp.47-48; Nguyễn Quang Ngọc, chủ biên, *Tiến trình lịch sử Việt Nam*(베트남역사의 전개과정)(Hà Nội: NXB Giáo Dục, 2010), p.30.

다.[10] 이로 보면 진의 침입은 광시성에서 그쳤고 베트남까지는 아니었음이 확실하다.

진의 남침으로 광시성의 서구가 베트남 경내로 이주하면서 그곳의 서구족과 결합하여 세력을 강화한 결과 홍 강 델타로 진출하여 반 랑을 멸했다고 생각된다. 그렇기는 하지만 '어우 락' 이란 이름이 보여주듯이, 새로운 왕국은 외래의 떠이 어우(Tây Âu)가 기존의 락 비엣과 결합된 나라였다.[11] 그러나 어우 락 왕국은 중국인 관리 조타(趙佗, 베트남어로는 찌에우 다, Triệu Đa)가 세운 남월(南越, 베트남어로는 남 비엣, Nam Việt)에게 기원전 179년 흡수됨으로써 단명으로 끝났다.[12]

조타는 진이 멸망하자 남해를 중심으로 계림과 상군을 병합하여 기원전 207년에 남월을 세웠다. 조타는 황제를 칭하면서 여후(呂后)와 대결했으나, 여후의 사망 후 한의 군대가 철수하자 주변으로 세력을 뻗쳐 어우 락을 병합하고 자오 찌(Giao Chỉ, 交趾)와 끄우 쩐(Cửu Chân, 九眞)으로 나누어 다스렸다. 당시 남해부터 베트남 북부까지는 중국문화의 영향이 미치지 않았던 하나의 독자적 '문화권' 내지는 '역사세계'였다.[13]

조타는 중국 관리였으나 그가 중원의 한과 대립하는 국가를 세울 수 있었던 것은 자신을 남방 세계의 일원으로 생각했던 때문이었다. 그는 한고조(漢

10 Đào Duy Anh, *Đất nước Việt Nam qua các đời*, p.21.

11 Đào Duy Anh, *Đất nước Việt Nam qua các đời*, p.27; Keith Taylor, *The Birth of Vietnam*, p.20.

12 『史記』 권113, 열전53, 2969면; Lê Tắc(黎崱). 『安南志略』(北京: 中華書局, 1995), 270면; Phan Huy Lê, Trần Quốc Vượng, Hà Văn Tấn, Lương Ninh, *Lịch Sử Việt Nam*(베트남 역사)(Hà Nội: NXB Đại Học và Giáo Dục Chuyên Nghiệp, 1991), tập I, p.144; Trương Hữu Quýnh, chủ biên, *Đại cương lịch sử Việt Nam*), tập I, p.49.

13 松本信廣, 『印度支那の民族と文化』(東京: 岩波書店 1942), 295-313면; 吉開將人, 「歷史世界としての嶺南·北部ベトナム—その可能性と課題」, 79-96면; Denis Twitchett and John Fairbank(eds.), *The Cambridge History of China*, vol.1, *The Ch'in and Han Empires, 221 B.C-A.D. 220*(New York: Cambridge University Press, 1986), p.128.

高祖)가 보낸 사신에게 "나와 한제(漢帝) 중 누가 더 현명한가?"라고 물을 정도로 한과의 대등한 독립왕조임을 강조했다.[14] 그러기에 사기(史記)나 한서(漢書)에서는 그를 외신(外臣) 또는 외번(外藩)으로 다루어 남월을 이민족의 국가처럼 다루었다.[15] 그러나 뒷날 중국인들은 남월을 중국 지방정권의 하나로 간주했다.

그런가 하면 베트남 역사에서는 그가 황제를 칭하면서 중국의 침략에 대항한 위대한 인물로 보았다. 1272년 『대월사기(大越史記)』를 저술한 레 반 흐우(Lê Văn Hưu, 黎文休)는 진정한 의미에서 베트남 역사는 남 비엣(남월)으로부터 시작한다고 했고,[16] 이러한 생각은 그 뒤로도 이어졌다. 레 반 흐우는 1257년 몽골의 제1차 침입 이후 언제 또 있을지 모를 침략에 앞서 『대월사기』을 썼기 때문에, 한에 대등한 태도를 취하면서도 독립을 유지한 조타를 높이 평가하지 않았나 생각된다. 18세기 후반에 이르러 저명한 문사인 응오 티 씨(Ngô Thì Sĩ, 吳時仕)가 처음으로 조타를 중국의 지배자로 보았지만,[17] 이에 동조하는 이들은 20세기 중반 이후까지도 거의 없었다.

그러다가 1970년대 초부터 응오 티 씨의 견해에 힘입어 베트남 학계는 남 비엣을 중국의 지방정권으로 보기 시작했다. 따라서 북속기의 시작도 조타가 어우 락을 병합한 기원전 179년부터라고 한다.[18] 그러나 일반적으로 세

14 『史記』 권97, 열전53, 2698면; 『전서』(상), 108면.

15 『史記』 권113, 열전53 「南越列傳」; 『漢書』(北京: 中華書局, 1964) 권95 「西南夷兩粵朝鮮傳 第65」; 栗原朋信, 『秦漢史の研究』(東京: 吉川弘文館 1956), 174-177면.

16 "趙武王能開拓我越 而自帝其國 與漢抗衡 書稱老夫 爲我越倡始帝王之基業 其功可謂大矣." 『전서』(상), 114면; Wolters, O. W. "Historians and Emperors in Vietnam and China: Comments Arising Out of Le Van Huu's History, Presented to the Tran Court in 1272." in *Perceptions of the Past in Southeast Asia*, edited by Anthony Reid and David Marr[Singapore: Heinemann Educational Books(Asia), Ltd., 1979], pp.73-74, 77-78; 유인선, 「전근대 베트남인의 歷史認識」, 180면.

17 Ngô Thì Sĩ(吳時仕). 『越史標案』, Ecole Française d'Extrême-Orient, microfilm A.11. 연대미상.

18 UBKHXHVN, *Lịch Sử Việt Nam*, tập I. pp.74-77; Phan Huy Lê, Trần Quốc Vượng, Hà Văn Tấn, Lương Ninh, *Lịch Sử Việt Nam*, pp.145, 155; Trương Hữu Quýnh, chủ biên, *Đại cương lịch sử Việt*

계 학계는 한의 무제(武帝)가 남 비엣을 멸망시킨 기원전 111년을 북속기의 시작이라고 본다.[19] 북속기는 이후 천년 동안 계속되었는데, 이 시기의 특징이라면 중국의 지배와 이에 대한 베트남인의 항쟁이라고 볼 수 있다.

한은 남월을 멸망시킨 후 광둥성과 광시성에 남해(南海)·창오(蒼梧)·울림(鬱林)·합포(合浦)를, 하이난 섬(海南島)에 담이(儋耳)·주애(珠崖), 그리고 베트남 북부와 중북부에 자오 찌와 끄우 쩐 및 녓 남(Nhật Nam, 日南) 등의 9군을 설치하고 이들로 자오 찌 자사부를 구성했다. 하지만 한이 베트남 3개 군에 파견한 관리는 토착지배층을 통해 현지사회를 통제하는 간접지배의 형태를 취함으로써 베트남 사회는 별다른 변화를 겪지 않았다. 한 무제가 남 비엣을 정복하고 베트남 중북부까지 진출한 목적은 무엇보다 남방 물산의 획득에 있었다. 『한서(漢書)』 지리지(地理志)에는 당시 중국인들이 녓 남 군(郡)이나 뢰주(雷州)반도의 서문(徐聞) 또는 합포에서 황금이나 비단을 가지고 동남아시아로 가서 그곳의 진주·보석·기석(奇石) 등과 교환했다는 기록이 보인다.[20] 이로 보아 한 조정이 보낸 중국 관리들의 주요 임무는 이들 남방 물산의 확보가 아닌가 싶다.

서기 1세기에 접어들어서면서 한의 간접지배 정책에도 변화가 나타나기 시작했다. 즉 종래의 방임주의를 벗어나 적극적으로 중국문화를 이식하려 노력했는데, 그 대표적인 인물이 석광(錫光)과 임연(任延)이었다. 석광은 전한(前漢) 말의 평제(平帝, 1-5) 때 자오 찌 태수였으며, 임연은 후한(後漢) 광무

Nam, tập I, pp.59-60; Nguyễn Quang Ngọc, chủ biên, *Tiến trình lịch sử Việt Nam*, pp.34-37; Phan Huy Lê, chủ biên, *Lịch Sử Việt Nam*(베트남 역사), tập I(Hà Nội: NXB Giáo Dục Việt Nam, 2012), pp.341-345.

19 Lê Thành Khôi, *Histoire du Viêt Nam des origines à 1858*(Paris: Sudestasie, 1981), pp.84, 89; Keith W. Taylor, *The Birth of Vietnam*, p.30; Keith W. Taylor, *A History of the Vietnamese*(Cambridge, UK: Cambridge University Press, 2013), p.15.

20 『한서』 권28下, 지리지 8下, 1671면; Wang Gungwu, "The Nanhai Trade: A Study of the Early Trade in South China Sea," *Journal of the Malayan Branch of the Royal Asiatic Society* 31(1958), pp.19-20.

제(光武帝, 25-56) 때의 끄우 쩐 태수였다. 후일의 중국 역사가들이 "영남(嶺南)의 중국적 풍속은 두 태수로부터 비롯된다"라고 평할 정도로 이들은 중국 문물의 전파에 노력했다.[21] 특히 임연은 수렵을 주업으로 하여 곡식이 부족했던 주민들에게 우경(牛耕)과 철제농구 사용법을 가르쳐 생활을 안정시켰다. 한편 그는 당시 행해지고 있던 일종의 군혼(群婚)과 같은 혼인 풍습을 중국식 부계제도로 고치게끔 하고, 이를 실행토록 자신이 직접 결혼을 주선해 주었다.[22]

이러한 이질적 중국문화의 도입은 토착사회의 체제를 해체시키는 것으로 현지 지배계층에는 중대한 위협이 아닐 수 없었다. 여기에 더하여 중국 관리들의 착취까지 문제가 되어 저항은 불가피해졌다. 저항을 촉발시킨 것은 광무 초기 자오 찌 태수로 부임한 소정(蘇定)의 '탐욕과 포악'이었다.[23] 앞서 언급한 쯩 짝은 소정이 남편을 체포하여 처형하자 동생 쯩 니와 더불어 40년에 대규모 저항운동을 일으켰다. 이에 중국지배에 불만을 갖고 있던 토착 지배층이 전면적으로 들고 일어나 쯩 짝의 세력은 65개 성(城)으로까지 확대되었다. 쯩 짝은 토착세력의 큰 지지를 얻자 스스로 왕을 칭하고 도읍을 고향인 메 린(Mê Linh, 麊冷)으로 정했다.[24]

쯩씨 자매(Hai Bà Trưng)가 반란을 일으켰다는 소식을 접한 광무제는 이듬해 마원(馬援)을 원정군 사령관으로 임명하여 자오 찌 토벌 명령을 내렸다. 육로로 순조롭게 진군한 마원의 군대는 42년 봄에 홍 강 델타의 랑 박(Lãng Bạc, 浪泊)에서 우기(雨期)로 인해 어려움이 많았음에도 불구하고 쯩 짝의 군

21 "嶺南華風 始於二守焉."『後漢書』(北京: 中華書局, 1965) 권76, 열전66, 2462면;『전서』(상), 125면.
22 『後漢書』 권76, 열전66, 2462면;『安南志略』, 159-160면;『전서』(상), 125면.
23 "建武初 守交趾 貪暴."『安南志略』, 160면; Bui Quang Tung, "Le soulèvement des Soeurs Trung," *Bulletin de la Société des Études Indochinoises* 36-1(1961), p.76.
24 『後漢書』 권24, 열전14, 838면;『전서』(상), 126면;『大越史略』, 29면.

대를 대파했다. 쯩씨 자매는 딴 비엔 산(Sơn Tản Viên, 傘圓山)으로 도피하여 이후 1년 동안 저항하다가 43년 정월 마침내 마원에게 생포되어 처형당하고 그 머리는 낙양으로 보내졌다.[25] 이와 달리, 베트남 사서(史書)에는 두 자매가 처형된 것이 아니라 딴 비엔 산 부근에 있는 강에 몸을 던져 자살한 것으로 되어있다.[26] 이는 자기네 영웅의 굴욕적 모습을 부정하려는 의도에서였다.

델타 지방을 평정한 마원은 끄우 쩐(九眞)의 쯩씨 잔당을 토벌하기 위해 남쪽[지금의 응에 안(Nghệ An, 乂安) 지역]까지 진격했다. 짜오 찌와 끄우 쩐 두 군을 완전히 평정한 마원은 44년 봄 낙양(洛陽)으로 개선하기 전 1년 동안 행정개혁과 수리시설의 정비 등에 힘을 기울였다. 무엇보다 그는 중국 관리의 직접지배를 강화하여 종래의 토착지배계층인 락장(雒長)과 락후(雒侯)의 이름은 사라지게 되었다.[27] 이들을 대신하여 등장한 것은 중국 관리와 이주민 및 이들과 사이에서 태어난 혼혈인이었다. 한은 종전과 달리 베트남을 제국(帝國)의 일부로 간주하여 보다 적극적인 직접지배로 이행하면서 토착 풍습과 관습을 타파하고 한의 법률제도를 도입했다.

이러한 상황도 불구하고 서기 1세기 말까지는 후한의 전성기로 베트남 사회는 별다른 동요를 보이지 않았다. 그러나 후한이 정치적 부패와 혼란으로 쇠락해지자 반란의 조짐이 일기 시작했다. 이들 반란의 원인은 무엇보다도 부임해 오는 자사들 대부분이 남방의 진귀한 물산들을 중간에서 가로채 사복만을 채운 것에 대한 불만에서였다.[28]

25 『後漢書』 권24, 열전14, 838면; Bui Quang Tung, "Le soulèvement des Soeurs Trung," p.77.

26 Lý Tế Xuyên(李濟川), *Việt-Điện u-linh tập*(越甸幽靈集)(Sài Gòn: Nhà sách Khai-Trí, 1960), p.11; 『전서』(상), 127면.

27 Henri Maspéro, "L'Expedition de Ma Yüan," *BEFEO* 18(1918), p.18; Le Thanh Khoi, *Histoire du Viet Nam des origines à 1858*, p.94; Keith W. Taylor, *A History of the Vietnamese*, p.24.

28 『後漢書』 권 86, 열전67, 2839면; 유인선, 『베트남과 그 이웃 중국』, 52-53면.

100년에 녓 남의 최남단에 위치한 뜨엉 럼 현(huyện Tượng Lâm, 象林縣) 주민이 관아를 약탈하고 불사르는 사건이 발생했다.[29] 이어 137년에는 뜨엉 럼의 원주민인 쿠 리엔(Khu Liên, 區憐) 등 수천 명이 현청 소재지를 불사르고 관리를 살해하는 일이 벌어졌다.[30] 이와 유사한 사건이 144년과 160년에 녓 남과 끄우 쩐 지방에서도 일어났다.[31] 홍 강 델타주변에서 일어났던 반란은 그 중심부에까지 번져 178년 자오 찌 등지에서 난이 발생했고, 그리고 184년에는 마침내 자오 찌의 주둔병이 반란을 일으켜 자사(刺史)를 체포·살해하는 사건도 있었다.[32]

이들 반란에 대하여 이미 내부에 환난을 겪고 있는 후한은 마원의 원정과 같은 적극적 정책을 취하여 문제의 해결을 도모하는 것은 불가능한 일이었다. 사건이 발생하면 그저 한두 명 정도의 유능한 관리를 임명하여 그의 역량에 의지하는 소극적이며 고식적인 방법에 머물렀다. 당시 파견된 유능한 관리의 대표적 인물로는 가종(賈琮)을 들 수 있다.

184년 반란을 수습하기 위해 자오 찌에 파견된 가종은 도착하자 주민들이 안심하고 생업에 종사할 수 있도록 세금을 줄여주고 유능한 관리들을 군현에 배치하는 등의 조치를 취했다. 그러면서도 반란의 주동자들은 결코 용서하지 않았다. 이러한 조치로 평온을 곧 되찾았다. 때문에 항간에서는 그를 칭송하여 "가부(賈父)가 늦게 와 우리가 전에는 반란을 일으켰는데, 이제는 살기가 편하니 다시는 반(反)하지 않겠노라."라는 노래를 불렀다고 한다.[33] 그러나 이처럼 원인을 규명하여 대책에 노력하는 이는 언제나 그 개인

29 『後漢書』 권4, 187면 및 권86, 열전67, 2837면.

30 『後漢書』 권86, 열전86, 2838-39면; 『전서』(상), 127-128면. 『대월사략』에는 난이 138년에 일어난 것으로 되어 있다. 『大越史略』, 30면.

31 『전서』(상), 128-129면; 『大越史略』, 30면.

32 『後漢書』 권8, 340면, 349면; 『大越史略』, 30면; 『전서』(상), 129면.

33 "賈父來晚 使我先反 今見淸平 不敢復叛." 『後漢書』 권31, 열전21, 1112면; 『大越史略』, 30면; 『전서』(상),

으로 끝나고 뒤를 잇지 못했기 때문에 한 조정의 제어로부터 점차 벗어나려는 토착사회의 불만을 피할 수가 없었다.

한편 후한 말 중국 본토가 환관의 권력남용, 황건적의 난 등으로 혼란의 소용돌이에 휩싸여 있을 무렵, 자오 찌는 오히려 잠시 평온을 유지할 수 있었다. 이는 마침 사섭[士燮, 베트남어로는 씨 니엡(Sĩ Nhiếp)]과 같은 유능한 인물이 태수로 있었기 때문이었다. 그의 조상은 본래 오늘날 산둥성 출신으로 왕망시대의 난을 피해 광시성의 창오로 이주했다. 사섭은 그 7대 손으로 이주 중국계 지배계층의 전형적인 경우인데, 청년시절 낙양에 가서 저명한 유학자 밑에서 『춘추좌씨전(春秋左氏傳)』을 배웠다. 이후 효렴(孝廉)으로 추천되어 상서랑(尙書郞)에 임명되었다가 알 수 없는 사건으로 면직되었지만, 곧 쓰촨성 한 현(縣)의 현령을 거쳐 자오 찌의 태수가 되었다.

그 무렵 자오 찌의 자사가 전횡을 일삼자, 이를 참지 못한 주민들이 반란을 일으켜 그를 살해했다. 이리하여 자오 찌가 일시적 혼란에 빠지자 사섭은 자신의 세 동생을 각각 합포와 끄우 쩐 및 남해의 태수로 임명해줄 것을 요청했다. 후한 조정은 사섭이 현지 출신으로 현지인들의 절대적 지지가 있다고 생각하여 이를 인정해 주었다.[34] 곧 이어 후한 조정에서는 사섭에게 관직을 다시 주어 자오 쩌우(Giao Châu, 交州)[35] 소속의 군들을 다스리게 했다. 이는 한 조정이 남쪽 문제에 간섭할 여력이 없었기 때문에 그에게 일임했지 않은가 한다.

208년 강남에서 손권(孫權)의 세력이 강해지자 사섭은 대북정책을 바꾸어 그와 손을 잡았다. 210년 손권이 자오 쩌우 자사를 보내자 사섭 형제들은 새

129면; 『安南志略』, 167-168면.

34 『三國志』(北京: 中華書局, 1964) 권49, 吳書, 열전4, 1191면.

35 기원 203년 자오 찌 자사부는 자오 쩌우 자사부로 바뀌고 자오 찌는 그 아래 하나의 군(郡)으로 되었다.

로 부임한 자사의 권위를 인정하고 그와 협력했다. 이에 자사는 남부지역의 통치를 사섭에게 맡겼고, 따라서 자오 쩌우에서의 실권은 사섭에게 있었다. 222년 손권이 오(吳)를 건국하자 아들을 인질로 보내는 등 그와의 관계를 더욱 돈독히 했다. 사섭은 손권에게 매년 남해의 진귀한 산물들을 보냈고, 이러한 공물은 손권에게 주요 재원이 되어 사씨 집안은 자오 쩌우에서 전과 변함없는 지위를 누릴 수 있었다.[36] 따라서 『영남척괴(嶺南摭怪)』의 저자는 말하기를, 그의 위세는 조타도 능가할 수 없을 정도였다고 했다.[37]

사섭이 이처럼 대내적으로 안정을 유지할 수 있었던 데에는 토착사회의 지지가 한몫을 했다. 그는 이전 한인관리들이 주민들을 착취하던 것과는 달리 여러 대에 걸쳐 남방에 살면서 토착사회와 밀착되어 있었기에 주민들과 공통의 이해관계도 있었다. 결국 사섭의 공적은 중국의 정치적 격동기에 베트남을 혼란에 빠뜨리지 않고 주민들의 생활을 안정시킨 것이다. 이에 주민들이 그를 좋아해 '브엉(Vương, 王)'이라 불렀다고 한다. 후일 그는 이 공로를 인정받아 쩐 왕조의 넌 똥(Nhân Tông, 仁宗, 1279-1293) 쭝 훙(Trùng Hưng, 重興) 원년(1285)에 공식적으로 "왕"의 칭호가 주어져 "씨 브엉(Sĩ Vương, 士王)"이라 불리어졌다.[38]

226년 사섭이 사망한 후 그의 아들들이 아버지의 지위를 이어받으려고 하자 오(吳)는 이를 인정하지 않음은 물론 그 일족을 잔혹하게 멸하고 베트남 북부를 지배하에 두었다. 중국의 통치자들은 전통적으로 남방물산의 획득에 많은 노력을 기울였으며, 이런 점에서 손권도 예외는 아니었던 것이다. 오의 가혹한 징수와 사씨 일가의 멸족에서 보여준 잔혹성은 주민들의

36 『三國志』 권49, 吳書, 열전4, 1192면; 『大越史略』, 30면; 『전서』(상), 132면; 『安南志略』, 171-172면; 後藤均平, 『ベトナム救國抗争史』(東京: 新人物往來社, 1975), 167-168면.

37 『嶺南摭怪』, 43면.

38 『嶺南摭怪』, 43면; 『전서』(상), 130면.

반란을 유발시켰다. 248년 끄우 쩐 지방에서 오 조정에 대한 저항이 일어났는데, 전술한 찌에우 어우(존칭은 Bà Triệu)라는 젊은 여인은 지도자의 한 사람으로 수개월 저항하다가 실패하자 자살했다고 한다. 쯩씨 자매의 경우와 마찬가지로 찌에우 어우에 대하여도 중국 기록과 베트남 기록 사이에 차이가 있다. 전자는 그녀가 매우 음탕했다고 한 반면, 후자는 그녀가 정결한 여인으로 불결한 것을 보면 매우 수치스러움을 느꼈다고 했다.[39]

263년 자오 찌에서 관리의 욕심 때문에 또 다른 반란이 일어났다. 자오 찌의 토착관리 르 훙(Lữ Hưng, 呂興) 등이 반란을 일으켜 자오 쩌우 태수 손서(孫諝)와 감사관 등순(鄧詢)을 살해했다. 손서는 자오 찌의 수공업자 천여 명을 난징(南京)에 강제로 보낸 인물이었다. 이에 불만이 일자 오에서는 감사관을 보냈는데, 그는 도착하자마자 사태를 수습치 않고 오히려 공작 30쌍을 난징으로 보내게 했다. 이 때문에 자오 찌의 주민들은 르 훙을 앞세워 무기를 들었던 것이다.[40] 때마침 중국에서는 위(魏)가 촉(蜀)을 멸하고 오를 위협하자 르 훙은 위에 원조를 요청했다. 위는 이 기회를 이용하여 자오 찌에 대한 지배를 확립하려고 르 훙에게 자오 찌의 군사문제를 총괄케 했으나, 위가 이듬해 진(晉)에 멸망하면서 자오 찌는 자연히 진에 속하게 되었다. 진은 르 훙을 자오 찌 태수로 임명했다. 그러나 그는 곧 친오파(親吳派)인 부하에게 살해당했다.

당시 오는 북쪽의 위협 때문에 자오 찌에 잠시 간섭하지 않다가, 268년 군대를 보내 정복을 시도했지만 성공치 못했다. 271년에 이르러 마침내 난을 진압하고 도황(陶璜)을 자오 쩌우 자사로 임명했다. 280년 진이 오를 병합하자 도황은 진에 항복했고, 진은 그를 그대로 유임시켰다. 도황이 30년 자오

39 後藤均平, 『ベトナム救國抗爭史』, 191면.

40 『三國志』 권48, 吳書, 1161면; 『전서』(상), 139면.

쩌우에 재임하는 동안 민심을 잘 수습한 결과 자오 찌는 평온을 유지했다. 그가 사망하자 전 주민들이 자애로운 아버지의 상(喪)을 당한 듯이 통곡을 했다고 한다.[41] 그의 사망 후 자오 찌는 다시 불안정해졌다.

진은 이때 8왕의 난(291-306)이 일어나 중앙정권은 약화되고 지방에서는 관리들이 이권 다툼에만 몰두해 있었다. 이러한 상황을 이용해 이민족들이 일어나 진을 멸망시켰다. 진의 종실에 의해 동진(東晋)이 건설되기는 했지만 멀리 떨어져 있는 남쪽의 자오 쩌우를 돌아볼 여력은 없어 파견된 관리들은 이전의 관리들처럼 남방물산의 착취에만 급급했다. 심지어는 중앙의 관리가 빈곤을 구실로 자오 쩌우의 관직을 구하여 사복을 채우는 데까지 이르렀다.[42]

이는 대외관계에도 영향을 끼쳐 참족의 임읍(林邑, 후일의 참파)이 자주 남쪽 변경을 침입하는 사태가 벌어졌다. 『진서(晉書)』「임읍전(林邑傳)」에 따르면, 남방으로부터 무역선이 녓 남에 들어오면 자오 쩌우 자사나 녓 남 태수가 물품의 20-30%를 착복하고, 50% 이상을 취한 자도 있었다고 한다.[43]

4세기 중반 임읍 원정에 필요한 인력과 물자는 자오 찌가 전부 부담해야 했으며, 그로 인해 현지 관리들의 분노를 사기도 했다. 뿐만 아니라 임읍의 북침에 대하여 중국의 역대 왕조는 토벌군을 파견했고, 그 때문에 베트남은 빈번하게 다른 민족들 간의 각축장이 되어 주민들이 자주 곤경에 빠졌다. 그러나 임읍의 문제가 어느 정도 해결된 후에도 또 다른 문제들로 인해 자오 찌에 대한 동진 조정의 관심은 급격히 줄어들었다. 이후 자사 직은 공석으로 남고, 자사가 없는 동안 영향력을 행사한 것은 현지인으로 끄우 쩐 태

41 『晉書』(北京: 中華書局, 1974) 권57, 열전27, 1561면; 『전서』(상), 141면.

42 "(溫嶠之子) 放之嗣爵 少歷淸官 累至給事黃門侍郎 以貧 求爲交州 朝廷許之."『晉書』 권67, 열전37, 1796면.

43 『晉書』 권97, 열전67, 2546면.

수인 리 똔(Lý Tốn, 李遜)이었다.

380년 동진 조정이 등둔지(藤遯之)를 자오 쩌우 자사로 보내자, 조정의 힘이 약하다는 생각에서 리 똔은 반기를 들었다. 그러나 토착지배계층에 속하는 또 다른 인물인 자오 찌 태수 도 비엔(Đỗ Viện, 杜瑗)이 이 기회를 이용하여 자기의 야망을 이룰 목적으로 리 똔을 살해하고 등둔지를 맞아들였다.[44] 이로부터 반세기에 걸쳐 도씨 일가는 자오 쩌우의 문제에 관해 막대한 권력을 행사할 수 있었다.

도 비엔의 집안은 본래 지금의 시안(西安) 부근에 살던 중국인이었다. 그의 조부가 진의 멸망 직전인 4세기 초 영포군(寧浦郡, 합포군 북부에 오가 신설했음)의 태수로 부임한 것이 인연이 되어 이후 자오 찌에 정착했다. 도씨 집안은 동진이 세워질 때 어떤 기여를 했을 가능성도 없지 않다. 여하튼 도 비엔은 녓 남과 끄우 득(Cửu Đức, 九德)의 태수를 역임하고 자오 찌 태수로 있다가 신임 자사를 맞이했던 것이다. 그는 중국 남쪽 방위의 제일선에 서서 북진하는 임읍의 세력을 저지했다.

등둔지에 대하여는 알려진 바가 없으나 그가 자오 쩌우에 있었던 20년 가까이 임읍이 여러 차례 침입했음에도 별다른 피해는 없었던 것으로 보아 비교적 유능한 인물이었던 것으로 추측된다. 399년 등둔지가 떠난 지 얼마 안 되어 임읍은 북침을 하여 자오 쩌우의 중심도시까지 포위하기에 이르렀다.[45] 도 비엔은 베트남에서 태어나 성장한 인물로, 사섭과 마찬가지로 현지 사회를 수호하는 데 누구보다도 열성적이었다. 그는 자오 쩌우의 군대를 동원하여 반격을 가해 임읍의 군대를 물리쳤다. 도 비엔은 그 공로로 자오 쩌

44 『晉書』 권9, 帝紀9, 231면; 『宋書』(北京: 中華書局, 1974) 권92, 열전52, 2263면; 『大越史略』, 33면; 『전서』(상), 142면.

45 George Maspero, *Le royaume de Champa*, p.61.

우 자사에 임명되었다. 410년 그가 사망하자 아들 도 뚜에 도(Đỗ Tuệ Độ, 杜慧度)가 자사 직을 이어받았다. 도 뚜에 도가 자사 직에 있을 때도 임읍의 침입은 계속되었으나 420년 그는 대대적인 정벌을 감행하여 그때까지 잃은 모든 땅을 되찾았다.[46]

같은 해 남중국에서는 유유(劉裕)가 동진의 제위를 빼앗아 스스로 황제를 칭하면서 송(宋)을 세웠다. 도 뚜에 도가 사절과 선물을 보내니 유유는 자오 쩌우에서 그의 권위를 그대로 인정해주었다. 이리하여 자오 쩌우는 중국에서의 왕조교체기란 정치적 혼란기를 무사히 넘겼다. 자오 쩌우가 토착지배층의 영도 아래 중국의 혼란에 휩싸이지 않고 평온을 유지한 것은 이후 독자적인 정치발전을 위한 밑거름이 되었다.

423년 도 뚜에 도가 세상을 떠나자 다시 끄우 쩐 태수였던 큰아들 도 호앙 반(Đỗ Hoằng Văn, 杜弘文)이 자사 직을 승계했다. 도 호앙 반은 관대한 성격의 소유자로 많은 사람들의 지지를 받았는데, 5년 후 송의 중앙관직에 임명되자 병든 몸을 이끌고 가다가 도중에 객사했다. 주변에서 그의 중병을 고려해 말렸지만, 그는 우리 집안이 3대에 걸쳐 황은(皇恩)을 입었는데 어찌 가지 않을 수 있겠느냐고 했다는 것이다.[47] 도씨는 토착의 유력자로 자오 쩌우의 안녕을 위해 노력했지만, 이 말에서 보듯이 아직은 중국 왕조의 충실한 신하였다. 따라서 베트남이 중국의 지배로부터 벗어날 조짐은 보이지 않았다.

한편 한동안 잠잠했던 임읍은 도씨 지배 말기로부터 다시 끊임없이 자오 찌를 침입하기 시작했다. 4세기의 진이 임읍과의 전쟁에 자오 찌의 물자에 의존했던 것과는 달리, 송은 중앙의 비교적 괜찮은 경제력을 바탕으로 전쟁

46 『宋書』 권92, 열전52, 2264면; 『전서』(상), 143면; 『大越史略』, 33면.

47 『宋書』 권92, 열전52, 2265면; 『전서』(상), 144면. 도 호앙 반의 어머니는 당시 연로했는데, 중병에 걸린 자식이 길을 나서는 걸 보고 차마 헤어질 수가 없어 같이 따라나서 광저우(廣州)에 도착한 후 사망했다고 한다.

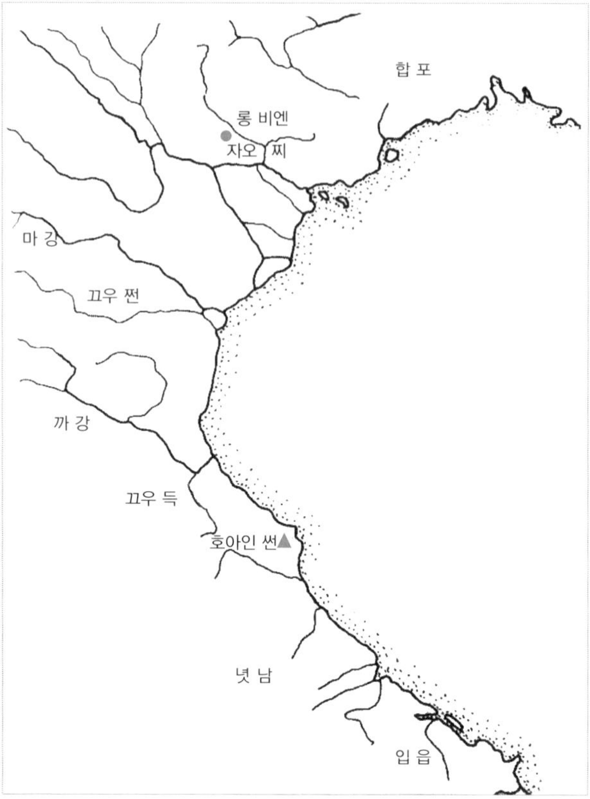

[그림 4] 5세기 중국지배하의 베트남

을 준비하여 임읍에 대항했다. 446년 자오 쩌우 자사인 단화지(檀和之)에게 토벌 명령을 내렸다. 위협을 느낀 임읍은 겉으로만 화평을 한다고 했기에, 단화지는 임읍의 서울을 점령한 후 수많은 보물들을 약탈해 가지고 돌아왔다.[48]

단화지의 정벌 이후 이전 2세기 반 동안 남쪽 변경을 침입했던 임읍은 쇠

48 『宋書』 권97, 열전57, 2378면; 『梁書』(北京: 中華書局, 1973) 권54, 열전48, 786면; 『大越史略』, 33면; 『전서』(상), 144-145면; George Maspero, *Le royaume de Champa*, pp.72-73. 『전서』에는 단화지의 원정이 436년으로 되어 있는데 이는 오류다.

약해져 이후 한동안 변경은 조용했다. 그럼에도 불구하고 시대가 지남에 따라 녓 남은 다시 임읍의 영향 하에 놓였다. 이는 당시 강남의 왕조들은 이민족이 세운 북방의 왕조들과 끊임없는 긴장상태에 있었기 때문이다. 그런 연유에서인지 자오 찌는 비교적 안정을 유지하며 어느 정도 경제적 번영을 누릴 수 있었다. 그런가 하면 반면에 자오 쩌우는 재산을 축적할 수 있는 기회의 땅이었기 때문에 부패한 조정 관리들이 원하는 부임지기도 했다. 다시 말하면, 자오 쩌우에 부임해 오는 관리들은 자신의 치부에만 관심이 있고 현지 지배에는 별 관심이 없었다.

중앙 조정의 약화와 관리들의 부패는 야망 있는 현지 지배계층에게 세력을 확대할 수 있는 길을 열어주었다. 468년 현지인 리 쯔엉 년(Lý Trường Nhân, 李長仁)은 송이 보낸 관리의 부임을 거부하고 자신을 자사에 임명토록 요구하여 승인을 받았다.[49] 470년대 리 쯔엉 년이 사망한 후에는 사촌 동생인 리 툭 히엔(Lý Thúc Hiến, 李叔獻) 역시 송이 보낸 자사가 오는 것을 막고 자신이 자사가 되려고 했다. 때마침 제(齊)가 송을 멸망시켰다(479). 제의 새로운 황제는 리 툭 히엔이 영역을 평온하게 유지하고 능력도 있다는 이유로 그의 자사 임명을 승인했다.[50] 제가 리 툭 히엔을 쉽사리 자사에 임명해준 것은 왕조의 안정이 급선무였기 때문이었다. 그 후 정권이 어느 정도 안정되자 제는 자오 쩌우가 중앙의 명령을 어기고 남방의 여러 나라로부터 오는 공물을 가로챘다는 것을 구실로 새로운 자사를 임명하고는 리 툭 히엔을 무력으로 위협하여 해임시켰다(485).[51]

리 쯔엉 년과 리 툭 히엔은 도씨와 같은 토착세력이었지만, 중국 왕조의

49 『宋書』 권8, 본기8, 163면; 『전서』(상), 145면.

50 『南齊書』(北京: 中華書局, 1974) 권2, 본기2, 34-35면; 『資治通鑑』, 司馬光 著, 胡三省 注(臺北: 天工書局, 1988), 권135, 4230면; 『大越史略』, 34면; 『전서』(상), 145-146면.

51 『資治通鑑』 권136, 4265면; 『大越史略』, 34면; 『전서』(상), 146면.

지배를 거부했다. 이러한 저항은 6세기에 중앙 조정이 쇠퇴하면서 더욱 강해졌다. 다시 말하면, 이로부터 베트남은 비로소 중국의 지배로부터 벗어나 독립하겠다는 의지가 표출되었다는 것이다. 그런 의미에서 6세기는 중국 지배하의 베트남 역사에서 하나의 전환기라고 할 수 있다.

502년 중국의 남조에서 이제까지의 제를 대신하여 양(梁)이 들어서자, 자오 쩌우의 유력자들은 양에 저항하거나 지지하는 두 파로 나누어졌다. 첫 20년 동안은 양을 지지하는 파가 우세하였는데, 이는 양이 자오 쩌우에 쉽게 개입할 수 있는 길을 열어주었다. 양은 주(州)와 자사의 수를 늘리고 이주 중국인들을 새로 개편된 행정단위의 관리로 기용함으로써 행정구역을 정비하여 남방 주군(州郡)에 대한 지배권을 확립하려했다. 중요도가 낮은 주들의 설치에는 현지인들을 임명하여 제국질서에 참여시켜 토착세력의 독립적인 의지를 무마시키려는 의도도 있었다. 그러나 문벌을 중시했던 당시에 베트남인들이 참여할 수 있는 기회는 제한되었고, 그 결과는 불만의 폭발로 이어졌다.

동진 이래 남조의 수도가 현재의 난징으로 되면서 자오 쩌우로부터의 거리는 전보다 훨씬 가까워졌다. 이런 거리상의 이유로 인해 자오 쩌우의 지배층은 난징에서의 정치적 변동에 민감한 반응을 보이면서도, 사정이 허락하는 경우에는 현지의 일들을 독자적으로 처리했다. 그러나 간혹 정치적 야망이 있는 이들은 수도에까지 가서 관직에의 진출을 엿보았다.

541년 쯩씨 자매 이래 최대 규모의 난을 일으킨 리 비(Lý Bí 또는 Lý Bôn, 李賁)와 그의 협력자였던 띤 티에우(Tinh Thiều, 幷韶)는 이러한 인물들이었다. 리 비의 조상은 왕망시대의 혼란을 피해 자오 쩌우로 이주하여 7대째에 이르러 베트남화되었다고 한다. 리 비는 문무를 겸비한 인물로 처음 양 조정에 나아가 벼슬을 하려했으나 뜻을 이루지 못하고 자오 쩌우로 돌아와 지방의 무관으로 근무하고 있었다. 마침 자사의 폭정을 이유로 그가 반기를 들자, 문재(文才)가 있어 양의 관직에 나아고자 했으나 가문이 미천하다는 이유로 거절당해 불만을 품고 있던 띤 티에우도 가담했다. 여기에 토착의 탁월한 추장인 찌에우 뚝(Triệu Túc, 趙肅)까지 가세하면서 리 비의 군대는 자오 쩌우의 중심부를 쉽사리 손에 넣었다.[52] 양은 원정군을 보냈으나 많은 병사들이 질병으로 사망하여 성공치 못했다.

544년 리 비는 남비엣의 황제[南越帝]라[53] 칭하고 연호를 티엔 득(Thiên Đức, 天德), 나라 이름은 반 쑤언(Vạn Xuân, 萬春)이라 하고 백관을 임명하여 제국의 면모를 갖추었다.[54] 이는 베트남 사회가 북속을 거부하고 정식으로 세운 최초의 국가였다.

545년 양은 리 비를 공격하기 위해 훗날 진(陳)을 세우는 진패선(陳霸先)을 군사령관으로 삼아 베트남으로 진격시켰다. 리 비는 진패선의 군에 패하여 산간지방으로 피신했다가 산지민에게 죽임을 당했으며, 그의 머리는 양의 수도로 보내졌다(547). 그러나 베트남 사료에는 그가 병사한 것으로 되어 있다.[55] 베트남의 독립을 찾으려던 리 비의 꿈은 산산이 깨어졌다. 응오 씨 리엔은 다음과 같이 말하면서 그의 독립의 좌절을 애석해 했다.[56] "리 비가 중국 관리의 포악을 제거한 것은 천리(天理)인데, 실패한 것은 하늘이 아직 우리 자신의 태평한 통치를 바라지 않아서였다." 반면에 레 반 흐우는 말하기

52 『전서』(상), 147-148면; Keith Taylor, *The History of the Vietnamese*, p.35.

53 '남비엣 황제'란 조타의 뒤를 이었다는 의미이다.

54 "初州人阮賁反 據龍編城 自稱南越帝 置百官 改元天德 國號萬春." 『大越史略』, 34면; 『전서』(상), 148면; 『梁書』 권3, 본기3, 88면. 『대월사략』에서 '李賁'을 '阮賁'이라 한 것은 쩐 왕조 때 이씨를 완씨로 바꾸게 했기 때문이다.

55 『梁書』 권3, 본기3, 93면; 『陳書』(北京: 中華書局, 1972) 권1, 본기1, 3면; 『大越史略』, 34-34면; 『전서』(상), 149-150면

56 『전서』(상), 150면.

를, 군사 3만 명이면 능히 당할 자가 없는데, 5만 명으로 나라를 지키지 못한 것은 그가 장수로서는 부족했기에 그랬지 않은가 라고 했다.[57] 충분한 군사를 가지고 나라를 지킬 수 없었던 리 비에 대해 몽골의 위협을 받고 있던 시기의 레 반 흐우는 좋은 평을 할 수가 없었을 것이다. 여하튼 리 비의 정신을 이어받은 운동은 그 후 몇 십 년 동안 계속되어 베트남 사람들로 하여금 자아의식을 갖게 했고 마침내는 훗날 독립을 실현케 하는 밑거름이 되었다.

리 비가 죽자 그의 형 리 티엔 바오(Lý Thiên Bảo, 李天寶)가 이어받아 저항을 계속했지만 그것도 잠시뿐, 그의 사후에는 친척 리 펏 뜨(Lý Phật Tử, 李佛子)가 뒤를 이었다. 응오 씨 리엔은 리 비와 리 펏 뜨를 각각 독립된 왕조의 창건자로 인정하여, 전자를 '띠엔 리(Tiền Lý, 前李)' 왕조의 전이남제(前李南帝)로, 후자를 '허우 리(Hậu Lý, 後李)' 왕조의 후이남제(後李南帝)라고 했다.[58]

한편 델타 지방에서는 찌에우 뚝의 아들인 찌에우 꽝 푹(Triệu Quang Phục, 趙光復)이 진패선 군에게 저항했으나 실패를 맛보았다. 그러다가 진패선이 본국에서의 반란 때문에 귀국하고 소수의 병력만을 남겨놓자, 마침내 그는 이들을 물리치고 델타 중심부에서 세력을 장악했다.[59] 이리하여 자오 찌에서는 홍 강 델타를 중심으로 한 '찌에우 꽝 푹'과 산간지대 주변에 근거를 둔 '리 펏 뜨'의 대결구도로 되어 몇 차례의 충돌이 있었다. 557년 진패선이 양을 멸하고 진(陳)을 세우자, 양자는 위협을 느껴 타협을 하고 싸움을 멈췄다.

570년 정권이 안정된 후 진패선은 남해무역을 확보하기 위해 원정군을 자오 찌에 보냈다. 그 결과 무역의 중심지에 있던 찌에우 꽝 푹은 몰락하게 되고, 이 틈을 타서 리 펏 뜨가 세력을 확장했을 것으로 보인다. 리 펏 뜨의

57 『전서』(상), 150면.
58 『전서』(상), 147면 및 152면.
59 『越甸幽靈集』, 220면; 『전서』(상), 151면.

세력 확장은 진의 자오 찌에 대한 장악력이 얼마 지나지 않아 약화되어 있었기 때문에 가능했다.

이 무렵 중국에서는 새로운 변화의 움직임이 일고 있었다. 581년 북중국에서 일어난 수(隋)는 589년 남조(南朝)의 진을 멸하고 300년 가까이 중국의 분열에 종지부를 찍었다. 그러나 남방에서는 잠시 혼란이 계속되는 가운데 590년 자오 찌에서 리 쑤언(Lý Xuân, 李春)이 자립하여 대도독(大都督)을 자칭하면서 주현(州縣)을 함락시켰다.[60] 리 쑤언은 아마도 리 펏 뜨였던 것 같다.[61] 수 문제(文帝)는 장군 양소(楊素)를 파견하여 남방의 반란들을 하나하나 진압해 나갔다. 수년 내에 광둥과 광시 지방이 평온을 되찾고 수의 세력이 확립되었다. 리 펏 뜨는 수의 권위를 인정하고 복속했다. 따라서 그의 자립은 물거품이 되어버렸다.

한동안 수에 복속했던 리 펏 뜨는 601년 다시 수에 반기를 들었다. 그 이전 수는 광저우와 자오 쩌우 등 남방 여러 주의 책임을 진 관리를 파견했었다. 하지만 그는 노쇠하여 멀리 떨어진 자오 쩌우에서 리 펏 뜨가 문제를 일으키지 않는 한 간섭할 의사가 없었다. 얼마 후 그가 중앙으로 소환되어 가는 도중 병사하자, 중국 측의 대비가 없는 가운데 리 펏 뜨는 쉽사리 자오 쩌우의 지배자가 될 수 있었다. 수는 유방(劉方)을 원정군 사령관에 임명하여 진압케 하니 리 펏 뜨는 힘에 밀려 싸우지도 않고 항복했다. 때는 602년으로 그는 포로가 되어 장안(長安)으로 보내졌다.[62] 이로써 리 비 이래 60여 년에 걸쳤던 베트남인의 독립운동은 완전히 막을 내렸다. 응오 씨 리엔의 말에 따르면, 북과 남(중국과 베트남) 상호 간의 강약은 시기에 따라 다른데,[63] 베트

60 『隋書』(北京: 中華書局, 1982) 권2, 帝紀2, 35면; 『資治通鑑』 권177, 5535면.

61 Keith Taylor, *The Birth of Vietnam*, p.159.

62 『隋書』 권53, 열전18, 1357-1358면; 『資治通鑑』 권179, 5598면; 『전서』(상), 153면.

63 『전서』(상), 153면.

남은 아직 중국에 대항하기에는 역부족이었다.

베트남을 평정한 수는 오늘날 하노이인 똥 빈(Tống Bình, 宋平)에 교주총관부(交州總管府)를 설치하고 다른 주들은 모두 자오 찌, 끄우 쩐, 녓 남년의 3개 군으로 개편하여 그 관할 하에 두었다.[64] 그리고는 이전 남조의 왕조들과는 달리 정치·경제·문화·교육 등을 재편하여 확고한 지배를 꾀했다.

수는 오랫동안의 분열되었던 중국 대륙을 통일했지만, 예전의 진(秦)과 마찬가지로 단명으로 끝나고 말았다. 수양제(隋煬帝, 605-617)의 끊임없는 대외전쟁, 무리한 토목공사, 그리고 지나친 사치는 백성들의 불만으로 이어져 반란을 초래했다. 그리하여 618년 마침내 이연(李淵)에 의해 멸망했다. 그러나 이연이 당(唐)을 건국한 후에도 중국 대륙은 10여 년간 혼란이 계속되었다. 이에 비해 자오 찌 지방은 태수 구화(丘和)의 통치 덕분에 평온을 유지할 수 있었다. 구화는 수양제에 의해 자오 찌의 태수로 임명되어 관대한 통치를 함으로써 지방 유력자들과 주민들이 모두 그를 따랐다. 뿐만 아니라 그의 재임 중 임읍의 서쪽 소국들이 자진해서 그에게 진주·물소 뿔·황금 등을 보냈다고 한다.[65] 아마도 이는 중국의 혼란으로 광둥 지방과의 교역이 어렵게 되자 짜오 찌를 통해 무역한 것을 의미하지 않은가 한다.

수양제가 시해된 후 양쯔강(揚子江) 이남 각 지방의 세력들은 서로 각축했으나 구화는 동요하지 않고 중립을 지켰다. 이후 수가 멸망하자 구화는 양쯔강 중류에서 세력을 잡고 있던 양(梁)의 후손에게 복속했으나, 622년 그가 이연에 의해 평정되자 곧 당에 복종하여 자오 쩌우 총관(總管)에 임명되었다.[66] 결국 당은 구화 덕분에 평화와 번영을 누리던 자오 쩌우를 힘 안 들이

64 『隋書』 권31, 8志26, 885-886면; 後藤均平, 『ベトナム救國抗爭史』, 224면; Keith Taylor, *The Birth of Vietnam*, pp.166-167.

65 『舊唐書』(北京: 中華書局, 1975) 권59, 열전9, 2325면.

66 『舊唐書』 권59, 열전9, 2325면; 『資治通鑑』 권190, 5946면; 『安南志略』, 206면. 『전서』에는 구화가 618년

고 물려받았다.

당은 처음 수의 제도를 답습하여 교주총관부(交州總管府)를 두었다가 628년 이를 교주도독부(交州都督府)로 승격시켜 지배의 기틀을 확립했다. 50년 뒤인 679년에는 이를 다시 안남도호부(安南都護府)로 바꾸었다.[67] '안남'은 글자 그대로 '안정된 남쪽'이란 뜻으로, 이로부터 중국인들은 베트남을 안남이라고 부르기 시작했다. 이 이름은 훗날 우리나라나 일본은 물론 서양인들에게도 알려져, 1950년대 초까지도 베트남은 안남이란 이름으로 더 많이 불렸다.

당은 새로이 정복한 민족들을 지배하면서 대체로 그 자치에 맡기고 이들을 직접 통치하지는 않았다. 그러나 상당히 강력한 몇몇 민족에 대해서는 자치에 맡길 수 없어 도호부를 설치하고 이들을 감시했다. 당시 주요 도호부로는 고구려의 옛 영토에 둔 안동도호부를 비롯하여 총 여섯 개가 있었다.

고도 긴페이(後藤均平)는 새로운 정복지에 설치한 도호부를 베트남에 둔 것은 중국지배의 후퇴를 의미한다고 했다. 그는 중국이 마원의 원정 이래 600년 이상 베트남을 직접지배해 왔는데, 이곳에 도호 행정을 실시한 것은 중국의 태도가 미온적이었음을 뜻한다고 보았다. 그에 따르면, 이러한 중국 정책의 변화는 수백 년에 걸친 베트남인들의 끈질긴 저항을 견디지 못했기 때문이라는 것이다.[68] 이렇게 볼 때 안남도호부는 당의 의욕적인 진출에 의해 설치된 다른 도호부들과는 대조를 이룬다.

'안남'이란 이름과는 달리 도호부 체제의 지배 하에서도 반란은 끊이지 않았다. 679년 도호부 제도가 들어서기 전에는 기록상으로 한 번의 반란이 있

당에 복종하여 자오 쩌우 태총관(交州太總管)에 임명되었다고 했는데, 이는 오류다. 『전서』(상), 158면.

67 『舊唐書』 권41, 志21, 1949면. 안남도호부 아래에는 주, 주 밑에는 군과 현이 두어졌다. 주의 수는 시대에 따라 다르지만, 델타 중심부의 자오 쩌우를 비롯해 8개가 있었다.

68 後藤均平, 『ベトナム救國抗争史』, 238-240면.

었다. 그것은 당 태종(太宗) 때인 638년 남쪽에 위치한 민 쩌우(Minh Châu, 明州)에서 라오족이 일으킨 난이었다. 난의 정확한 원인은 알려져 있지 않지만, 난은 곧 자오 쩌우 도독 이도언(李道彦)에 의해 평정되었다. 당은 이후 민 쩌우를 까 강(sông Cả) 델타에 설치되었던 호안 쩌우(Hoan Châu, 驩州)에 편입시켰다.[69]

그러나 당의 지배가 확고해짐에 따라 당 관리들의 지배는 독단적으로 되었다. 681년 안남도호에 임명된 유연우(劉延祐)는 젊은 나이에 진사가 된 인물로 자기의 총명함만 믿고 경솔한 면이 있었다고 한다. 그는 부임하지마자 당시까지 중국의 절반 수준이던 안남의 조세를 두 배로 올려 본토와 똑같이 부담케 했다. 주민들은 당연히 저항을 했고, 그 저항에 앞장섰던 지도자는 리 뜨 띠엔(Lý Tự Tiên 李嗣先)이었다. 유연우가 리 뜨 띠엔을 사형에 처하자, 이번에는 딘 끼엔(Đinh Kiến, 丁建) 등이 들고 일어나 도호부를 점거하고 유연우를 살해했다(687). 이 난은 곧 계주(桂州) 관리였던 조현정(曺玄靜)에 의해 진압되었다.[70]

이번의 난은 종래의 여러 반란들과 본질적으로 그 성격이 달랐다. 이전의 반란들은 주로 토착 지배층의 기득권 유지 내지는 권력 장악을 위해 일어났지만, 리 뜨 띠엔 등을 중심으로 한 저항은 당의 정책으로 직접 피해를 본 농민들이 주체적으로 일으킨 것이었다.

도호 행정에 대한 보다 커다란 불만은 722년 호안 쩌우에서 일어난 마이 툭 로안(Mai Thúc Loan, 梅叔鸞)의 반란으로 표출되었다. 그는 자신을 흑제(黑帝)라고 하면서, 32개 주의 주민은 물론 임읍 및 쩐라(Chenla, 眞臘; 현 캄보디아)

69 『新唐書』(北京: 中華書局, 1975) 권2, 본기2, 38면; 『安南志略』, 209면; Keith Taylor, *The Birth of Vietnam*, p.187.

70 『新唐書』 권201, 열전126, 5732-5733면; 『資治通鑑』 권204, 6445면; 『전서』(상), 159면.

등과 연계하여 40만(?)에 달한 병력으로 난을 일으켰다. 당은 내시관(內侍官) 양사욱(楊思勗) 등이 이끄는 10만의 원정군을 보내 이를 간신히 진압했다.[71] 반란의 규모가 컸던 점으로 보아 당의 지배가 얼마나 억압적이며 관리들의 수탈이 어느 정도까지 심각했는가를 알 수 있다. 마이 툭 로안이 자신을 흑제라고 한 것은 그의 피부가 검기 때문이었다. 그뿐만 아니라 호안 쩌우는 도호부의 남쪽 변방지역이었다. 그러고 보면 그는 순수 베트남인이 아니었을 가능성이 많다. 한편 임읍과 쩐라의 참여는 그곳으로부터 오는 남방물산을 당 관리들이 착취했기 때문이었지 않을까 한다.

당의 세력은 현종(玄宗)의 개원의 치세(開元之治, 713-741)가 지나면서 기울기 시작했다. 특히 안록산(安祿山)의 난(755-763)은 당의 국력을 크게 약화시켰다. 당의 베트남 장악력이 약화되면서 문신관료들을 대신하여 무신들이 득세하여 변란을 일으키기까지 했다. 이들 무신 중에는 토착출신도 있었다.

풍 홍(Phùng Hưng, 馮興)은 이런 토착민 지도자들 중 한 사람으로, 그는 전한시대의 쯩 자매 고향인 옛 메 린 출신이었다. 그의 집안은 대대로 꽌 랑(quan lang, 官郞)이라는 칭호를 물려받았는데, 이는 예전 훙 브엉의 아들들이 가졌던 칭호라고 한다.[72] 그는 동생 풍 하이(Phùng Hãi, 馮駭)와 도호부 내의 혼란을 이용하여 이웃 지방들을 복속시켰다. 그리고는 동향 사람인 도 아인 한(Đỗ Anh Hàn, 杜英翰)의 도움을 얻어 마침내 도호부가 있는 라 타인(La Thành, 羅城; 현 하노이)을 포위·점령했다. 7년간 왕으로 군림한 풍 홍은 라 타인 점령 후 얼마 안 되어 세상을 떠났다.

풍 홍의 뒤를 이은 아들 풍 안(Phùng An, 馮安)은 2년 동안 통치했다. 791년 당 조정이 안남도호로 보낸 조창(趙昌)은 무력이 아닌 평화적인 방법으로 풍

71 『舊唐書』 권8, 본기8, 183-84면; 『新唐書』 권207, 열전132, 5857면; 『전서』(상), 159면.
72 『嶺南摭怪』, 48면; 『越甸幽靈集』, 222면.

안을 설득하여 문제를 성공적으로 해결했다고 한다.[73]

한편 풍 안은 풍 홍에게 '보 까이 다이 브엉(Bố Cái Đại Vương, 布蓋大王)'이란 칭호를 바쳤다. 쯔놈(chữ nôm, 字喃; 옛 베트남 문자)으로 '보(Bố)'는 '아버지', '까이(Cái)'는 '어머니'라는 뜻인 때문에, '보 까이 다이 브엉'은 '부모'와 같은 왕이라는 의미이다.[74] 이는 풍 홍에 대한 베트남인들의 친숙함과 동시에 믿음을 보여주는 것이다.

마이 툭 로안과 풍 홍의 도호행정을 축출하려는 운동은 베트남인들이 당을 외래의 침략자로 규정하고 그 지배를 받아들일 수 없음을 대표적으로 보여주는 것임에 틀림없다. 이제 중국인들은 베트남을 강압적으로 통치하기 어려움을 깨닫고 가능하면 현지주민들의 감정을 이해하여 수용하는 방법을 택했다. 조창이 십여 년 베트남에 머물면서 베트남의 관습을 이해하고 인심을 얻으려 노력했다는 것이 이를 입증해 준다.

그러나 조창의 후임자들이 그의 정책을 따르지만은 않았다. 예컨대, 819년 부임한 도호 이상고(李象古)는 임지에 도착하자마자 주민들을 착취하고 법을 무시하여 민심을 잃었다. 그런 데다가 현지 출신의 호안 쩌우(Hoan Châu, 驩州) 자사인 즈엉 타인(Dương Thanh, 楊清)을 시기하여 하급 장교로 임명한 것이 문제되어 급습을 받아 그와 그의 가솔 등 천여 명이 살해되었다.[75] 안남은 다시 혼란에 휩싸였는데, 당이 새로 임명한 도호가 즈엉 타인의 부하들과 수개월 동안 접촉하여 겨우 사태를 수습할 수 있었다. 이후 도호가 자주 교체되는 가운데 베트남은 주변 소수민족들의 침입에 시달려야만 했다.

73 『越甸幽靈集』, 222면; 『嶺南摭怪』, 48-49면; 『전서』(상), 161면; 『舊唐書』 권13, 본기13, 372면 및 권151, 열전101, 4063면.

74 일설에는 당나라 때의 한자발음으로 '포(布)'는 지배자를 뜻하는 '브어(vừa)'에 가깝고, '까이'는 '크다'를 뜻함으로, '보 까이'는 '대왕(大王)'과 같은 의미라고 한다. Keith W. Taylor, "Phung Hung: Mencian King or Austric Paramount?" *The Vietnam Forum* 8(1986), pp.10-25.

75 『舊唐書』 권15, 본기15, 470면 및 권 131, 열전81, 3641면; 『新唐書』 권80, 열전5, 3583면; 『전서』(상), 161면.

당시 평지와 산지 사이에는 물물교환이 행해졌는데, 탐욕스런 도호가 이 교역을 자신의 이익을 위해 이용했기 때문에 문제가 생겼다. 산지 주민들이 반발하는 가운데 남조(南詔)와도 관련이 있던 현지의 유력자 아이 쩌우(Ái Châu, 愛州) 자사 도 똔 타인(Đỗ Tồn Thành, 杜存誠)이 가세하면서 사태는 악화되었다. 이에 대해 당 조정은 새로운 도호들을 보냈으나 갈등이 벌어졌다. 862년 남조는 5만의 군대로 공격해 왔다. 도호인 채습(蔡襲)은 당 중앙조정에 위기를 급히 알렸으나, 그를 시기한 관리의 개입으로 구원병은 오지 않았다. 결국 채습은 라 타인을 굳게 지키는 수밖에 없었다. 이듬해 정월 남조가 마침내 라 타인을 함락하자 채습은 전사하고 그의 병사를 비롯한 군민 15만 명이 포로가 되거나 살해되었다.[76] 뿐만 아니라 뒤에 남겨진 남조 군은 866년 당의 고병(高駢)에 의해 격퇴될 때까지 사방으로 돌아다니며 약탈을 자행했다.

남조의 공격 목표는 어디까지나 당의 정치적 거점인 안남도호부였다. 싸움의 와중에 무고한 주민 15만 명이 죽음을 당했기 때문에 남조의 침입은 베트남 사람들로 하여금 독립의 의지를 굳건히 다지게 한 것은 사실이다. 가와모토 구니에(川本邦衛)는 말하기를, 베트남인이 강고한 국가로서 자립하지 않으면 안 된다고 하는 강한 결심을 한 것은 이 기간이었을지도 모르겠다고 했다.[77]

864년 당 조정은 고병을 안남도호총관경략초토사(安南都護總管經略招土使)에 임명하여 남조 군대의 퇴치를 맡겼다. 2년 후인 866년 그는 마침내 남조의 세력을 안남에서 일소했다. 그는 이 공로로 당이 그해에 안남도호부를

76 『전서』(상), 164-165면.

77 川本邦衛, 『ベトナムの詩と歷史』(東京: 文藝春秋, 1976), 114-115면.

철폐하고 설치한 정해군(靜海軍)의 초대 절도사에 임명되었다.[78] 이리하여 당이 설치한 6개 도호부 중 가장 오래 남아 있던 안남도호부는 사라져 버렸다. 그렇지만 고병의 남조 퇴치와 뒤이은 라 타인(羅城)을 증축하여 다이 라 성(Đại La Thành, 大羅城)으로 고치는 등 전쟁 복구사업으로 베트남은 잠시 평화와 번영을 누렸다. 고병은 그러한 공을 인정받아 후대 베트남인들에 의해 이전의 사섭처럼 '왕'의 칭호가 주어졌다.[79]

868년 고병은 승진하여 북방으로 전출하면서 자신의 후임으로 손자 고심(高潯)을 절도사로 천거했다.[80] 그리고 877년 아니면 878년에는 남조와의 전쟁 때 고병이 가장 신임하던 부장인 증곤(曾袞)이 고심의 후임자가 되었다.[81] 중국에서 황소(黃巢)의 난(875-884)이 일어나 당 왕조가 혼란에 빠져들자 안남에 있던 당의 수비병들이 반란을 일으켜 880년 증곤은 중국으로 달아났다. 수비병들도 제각기 소집단을 이루어 철수했다.[82] 그로 인해 당의 베트남 지배는 명목상에 불과하고 실질적 지배는 끝난 것이나 다름없었다. 증곤 이후 900년대 초에 이르러 안남도호로 세 명의 이름이 보이지만, 이들이 실제로 현지에 부임했는지조차 의문스럽다. 이런 공백기에 베트남에서 세력을 키운 것은 토착의 쿡(Khúc, 曲)씨 집안이었다.

베트남 야사(野史)에 의하면, 쿡씨 집안은 오늘날 하노이 동쪽에 위치한 자오 찌 중심부 출신으로 여러 대에 걸친 명문거족이었다. 이 집안의 지도자격인 쿡 트아 주(Khúc Thừa Dụ, 曲承裕)라는 이는 관후한 인물로 사람들의 존

78 『新唐書』 권222下, 열전149, 6391-6392면; 『資治通鑑』 권250, 8115-8117면; 『大越史略』, 38면; 『전서』(상), 166-167면; 『安南志略』, 231면.

79 『전서』(상), 167면.

80 『新唐書』 권222下, 열전149, 6392면; 『資治通鑑』 권251, 8121면; 『전서』(상), 168면.

81 『安南志略』에는 877년, 『전서』에는 878년으로 되어있다. 『安南志略』, 244면; 『전서』(상), 168면.

82 『資治通鑑』 권253, 8224면 및 8228면; 『전서』(상), 169면.

경을 받았다고 한다.[83]

『자치통감(資治通鑑)』에는 906년 정월 베트남인 쿡 트아 주가 정해절도사에 임명되었다는 기록이 보인다. 그러나 이 경우 당이 그를 절도사에 임명했다기보다는 그의 요구를 받아들여 추인한 데 불과했지 않았을까 한다.[84] 쿡 트아 주는 절도사에 임명된 지 일 년 후인, 다시 말하면 당시 선무절도사(宣撫節度使)로 당 조정에 막강한 영향력을 행사하고 있던 주전충(朱全忠)이 당을 멸하고 후량(後粱)을 세운 907년에 사망했다. 그가 사망하자 곧 아들 쿡 하오(Khúc Hạo, 曲顥)가 절도사직을 이어받았다.[85] 주전충은 건국한지 얼마 안 되어 베트남에 간섭할 겨를이 없었기에 이를 인정해 주었던 것 같다.

쿡 하오는 절도사로서, 중국세력이 약화되는 기회를 이용하여 베트남 내에서 자기 나름대로 권한을 행사하려 했던 것 같다. 15세기에 저술된 것으로 알려진 『안남지원(安南志原)』에 따르면,[86] 그는 지방행정제도를 대대적으로 바꾸어 이제까지의 현(縣)과 향(鄕)을 모두 갑(甲)으로 개편하여 조세의 징수를 용이하게 하려했다. 그러나 이 개혁은 그가 908년 사망한 것으로 추정되기 때문에 실현되었다고 보기가 어렵다.

한편 당시 중국 남부에선 현재의 광저우를 중심으로 한 유은(劉隱)이 청해절도사(淸海節度使)로서 실권을 쥐고 베트남에 대해서도 기회를 엿보았다. 유은은 주전충에게 뇌물을 주고 그 대가로 904년 청해절도사가 되었으며, 후량이 건국된 뒤에도 지속적으로 원만한 관계를 유지했다. 그리하여 908년

83 『越史標案』, 55a면; 山本達郞, 「安南が獨立國を形成したる過程の硏究」, 『東洋文化硏究所紀要』 1(1943), 62면.

84 『資治通鑑』 권265, 8656면; 山本達郞, 「安南が獨立國を形成したる過程の硏究」, 61-62면.

85 『舊五代史』(北京: 中華書局, 1976) 권3, 梁書3, 53면; 『資治通鑑』 권266, 8683.

86 Lèonard Aurousseau, ed., *Ngan-Nan Tche Yuan*(安南志原)(Hanoi: Ecole Française d'Extrême-Orient, 1932), 60면 및 180-181면(이하 『安南志原』); Keith Taylor, *The Birth of Vietnam*, p.260.

10월 주전충에 의해 정해절도사(靜海節度使)까지 겸할 수 있게 되었다.[87] 야마모토 다츠로(山本達郞)는 유은의 정해절도사 임명은 쿡 하오의 사망으로 인해 그랬을 것 같다고 했다.[88] 다음에 보듯이, 유은이 사망한 후에 쿡 하오의 아들 쿡 트아 미(Khúc Thừa Mỹ, 曲承美)가 정해절도사에 임명된 점을 고려하면 야마모토의 추측은 상당한 가능성이 있다. 그러고 보면 유은이 정해절도사에 임명되었다고 해도 실제로 베트남을 통치한 것 같지는 않고 명목상에 불과했다고 생각된다. 베트남에서의 실권은 쿡 트아 미에게 있었지 않은가 한다.

사실 911년 유은이 사망하자 후량 조정은 청해절도사와 정해절도사 직을 분리하여, 전자에는 유은의 동생 유암(劉巖)을, 후자에는 쿡 트아 미를 각각 임명했다.[89] 쿡 트아 미가 정해절도사로 된 데에는, 아마도 그 무렵 그가 후량에 진공(進貢)한 사실과 관련이 있음에 틀림없다.[90] 쿡 트아 미가 후량에 진공하여 친선을 유지하려 노력한 것은 광동의 유씨 세력에 대한 두려움이 주원인이었을 것이다.

915년 유암은 후량에게 자신을 남 비엣 왕에 봉해주도록 요청했다가 거절당한 후, 917년에는 스스로 제위에 올라 국호를 대월(大越)이라 칭했다. 그리고 다시 이듬해에는 한[漢, 곧 남한(南漢)]으로 바꾸는 동시에 자신의 이름도 유공(劉龑)으로 고쳤다.[91]

923년 중국 중원에서는 다시 왕조가 바뀌어 후당(後唐)이 섰다. 남한의 유

87 『舊五代史』 권135, 열전2, 1807면; 『新五代史』(北京: 中華書局, 1974) 권65, 南漢世家5, 809면; 『資治通鑑』 권267, 8705면; 『전서』(상), 169면.

88 山本達郞, 「安南が獨立國を形成したる過程の硏究」, 66-67면.

89 『資治通鑑』 권268, 8741면 및 8749면.

90 『舊五代史』 권6, 梁書6, 100면; 山本達郞, 「安南が獨立國を形成したる過程の硏究」, 65면.

91 『新五代史』 권65, 南漢世家5, 811면; 『資治通鑑』 권270, 8836면; 河原正博, 「ベトナム獨立王朝の成立と發展(905-1009)」, 山本達郞 編, 『ベトナム中國關係史』(東京: 山川出版社 1975), 8면.

공은 중원의 정세변화가 자신에게 위협이 되지 않으리라 판단하고는 930년 베트남의 합병을 실현할 목적에서 원정군을 보냈다. 이러한 원정군의 파병에는 쿡씨와 밀접한 관계를 맺고 있던 푸젠(福建) 지방의 민(閩) 왕국이 930년 내란으로 혼란에 빠지자,[92] 이 기회를 이용했던 것이다. 남한의 원정군은 쉽사리 다이 라 성(大羅城)을 점령하고 쿡 트아 미를 포로로 하여 광저우로 압송했다.[93]

남한의 베트남 합병은 오랜 소망이었음에도 불구하고 그 지배는 일 년도 채 안 되어 끝났다. 남한의 지배가 홍 강 델타에서는 별 저항을 받지 않았지만 남부의 아이 쩌우와 호안 쩌우까지는 미치지 못했다. 아이 쩌우 출신으로 쿡씨의 부하장수였던 즈엉 딘 응에(Dương Đình Nghệ, 楊廷藝)는 931년 다이 라 성을 함락시키고 남한의 세력을 물리쳤다. 베트남의 지배권을 확립한 그는 자신을 절도사로 칭했고, 남한은 어쩔 수 없이 이를 승인해 주었다.[94]

그러나 즈엉 딘 응에의 통치도 6년이 못 되었다. 937년 또 다른 인물인 끼에우 꽁 띠엔(Kiểu Công Tiễn, 矯公羨)이 나타나 그를 죽이고 대신 절도사가 된 후 남한에 도움을 요청했다. 끼에우 꽁 띠엔은 즈엉 딘 응에의 말단 부하로 홍 강의 상류지방 출신이었다.[95] 이는 단순한 개인 간의 권력싸움이라기보다 중국문화의 영향을 많이 받은 홍 강 델타 중심세력과 그 영향을 덜 받은 남부세력의 대립이었을 가능성이 크다.

즈엉 딘 응에의 사위이며 끼에우 꽁 띠엔과 같은 지방출신인 응오 꾸옌(Ngô Quyền, 吳權)은 북진하여 끼에우 꽁 띠엔을 죽였다. 그리고는 남한의 수

92 Edward Schafer, *The Empire of Min*(Tokyo: Charles E. Tuttle Co. 1954), pp.36-39.
93 『新五代史』 권65, 南漢世家5, 813면; 『資治通鑑』 권277, 9047면; 『大越史略』, 39면.
94 『新五代史』 권65, 南漢世家5, 813면; 『資治通鑑』 권277, 9064; 『大越史略』, 39면; 『전서』(상), 170.
95 『大越史略』, 39면; 『전서』(상), 170; 『安南志略』, 280면; 『資治通鑑』 권281, 9172면; 『新五代史』 권65, 南漢世家5, 813면. 『新五代史』에는 '皎公羨'으로 되어 있다.

군이 올 바익 당(Bạch Đằng, 白藤) 강어귀에 군대를 주둔시키는 한편 강바닥에 쇠말뚝을 박게 했다. 남한의 왕 유공은 신하가 계절상 좋지 않다고 말렸음에도 불구하고 이들 듣지 않고 아들 유홍조(劉弘操)로 하여금 응오 꾸옌을 공격하게 했다. 유홍조의 수군은 938년 도착하여 거짓 도망하는 응오 꾸옌의 작은 배들을 쫓아 강을 거슬러 올라갔다가 썰물 때 말뚝에 걸려 오도 가도 못하는 상황에서 공격을 받아 대패를 당할 수밖에 없었다.[96] 이로써 베트남에 대한 남한의 야망은 물거품이 되고 말았다.

2. 독립왕조의 성립과 조공 및 대등의식

응오 꾸옌의 박익 당 강에서의 승리는 베트남인들이 중국의 오랜 식민지배로부터 벗어나 민족독립으로 가는 길에서 이룩한 하나의 커다란 이정표였다. 939년 봄 그는 자신을 왕이라 칭하고 이전의 베트남 지도자들이 가졌던 절도사란 칭호를 더 이상 사용하지 않았다.[97] 수도는 오늘날 하노이에서 북으로 10km 정도에 있는 꼬 로아(Cổ Loa, 古螺)로 정했다. 이곳은 이전 어우락의 수도였다. 『대월사기전서』의 편찬자인 응오 씨 리엔은 이때부터 베트남 최초의 독립왕조가 성립한 것으로 보았다.[98] 혹 그는 레 러이가 명의 침입을 물리친 것과 연결시켜 그렇게 생각한 것은 아닐까 한다. 이와 달리 레

96 『大越史略』, 40면; 『전서』(상), 171면; 『資治通鑑』 권281, 9192-9193면.

97 "王始稱王 立楊氏爲后 置百官 濟朝儀 定服色." 『전서』(상), 171면; 『大越史略』, 40면.

98 현재의 『대월사기전서』는 외기(外紀)와 본기(本紀)로 되어 있다. 외기는 홍 방 씨(Họ Hồng Bàng, 鴻龐氏)로부터 딘 왕조(丁朝) 성립 전(967)까지이며, 본기는 딘 왕조로부터이다. 그러나 응오 씨 리엔의 『대월사기전서』는 본기가 응오 꾸옌(939)으로부터 레 타이 또(Lê Thái Tổ, 黎太祖)의 즉위(1428)까지로 되어 있었다. 현재의 『全書』는 부 꾸인(Vũ Quỳnh, 武瓊)이 1514년에 쓴 『大越通鑑通考』에 따른 것이다. 陳荊和, 「解題 大越史記全書の撰修と伝本」, 『전서』(상), 8면.

반 흐우는 응오 꾸옌이 황제라 칭하지 않고 단지 왕이라고만 했을 뿐만 아니라 [중국의] 연호도 바꾸지 않아 중국과 대등한 위치에 서지 못했으므로 베트남의 독립은 아직 불완전하다고 보았다.[99] 후술하겠지만, 그에게 있어 중국과의 대등성은 매우 중요한 문제였다.

오늘날 베트남 역사학계는 응오 꾸옌이 걸출한 재능의 소유자로 민족독립을 쟁취했다고 하여, 레 반 흐우 보다는 응오 씨 리엔에 동조하는 경향이다.[100] 그러나 일본 학계, 미국 학계는 물론 중국 학계에서도 레 반 흐우처럼 딘 보 린에 이르러서야 독립이 완성되었다고 본다.[101]

응오 꾸옌은 왕위에 오른 다음 도읍을 남쪽이 아닌 이전 어우 락의 서울이었던 꼬 로아(Cổ Loa, 古螺)에 두었다. 그뿐만 아니라 그가 채택한 제도는 모두 홍 강 중심세력들이 익숙한 중국적인 것으로 보아 이는 비록 델타의 중심세력이 자기의 장인을 죽였다 해도 그들과의 어떤 타협점을 마련하기 위해서였지 않은가 한다.

944년 응오 꾸옌이 세상을 떠나자 그의 처남인 동시에 즈엉 딘 응에의 아들인 즈엉 땀 카(Dương Tam Kha, 楊三哥)가 왕을 자칭했다. 그는 아버지가 살해된 뒤 응오 꾸옌이 왕위에 오른 데 대해 강한 불만을 품고 있었을 것이다. 미성년인 즈엉 딘 응에의 큰아들은 도망해 자오 찌 동부의 세력가문에 몸을

99 "雖以王自居 未郎帝位改元 而我越之正統 庶幾乎復續也." 『전서』(상), 172면; 유인선, 「전근대 베트남인의 歷史認識」, 181면 및 199-200면.

100 Phan Huy Lê, Trần Quốc Vượng, Hà Văn Tấn, Lương Ninh, *Lịch Sử Việt Nam*, p.307; Trương Hữu Quýnh, chủ biên, *Đại cương lịch sử Việt Nam*, tập I, p.108; Nguyễn Quang Ngọc, chủ biên, *Tiến trình lịch sử Việt Nam*, p.64; Phan Huy Lê, chủ biên, tập I. *Lịch Sử Việt Nam*, p.475.

101 山本達郎, 「安南が獨立國を形成したる過程の硏究」, 141면; 衫本直次郞, 「五代宋初に於ける安南の土豪吳氏に就いて」, 『東南アジア史硏究』 I(東京: 巖南堂書店, 1968), 90면; 『岩波講座 東南アジア史』 第2巻(東京: 岩波書店, 2001), 42면; Keith Taylor, *The Birth of Vietnam*, pp.270-71; O. W. Wolters, "Historians and Emperors in Vietnam and China: Comments Arising Out of Le Van Huu's History, Presented to the Tran Court in 1272," pp.73-74; 郭振鋒·張笑梅 主編, 『越南通史』(北京: 中國人民大學出版社, 2001), 第4編 第8章, 245-252면.

의탁했다. 즈엉 땀 카는 남부출신들을 중용하고 델타 중부출신들을 권력으로부터 배제시켰다. 950년 델타출신들은 즈엉 땀 카의 보호 하에 있던 응오 꾸옌의 둘째 아들을 지지하면서 즈엉 땀 카와 남부세력들을 몰아냈다. 둘째 아들은 외부에 몸을 피해 있던 형을 불러들여 두 아들은 잠시 양두정치를 했다. 이후 첫째 아들이 사망하자 둘째 아들은 대내적으로는 남 떤 브엉(Nam Tấn Vương, 南晉王)이라 칭하는 한편 대외적으로는 남한의 절도사가 되었다. 야마모토 다츠로는 둘째 아들이 국호를 남 떤(南晉)이라 한 것은 당시 중국에 있던 오대십국(五代十國)의 나라들과 자신을 대등한 위치에 놓으려는 의도로 추측하고 있다.[102] 남한의 절도사가 된 것은 당시 델타 지역의 각 지방에 응오씨에 반대하는 세력들이 존재했기 때문에 남한의 후원을 얻고자 함이 아니었을까 한다. 그러면서도 국내 사정이 외부에 알려지는 것은 바람직하지 않다고 생각하여 남한이 사절을 파견하려고 했을 때 베트남의 여행이 안전하지 못하다는 이유로 거절했다.[103]

한편 델타 지방에서는 응오씨와 끼에우씨의 적대관계가 지속되었기 때문에, 둘째인 응오씨 왕이 직접 원정에 나섰다가 963년 복병이 쏜 화살에 맞아 사망했다.[104] 이후 군웅들이 각지에 할거하는 이른바 십이사군(十二使君)의 시대가 몇 년 계속되다가 딘 보 린에 의해 평정되었다. 딘 보 린의 아버지는 즈엉 딘 응에에 의해 남쪽 국경지대인 호안 쩌우의 자사로 있었으며, 딘 보 린은 델타 남부의 호아 르(Hoa Lư, 華閭)에서 태어났다.

딘 보 린은 965년 십이사군을 평정한 후 스스로를 반 탕 브엉(Vạn Thắng

102 山本達郎, 「安南が獨立國を形成したる過程の研究」, 91면.

103 『安南志略』, 281면.

104 『大越史略』과 『전서』에는 965년으로 되어 있으나, 일본인 학자 카와하라 마사히로(河原正博)는 중국사료를 검토한 결과 963년이 정확하다고 했다. 『大越史略』, 41면; 『저서』(상), 175면; 河原正博, 「丁部領の即位年代について」, 『法政大學文學部紀要』 15(1970), 30-32면.

Vương, 萬勝王)이라 하고, 아들 딘 리엔(Đinh Liễn, 丁璉)을 정해절도사로 삼아 남한에 보내 그 승인을 받았다.[105] 아직 국내 상황이 불안정했기 때문에 혹시 있을지 모를 남한의 개입을 사전에 막으려고 했던 것이 아닌가 한다. 이듬해인 966년 그는 황제로 칭호를 바꾸고 나라 이름을 다이 꼬 비엣(Đại Cồ Việt, 大瞿越)[106]이라 하는 동시에 수도를 호아 르로 정했다.[107] 이것이 베트남 역사에서 말하는 딘 왕조(丁朝)이다. 다이 꼬 비엣이라는 이름은 1054년 리 왕조의 타인 똥이 '꼬'자를 빼고 국호를 '다이 비엣(Đại Việt, 大越)'이라고 할 때까지 사용되었다.[108] 다이 비엣은 이후 18세기 말까지 역대 왕조의 국호였다.

레 반 흐우는 딘 보 린이야말로 하늘이 우리 비엣(越)을 위해 내려준 성철(聖哲)로, 12사군을 일시에 복종시키고 나라를 세우는 동시에 황제를 칭하여 조왕(趙王, 즉 조타)의 정통을 잇게 해주었다고 보았다.[109] 다시 말하면, 베트남은 이제 진정한 의미에서 독립을 이루었다는 것이다.

딘 보 린은 2년 후에 그동안 사용하던 중국식 연호를 버리고 자신의 연호를 제정하여 타이 빈(Thái Bình, 太平)이라 했다.[110] 이러한 딘 보 린의 황제 칭호라든가 연호 제정은 중국 황제와 대등하다는 표시로, 이후 베트남 왕조 모든 군주들의 전례가 되었다.

한편 북중국에서는 조광윤(趙匡胤)이 960년 송(宋)을 건국하고 971년에는

105 『續資治通鑑長編』(北京: 中華書局, 1979) 권4, 114면(이하 『長編』).

106 '꼬(瞿)'는 쯔놈으로 흔히 '크다'를 의미하는데, 달리는 '古(cổ)' 또는 '几(kẻ)' 자와 통하여 '나라'를 의미하므로, 다이 꼬 비엣은 '큰 나라 비엣'이라는 뜻이라는 설도 있다. Nguyen Khac Kham, "Dai Co Viet Revisited," 『創大アジア研究』 10(1989), 17-47면.

107 『전서』에는 968년으로 되어 있으나, 카와하라가 이는 966년의 착오임을 고증했다. 이 설은 베트남 역사학계는 물론 세계학계에도 널리 알려져 있지 않다. 『전서』(상), 180면; 河原正博, 「丁部領の即位年代について」, 29-46면.

108 『전서』(상), 283면.

109 "其開國建都 改稱皇帝 置百官 設六軍 制度略備 殆天意爲我越復生聖哲 以接趙王之統也歟." 『전서』(상), 180면.

110 『大越史略』, 43면; 『전서』(상), 180면. 연도는 카와하라의 고증에 의거했다.

남한을 멸하면서 그 세력이 영남에까지 미쳤다. 종래 남한의 위협을 느껴왔던 베트남은 보다 강력한 송의 출현으로 새로운 위험에 직면하게 되었다. 이에 973년 딘 보린은 딘 리엔의 이름으로 사절을 파견하였는데, 송은 딘 리엔을 정해군절도사 겸 안남도호에 임명해 주었다.[111] 2년 후 딘 보 린은 또다시 딘 리엔의 이름으로 사절을 송에 보내 금과 물소 뿔 등을 바쳤다. 송 조정은 딘 보 린이 배후의 실권자임을 인식했는지, 그를 교지군왕(交趾郡王)에 봉해주었다.[112] 베트남과 중국의 공식적 외교관계는 이로부터 시작되었다고 할 수 있다.[113] 한 가지 주목할 점은 송이 딘 보 린을 '군왕(郡王)'이라 하여 베트남을 하나의 독립된 국가로 인정하지 않았다는 점이다. 이에 대해 베트남 사서에 아무런 언급이 없는 점으로 보아, 딘 보 린은 '군왕'이란 칭호에 상관하지 않고 송과의 관계가 무난히 해결된 데 만족했던 듯하다.

다만 여기서 언급해야 두어야 할 것은, 딘 보 린이 송에의 사절을 자신의 이름이 아니라 아들 딘 리엔의 이름으로 계속 보냈다는 사실이다. 자신이 지배자인 데도 아들로 하여금 대신하게 한 것은 황제로서의 권위를 손상하지 않으려는 의도에서였음에 틀림없다.[114]

한편 『대월사기』와 『대월사기전서』의 편자들은 모두 송으로의 사절파견에 대해 '여송(如宋)'이라 하여 '공(貢)'자 대신 '간다'는 의미의 '여'자를 쓰고 있다.[115] 이들 저서는 후대에 편찬되었기는 하지만, 자신이 중국황제와 대등하다고 생각하는 딘 보 린의 의사와 부합하는 것으로 생각된다.

송은 건국 초기에 긴급한 일들이 많았던 관계로 베트남에서의 딘씨 권위

111 『長編』 권14, 302면; 『宋史』(北京: 中華書局, 1977) 권488, 열전247, 14058면; 『전서』(상), 181면.

112 『宋會要輯稿』(北京: 中華書局, 1957) 第8冊, 7723면. 『대월사기전서』에는 딘 리엔이 교지군왕에 봉해진 것으로 되어있다. 『전서』(상), 181면.

113 片倉穰, 「ベトナム·中國の初期外交關係にする一問題」, 『東方學』 44(1992), 91면.

114 山本達郎, 「安南が獨立國を形成したる過程の硏究」, 116면.

115 『大越史記』, 43면; 『전서』(상), 181면.

를 쉽사리 인정해 주었다. 그러나 송은 베트남을 독립된 국가로 인정하지 않았기에 기회가 오면 이전 한이나 당처럼 이를 직접 지배하에 두고자 했다. 그 기회는 979년 딘 보 린 부자가 살해되는, 즉 딘 조정 내에서 분란이 일어나면서 왔다. 분란은 딘 보 린이 왕위계승을 제대로 하지 못한 데서 비롯되었다. 딘 보 린 부자가 살해된 후 여섯 살밖에 되지 않은 어린 아들 딘 또안(丁璿)이 제위에 오른 것도 좋은 기회였다.

이런 내분의 소식을 들은 송에서는 곧 원정군을 조직하여 수륙 양군으로 베트남을 침공케 했다. 송의 출병 명분은 베트남이 송 황제가 행하는 분봉(分封)의 예(禮)에 어긋난다는 것이었다. 딘 왕조에서는 내분을 수습한 오늘날 타인 호아(Thanh Hóa, 淸化) 출신의 대장군 레 호안(Lê Hoàn, 黎桓)이 이들과 맞서 싸웠다.

이에 앞서 딘 조정의 일부 신하가 송의 침입이라는 위기 속에서 어린 황제 대신 레 호안을 황제로 추대하여 그가 제위에 올랐다(980). 그가 다이 하인 호앙 데(Đại Hành Hoàng Đế, 大行皇帝, 980-1005)로,[116] 띠엔 레 왕조(前黎朝)의 시조다. 이때 두어 명의 신하가 레 호안의 즉위를 반대하다 처형당했다. 응오 씨 리엔은 이들이 진정한 충신이라고 한 반면, 레 반 흐우는 국가의 위기 상황에서 어쩔 수 없는 일로 보았다.[117] 후일 레 반 흐우는 레 호안의 시호(諡號)를 짓지 못하고 '다이 하인 호앙 데'라고 한 것은 자식이 못난 데다 당시 유교 관료의 부재 때문이라고 했다.[118] 사실 당시는 아직 유교의 영향은 적었다.

한편 송의 군대는 수륙 양군의 전략이 차질을 빚은 데다, 마침 무더위로

116 황제가 사망한 후 시호가 정해질 때까지는 '대행황제'라 불린다. 『전서』(상), 197면.
117 『전서』(상), 188-189면.
118 『전서』(상), 197면.

질병이 발생하여 철수할 수밖에 없었다. 게다가 송은 북방에서 거란의 위협을 받고 있어서 베트남 정복을 강행할 형편이 못되어 981년 가을 퇴각했다. 레 호안은 송과의 우호를 고려하여 982년 딘 또안의 이름으로 베트남의 특산물을 보냈다.[119] 그러나 송이 더 이상 침입의 의사가 없고 화해의 뜻이 있음을 알고는, 이듬해에 자신이 딘 또안으로부터 양위 받았다는 것을 알렸다. 그러면서 자신을 베트남의 지배자로 승인해 줄 것을 요청했다. 송은 처음 이 요청을 거절했다가, 986년에 이르러 레 호안을 '안남도호 정해군절도사'로 봉해줌으로써 양국관계는 정상화되었다.[120]

이후 양국 간에는 정기적으로 사절이 오갔고, 송은 레 호안의 작위를 올려주었다. 주목할 사실은 레 호안이 990년 송의 사절을 맞아 송 황제의 조서를 받을 때 절하기를 피했다는 점이다. 그는 최근 만족(蠻族)과 싸우다 다리를 다쳐 말에서 내릴 수 없다는 이유를 댔지만,[121] 실제로는 신하의 예를 하지 않기 위해서였다.

한편 이에 앞서 987년 송의 사절 이각(李覺)이 왔을 때, 레 호안은 승려를 뱃사공으로 분장시켜 시를 주고받게 했다고 한다.[122] 이는 베트남의 문화적 수준이 높다는 것을 보여주기 위해서였음은 말할 필요도 없다.

990년대 중후반 레 호안은 송과의 변경지방에 대한 지배를 확고히 하고자 했다. 송의 지방관이 이에 대한 대책을 상주하자, 송 태종(太宗, 976-996)은 자신의 뜻은 먼 곳의 이민족을 달래는 것이라고 하여 그 죄를 묻지 않았

119 『長編』 권23, 515면; 『宋史』 권488, 열전247, 14059면; 河原正博, 「宋初における中越關係—太宗のベトナム出兵を中心として」, 『法政大學文學部紀要』 18(1972), 15-16면.

120 『宋史』 권488, 열전247, 14060면; 『長編』 권27, 624면; 『大越史略』, 45면; 『전서』(상), 191면.

121 "桓質陋而目眇 自言近歲與蠻寇接戰 墜馬傷足 受詔不拜." 『宋史』 권488, 열전247, 14061면; 『전서』(상), 192-193면; O. W. Wolters, "Historians and Emperors in Vietnam and China," p.74.

122 『전서』(상), 191-192면; Nguyen Cuong Tu, *Zen in Medieval Vietnam: A Study and Translation of the Thien Uyen Tap Anh*(Honolulu: University of Hawaii Press, 1997), p.171.

다.[123] 이는 이전의 왕조들이 베트남을 어느 정도는 제국의 정당한 일원으로 받아들였던 것과는 달리, 송은 이를 자기네 문명권 밖에 있음을 보여준다. 이는 송의 유교문화 강화와 어떤 관련이 있지 않을까 한다.

레 호안은 24년 동안 통치한 후 1005년 세상을 떠났다. 그의 사후에는 여러 아들 사이에 왕위쟁탈전이 벌어졌다. 셋째 아들 롱 비엣(Long Việt, 龍鉞)이 간신히 제위에 올랐으나, 며칠만에 동생 롱 딘(Long Đĩnh, 龍鋌, 1005-1009)에 의해 살해되었다. 롱 딘의 통치는 매우 잔학하여 당시 정치적 영향력이 컸던 불교 승려들의 반발을 샀다. 그렇기는 하지만, 그는 1007년 송에 사절을 보내 대장경(大藏經)을 요청하기도 했다.[124] 그가 죽자 또다시 그의 동생들 사이에서 권력다툼이 일어났다. 그러나 승려들과 관리들은 친위전전지휘사(親衛殿前指揮使)인 리 꽁 우언(Lý Công Uẩn, 李公蘊)을 지지하여 그를 제위에 오르게 하니, 그가 바로 리 왕조의 건국자인 타이 또(Thái Tổ, 太祖, 1009-1028)이다.

1009년 제위에 오른 리 꽁 우언은 이듬해 수도를 현 하노이로 옮겨 탕 롱(Thăng Long, 昇龍)이라[125] 하는 한편, 송에 사절을 보내 공물을 바쳤다. 송의 광둥 지방관은 상주하기를, 리 꽁 우언이 불의(不義)로 권력을 빼앗았다고 하며 적절한 조치를 요청했다. 진종(眞宗, 997-1021)은 리 꽁 우언의 불의를 인정하면서도 만이(蠻夷)의 일이라 책할 일이 아니라고 하면서 그를 정해군절도사의 직과 함께 교지군왕에 봉해주었다.[126] 송이 이처럼 리 꽁 우언의 불의를 문제 삼지 않고 쉽사리 교지군왕에 봉해준 것은 요(遼)의 위협 때문이

123 『宋史』 권488, 열전247, 14063면; 『전서』(상) 194면.
124 『전서』(상) 200면.
125 수도를 이곳으로 옮길 때 용이 하늘로 올라갔다고 하여 붙여진 이름이다.
126 『宋史』 권488, 열전247, 14066면; 『長編』 권73, 1655면; 『전서』(상), 209면; 河原正博, 「ベトナム獨立王朝の成立と發展(905-1009)」, 29-30면.

었다. 당시 송은 대거 남진한 요와 대결 끝에 승패를 가리지 못하고 1004년 '전연(澶淵)의 맹약'이라는 강화조약을 맺은 직후였다. 이는 중국의 세력이 약화되면 베트남에의 간섭이 어려웠음을 보여주는 한 예이다. 그럼에도 불구하고 리 꽁 우언은 이후 거의 격년으로 송에 사절을 보내 우호관계의 유지에 노력했는데, 이는 건국 초기의 불안한 입지로 송과의 관계를 중시하지 않을 수 없어 그랬을 것이다.[127]

한편 불교를 존중했던 그는 송과의 우호관계를 이용해 1018년 송에 사절을 보내 삼장경(三藏經)을 보내달라고 요청했다.[128] 그렇다면 당시 송과의 관계는 정치적인 면만이 아니라 문화적인 면에서도 중요한 의미가 있었다고 볼 수 있다.

리 타이 또의 뒤를 이은 타이 똥(Thái Tông, 太宗, 1028-1054)과 타인 똥(Thánh Tông, 聖宗, 1054-1072) 치세에도 양국의 우호관계에는 별다른 변화가 없었다. 따라서 송에 조공도 계속되었다. 그럼에도 불구하고 양국 국경지대에 사는 소수민족, 특히 꽝 응우옌[Quảng Nguyên, 廣源; 지금의 까오 방(Cao Bằng) 지역]을 근거하고 있던 타이계의 눙(Nùng, 儂)족 때문에 문제가 발생했다. 이들은 주로 리 왕조에 예속되어 있으면서도, 이해관계에 따라 송에도 의존했던 듯하다.

1038년 눙족의 수령 눙 똔 푹(Nùng Tồn Phuc, 儂存福)이 황제를 자칭하며 리 왕조에 반기를 들었다가, 이듬해 타이 똥이 직접 원정에 나서 눙 똔 푹과 그의 큰아들을 처형하면서 난은 진압되었다.[129] 2년 후에는 둘째 아들 눙 찌 까오(Nùng Trí Cao, 儂智高)가 어머니와 함께 다시 나라를 세우고 저항하다가

127 그가 황후를 9명을 둔 것도 각지에 있는 호족세력들과 결혼관계를 맺음으로써 권력을 안정시키기 위해서였다. 『전서』(상), 203면 및 212면.

128 『전서』(상) 213면; 『大越史略』, 51면.

129 『전서』(상), 227-228면; 『宋史』 권495, 14215면. 『宋史』에는 儂全福으로 되어 있다.

타이 똥이 보낸 군대에 생포됨으로써 반란은 실패하고 말았다. 그러나 이전 아버지와 형을 처형했던 점을 고려하여 사형은 시키지 않았다.[130] 레 반 흐우는 타이 똥이 불교의 '소인(小仁)'에 얽매어 그를 처형하지 않은 것은 왕조의 대의(大義)를 잊은 행위라고 비판했다.[131] 여기에도 레 반 흐우가 몽골의 침입이라는 국가존망의 상황을 염두에 두고 『대월사기』를 썼다는 것이 나타나 있다.

7년 뒤 눙 찌 까오는 또다시 반란을 일으키고 송의 후원을 요청했다가 거절당하자 그 경내(境內)로 침입하여 송을 괴롭혔다. 송은 이의 진압을 시도했으나 실패하고, 1053년에 이르러서야 겨우 평정에 성공했다.[132] 눙씨 사건 이후에도 이 지역을 둘러싸고 리 왕조와 송 사이에는 양국 국경지대에 살고 있는 만족(蠻族)을 누가 지배하느냐 하는 문제로 사소한 분쟁이 계속되었다.

1067년 송에서 신종(神宗, 1067-1084)이 즉위하여 왕안석(王安石)을 중용하면서 송의 리 왕조에 대한 정책이 적극적으로 변하기 시작했다. 그 예로, 대베트남 정책의 주요 위치에 있는 계주(桂州)의 지주(知州)에 강경론자들을 임명하였다. 마침 리 왕조에서는 어린 나이의 황태자(년 똥, Nhân Tông, 仁宗, 1072-1128)가 제위에 오르게 되니, 송으로서는 더없이 좋은 기회였던 듯하다.

송의 의도를 감지한 리 왕조에서는 기선을 제압하기 위해 선제공격에 나섰다. 1075년 2월 리 트엉 끼엣(Lý Thường Kiệt, 李常傑)과 똥 단(Tông Đản, 宗亶) 등이 대군을 이끌고 수륙 양로로 진공을 개시했다. 이들은 광둥성의 흠주(欽州)와 염주(廉州), 광시성의 옹주(邕州)를 점령한 후 이듬해 정월 수천 명의 포로와 다량의 전리품을 노획하여 돌아왔다.[133]

130 『전서』(상), 230면.
131 『전서』(상), 233면.
132 『宋史』 권495, 열전254, 14215-14218면; 『전서』(상), 230면 및 237-238면.
133 『전서』(상), 248면; 『大越史略』, 62면.

1076년 2월 송은 이에 대한 보복으로 곽규(郭逵)를 원정군 총사령관에 임명하여 베트남을 공격하게 했다. 송군은 지금의 꺼우(Cầu)강에서 패배를 당하기도 했으나, 이에 개의치 않고 전열을 재정비하여 진군을 계속해 탕 롱에서 30리 떨어진 홍강의 좌안에 이르렀다. 그러나 리 트엉 끼엣 군의 저항에 부딪쳐 강을 건너지 못했다.[134] 이로부터 한 달 남짓, 송군은 식량부족과 더위로 인한 질병 등으로 점차 전의를 상실했고, 이 틈을 타 리 트엉 끼엣 군대가 강을 건너 기습공격을 감행함으로써 송군은 큰 타격을 입었다.

전하는 바에 의하면, 리 왕조 군대의 진영 근처에는 두 사당(祠堂)이 있었는데, 리 트엉 끼엣은 송군을 공격하기 전날 밤 몰래 부하 장수를 그곳에 보내 다음과 같은 노래를 부르게 함으로써 군대의 사기를 진작시켰다고 한다.[135]

남국의 산하에는 남제(南帝)가 거(居)한다고
천서(天書)에 분명히 나와 있거늘,
어이하여 역로(逆擄)는 우리 땅을 침범하는가.
너희는 참담한 패배를 보고야 말지니라.

문사(文士)가 아닌 리 트엉 끼엣이 정말로 이 글을 지었는지는 알 수 없다. 여하튼 베트남을 남국으로 하고 중국을 북국으로 규정하는 동시에 베트남의 군주를 남제로 하여 중국의 천자, 곧 북제와 대비시키고 있는 점은 주목할 만하다. 다시 말하면, 두 나라 사이에는 어떤 상하관계도 존재하지 않는

134 『長編』 권279, 6843면.

135 『전서』(상), 249면; 『越甸幽靈集』, 24면; UBKHXHVN, *Thơ Văn Lý-Trần*(李陳詩文), tập I(Hà Nội: NXB khoa học xã hội, 1977), 321-322면; 최귀묵, 『베트남문학의 이해』(서울: 창비, 2010), 151면.

다는 것이다.

송나라 군대는 리 트엉 끼엣 군에 의해 큰 타격을 입은 데다 질병으로 많은 병사를 잃어 곤경에 빠졌다. 한편 리 왕조는 장기간의 전쟁이 백성들의 생활을 파괴할 뿐 아무런 소득도 없었기 때문에 사태의 조속한 해결을 원했다. 이에 양쪽은 화의에 도달하여, 리 왕조는 송이 이미 점령한 오늘날 까오 방과 랑 썬(Lạng Sơn) 지역에 해당하는 5개 주를 양보함으로써 군대를 철수시켰다.[136] 년 똥은 1078년 사절을 송에 파견하여 이들 영토, 특히 까오 방 지역의 반환을 요청하자 송은 중국인 포로의 송환을 요구했다. 리 왕조는 1079년 포로를 돌려주기로 했다가 분쟁으로 인하여 잠시 중단되었지만, 1084년 마침내 합의에 도달하여 반환이 이루어지고 국경이 정해졌다.[137] 이후 양국 간에는 분쟁은 거의 없었고 조공은 4년 간격으로 이루어지다가, 아인 똥(Anh Tông, 英宗, 1138-1175)에 이르러서는 3년에 한 번 하는 것으로 되었다.[138]

아인 똥 때에는 중국과의 관계에서 중요한 변화가 있었다. 그것은 남송(南宋)이 리 왕조를 하나의 독립국가로 인정해 주었다는 사실이다. 앞에서 본 바와 같이, 송은 리 왕조의 군주들을 '교지군왕'에 봉해주었었다. 남송도 처음에는 전례를 따르다가, 1174년에 이르러 '안남국왕'으로 책봉하고 이듬해에는 '안남국왕지인(安南國王之印)'이라는 여섯 글자를 각인해 주었다.[139] 이런 변화는 송이 북방에서 여진족의 금(金)에 밀려 남천(南遷)해 있었기 때문

136 『長編』 권279, 6844면; Trần Trọng Kim, *Việt-Nam Sử-Lược*, Quyển I, p.106.

137 『長編』 권348, 8349면; 『大越史略』, 63면; 『전서』(상), 251면; 河原正博, 「李朝と宋との關係(1009-1225)」, 山本達郎 編, 『ベトナム中國關係史』(東京: 山川出版社, 1975), 62-65면.

138 河原正博, 「李朝と宋との關係(1009-1225)」, 71-72면.

139 『宋會要輯稿』 第197冊, 7738면 및 7751면; 『宋史』 권488, 권247, 14071면; 『大越史略』, 77면; 『전서』(상), 297면. 『전서』에는 1164년으로 되어 있는데, 이는 오류이다. Tạ Ngọc Liễn, *Quan hệ giữa Việt Nam & Trung Quốc, thế kỷ xv-đầu thế kỷ xvi* (베트남과 중국 관계, 15-16세기 초)(Hà Hội: NXB khoa học xã hội, 1995), pp.49-50; 片倉穰, 「ベトナム・中國の初期外交關係にする一問題」, 95면.

에 리 왕조를 회유할 목적에서였다. 실제로 금과 남송은 리 왕조를 회유하기 위해 각각 사절을 파견하고 있다.[140] 남송이 리 왕조를 독립국가로 인정해준 사실은 중화질서 속에서 중국의 세력이 약화될 때 일어나는 영향을 다시 한 번 보여준다.

리 왕조에 이어 건립된 쩐 왕조 역시 중국과의 관계에 주의를 기울였다. 쩐 까인(Trần Cảnh, 陳煚), 즉 타이 똥(Thái Thông, 太宗, 1225-1258)은 제위에 오른 후 1229년 남송에 사절을 보내 안남국왕에 봉해졌다.[141] 쩐 왕조의 실질적 건설자인 쩐 투 도(Trần Thủ Độ, 陳守度)는 리 왕조의 찌에우 호앙(Chiêu Hoàng, 昭皇, 1224-1225)으로부터 강제로 양위 받아 쩐 까인을 제위에 오르게 했기 때문에 정통성 확보를 위해 남송의 책봉이 중요하다고 생각했던 것이다. 남송이 쉽사리 타이 똥을 안남국왕에 봉해준 것은, 당시 북쪽에서 몽골 세력이 팽창하고 있어 그에 대처하는 일이 중요했기 때문이다. 남송의 책봉을 받기는 했지만, 당시 쩐 왕조에게 심각한 문제는 몽골의 등장이었다. 실제로 쩐 왕조 시기의 중국관계는 세 차례에 걸친 몽골과의 싸움이 전부라고 해도 과언이 아니다.

몽골은 처음 북중국을 정복한 후 서방으로 세력을 확장하는 데 주력했으나, 곧 이어 남으로 관심을 돌려 남송에 대해 압박을 가했다. 1252년 칭기스칸의 손자 쿠빌라이(Qubilai, 忽必烈)가 이끄는 몽골군이 이듬해 대리국(大理國)을 멸해 베트남과 국경을 접하게 되었다. 쿠빌라이의 귀환 후 그의 장군인 우리양카다이(Uriyangqadai, 兀良合台)는 1257년 리 왕조에 사신을 보냈으나 회답이 없자 공격을 감행했다. 그의 의도는 남으로부터 남송을 공격하려는 것

140 『전서』(상), 298면.
141 『전서』(상), 324면.

이었다.[142]

쩐 왕조에서는 몽골군의 침략에 대비하여 쩐 흥 다오(Trần Hưng Đạo, 陳興道)로 더 잘 알려진 쩐 꾸옥 뚜언(Trần Quốc Tuấn, 陳國峻)에게 변경의 방비를 강화시켰다. 그러나 몽골군은 둘로 나뉘어 홍강과 로(Lô, 瀘)강을 따라 남하하여 어렵지 않게 탕 롱에 입성했다.[143] 그렇지만 몽골군은 무더운 기후를 이기지 못해 곧 철수를 시작했고, 이를 이용하여 쩐 왕조의 군대는 반격에 나서 대대적인 공격을 가해 많은 피해를 입혔다. 때는 1257년 12월이었는데, 쩐 타이 똥은 또 다른 침입을 사전에 막기 위해 이듬해 정월 사신을 보내 화약을 맺고 3년에 한 번 입공할 것을 약속했다.[144]

1260년 쿠빌라이가 즉위하면서 베트남에 대한 정책은 더욱 강압적으로 되었다. 이듬해 그는 타이 똥이 태상황(太上皇)으로 물러나고 그 뒤를 이은 타인 똥(Thánh Tông, 聖宗, 1258-1278)을 안남국왕에 봉해주고는, 곧이어 유사(儒士)·음양복서(陰陽卜筮)에 능한 사람들은 물론 금·은·무소 뿔·상아 등의 공납을 요구했다. 또한 다루가치(達魯花赤)를 설치하여 쩐 왕조의 내정에 간섭하려 들었다.[145] 그 후에도 요구는 끊이지 않아 타인 똥의 친조 등을 강요하기에 이르렀다. 송의 운명은 이미 종말에 가까웠기에 타인 똥은 일면 화친정책을 취하면서도 모든 것을 들어줄 수는 없었다.

레 반 흐우가 이 무렵 『대월사기』를 조정에 바친 것도 우연은 아니었을 것이다. 그는 눈앞의 위협적인 원을 바라보며 어떻게 그 침입을 받지 않고 독립을 유지하며, 그렇다고 외교적으로도 굴욕을 받지 않을까 하는 고뇌에 찼

142 『元史』(北京: 中華書局, 1976) 권209, 열전96, 4633면; 『安南志略』, 310면; 山本達郎, 『安南史研究』 I(東京: 山川出版社, 1950), 46-47면.

143 『元史』 권209, 열전96, 4633-4634면; 山本達郎, 『安南史研究』 I, 49-50면.

144 『元史』 권209, 열전96, 4634면; 『전서』(상), 340면; 山本達郎, 『安南史研究』 I, 58-60면.

145 『元史』 권209, 열전96, 4635면; 송정남, 「中世 베트남의 外交 一對蒙抗爭을 소재로」, 『국제지역연구』 10-1(2006), 218면.

을 것이다. 이런 그는 한의 위협에 적절히 대처하며 커다란 외교적 갈등 없이 대등한 태도를 취한 조타를 진정한 베트남의 창건자로 하는 데 조금의 주저도 하지 않았던 것 같다. 황제를 칭하며 중국에 대등한 태도를 취한 딘 보 린을 천년 중국의 지배로부터 완전히 벗어나 독립을 완성한 인물로 본 것도 이와 같은 맥락에서였다고 하겠다. 그리고 『대월사기전서』를 보면, 원과 대등하다는 의미로 원으로의 사신 파견을 단순히 '간다'는 뜻의 '여(如)' 자를 써서 '여원(如元)'이라고 했다.[146] 혹 이는 레 반 흐우의 『대월사기』에 있는 표현을 응오 씨 리엔이 그대로 따른 것이 아닌지도 모르겠다.

쩐 왕조 자체에서도 군주가 중국과의 관계에서 자기의 권위를 손상시키지 않기 위해 여러모로 노력했다. 쩐 왕조의 태상황 제도도 이러한 문제를 해결하기 위한 하나의 방편이었다. 태상황 제도는 왕위계승을 둘러싼 분쟁을 사전에 방지하자는 것이 주목적이었다. 그러나 다른 한편 딘 보 린이 자기 대신 아들 이름으로 송에 사절을 보냈듯이, 원과의 교섭에서 황제가 자신을 신하로 칭해야 하는 상황을 피하자는 의도도 있었다.[147] 또한 쩐 왕조의 황제들은 중국에 대해 자신을 비하하지 않기 위해, 교섭 때에 본래의 이름 대신 새로운 이름을 만들어 사용했다. 예컨대, 타인 동의 휘(諱)는 호앙(Hoảng, 晃)인데 중국 측에 알려진 이름은 일훤(日烜) 또는 위황(威晃)이었다.[148]

한편 남송과의 관계는 남송의 몰락이 가까워짐에 따라 거의 무관심해졌다. 1263년 남송에 예속되었던 변방 소수민족의 추장이 주민들을 데리고 쩐 왕조에 귀의(歸依)했다. 1274년에는 남송의 난민과 그들 가족을 태운 30척의

146 『전서』(상), 342-343면.
147 藤原利一郎, 「ヴェトナム諸王朝の變遷」, 『岩波講座 世界歴史』 12(東京: 岩波書店, 1971), 452-453면.
148 山本達郎, 『安南史研究』 I, 35-38면.

배가 도착함에, 쩐 조정은 이들을 탕 롱에 거주하게 하는 일까지 있었다.[149] 이러한 일들은 남송이 곧 멸망하리라는 것을 예견해주고 있다.

1279년 남송을 멸한 원(元)은 베트남에 대한 태도가 더욱 강경해져 쩐씨의 왕권을 무시했다. 타인 똥의 뒤를 이은 넌 똥(Nhân Tông, 仁宗, 1278-1293)이 원의 친조(親朝) 요구를 듣지 않고, 1281년 자기 대신 당숙 쩐 지 아이(Trần Di Ái, 陳遺愛)를 보냈다. 원은 이에 노해 쩐 지 아이를 안남국왕에 봉한 다음 군대로 호위시켜 귀국하게 했다(1282).[150] 원의 호위대가 베트남 국경에서 쩐 왕조의 군대에게 패배를 당하고, 쩐 지 아이는 도망쳐 귀국하니 이제 양국의 무력충돌을 피할 수 없게 되었다.

중국대륙을 통일한 원은 이전 왕조들처럼 남해무역에 많은 관심을 보였다. 참파 해안은 중국과 남해를 왕래하는 배들의 경유지로서 중요했다. 그러나 참파에서는 왕자 하리짓(Harijit) 등이 원에 협력을 거부하고 반기를 들었다. 이에 원은 참파에 원정군을 파견하면서, 쩐 왕조에게는 군대의 경유지로서 길을 빌려달라고 하는 것과 군량의 제공을 요구했다. 쩐 왕조가 이를 거절하자, 원의 군대는 장군 소게투(Sogetu, 唆都)의 지휘 하에 해로를 통해 참파에 이르러 1283년 초 오늘날 뀌 넌(Quy Nhơn) 부근에 있는 수도 비자야(Vijaya, 闍槃)를 함락시켰다.[151]

참파 왕이 산간지역으로 도피하여 저항을 계속하자, 쿠빌라이는 원군(援軍)을 보내야만 하는 상황이 되었다. 그는 쩐 왕조에게 또다시 원군의 베트남 통과와 군량미의 공급 등을 요구했다. 쩐 왕조가 이를 거부함에, 쿠빌라이는 베트남을 경유하여 참파를 공격할 목적에서 아들 토곤(Toghon, 脫歡)에

149 『전서』(상), 343면 및 348-349면.

150 『元史』 권209, 열전96, 4638면; 『전서』, 354면; 山本達郎, 『安南史硏究』 I, 92-97면.

151 『元史』 권210, 열전97, 4661면 및 권129, 열전16, 3152면; Georges Maspero, *Le royaume de Champa*, pp.177-78; 山本達郎, 『安南史硏究』 I, 114-120면.

게 공격 명령을 내렸다.[152] 쩐 왕조에서는 원에 사절을 보내 사태를 완화시키고자 했지만 원의 태도에는 변함이 없었다. 토곤이 거느리는 대군은 광시성을 출발하여 1284년 12월 지금의 랑 썬(Lạng Sơn)에 다다랐다.[153]

쩐 홍 다오가 이끄는 전 왕조의 군대는 토곤의 군과 맞서 싸웠으나 중과부적으로 1285년 초에는 탕 롱이 함락되었다. 당시 쩐 왕조의 병사들은 팔에 몽골인을 죽이자는 의미의 '살달(殺韃)' 두 글자를 입묵했었는데, 이것이 몽골 장군 오마르(Omar, 烏馬兒)를 격노시켜 많은 베트남인 포로들이 살육되었다고 한다.[154] 태상황 타인 똥과 년 똥은 겨우 탈출하여 타인 호아로 도피했지만, 이때 쩐 익 딱(Trần Ích Tắc, 陳益稷)을 비롯한 몇몇 황족과 귀족 등은 원에 항복했다. 탕 롱을 함락한 원군은 타인 똥 부자를 추격하는 등 한때는 전세가 유리했으나, 오랜 원정으로 피로에 지쳐 곧 형세가 역전되었다. 쩐 왕조의 군대는 사방에서 원군을 공격하여, 느 응우옛 강[sông Như Nguyệt, 如月江; 지금의 꺼우 강(sông Cầu)]에서의 싸움과 뒤이은 남 싸익[Nam Sách, 南策, 현 하이 즈엉 성(tỉnh Hải Dương) 소재] 전투에서 대대적인 타격을 가했다.[155] 부하 장수의 도움으로 간신히 탈출한 토곤은 어쩔 수 없어 군대를 이끌고 퇴각하니, 원의 제2차 침입도 실패로 끝나고 말았다. 6월 타인 똥과 년 똥은 탕 롱으로 돌아왔다.

두 차례의 패배에 격노한 쿠빌라이는 1285년 토곤을 총수로 하여 곧 바로 베트남에 대한 원정을 또다시 하려고 했으나, 오랜 싸움으로 인해 원정군이 지쳤다는 이유로 연기되었다. 1287년 11월 마침내 병력 8만여 명과 선박

152 『元史』 권13, 268면.
153 『元史』 권13, 본기13, 268면 및 권209, 열전96, 4642면; 山本達郎, 『安南史研究』 I, 151-158면.
154 『전서』(상), 358면.
155 『전서』(상), 360면; 『元史』 권209, 열전96, 4645면; 『安南志略』, 408면; 山本達郎, 『安南史研究』 I, 189-192면.

500척으로 구성된 원군은 광둥과 광시 및 윈난의 세 방면으로부터 공격을 개시했다. 육군은 쩐 홍 다오의 군을 물리치고 남 싸익 북쪽의 반 끼엡(Vạn Kiếp, 萬劫)을 거쳐 남하를 계속하여 12월 푸 르엉 강(sông Phú Lương, 富良江, 지금의 홍 강)을 건넜다. 타인 똥 부자가 탕 롱을 버리고 도망치자 원군은 쉽사리 이를 손에 넣었다.[156]

한편 원군의 군량을 실은 선단이 쩐 왕조 수군의 공격과 풍랑으로 도착하지 못함에 이들은 식량이 부족한 상황에 놓였다.[157] 부하 장수들이 부족한 식량과 무더운 날씨로 병사들이 견디기 어려워하니 후퇴할 것을 요청하자 토곤은 이를 받아들였다.

1288년 3월 원군은 반 끼엡에 집결하여 수로와 육로로 총퇴각을 시작했다. 쩐 홍 다오는 바익 당 강(白藤江)에서 후퇴하는 원의 수군을 맞아 일대 격전을 벌였다. 그는 3세기 반 전 응오 꾸옌이 남한의 군대를 격파했던 것과 같은 방법으로, 강에 말뚝을 박고 만조 때 원의 전함을 상류로 유인했다가 간조 때 이를 공격하여 대승을 거두었다.[158] 원의 육군도 쩐 왕조의 복병을 만나 큰 타격을 입고 간신히 샛길로 귀국할 수 있었다.

쩐 왕조는 원의 침입을 성공적으로 막아내기는 했지만 전쟁의 피해는 컸다. 년 똥은 더 이상의 전쟁을 피하기 위해 사절을 보내 사죄하는 동시에 금인(金人, 즉 자신의 대체물)을 바쳤다.[159] 그 후에도 여러 차례 사절을 파견했지만, 쿠빌라이는 이에 만족하지 않고 새로운 원정 준비를 시키다가 1294년 사망하고 티무르(Timur, 成宗, 1294-1306)가 뒤를 잇자 계획은 그대로 끝나고 말았다. 이후 양국 관계는 호전되어 1295년에는 원에서 쩐 왕조에게 대장경

156 『元史』 권14, 본기14, 303면 및 권209, 열전96, 4647-4648면; 山本達郎, 『安南史研究』 I, 230면.
157 『元史』 권15, 본기15, 310면; 『安南志略』, 312면; 『전서』(상), 364면; 山本達郎, 『安南史研究』 I, 236-238면.
158 『전서』(상), 364면; 『安南志略』, 312면; 山本達郎, 『安南史研究』 I, 242-245면.
159 『元史』 권15, 본기15, 310면.

을 하사할 정도였다.[160] 쩐 왕조는 불교를 숭상했기에 대장경의 하사는 이와 관련이 있다고 하겠다. 두 나라 사이의 친선관계는 14세기 중반까지 지속되었다.

다만 한 가지 언급되어야 사실은, 원은 앞에서 본 바와 같이 타인 똥을 안남국왕에 봉했던 것을 제외하고는 쩐 왕조의 군주들을 국왕으로 인정하지 않았다는 점이다. 이는 쿠빌라이가 1281년 쩐 지 아이를 안남국왕에 봉했다든가, 그의 제2차 출병 때 항복한 쩐 익 딱을 1286년 안남국왕에 봉하여[161] 쩐 왕조의 실제 지배자를 완전히 무시하고 있는 것과 밀접한 관계가 있었다. 쩐 익 딱의 사후에는 그 아들 쩐 도안 응오(Trần Đoan Ngọ, 陳端午)가 아버지의 뒤를 이어 안남국왕에 봉해졌다.[162] 쩐 왕조의 군주들은 단지 '세자(世子)'로만 취급되었을 뿐이다.[163] 그렇기는 하지만 쩐 왕조는 원에 계속하여 사절을 보내고 있는 점으로 보아 이를 별로 문제 삼지 않았던 것 같다. 이런 배경에는 원의 침입을 세 차례 성공적으로 물리친 이상 세자 문제를 가지고 저자세로 논란을 벌이지 않겠다는 자부심이 작용했을 수도 있지 않을까 한다. 1351년 홍건군(紅巾軍)에 의한 대란이 일어나 중국대륙이 혼란에 휩싸이면서 원과의 교류는 중단되었다. 이런 와중에 등장한 명(明)은 통일 이전인 1359년 쩐 왕조에 사절을 보내 화친을 요청하자, 쩐 왕조는 이에 응해 즉시 사신을 파견하여 그곳 정세를 살피게 했다.[164] 베트남의 모든 왕조는 이처럼 중국의 정치적 변동에 민감한 반응을 보였는데, 이는 중국에서의 정치적 변

160 『전서』(상), 374면; 『安南志略』, 434면.

161 『元史』 권14, 본기14, 287면; 『安南志略』, 317면. 『전서』에는 1285년 안남국왕에 봉해진 것으로 되어 있다. 『전서』(상), 359면

162 『元史』 권38, 본기38, 826면.

163 山本達郎, 「陳朝と元と關係(1225-1400)」, 山本達郎 編, 『ベトナム中國關係史』(東京: 山川出版社, 1975), 142면.

164 『전서』(상), 431면.

화가 베트남에 끼치는 영향이 크기 때문이었다.

1368년 명을 세운 주원장(朱元璋), 즉 태조 홍무제(洪武帝, 1368-1398)가 즉위했다는 사실을 알려오자, 쩐 왕조의 주 똥(Dụ Tông, 裕宗, 1341-1369)은 곧 사신을 보내 빙물(聘物)을 바쳤다. 그 결과 이듬해 주 똥은 안남국왕으로 봉해져 양국관계는 정상화되었다.[165] 그럼에도 불구하고 쩐 조정은 군민(軍民)들에게 중국식 의복을 입지 못하게 하였음은 주목할 필요가 있다.[166]

한편 명은 1384년 윈난 지방에서 일어난 소요를 계기로 군량 5천 석의 제공을 요구했다. 당시 쩐 왕조는 재정 형편이 좋지 않았지만 이를 받아들였다.[167] 이후 명의 압력은 점점 더 증대되면서 요구도 많아졌다. 1395년에는 광시성 용주(龍州)에서의 반란토벌을 구실로 명은 군량 2만 석을 요구해 쩐 왕조는 이를 보냈다. 같은 해 명은 승려·안마녀(按摩女)·화자(火者, 고자)까지도 요구해 이를 들어주었다.[168] 쩐 왕조가 이처럼 힘에 겨운 요구들을 쉽게 들어준 것은 당시 정권을 잡고 있던 호 꾸이 리(Hồ Quý Ly, 胡季犛)가 자기의 문제를 명이 트집 잡지 않을까 두려워했기 때문이었다.

호 꾸이 리가 권력을 장악할 수 있었던 것은, 그의 두 고모가 민 똥(Minh Tông, 明宗, 1314-1329)의 후궁이 되어 한 사람은 응에 똥(Nghệ Tông, 藝宗, 1370-1372)을 낳고 다른 한 사람은 주에 똥(Duệ Tông, 睿宗, 1373-1377)을 낳은 덕분이었다. 당시 호 꾸이 리의 권력이 얼마나 막강했는가는 주에 똥의 사후 그의 뒤를 이은 장자 히엔(Hiện, 晛), 즉 페 데(Phế Đế, 廢帝, 1377-1388)를 10년 후(1388) 폐위시킨 사실로도 알 수 있다.

165 『明太祖實錄』(中央研究院歷史語言研究所); 『明實錄』(縮印本)(臺北: 中文出版社, 1966) 권43, 847-848면; 『明史』(北京: 中華書局, 1974) 권321, 열전209, 8309면; 『전서』(상), 436면.

166 『전서』(상), 446면

167 『明史』 권321, 열전209, 8321면; 『전서』(상), 457면.

168 『明史』 권321, 열전209, 8311면; 『전서』(상), 470면.

명의 홍무제는 호 꾸이 리의 부당한 행위를 질책하면서도 베트남 문제에 깊이 관여하지는 않았다. 북쪽 변경에서 몽골의 침입에 대비하는 것이 더 중요했기 때문이었다. 홍무제의 뒤를 이은 혜제(惠帝, 1399-1402), 즉 건문제(建文帝) 역시 마찬가지였다. 그리하여 1400년 호 꾸이 리가 쩐 왕조의 마지막 황제인 티에우 데(Thiếu Đế, 少帝, 1398-1400)를 위협하여 선양의 형식을 빌려 스스로 황제의 자리에 올랐음에도 불구하고 아무런 조치도 취하지 않았다.[169]

한편 호 꾸이 리는 11개월 뒤 아들 호 한 트엉(Hồ Hán Thương, 胡漢蒼, 1401-1407)에게 왕위를 물려주고 자신은 태상황이 되었다. 이는 자신의 찬탈행위에 대한 대내외적인 비난을 모면하기 위해서였다. 그리고는 1403년 명에 사절을 파견하여, 쩐씨는 후사가 끊겼기에 외손인 호 한 트엉(중국 기록에는 胡奃)이 뒤를 이었다고 하며 책봉을 요청했다. 이는 명이 쩐 왕조의 군주를 책봉했었기 때문에 그 찬탈을 알게 되는 경우 발생할 명의 책임추궁을 면함과 동시에 대내적으로 자기 지위의 합법화를 위해서였다. 명의 성조(成祖, 1403-1424), 곧 영락제(永樂帝)는 호 한 트엉 옹립의 진위를 조사하게 한 후 일단은 안남국왕에 봉해주었다.[170] 그러나 당시 대외 팽창정책을 취하고 있던 영락제에게 이는 일시적인 일이었을 뿐이다. 1404년 일어난 세 가지 사건은 그에게 베트남 침략의 구실을 주었다.

우선 불거진 첫 번째 문제는 양국 사이의 국경분쟁이었다. 광시성 사명부(思明府)의 추장인 황광평(黃廣平)이 자기 영토였던 록주(祿州) 등 세 주를 호씨가 빼앗았다고 호소한 것이다. 두 번째 문제는 참파가 사신을 보내 안남이

169 山本達郎, 『安南史研究』 I, 269-271면.

170 『明史』 권6, 본기6, 80면 및 권321, 열전209, 8312-8313면; Alexander B. Woodside, "Early Ming Expansionism(1406-1427): China's Abortive Conquest of Vietnam," *Papers on China*. Vol.17 (Cambridge, Mass.: Harvard University Press, 1963), p.10.

명의 명령을 무시하고 다시 침범하여 영락제에 보낼 예물까지 약탈했다고 알린 일이었다. 명은 곧 호씨에게 문책 사절을 보내 참파 침략과 사명부 일대에 대한 영토 점유가 결코 그들에게 이롭지 못할 것임을 경고했다.[171]

그러나 이들 두 가지보다도 호씨와 명과의 관계를 더욱 악화시킨 사건은 호씨의 찬탈을 둘러싼 시비로, 명이 베트남을 침공하는 직접적 계기가 되었다. 앞에서 언급한 바와 같이, 명은 처음 호 한 트엉의 책봉을 승인해주었었다. 그런데 1404년 쩐 왕조의 신하였던 부이 바 끼(Bùi Bá Kỳ, 裴伯耆)가 명 조정에 나타나 호씨 부자의 찬탈을 전하고, 이어 쩐씨의 일족이라고 하는 쩐 티엔 빈(Trần Thiên Bình, 陳天平)이 와서 똑같이 호씨의 비리를 호소했다.[172] 야마모토(山本達郎)는 쩐 티엔 빈의 출신에 대해서는 의문의 여지가 많다고 하면서, 명이 그의 출신을 조작하여 베트남 침입의 구실을 만들었다고 보았다.[173] 여하튼 명은 찬탈 해명과 영토의 반환을 요구하고 나섰다. 호 한 트엉은 사신을 보내, 자신은 찬탈하지 않았으며 쩐 티엔 빈을 영립(迎立)하는 동시에 록주 등을 반환하겠다고 했다.[174] 약속은 약속일뿐 쩐 티엔 빈을 받아들일 수는 없는 일이었다.

호씨 부자는 명의 침입이 임박했음을 감지하고 이에 대한 방비책으로 적함대가 접근을 못하게 모든 해구와 홍 강 및 바익 학 강(sông Bạch Hạc, 白鶴江)의 요처에 말뚝을 박도록 했다. 또한 홍 강 상류의 요충지에 다 방 성(thành Đa Bang, 多邦城; 현재는 하노이의 북쪽 외곽에 소재)을 구축했다.[175] 이런 상황 속에서 1406년 쩐 티엔 빈과 그를 호위한 명군이 베트남 영내로 들어오자 두 나

171 『明太祖實錄』 권32, 569면; 『明史』 권321, 열전209, 8313면; 山本達郎, 『安南史研究』 I, 278-279면.

172 『明史』 권321, 열전209, 8313-8314면.

173 山本達郎, 『安南史研究』 I, 281-286면.

174 『明史』 권321, 열전209, 8314면.

175 『전서』(상), 485면 및 487면; 山本達郎, 『安南史研究』 I, 292-293면; Trương Hữu Quýnh, chủ biên, *Đại cương lịch sử Việt Nam*, tập I, p.257.

라 군대는 충돌할 수밖에 없었다. 이때 쩐 티엔 빈은 호씨 군대에 붙잡혀 살해되었다.[176]

영락제는 쩐 티엔 빈의 호위병들이 호씨의 군대에 패했다는 소식에 몹시 분노했다. 중화적 세계질서라는 관점에서 볼 때 주변의 소국이 명에 도전했다는 것은 도저히 용납될 수 없는 일이었다. 영락제는 호씨 부자의 죄로 안남왕을 시해하고 나라를 빼앗았다는 것과 중국의 정삭(正朔; 책력)을 받들지 않고 마음대로 황제를 칭하며 연호를 사용했다는 것 등 20여 가지 죄상을 들어 곧 베트남 정벌을 결정했다. 요점은 간악한 호씨 부자를 토벌하여 베트남 국토를 안정시키고 이전의 쩐 왕실을 복원시킨다는 것이었다.[177]

영락제는 20여만 명(?)의 원정군을 동서로 나누어, 동군은 광시에서 랑 썬 지방을 공격하게 하고, 서군은 윈난 성을 출발하여 홍 강 유역을 따라 진격하도록 명령을 내렸다. 당시 원정군의 사령관들은 명의 가장 유능한 장수들로 이루어졌다. 동군은 처음 주능(朱能)이 총사령관이었으나 도중에 사망하여 장보(張輔)가 지휘를 맡았으며, 서군의 총사령관은 목성(沐晟)이었다.[178]

명의 원정군은 1406년 겨울 베트남의 국경을 넘어 공격을 개시한지 2개월 만에 동 도(Đông Đô, 東都)인 탕 롱과 호씨가 건설한 그의 수도 떠이 도(Tây Đô, 西都; 타인 호아 소재)를 어렵지 않게 점령할 수 있었다. 베트남 지방의 말라리아를 염려한 영락제는 명의 군대에게 서서히 진군하라는 명령을 내렸다. 그럼에도 불구하고 명군은 도망치는 호씨 부자를 남쪽으로 계속 추격하여 1407년 여름 이들을 지금의 하 띤(Hà Tĩnh, 河靜) 지방에서 붙잡아 금릉(金陵,

176 『明太祖實錄』 권52, 781-782면.

177 『明史』 권321, 열전209, 8314면; 『安南志原』 219-221면; 山本達郞, 『安南史研究』 I, 332-334면; John K. Whitmore, *Vietnam, Hồ Quý Ly, and the Ming(1371-1421)*(New Haven: Yale Southeast Asian Studies, 1985), p.91; Tạ Ngọc Liễn, *Quan hệ giữa Việt Nam & Trung Quốc*, p.24.

178 『明史』 권6, 본기6, 83-84면; 山本達郞, 『安南史研究』 I, 306-307면.

현 난징)으로 압송했다.[179] 이리하여 호 꾸이 리 정권은 7년 만에 무너지고, 베트남은 독립한 지 400여 년 만에 또다시 중국의 지배를 받게 되었다.

1407년 여름 명은 쩐씨의 후손이 끊겼다고 발표하고, 그때까지 알려진 이름인 안남을 교지(交趾)로 바꾸고 제국의 일부로 통치했다. 따라서 명의 지방행정제도를 도입하고 중국인과 베트남인들로 관직을 채우는 동시에 동화정책을 주목표로 삼았다.

그러나 명의 지배는 곧 각지에서 일어난 반항으로 평탄하지 못했다. 이들의 반항, 특히 생존한 쩐씨의 저항의 진압을 맡은 이는 명나라 초기 가장 유능한 장군 중 한 사람이었던 장보였다. 1407년 가을 응에 똥의 차남인 쩐 응오이(Trần Ngỗi, 陳頠)는 자칭 잔 딘 데(Giản Định Đế, 簡定帝)라 하고 흥 카인(Hưng Khánh, 興慶)이란 연호까지 제정했다.[180] 그리하여 응오 씨 리엔은 쩐 응오이와 그의 뒤를 이은 쩐 꾸이 코앙(Trần Quý Khoáng, 陳季擴)의 시기(1407-1413)까지를 허우 쩐(Hậu Trần, 後陳)이라 하여 하나의 독립된 왕조로 보아 명의 지배를 인정하지 않고 있다.[181]

쩐 응오이는 처음 오늘날 닌 빈 성(tỉnh Ninh Bình, 寧平省)에 위치한 옌 모(Yên Mô)에서 일어났다가 명군의 공격을 받고 응에 안으로 달아났다. 이후 명에 항복했다가 도망해 온 당 떳(Đặng Tất, 鄧悉) 등의 도움을 받아 타인 호아 이남 지방에서 세력을 확대해 나아갔다. 특히 장보 등이 이끄는 명의 주력부대가 본국으로 회군한 이후에는 더욱 세력이 커져 명군의 본거지인 동도를 향해 북상하기에 이르렀다.

영락제는 베트남에 잔류시킨 병력만으로는 사태를 수습할 수 없음을 깨

179 『明史』 권6, 본기6, 84면 및 권321, 열전209, 8315면; 『전서』(상), 495-496면.
180 『전서』(상), 497면; 『明史』 권321, 열전209, 8316-8317면.
181 『전서』(상), 493-508면.

닫고 다시 목성으로 하여금 4만의 군대를 이끌고 가게 했지만, 이들 마저 패했다. 쩐 응오이의 세력은 더욱 확대될 수 있었는데, 불행히도 전략상의 이견으로 내분이 일어나 그 기세가 꺾이고 말았다.

1409년 2월 잔 딘 데는 자신의 부하 가운데 가장 유력자였던 당 떳과 응우옌 까인 쩐(Nguyễn Cảnh Chân, 阮景眞) 등을 의심하여 살해하는 사건이 벌어졌다. 두 사람의 아들인 당 중(Đặng Dung, 鄧容)과 응우옌 까인 지(Nguyễn Cảnh Dị, 阮景異)를 중심으로 한 집단이 응에 똥의 아들이며 잔 딘 데의 조카인 쩐 꾸이 코앙을 황제로 추대했다. 쩐 꾸이 코앙은 응에 안에서 제위에 올라 당 중 등을 중용하여, 베트남측은 명군을 앞에 두고 분열되는 양상을 보였다.[182] 그러나 양자 사이에는 곧 화해가 이루어져 쩐 꾸이 코앙은 자신이 저항세력의 주도권을 장악하는 한편 잔 딘 데를 상황에 앉혔다.

이어 두 황제는 북으로 진군했으나 영락제가 보낸 장보에게 패배를 당하고, 잔 딘 데는 포로가 되어 난징으로 압송되었다.[183] 1410년 쩐 꾸이 코앙은 일단 응에 안 지방으로 물러가 이를 공격하다 실패하고는 별다른 활동을 하지 못했다. 장보는 몽골 정복을 위해 귀국했다가 1411년 세 번째 베트남으로 와서 처음에는 '관휼지은(寬恤之恩)'의 방침 아래 평화적인 해결을 모색했다. 그러나 쩐 꾸이 코앙과의 타협이 이루어지지 않자 적극적인 공세를 펴 1414년 3월 그를 생포할 수 있었다.[184] 이로써 쩐 왕실을 부활하려는 노력은 끝을 맺었다.

명의 기록에 의하면, 명군에 사로잡힌 쩐 꾸이 코앙 등은 곧 연경(燕京, 현

182 『전서』(상), 500-501면.

183 『明太祖實錄』 권98, 1290-1291면; 『明史』 권6, 본기6, 87면; 『安南志原』, 119면; 山本達郎, 『安南史研究』 I, 441-443면.

184 『明太祖實錄』 권149, 1737-1738면; 『明史』 권154, 열전42, 4222-4223면 및 권321, 열전209, 8319-8320면; 山本達郎, 『安南史研究』 I, 486-490면.

북경)으로 보내져 그곳에서 처형되었다.[185] 반면에 베트남의 기록에는 쩐 꾸이 코앙이 압송 도중 강에 몸을 던져 자살하자 충직한 신하인 응우옌 쑤이(Nguyễn Súy, 阮帥)도 그 뒤를 따랐다고 한다.[186] 베트남 기록은 편찬자가 베트남인들의 저항정신을 미화할 의도에서 그랬을 가능성이 크다.

1424년까지 영락제가 생존해 있는 한 자오 찌(交趾)를 명의 한 성(省)으로 만들려는 계획은 조정의 강력한 지원을 받았다. 문제들이 적지 않았음에도 불구하고 이러한 계획은 적어도 성공한 듯이 보였다. 장보는 이 시기에 포정사(布政使) 겸 안찰사(按察使)로서 영락제의 계획을 추진했다. 명 지배에 저항한 레 왕조의 기록에는 명의 지배가 잔인하고 혹독했던 것으로 되어 있다. 사실상, 장보의 지배에는 다른 어떤 경우에서나 마찬가지로 긍정적인 면과 부정적인 면이 있었는데 이러한 두 가지 측면은 지역에 따라 느끼는 정도가 달랐다.

홍 강 평야지대 사람들은 처음 명 지배에 그다지 부정적이지 않았다. 타인 호아와 응에 안의 저지대 사람들 역시 마찬가지였다. 이들은 오랫동안 중국문화와 접촉하면서 익숙해 있었기 때문이 아닌가 한다. 그러나 타인 호아와 응에 안의 주변 산간지역 사람들은 중국문화와의 접촉이 거의 없었던 관계로 명 지배에 대해 처음부터 강하게 저항했다.

명 지배정책의 한 축이 문화적 동화 노력이었다고 하면, 다른 한 축은 경제적 착취였다. 명 조정은 베트남인들에게 중국문화를 보급시켜 중국식 예의를 지키게 하는 동시에, 베트남 고유의 관습은 '이속(夷俗)'이라 하여 금지시켰다.[187] 그런가 하면 명은 1418년 쩐 왕조 때까지 저술된 베트남의 고금

185 『明太祖實錄』 권151, 1757면 및 권154, 1775면.
186 『전서』(상), 508면.
187 『安南志原』, 253-254면; 『전서』(상), 509면.

도서를 태워버리든가 아니면 수합하여 본국으로 보냈다.[188] 다른 한편 명은 베트남인들에게 금의 채광이나 백상(白象)의 포획을 강요하고 소금의 전매 등을 실시하여 베트남 사람들에게 고통을 주었다.[189] 그뿐만 아니라 과중한 세금을 부과시킴은 물론 교량 건설 및 축성(築城) 등과 같은 노역봉사에 사람들을 강제로 동원했다.

이러한 일들로 인해 베트남인들은 다시금 저항운동을 하지 않을 수 없었다. 1416년 말 장보가 본국으로 송환된 이듬해인 1417년 홍 강 평야의 중심부와 그 남쪽 여러 지방에서 연이은 저항운동이 베트남인 하급관리들의 주도하에 일어났다.[190] 그러나 대부분 일시적이고 국지적이어서 별다른 성공을 거두지 못했다. 1418년 타인 호아 지방에서 거병한 레 러이에 이르러 저항의 양상은 바뀌었다. 그는 10년 동안의 끈질긴 항쟁 끝에 마침내 명의 군대를 물리치고 베트남의 독립을 되찾는 데 성공했다. 이 때문에 응오 씨 리엔은 1414년부터 1417년까지만을 명의 지배기, 즉 '명속기(明屬期)'라고 보았다.[191] 요컨대, 응오 씨 리엔은 '명속기'를 최소한으로 함으로써 중국의 지배보다 베트남의 저항을 중시하고 있는 것이다. 이는 베트남인들의 중국에 대한 저항정신을 단적으로 보여주는 예라고 하겠다.

레 러이에 대하여는 그의 집안이 타인 호아의 람 썬(Lam Sơn, 藍山) 지방 토호였다는 사실 외에는 거의 알려진 것이 없다.[192] 그는 처음 저항에 실패한

188 Ong Eng Ann, Alexander, "Contextualising the Book-Burning Episode during Ming Invation and Occupation of Vietnam," in *Southeast Asia in the Fifteenth Century: The China Factor*, edited by Geoff Wade & Sun Laichen(Hong Kong: Hong Kong University Press, 2010), pp.154-165; Trần Trọng Kim, *Việt-Nam sử-lược*, Quyển 1, pp.212-213.

189 『전서』(상), 509면.

190 『明太祖實錄』 권189, 2008면 및 권193, 2035면; 山本達郎, 『安南史硏究』 I, 617-618면.

191 『전서』(상), 508-511면.

192 레 러이는 15세기 베트남 역사서에서 독립투쟁의 우상으로 그려져 있지만, 본래는 므엉(Mường)족이거나 라오(Lao)족에 속하는 인물이었음에 틀림없다고 한다. Keith K. Taylor, "On Being Mườnged," *Asian*

후 명에 항복하여 잠시 소금 밀매자나 여행객 등을 검문하는 순검(巡檢) 직에 있었다고 한다.[193]

1418년 레 러이는 빈 딘 브엉(Bình Định Vương, 平定王)이라 자칭하고 명에 대해 반기를 들었다. 처음 그는 매복으로 명군에 타격을 주었으나, 변절자로 인해 배후에서 공격을 받게 되어 도피하는 수밖에 없었다. 이후 레 러이는 주로 마(Mã) 강 상류지역을 거점으로 게릴라전을 전개하면서 세력을 유지했다. 한편 그는 명의 관직을 받고 일하던 베트남인 관리들에게도 동참을 촉구하고, 만약 거절하면 암살하거나 공격의 주요 대상으로 삼았다.

1420년 레 러이의 군대는 한 때 떠이 도(西都) 부근까지 진출한 적도 있었다. 그러나 1422년까지는 여타 베트남인들의 반명(反明) 활동이 거의 종식되어 명군이 그를 진압하기 위해 집중공격을 해옴에 따라 대패를 당했다. 1423년 레 러이는 하는 수 없이 람 썬으로 돌아와 금과 은을 보내 명군과 화약을 맺고 저항을 멈췄다. 명 측도 이를 받아들여 그에게 우마·어염·곡물·농기구 등을 보내주었다.[194]

1424년 전세는 갑자기 레 러이에게 유리해졌다. 주원인은 영락제가 사망하고 뒤를 이은 홍희제(洪熙帝)의 베트남에 대한 정책이 소극적으로 바뀐 탓이었다. 홍희제에 이어 1425년 즉위한 선종(宣宗, 1426-1435), 즉 선덕제(宣德帝)는 더욱 소극적 정책을 택하고, 심지어 쩐 왕실을 회복시켜주는 것이 더 낫겠다는 의견까지 제시했다.[195]

이런 명 정책의 전환을 좋은 기회로 삼아 레 러이는 1424년 9월 재차 반기

Ethnicity 2-1(2001), p.33.

193 『明史』 권321, 열전209, 8321면; 『大越史記』(Hà Nội: Viện nghiên cứu Hán nôm VHv 1578/4) 권10, 「속명기」. 이 『대월사기』는 18세기 후반 떠이 썬(Tây Sơn, 西山) 시기에 간행되어 흔히 『대월사기전서』, 「서산본」(西山本)으로 알려져 있다.

194 『藍山實錄』(Hà Nội: Viện nghiên cứu Hán nôm A 26) 권1, 32면; 『전서』(중), 521면.

195 山本達郎, 『安南史研究』 I, 679-680면.

를 들어 응에 안 지방의 명군을 격파하고, 이곳을 저항의 근거지로 삼았다. 그의 군대는 명군에 대한 공세에 더욱 박차를 가해 1425년 가을에는 떠이 도와 응에 안 성(城) 등 두세 곳을 제외한 남부 전역을 탈환했다. 이후 병력을 더욱 증강하여 홍 강 델타로 진출시켰다.

레 러이의 세력이 점점 더 강성해지고 주둔 병력이 연거푸 패배하자 명 조정은 1426년 왕통(王通)을 총사령관으로 하여 2만의 증원군을 보냈다. 그러나 레 러이는 이에 개의치 않고 오히려 적극적 공세를 취해 10월에는 동 도(東都) 서쪽 지역에서 명군과 대대적인 전투를 벌였다. 명군은 대패하고, 왕통 등은 간신히 몸을 피해 동 도로 물러갔다.[196] 레 러이는 곧 동 도를 포위하고 항복을 권유하니, 왕통은 전세의 불리함을 직시하고 일단 싸움을 멈추고 협상할 태도를 보였다.

양측의 협상에서 명은 레 러이가 쩐 왕실의 후손을 찾아내어 그를 왕위에 앉히면 철군하겠다고 했다. 이는 명의 침공 이유가 표면적으로는 호씨를 징벌하고 쩐 왕조를 재건하는 것이었기 때문이다. 레 러이도 전쟁이 장기화되는 것을 원하지 않았음으로 왕통의 제의를 받아들였다. 이리하여 1426년 말 쩐 까오(Trần Cảo, 陳暠)라는 인물이 왕위에 옹립되었다. 쩐 까오는 호 옹(Hồ Ông, 胡翁)이란 이름으로 하 띤 지방에 살면서 쩐씨의 후손으로 행세했다고 한다.[197]

이에 앞서 명 조정은 왕통의 군대가 동 도에 포위되어 곤경에 처해 있음을 알고, 1426면 말 유승(柳升)과 목성이 지휘하는 11만의 대군을 동원하여 그를 구원하려 했다. 레 러이의 군대는 1427년 9월과 10월 랑 썬 부근과 윈

196 『전서』(중), 529면.
197 『전서』(중), 530면; 『藍山實錄』 권2, 74면; 『明史』 권321, 열전209, 8324면.

난 접경지대에서 각각 명의 구원군을 맞아 싸워 대승을 거두었다.[198] 왕통은 이제 고립무원의 상태에서 1427년 12월 레 러이와 화약을 맺고 철군을 서둘렀다. 레 러이는 항전 10년 만에 마침내 20년에 걸친 명의 지배에서 벗어나 민족의 독립을 이뤘다. 레 러이는 이를 기념하여 명과의 싸움에서 그의 오른팔 역할을 한 응우옌 짜이(Nguyễn Trãi, 阮廌)에게 글을 짓게 했는데, 유명한 「평오대고(平吳大誥)」이다.[199] 이 글은 베트남과 중국은 별개의 다른 국가로 두 나라는 대등하다는 것을 분명히 보여주고 있다.[200]

우리 다이 비엣 국(國)은 진실로 문명화된 국가이다. 산천의 경계가 다르고 남북의 풍속 또한 다르다. 우리는 찌에우(趙)·딘(丁)·리(李)·쩐(陳)이 창업할 때부터 한·당·송·원과 더불어 각각 그 나름의 영토에서 황제를 칭하고 다스려 왔다.

3. 레 왕조 이후의 조공과 방교

1428년 봄 레 러이는 동 도[1430년 동 낀(Đông Kinh, 東京)으로 고침]로 돌아와 제위에 오르니, 베트남 역사에서 말하는 레 왕조(黎朝)가 창건된 것이다. 나라이름은 전처럼 다이 비엣(大越)이라 했다.

레 러이, 즉 타이 또(Thái Tổ, 太祖, 1428-1433)는 즉위 후 곧 명에 사절을 보내

198 『전서』(중), 541-543면; 『藍山實錄』 권2, 71-73면; 『明宣宗實錄』 권31, 797-798면 및 권32, 380면.

199 오는 중국의 춘추전국시대 오와 월을 대비한 데서 기원하여, 중국을 안 좋게 말할 때 사용한다.

200 Nguyễn Trãi(阮廌), *Ức-Trai Tập*(抑齋集)(Sài Gòn: Phủ Quốc-vụ-khanh đặc-trách văn-hóa xuất bản, 1972), Tập Thương, pp.319-323; 『전서』(중), 546-548면; 조동일 해설, 지준모 옮김, 『베트남 최고의 시인 阮廌』(서울: 지식산업사, 1992), 59-68면; 최귀묵, 『베트남문학의 이해』, 272면.

예물을 바치며 쩐 까오가 사고로 사망하고 쩐씨 후손이 끊겼다는 것을 알렸다. 선덕제는 사절의 말이 거짓이라고 느껴 책봉을 허락해 주지 않으려 했다.[201] 명으로의 조공사절 파견은 베트남의 국력이 중국에 비할 바가 못 됨을 인식하고 앞으로 왕조의 안정에 필요하다는 생각에서였다. 한편 쩐 까오의 사망은 사고사가 아니라 레 러이가 사람을 시켜 살해한 것이었다.[202] 그가 살아 있으면 명에 또 어떤 구실을 줄지도 모른다는 생각에서였다.

1429년과 1430년에도 레 러이는 사신을 보내 책봉을 요청했으나, 선덕제는 쩐씨 후손이 있으리라고 믿고 이를 찾으라고 할 뿐 책봉을 거부했다. 그러다가 1431년에 이르러서야 레 러이를 '권서안남국사(權署安南國事)'에 봉해주었다.[203] 권서안남국사란 안남의 국사를 맡은 임시 통치자란 의미인데, 여하튼 이로써 양국관계는 일단 정상화된 셈이다. 그러나 레 왕조의 군주는 이에 만족할 수 없고, 대내외적인 권위를 위해서도 안남국왕에 봉해지기를 원했다.

1433년 타이 또가 사망하자 타이 똥(Thái Tông, 太宗, 1434-1439)이 제위에 올랐다. 타이 똥은 바로 명에 고애사(告哀使)를 보내는 한편, 이듬해 1월과 5월에 사절을 파견하여 베트남의 산물을 바치며 책봉을 요청했다.[204] 마침 명에서도 타이 또에 대해 불신감을 가지고 있던 선덕제가 1435년 세상을 떠나고 뒤를 이은 영종(英宗, 1436-1448), 곧 정통제(正統帝)가 쩐씨 후손은 이미 끊겼으니 타이 똥을 책봉하는 것이 옳다고 생각하여 조정의 논의를 거쳐 1436년 그를 안남국왕에 봉한다는 조칙을 내리고 책봉사(冊封使)를 보냈다.[205] 이로

201 『明史』 권321, 열전209, 8325면.
202 『전서』(중), 551면.
203 『明宣宗實錄』 권80, 1848-1849면; 『明史』 권321, 열전209, 8325면; 『전서』(중), 562-563면; Tạ Ngọc Liễn, *Quan hệ giữa Việt Nam & Trung Quốc*, p.38.
204 『전서』(중), 569면 및 574면.
205 『明英宗實錄』 권22, 449면; 『明史』 권321, 열전209, 8326면.

써 책봉과 조공으로 맺어진 양국관계는 완전히 정상화되었다. 조공은 홍무제 때의 예에 따라 3년에 한 번하는 것으로 정해졌다.

이로부터 1527년 막 당 중(Mạc Đăng Dung, 莫登庸)이 레 왕조의 왕위를 빼앗을 때까지 100년 가까이 양국 관계는 비교적 안정적이었다. 이는 1431년 두 나라 사이에 국교가 성립된 이래 3년마다 정기적으로 사절이 보내진 것으로도 입증된다. 베트남 사료에 따르면, 1438년의 경우를 제외하곤 3년 1회의 조공은 엄격히 지켜져 세공(歲貢)은 모두 28회였다.[206] 후지와라 리이치로(藤原利一郎)에 의하면, 1428년부터 1527년까지 레 왕조는 명에 보낸 사절은 모두 114회였다. 그중 전술한 세공 28회를 제외하면 나머지 86회는 모두 임시사행(使行)이었다.[207] 임시 사행의 예로는 사은(謝恩)·고애(告哀)·진향(進香, 명 황실에의 조문)·하즉위(賀卽位) 등이 있었다. 한편 명은 7회의 책봉사절을 포함해 총 27회 사신을 보냈다.[208]

그러나 이러한 조공에도 불구하고 대내적으로는 이전 왕조들과 마찬가지로 명에 대한 대등의식에는 변함이 없었다. 이전 왕조들에서처럼 모든 군주가 타이 또 이래 황제로 칭했다. 그리고 앞서 이미 언급한 바와 같이, 명으로의 사절 파견을 '여명(如明)'이라 했고, 명과의 관계에 '교방(交邦)'이라는 용어를 썼다. 응오 씨 리엔의 『대월사기전서』에는 이러한 대등의식이 단적으로 나타나 있다. 앞에서 언급한 바와 같이, 베트남역사의 상한선이 중국과 동등하게 신농씨까지 소급되어 있는 것이라든가, 「평오대고」의 전문(全文)이 수록된 것 등이 이를 말해준다. 사실 응오 씨 리엔은 책의 서문에서 베트남

206 藤原利一郎, 「黎朝前期の明との關係」, 山本達郎 編, 『ベトナム中國關係史』(東京: 山川出版社, 1975), 265-266면.
207 藤原利一郎, 「黎朝前期の明との關係」, 317-329면 도표 참조.
208 Tạ Ngọc Liễn, *Quan hệ giữa Việt Nam & Trung Quốc*, p.55.

은 중국과 대등한 국가임을 분명히 밝혔다.[209]

그럼에도 불구하고 응오 씨 리엔이 대등의식을 강조한 이면에는 왕조의 안위문제, 특히 만약 있을지도 모를 중국으로부터의 침입에 대한 관심사도 있었다. 월터스(O. W. Wolters)는 응오 씨 리엔이 자신이 살고 있는 시대가 불안정함을 인식하고 동시대인들에게 경고하는 의미에서 『대월사기전서』를 썼다고 했다.[210] 실제로 「평오대고」의 요점은 '베트남은 중국과 산천이 다르고 문화도 다른 독립된 국가이기에 중국이 또다시 베트남을 침입해서는 안 된다'는 것으로도 볼 수 있다. 응오 씨 리엔이 명에 대항하여 초기에 싸운 응우옌 쩐 까인과 당 떳 및 그 아들들인 응우옌 까인 지와 당 중을 훌륭한 인물로 높이 평가하고 있는 것[211] 역시 왕조의 위기 때 후세 사람들에게 이들을 귀감 삼게 하려는 의도였다고 보아도 틀린 말이 아닐 것이다.

실제로 레 왕조는 명과의 투쟁에서 이겨 독립을 쟁취했음에도 불구하고 명에 대한 의구심을 계속 가지고 있었다. 그 때문에 외국인은 어느 나라 사람이든 지정된 장소 외에는 거주가 허락되지 않았다. 응우옌 짜이의 기록에 의하면, 모든 외국인은 마음대로 내지로 들어올 수 없고, 번 돈(Vân Đồn, 雲屯)을 비롯한 4개 지역에서만 머무를 수 있었다.[212] 여기서 말하는 외국인은 주로 중국인을 지칭하는 것으로 그들이 베트남의 국내 정세를 누설할지 모른다는 우려에서 제약을 두었을 가능성이 많다. 이후 『국조형률(國朝刑律)』, 일명 『여조형률(黎朝刑律)』이 제정된 15세기 중후반에는 외국인들의 거주가 더

209 「實與北朝而抗衡」, 『전서』(상), 57면.

210 O.W. Wolters, "What Else May Ngo Si Lien Mean? A Matter of Distinctions in the Fifteenth Century," in Anthony Reid, ed., *Sojourners and Settlers: Histories of Southeast Asia and the Chinese*(St. Leonards, NSW: Allen Unwin, 1996), pp.97-98.

211 『전서』(중), 507-508면.

212 Nguyễn Trãi(阮廌), *Ức-Trai Tập*(抑齋集), Tập Hạ, p.844; 山本達郎, 「安南の貿易港雲屯」, 『東方學報』(東京) 9(1939), 282면.

욱 제약되어 외국무역은 번 돈(雲屯) 한곳에서만 가능했다.[213] 이와 관련하여 레 왕조에서는 중국인 중에 베트남에 거류하기를 원하는 자는 거류지 관리의 신원증명이 있어야만 허용되었다.[214]

레 왕조가 대내적으로 명에 대해 어떤 태도를 취하든 명은 이를 묵인했다. 따라서 양국 사이에는 시시비비를 가림 없이 무난한 관계가 유지되었다. 그러다가 1527년 막 당 중이 레 왕조의 왕위를 찬탈하자 양국관계에는 새로운 변화가 생기지 않을 수 없었다.

1500년대에 들어서면서 레 왕조에서는 어리거나 정사(政事)를 등한시하고 사치를 일삼는 군주들이 연이어 제위를 계승했다. 이런 연유로 각지에서 반란이 일어났다. 이들 반란을 진압하는 과정에서 타인 호아 집단이 군권을 장악하여 세력을 확대하고는, 황제들을 자기들 마음대로 살해하고 새로운 황제를 옹립하는 상황에까지 이르렀다.

이런 상황에서 당시 어린 황제인 찌에우 똥(Chiêu Tông, 昭宗, 1516-1522)을 등에 업고 등장한 것이 델타 출신인 막 당 중이었다. 그는 병권을 장악하고 서서히 타인 호아 세력을 제거하는 한편 황제까지도 자기 감시 하에 두었다. 위협을 느낀 찌에우 똥이 1522년 궁중을 탈출하자 막 당 중은 찌에우 똥의 동생인 쑤언(Xuân, 椿), 즉 꿍 호앙 데(Cung Hoàng Đế, 恭皇帝, 1522-1527)를 제위에 앉혔다. 그리고는 찌에우 똥을 몇 년 후 체포하여 처형한 다음, 꿍 호앙 데를 압박하여 선양의 형식을 빌려 자신이 제위에 올랐다.

1530년 막 당 중은 찬탈에 대한 비난을 피하고자 제위를 장자 막 당 조아인(Mạc Đăng Doanh, 莫登瀛, 1530-1540)에게 물려주고 자신의 고향인 현 하이 퐁

213 『國朝刑律』, 110a-b면; *The Le Code: Law in Traditional Vietnam*, translated by Nguyen Ngoc Huy, et al.(Athens, Ohio: Ohio University Press, 1987), vol.1, Articles 615-616, pp.263-264.

214 Fujiwara Riichiro, "Vietnamese Dynasties' Policies toward Chinese Immigrants," *Acta Asiatica* 18(1970), p.50.

(Hải Phòng) 외곽에 있는 지방으로 돌아갔다. 그러나 그는 태상황으로서 국가의 중대사에 관한 한 실질적인 권한을 행사했다.

한편 중국 사료에 의하면, 찌에우 똥은 궁중을 탈출한 후 1525년 명 조정에 책봉을 요청하고자 샛길로 사신을 파견하려다가 막 당 중의 방해로 뜻을 이루지 못했다고 한다.[215] 당시 베트남의 군주는 중국 황제의 책봉을 받는 것이 중요했고, 이처럼 두 황제가 대립한 경우에는 더더욱 그러했기에 이런 시도를 했음은 당연한 일이다. 막 당 중으로서는 찌에우 똥이 책봉을 받으면 그에게는 커다란 타격이었기에 찌에우 똥의 시도를 필사적으로 막으려 했을 것이다. 그도 꿍 호앙 데가 책봉을 받는 것이 유리했기에 이듬해 흠주(欽州)의 지방관에게 뇌물을 주면서 도와달라고 했다가 광둥 총독에게 발각되어 그 관리는 옥에 갇혔다가 사망했다.[216] 막 당 중은 베트남 상황에 관해 자기에게 유리하게끔 조정에 상소문을 올려달라고 청탁했음이 분명하다.

그런가 하면 막 당 중이 제위에 오르자 라오스로 도피하여 저항운동을 시작한 레 왕조의 구신(舊臣) 응우옌 낌(Nguyễn Kim, 阮淦)도 1533년 찌에우 똥의 아들 레 닌(Lê Ninh, 黎寧)을 황제로 추대하고 명에 사절을 파견했다. 1537년 명 조정에 도착한 사절은 막 당 중의 찬탈을 알리고 토벌군의 파견을 요청했다.[217]

그 무렵 명은 세종(世宗, 1522-1566)인 가정제(嘉靖帝)가 정사를 등한시하고 조정은 부패와 음모가 만연하여 한동안 베트남문제에 별다른 관심을 보이지 않고 있었다. 그러다가 1536년 가정제의 태자가 태어나자 이를 베트남에 알려야 하는가 하는 문제로 논란이 일어났다. 이유인즉 베트남은 20년 동안

215 『明史』 권321, 열전209, 8330면; 大澤一雄, 「黎朝中期の明·淸との關係(1527-1682)」, 山本達郎 編, 『ベトナム中國關係史』(東京: 山川出版社, 1975), 338면.

216 『明史』 권321, 열전209, 8330면.

217 『明世宗實錄』 권197, 4156면; 『明史』 권321, 열전209, 8331면.

조공을 하지 않았고, 또 가정제가 등극한 사실을 알리려고 1522년 파견한 사절이 내란 때문에 길이 막혀 들어가지 못하고 돌아와 그 혼란상을 보고했던 일로 논란이 벌어졌던 것이다.[218]

일부 관리들은 레 왕조 쪽으로 기울어 원정군을 보내 임금을 시살(弑殺)하는 막씨 같은 자를 방관해서는 안 되고 군대를 동원하여 토벌해야 한다는, 중화사상의 이념에 충실한 명분론을 폈다. 이에 대해 다른 일부는 막씨의 편을 들어, 이전 왕조들이 정벌에 실패한 예를 비롯하여 소국 내부문제의 불개입과 원정군의 비용 및 북방에서 몽골의 위협을 거론하며 원정의 불가함을 논하는 현실에 입각한 주장을 했다. 이들의 주장은 베트남이 조공을 바치는 한 지배자가 누구인가는 문제 삼을 필요가 없다는 것이다.[219] 가정제는 레 왕조 편으로 기울어져 있었음에도 불구하고, 지방관들의 의견이 갈리고 조정 내에서도 결론이 나지 않자 전쟁 준비는 지연되었다. 이후 명 조정은 원정할 것인가 안 할 것인가를 놓고 몇 번의 반전을 거듭하다가 결국 막씨가 항복하면 이를 받아들이고 저항하면 토벌한다는 화전(和戰)의 두 안에 합의를 보았다.

결국 이는 일방적으로 중국의 권위를 베트남에 강요할 수 없는 상황에서 마지못해 택한 방법이었다. 다시 말해 무력을 행사할 능력이 없자 화해정책으로 전환하여 베트남의 요구를 들어주면서 중국적 세계질서 속으로 끌어들이려 했던 것이다. 페어뱅크(John Fairbank)가 청나라 때 중국과 베트남 관계의 유지에 중요한 수단으로 문화적인 측면을 강조하면서 군사적인 수단은 이차적 또는 일시적인 것에 지나지 않았다고 한데 대해,[220] 이노구치 다

218 『明史』 권321, 열전209, 8330-8331면; 大澤一雄, 「黎朝中期の明·清との關係(1527-1682)」, 343면.

219 大澤一雄, 「黎朝中期の明·清との關係(1527-1682)」, 343-344면.

220 John K. Fairbank, "A Preliminary Framework," in *The Chinese World Order*, edited by John K. Fairbank(Cambridge, Mass.: Harvard University Press, 1966), p.13의 도표 참조.

카시(猪口孝)는 반론을 제기하며 양국 간의 관계에서 군사적인 면이 가장 중시되었다[221]고 했다.

1540년 여름 전권을 위임받은 모백온(毛伯溫)은 12만의 병력을 이끌고 광시성의 베트남 국경 부근에 도착해 직접적인 군사행동보다는 막씨를 위협해 항복하도록 유도하는 계획을 세웠다.[222] 국내에서 레씨 부흥세력과 대적하고 있는 막 당 중으로서는 명에 항복할 수밖에 없었다. 그리하여 모백온에게 투항하겠다는 사절을 보내고, 이어 그의 지시에 따라 그해 11월 자신이 직접 신하 40여 명과 함께 줄로 목을 묶고는 도선포복(徒跣匍匐)하여 진남관(鎭南關; 현 友誼關)에 가서 항복문서를 바쳤다. 동시에 그는 토지와 군민(軍民)의 처분도 맡기며, 변경지방의 일부를 할양하기로 하면서 국왕인(國王印)을 요청했다.[223]

명 조정은 막 당 중의 항복한다는 표문을 받고 1541년 봄 정식으로 수리하여 양국의 긴장관계는 일단락되었다. 그러나 명은 안남국을 격하하여 '안남도통사(安南都統司)'로 하고 막 당 중을 '안남도통사(安南都統使)'에 임명했다.[224] 베트남은 이제 독립국으로서의 지위를 상실하고 중국 변방의 일개 행정구역으로 전락한 셈이다. 그러나 이는 명목상에 불과하고 실제로는 독자적인 권한이 인정되었다. 그런 점에서 리쩡푸(黎正甫)가 지적했듯이,[225] 명이 얻은 것은 이름뿐이고 베트남은 실질적으로 독립적인 존재였다.

221 猪口孝,「傳統的東アジア世界秩序序論 ─ 十八世紀末の中國ベトナム干涉を中心として」,『國際法外交雜誌』73-5(1975), 44-47면.

222 『明史』 권198, 열전86, 5240-5241면.

223 『전서』(하), 847면; 『明史』 권198, 열전86, 5241면.

224 『明世宗實錄』 권248, 4971면; 『明史』 권198, 열전86, 5241면; 牛軍凱,『王室後裔與叛亂者: 越南莫氏家族與中國關係研究』(廣州: 世界圖書出版公司, 2012), 23면.

225 黎正甫,『郡縣時代之安南』(上海: 商務印書館, 1945), 165면. 大澤一雄,「黎朝中期の明·淸との關係(1527-1682)」, 363면에서 재인용.

이후 막씨 집권자들은 모두 안남도통사로 임명되었다. 경우에 따라서는 막씨 내부의 권력다툼으로 임명이 지연되기도 했다. 그런 관계로 보아 막씨와 명과의 관계는 긴밀했던 것 같지가 않다. 막씨 최후의 집권자인 막 머우 협(Mạc Mậu Hợp, 莫茂洽, 1562-1592)은 즉위한 지 10년이 지난 1572년에야 도통사로 승인을 받았음에도 불구하고 명에 대한 조공을 충실히 수행했다. 그는 1575년부터 1590년까지 모두 7회에 걸쳐 사절을 보냈다. 이에 명 조정은 그가 3년마다 세공을 빠뜨리지 않고 바쳤다면서 그의 순종을 인정했다.[226] 이무렵 레씨 부흥세력의 중심인물인 찐 뚱(Trịnh Tùng, 鄭松)이 막씨에 대한 공세를 강화하면서 상황이 급박해지자 그는 명의 도움을 받기 위하여 정기적인 세공을 한 것이 아닌가 한다. 하지만 명은 이미 쇠약하여 베트남에 간여할 여력이 없었다. 1592년 말 막 머우 협은 찐 뚱의 공세에 동 낀(東京)이 점령당하자 직접 군대를 이끌고 나아가 싸우다 사로잡혀 처형되었다. 이로써 막씨 정권은 우리나라에서 임진왜란이 일어나던 해에 막을 내리고 레 왕조는 다시금 부활했다. 그렇다고 막씨의 세력이 여기서 완전히 끝난 것은 아니었다. 그 잔여세력은 이후 명에 인접한 까오 방에 근거를 두고, 명과 그 뒤를 이은 청의 보호로 1677년까지 지방정권으로나마 명맥을 유지할 수 있었다. 이는 명과 청이 이들을 이용하여 레 왕조를 견제하려는 의도에서였다. 이러한 정책은 중국의 역대왕조뿐만 아니라 현재의 중국정부까지도 변함이 없다.

동 낀에서 쫓겨난 막씨 일부는 광시 순무(巡撫)에게 도움을 청했다. 이에 1593년 광시 순무는 조정에 상소하여 건의하기를, 만이(蠻夷)의 일에 간섭하지 말고 저들이 순종하는 한 레씨의 죄를 묻지 말고 막씨도 존속시키도록 하자고 했다.[227] 1595년 레 왕조도 광시 순무에게 이전 관계의 회복을 요청

226 『明神宗實錄』 권145, 2706-2707면; 大澤一雄, 「黎朝中期の明·淸との關係(1527-1682)」, 372-373면.
227 『明史』 권321, 열전209, 8335-8336면; 牛軍凱, 『王室後裔與叛亂者』, 26-27면.

[그림 5] 막씨 최후의 근거지

하기 위해 사절을 보냈다. 양광 총독으로 승진해 있던 전의 광시 순무는 신임 광시 순무와 양측을 모두 인정하기로 합의하고 이들과 접촉하기 위해 관리를 파견했다.[228] 명이 레씨와 막씨 두 집단을 모두 인정하려는 것은 이들이 서로 견제하여 중국에 저항하는 세력으로 부상하지 못하게 하고자 해서였다.

막씨는 중국에 인접한 까오 방 지방을 근거로 존속하게 해달라고 청했다. 이는 그 지역이 레씨로부터 멀리 떨어져 있고, 중국과 거리가 가깝다는 정치적 고려에 의한 것이었다.[229] 레씨 측은 막씨가 자기들의 원수이니 까오 방

228 『明史』 권321, 열전209, 8336면.
229 『明史』 권321, 열전209, 8336면; 大澤一雄, 「黎朝中期の明·淸との關係(1527-1682)」, 376면.

에 그들을 존속시킬 수는 없다고 하여 양측의 접촉이 잠시 중단되었다.[230]

베트남 문제의 책임을 지고 있던 양광 총독은 자신의 정치적 입장을 고려하여 막씨를 까오 방에 존속시키도록 레씨 측에 강력히 요구하자, 레씨도 더 이상 명과의 갈등은 바람직하지 않다고 생각하여 명의 요구를 받아들였다. 그리고는 1597년 4월 명의 설득으로 레씨 군주인 레 주이 담(Lê Duy Đàm, 黎維潭), 즉 테 똥(Thế Tông, 世宗, 1573-1599)이 진남관에 와서 명 사신과 만나 최종 합의를 보았다.[231] 이로써 양국관계는 정상화되어 레씨는 사절을 명에 보내 책봉을 요청했다. 양광 총독 역시 레씨와의 만남이 잘 해결되자, 조정에 상소를 올림에 1597년 가을 명 조정은 테 똥을 '안남도통사'로 임명해 주었다.[232]

레씨 측에서는 명이 도통사 직에 임명한 데 불만이 많았겠지만 일단은 이를 수용했다. 아마도 이는 아직 명의 보호 하에 있는 막씨의 일부가 까오 방을 중심으로 저항하고 있었기 때문이었을 것이다.

레 왕조는 명과의 관계가 정상화되었음에도 불구하고 조공사절의 파견은 일정하지 않았다. 테 똥은 1599년 사망하고 둘째 아들이 뒤를 이었는데[낀 똥(Kính Tông), 敬宗, 1600-1619], 명에 고애사도 책봉사도 보내지 않고 있다가 7년 후인 1606년에야 책봉사를 보내고, 별도의 세공도 바쳤다.[233] 그런가 하면 1619년 찐 뚱이 낀 똥을 시해하고, 장자를 제위[턴 똥(Thần Tông), 神宗, 1619-1634]에 앉혔을 때는 이듬해 바로 명에 조공사절을 파견했다.[234] 뿐만 아니라 1621년에는 1611년과 1614년에 하지 못한 세공 몫까지 보냈다.[235]

230 『明史』 권321, 열전209, 8336면.
231 『明史』 권321, 열전209, 8336면; 『전서』(하), 909면; 牛軍凱, 『王室後裔與叛亂者』, 32-33면.
232 『明神宗實錄』 권315, 1587-1588면; 牛軍凱, 『王室後裔與叛亂者』, 34면.
233 『明神宗實錄』 권418, 7889-7890면; 『전서』(하), 927면.
234 『전서』(하), 936면.
235 大澤一雄, 「黎朝中期の明·清との關係(1527-1682)」, 380면.

이는 턴 똥이 시해되었음을 명이 알고 문제 삼지 않을까 해서였던 것 같다. 그렇기는 하지만 이때쯤이면 명 자체도 쇠약해질 대로 쇠약해져서 레 왕조의 세공을 문제 삼을 겨를이 없었을 것으로 생각된다.

1644년 명이 청(淸)에 멸망당하고 중국 남부에 남명(南明) 정권이 서자 베트남과 중국 관계는 새로운 전기를 맞았다. 레 왕조는 사절을 보내 책봉을 요청했고, 이에 응해 남명에서는 태상황이던 턴 똥을 안남국왕에 봉하고 이듬해 이를 공식적으로 인정했다.[236] 이리하여 베트남은 이전처럼 형식상 완전한 독립국이 되었다. 남명이 베트남을 독립국으로 인정한 것은 레 왕조로부터의 도움을 기대해서였다. 이는 마치 남송이 금과의 대립 속에서 리 왕조의 군주를 안남국왕에 봉해준 것과 유사하다.

1659년 남명의 왕이 버마로 도피하면서 청의 승리가 확실해지자, 레 왕조와 막씨는 경쟁적으로 청과의 접촉을 시도했다. 막씨는 1659년 9월 양광총독을 통해 투항함에 1661년 5월 안남도통사에 임명해 주었다.[237] 레 왕조도 1659년 8월 사신을 파견하여 이듬해 공식관계가 수립되었다. 그러나 안남국왕에 공식적으로 봉해진 것은 1661년 5월이었다.[238] 결국 청도 명과 마찬가지로 레씨와 막씨의 두 정권을 동시에 인정하여 서로 대립하게 하는 정책을 취했다. 하지만 레 왕조도 명청 교체기의 혼란을 이용하여 안남국왕으로서의 지위를 확고히 할 수 있었다.

한편 레 왕조는 까오 방의 막씨를 그대로 둘 수는 없는 일이었다. 그리하여 1667년 레 왕조의 실권을 쥐고 있던 찐씨는 대군을 동원하여 대대적인

236 『전서』(하), 950-951면; 牛軍凱, 『王室後裔與叛亂者』, 81면.

237 『清聖祖實錄』(一)(北京: 中華書局, 1985) 권2, 62면 및 권5, 94-95면; 『清史稿』(北京: 中華書局, 1988) 권527, 열전314, 14627면; 大澤一雄, 「黎朝中期の明·清との關係(1527-1682)」, 381면; 牛軍凱, 『王室後裔與叛亂者』, 114-115면.

238 『清聖祖實錄』(一) 권2, 62면; 『清史稿』 권527, 열전314, 14627-14628면; 牛軍凱, 『王室後裔與叛亂者』, 110면.

공세를 가했다. 막씨는 하는 수 없이 윈난 지방으로 도피하여 청 조정에 사정하는 글을 올렸다. 강희제(康熙帝, 1662-1722)가 막씨를 지금의 난닝(南寧) 지방에 머물게 하자, 레씨 측에서는 사절을 보내 막씨의 정벌은 그들이 레 왕조 찬탈자의 후손이기 때문임을 알렸다. 그럼에도 불구하고 강희제는 계속 레 왕조에 압력을 가해 막씨에게 까오 방 지역을 돌려주도록 함에, 레 왕조에서는 하는 수 없이 이를 받아들였다.

그 후 1673년 중국에서 오삼계(吳三桂) 등에 의한 삼번(三藩)의 난을 계기로 레 왕조는 마침내 막씨를 완전히 제거할 수 있었다. 1677년 레 왕조는 막씨가 오삼계에게 병사와 군량을 제공했다는 구실로 막씨가 있던 지역을 점령하고 관리를 임명하여 다스리게 했다.[239] 그리고 청에 사절을 보내 막씨가 황은(皇恩)을 배반하고 적에 동조하니 이를 정죄(定罪)하려 함을 허락해 달라고 했지만,[240] 이때는 이미 막씨를 토벌한 후였다. 청 조정은 확인도 않고 이를 승인함으로써 레 왕조는 막씨 문제를 완전히 해결을 보았고, 따라서 양국 관계는 순조로워졌다.

그렇다고 양국 사이에 갈등이 전혀 없었던 것은 아니었다. 갈등의 원인은 대략 세 가지로, 청 사신을 맞을 때 베트남 측의 의례문제와 윈난 변경의 영토 영유권을 둘러싼 논쟁 및 베트남 변경 내로의 중국인 불법이주 등이었다.

우선 의례문제는 책봉식 때에 청의 칙사에 대해 레 왕조는 오배삼고(五拜三叩)를 주장한 데 대해 청에서는 삼궤구고(三跪九叩)를 요구하면서 갈등이 생겼다. 레 왕조의 지배자들은 송·명(宋明)과는 다른 청의 풍습을 이속(夷俗)이라 생각하여 호의적이 아니었다.[241] 강희제는 오배삼고를 허용하였으

239 『전서』(하), 1008면.

240 『淸聖祖實錄』(一) 권86, 1094-1095면; 牛軍凱, 『王室後裔與叛亂者』, 155면.

241 藤原利一郎, 「黎朝後期鄭氏の華僑對策」, 藤原利一郎, 『東南アジア史の研究』(京都: 法藏館, 1972), 245-246면.

며,[242] 옹정제(雍正帝) 치하에서는 한 번만 삼궤구고가 행해진 듯하다. 그러다가 건륭제(乾隆帝)에 이르러 삼궤구고로 확정되었다.[243]

윈난 변경의 영토 영유권을 둘러싼 갈등은 1688년 부 꽁 뚜언(Vũ Công Tuấn, 武公俊)이란 자가 모반을 했다가 윈난의 개화부(開化府)로 도망한 다음 그 지방 관리의 후원 하에 베트남 내 뚜옌 꽝(Tuyên Quang, 宣光) 지역 일부에 대한 영향력을 행사한 데서 일어났다. 레 왕조는 몇 차례 반환을 요청했지만 청은 이를 거부했다. 이 지역이 문제가 된 것은 단순히 국경의 축소가 아니라 동광과 아연광이 있었기 때문이었다. 레 왕조와 청 모두 양보할 수 없다는 강경한 입장이었는데, 1728년 옹정제가 천하에 왕토(王土)가 아닌 것이 없다면서 돌려주라고 하여 문제는 해결되었다.[244]

중국인들의 불법이주 문제는 광시성 변경의 베트남 영내에 있는 광산개발로 인해 대량 이민이 생기면서 일어났다. 현지 소수민족들은 채굴기술이 없고, 베트남인들은 멀리 산간까지 가려 하지 않았다. 이와 달리 중국인들은 축재에 대한 의욕이 강해 온갖 어려움에도 불구하고 산간의 광산개발에 적극적이었다. 레 왕조는 중국인 이주 수를 제한했음에도 불구하고 불법이주는 그치지 않았다. 뿐만 아니라 이주민들의 출신지가 달라 자기들끼리 계투(械鬪)까지 일어났다. 1775년 타이 응우옌(Thái Nguyên, 太原) 지역의 똥 띤(Tống Tinh, 送星) 은광에서 일어난 계투를 계기로 광구는 폐쇄되고 중국인 광부들은 귀국조치 했다.[245] 청조는 이 계투사건 이후 곧 광시성을 통한 중국

242 『전서』(하), 1013면.

243 『清高宗實錄』(九) 권654, 340-341면.

244 유인선, 「1720년대 清과 베트남 레 왕조(黎朝) 간의 雲南 邊境 영유권 논쟁」, 『동양사학연구』 124(2013.9), 155-178면.

245 鈴木中正, 「黎朝後期の清との關係(1682-1804)」, 山本達郎 編 『ベトナム中國關係史』(東京: 山川出版社, 1975), 432-433면.

인들의 베트남 출입을 엄금하고, 국경무역도 금지시켰다.[246]

이에 조금 앞서 1771년 베트남 중남부의 떠이 썬(Tây Sơn, 西山) 마을에서 응우옌씨 삼형제가 일으킨 떠이 썬 운동이 발발했다. 이 운동이 급격히 세력을 확대하면서 베트남과 중국의 관계는 새로운 전기를 맞게 된다.

1600년 이래 중부 이남에서 세력을 장악하고 북쪽의 찐씨와 남북으로 대립하고 있던 응우옌 낌의 후손들, 즉 베트남 역사에서 말하는 응우옌씨의 힘은 이미 약화되어 있어서 떠이 썬의 세력은 단기간에 확대되었다. 반란의 확대를 감지한 찐씨는 남침하여 응우옌씨의 도읍인 푸 쑤언(Phú Xuân, 富春)을 쉽사리 점령했다. 떠이 썬 집단은 처음 찐씨에 복종하는 척하고 남부로 도망한 응우옌 푹 아인(Nguyễn Phúc Ánh, 阮福暎)과 싸워 상당한 성공을 거두었다. 1786년 여름에 이르러서는 관심을 북으로 돌려 삼형제 중 막내인 응우옌 반 후에(Nguyễn Văn Huệ, 阮文惠)가 북진해 한 달도 채 안 되어 찐씨를 무너뜨렸다. 그리고는 레 황제에 전권을 위임하고 남으로 돌아왔다.

그러나 당시 황제인 찌에우 통 데(Chiêu Thống Đế, 昭統帝, 1787-1788)는 권신들에 휘둘려 왕조의 권위를 재확립하지 못했다. 응우옌 반 후에는 동 낀에서 자신의 영향력이 흔들리는 것을 보고 다시 북진하여 권신들을 처단해 버렸다. 찌에우 통 데는 응우옌 반 후에의 세력을 두려워한 나머지 궁중을 탈출한 후 이리저리 다니다 마침내 청에 사절을 보내 구원을 요청하려 했으나, 사절은 중도에서 돌아오고 말았다.[247]

다른 한편 황태후는 광시성 변경으로 가서 청에 구원을 요청했다.[248] 양광총독(兩廣總督) 손사의(孫士毅)는 레씨를 돕는 것은 청의 의무인 동시에 안남

246 『淸高宗實錄』(十三) 권985, 149면 및 권997, 337면.
247 『전서』(하), 1208면.
248 Keith W. Taylor, *A History of the Vietnamese*, p.378.

의 고지(故地)도 획득할 수 있는 기회라고 조정에 건의문을 올렸다.[249] 건륭제는 처음 레 왕조가 자력으로 해결하기를 바라지만, 만약 그렇지 못하다면 군사개입도 불가피하다는 의견이었으나 손사의의 거듭된 요청에 마침내 원정에 동의했다.[250]

1788년 10월 손사의를 총사령관으로 하는 청군이 국경을 넘는다는 소식을 접한 지에우 통 데는 동 낀으로 돌아왔다. 11월 청군은 동 낀에 입성하고, 손사의는 황제를 대신하여 찌에우 통 데를 안남국왕에 봉했다.[251]

그 소식을 들은 응우옌 반 후에는, 청의 출병 동기가 레 황제의 복위는 명분뿐이고 실제는 베트남의 지배라고 보았다. 그리하여 그는 베트남의 합법적 지배자로서 청과 전쟁을 하려고 11월 황제의 자리에 오르고 연호를 꽝쭝(Quang Trung, 光中)이라 했다.[252] 응우옌 반 후에는 수륙 양군을 이끌고 북진하여, 때마침 구정(舊正)을 즐기고 있는 청군을 1789년 1월 5일 기습 공격하니 이들은 대혼란에 빠졌다. 손사의는 간신히 말을 타고 북으로 도망쳤다.[253] 이에 앞서 청 조정에서는 '천염여씨(天厭黎氏)'라는 논의가 일어나[254]

249 『전서』(하), 1208-1209면; 『大南正編列傳初集』(東京: 慶応義塾大學 言語文化研究所, 1962) 권30, 30a-b면; Lê Thống(黎統) 撰, 『邦交錄』(Ecole Française d'Extrême-Orient microfilm A.614 & A.691/1-2권, 1819) 권2, 2b-3a면.

250 『淸高宗實錄』(十七) 권1307, 595-596면; 『邦交錄』 권2, 4a면; 兪長根, 「18世紀末 越·中關係의 一研究: 西山黨事件을 중심으로」, 『慶大史論』 창간호(1985), 106면; George Dutton, *The Tây Sơn Uprising: Society and Rebellion in Eighteenth-Century Vietnam* (Honolulu: University of Hawaii Press, 2006), p.48.

251 『전서』(하), 1209면; 『大南正編列傳初集』 권30, 31b-32a면; Phan Huy Lê, "Thắng lợi và thất bại của Tây Sơn"(떠이 썬의 승리와 실패), Phan Huy Lê, *Lịch sử và văn hóa Việt Nam: Tiếp cận bộ phận*(베트남의 역사와 문화: 부분적 접근)(Hà Nội: NXB Giáo Dục, 2007), p.450.

252 『전서』(하), 1209면; 『大南正編列傳初集』 권30, 32a-b면; Phan Huy Lê, "Thắng lợi và thất bại của Tây Sơn," p.450.

253 『전서』(하), 1211면; 『大南正編列傳初集』 권30, 33a-34b면; George Dutton, *The Tây Sơn Uprising: Society and Rebellion in Eighteenth-Century Vietnam*, p.49.

254 『淸高宗實錄』(十七) 권1321, 861-862면 및 868-870면; 『淸史稿』 권527, 열전314, 14639면; 鈴木中正, 「乾隆安南遠征考」(上), 『東洋學報』 50-2(1967), 159-160면; Truong Buu Lam, "Intervention 154Versus Tribute in Sino-Vietnamese Relations, 1788-1790," in *The Chinese World Order: Traditional China's*

레씨를 도울 필요가 없다고 하여 철병을 지시했었다. 청군의 대패에도 불구하고 건륭제가 베트남 침공을 십전(十全)의 하나로 꼽는 것은 중국 황제들이나 지배층이 얼마나 중국 중심적인가를 잘 보여준다.

건륭제는 원정군의 패배 직후 양광 총독에 복강안(福康安)을 임명하여 베트남문제를 평화적으로 해결토록 했다. 응우옌 반 후에도 현재의 뀌 년(Quy Nhơn) 부근에 있던 맏형과의 대립 및 남부에 있는 응우옌씨 일족과 그들이 끌어들인 타이 군대의 위협을 고려하여 청과의 관계를 조속히 해결할 필요를 느꼈다.[255] 응우옌 반 후에를 도와 협상을 맡은 학자들은 사죄하면서, 청이 꽝 쭝 황제의 권위를 인정해 주는 동시에 안남국왕에 봉해줄 것을 요청하여 확답을 얻었다. 이처럼 협상이 타결된 데에는 1790년 건륭 황제의 팔순만수축제에 응우옌 반 후에가 친조하기로 약속한 때문이기도 했다.[256] 그러나 그는 속으로 청의 권위를 인정하지 않았기 때문에 동 낀에서의 책봉식이나 만수축제에는 자신과 용모가 비슷한 조카 팜 꽁 찌(Phạm Công Trị, 范公治)를 대신 보냈다.[257] 중국 관리들은 응우옌 반 후에가 자기 대신 팜 꽁 찌를 만수축제에 보낸 것을 알았지만, 문제가 커지지 않게끔 입을 다물었다.

응우옌 반 후에는 청과의 관계가 잘 해결된 다음에도, 베트남의 이익이 된다면 중국의 반감은 개의치 않고 이를 추구했다. 예컨대, 광시 지방에 있는 반청(反淸) 비밀결사인 천지회(天地會)를 도와주었는데, 이는 고대 베트남에 속했던 양광 지방을 재정복하기 위해서였다.[258] 응우옌 반 후에의 이러한

Foreign Relations, edited by John K. Fairbank(Cambridge, Mass.: Harvard University Press, 1968), pp.170-171.

255 『清史稿』 권527, 열전314, 14638면; 鈴木中正, 「黎朝後期の清との關係(1682-1804)」, 451면; Truong Buu Lam, "Intervention Versus Tribute in Sino-Vietnamese Relations, 1788-1790," pp.173-174.

256 『大南正編列傳初集』 권30, 37b-38b면; 『清史稿』 권527, 열전314, 14638면.

257 "庚戌春 福康安促惠治裝 惠乃以范公治冒己名." 『大南正編列傳初集』 권30, 38b-39a면.

258 『大南正編列傳初集』 권30, 41b면; Truong Buu Lam, "Intervention Versus Tribute in Sino-Vietnamese

행동은 그가 찌에우 다의 남 비엣을 베트남 왕조로 간주했기 때문일 것이다. 그러나 1792년 그가 40세의 이른 나이에 세상을 떠남으로써 이러한 꿈은 물거품이 되고 말았다.

여기서 한 가지 덧붙인다면, 꽝 쭝 황제의 자주적 노선을 보필하여 청나라에 사신을 갔던 응오 티 념(Ngô Thì Nhậm, 吳時任)[259]은 남북의 문화가 다를 것이 없이 같다고 보았다. 다시 말해, 베트남도 이미 중국문물을 받아들여 '화(華)', 즉 문명화가 된지 오래되었다고 했다.[260]

한편 건륭제 치세에 우호적이던 청과 떠이 썬의 관계는 1799년 가경제(嘉慶帝, 1796-1820)가 친정을 하면서 떠이 썬 측의 중국인 해적 비호문제로 급격히 냉각되기 시작했다. 문제의 발단은 1801년 해적 진첨보(陳添保)가 청에 투항하여 해적이 된 경위를 설명하면서였다. 그는 광둥성 연안에서 가족들과 더불어 고기잡이를 하며 살다가, 1780년 배가 풍랑을 만나 베트남으로 떠내려간 뒤 하노이 근처에서 역시 고기잡이를 했다. 그러다가 1783년 떠이 썬 반군에 사로잡혀 찐씨를 몰아내는 전투에 참하도록 강요당했다는 것이다.[261] 청 조정은 진첨보의 말을 믿고 응우옌 반 후에의 행위를 반인륜적으로 규정하고 그의 나라가 현재 남부 베트남에서 응우옌씨의 세력에 밀려 위기에 처한 것도 당연한 귀결이라고 했다.[262] 이는 청이 떠이 썬 정권을 지지할 생각이 전혀 없음을 말해준다. 그 때문에 응우옌씨는 청의 개입을 두려워하지 않고 떠이 썬 군대를 공격할 수 있었다.

Relations, 1788-1790," p.177; George Dutton, *The Tây Sơn Uprising: Society and Rebellion in Eighteenth-Century Vietnam*, p.114.

259 전술한 응오 티 씨(吳時仕)의 아들.

260 최귀묵, 「越南의 중국 使行文獻 자료 개관 및 연구 동향 점검」, 『대동한문학』 34(2011), 144면.

261 『淸仁宗實錄』(二) 권90, 199-200면; 다이앤 머레이 지음, 이영옥 옮김, 『그들의 바다: 남부 중국의 해적, 1790-1810』(서울: 심산 2003), 65면.

262 『淸仁宗實錄』(二) 권90, 200면; 鈴木中正, 「黎朝後期の淸との關係(1682-1804)」, 458면.

응우옌 푹 아인은 응우옌 반 후에에 의해 타이의 방콕으로 쫓겨났다가 1787년 응우옌씨 삼형제 간의 내분을 틈타 다시 메콩 강 하류로 돌아왔다. 그 후 점차 세력을 확대하여 1790년 초까지는 자 딘(Gia Định, 嘉定; 현 호찌민市와 그 부근) 지방 전체를 지배하에 두었다. 이 무렵 응우옌 반 후에의 죽음과 뒤 이은 떠이 썬 당의 내분은 그의 공세를 유리하게 만들어 주었다. 1801년 6월 응우옌 푹 아인은 마침내 조상의 도읍지인 푸 쑤언을 함락시켰다.

응우옌 푹 아인은 북진에 앞서 1802년 5월 푸 쑤언에서 제위에 오르고 연호를 자 롱(Gia Long, 嘉隆, 1802-1819)이라 정했다.[263] 자 롱이란 자 딘에서 탕 롱까지란 의미로 베트남 전체를 뜻한다.[264] 그의 북진은 거의 저항을 받지 않고 진행되어 한 달 만인 7월 20일 탕 롱에 입성할 수 있었다. 이리하여 오늘날 우리가 보는 바와 같은 영토를 포괄하는 베트남 최초의 왕조가 창건되었다.

한편 칭제건원(稱帝建元)한 응우옌 푹 아인은 5월에 아직 미해결된 떠이 썬 당 문제를 해결하기 위해 여청사(如淸使)를 광둥으로 보내 공물을 바치게 했는데, 일행은 7월 그곳에 도착했다.[265] 이것이 응우옌 왕조와 청과의 첫 공식접촉이었다. 응우옌 왕조 사절의 도착을 보고 받은 청 조정은 응우옌씨가 아직 통일을 이룩하지 못했고 번속국에도 속하지 않으니 공물을 받을 수 없다는 뜻을 알렸다.

응우옌 푹 아인은 다시 청봉사(請封使)를 보내 국호를 남 비엣(南越)으로 하

263 『大南寔錄』(東京: 慶応義塾大學 言語文化硏究所, 1963-1981), 正編 第1紀, 권17, 1a-2a면; 『國史遺編』(Hong Kong: 中文大學 新亞硏究所, 1965), 7면. 이하는 주로 필자의 다음 논문을 많이 참조했다. Yu Insun, "Vietnam-China Relations in the 19th Century: Myth and Reality of the Tributary System," *Journal of Northeast Asian History*(Seoul) 6-1(June 2009), pp.81-117.

264 龍과 隆 두글자의 베트남어 발음은 같다. 그는 1803년 탕 롱(昇龍)을 탕 롱(昇隆)으로 바꾸었다. 이는 '昇平隆盛'이란 의미이다. 『國史遺編』, 30면.

265 『大南正編列傳初集』 권11, 4b-5a면; 鈴木中正, 「淸·越南 關係の成立」, 『愛知大學文學論叢』 33·34合併號(1966), 351면.

고 자신을 왕에 봉해줄 것을 요청했다. 청 조정은 책봉은 문제 삼지 않았으나, 국명을 남 비엣으로 한다는 데 대해서는 절대불가하다는 입장이었다. 이유인즉, 남 비엣이 예전 조타가 세운 남월과 이름이 같은데, 이는 암묵적으로 광둥과 광시 두 성을 포함하고 있기 때문이라는 것이었다. 청 조정은 논의 끝에 두 글자를 바꾸어 비엣 남(Việt Nam, 越南)으로 하도록 권유하고, 응우옌 왕조도 이를 받아들임으로써 국호문제는 해결을 보았다.[266] 이로써 현재 우리에게 알려진 '베트남'이란 이름이 생겼다.

국호문제가 해결되자 양국의 우호관계는 공식화되었다. 『대남식록(大南寔錄)』의 표현을 빌리면 이로부터(1803) '방교의 예(邦交大禮)'가 이루어진 것이다.[267] 청조에서는 곧 선봉사(宣封使)를 보냈고, 이를 맞은 응우옌 푹 아인은 1804년 1월 탕 롱에서 선봉 의식을 행하고 '월남국왕(越南國王)'의 위에 올랐다.[268] 응우옌 왕조의 수도는 후에였음에도 불구하고, 이러한 탕 롱에서의 책봉은 이후 관례화 되었다가 뜨 득 황제(Tự Đức, 嗣德帝, 1848-1883)가 즉위함에 이르러 책봉의례는 후에에서 행해지도록 청조에 요청하여 받아들여짐으로써 1849년부터 바뀌었다.[269]

응우옌 왕조와 청조의 관계가 원만히 해결되자 '방교'는 2년1공(二年一貢)으로 하되 사절은 4년에 한 번만 보내 두 차례 분을 바치기로 했다. 물론 이러한 정규 사신의 파견 외에도 경하(慶賀), 청봉(請封), 진향(進香) 등 임시 사절이 파견되었다. 그러다가 민 망 황제(明命帝, 1820-1840) 말년인 1839년에 이르러서는 조공이 유구(琉球, 현 오키나와), 섬라(暹羅, 현 타이)와 동일하게 4년

266 『大南寔錄』 正編 第1紀, 권23, 1b-2a면; 鄭懷德 撰, 『艮齋詩集』(香港: 新亞硏究所, 1962), 132면; 鈴木中正, 「清·越南 關係の成立」, 355-358면.

267 『大南寔錄』 正編 第1紀, 권23, 3a면.

268 『大南寔錄』 正編 第1紀, 권23, 3b면; 鈴木中正, 「清·越南 關係の成立」, 358면.

269 『大南寔錄』 正編 第4紀, 권4, 24b면 및 29b-30b면; 『清史稿』 권527, 열전314, 14644-14645면.

에 한 번하는 것으로 되어 그 수는 더욱 줄어들었다.[270] 와다 히로노리(和田博德)에 의하면, 1803년부터 1850년까지 청에의 조공은 모두 13회에 지나지 않았다.[271] 한편 조공품에 대해서도 청조는 응우옌 왕조에게 이전 레 왕조 시대 액수의 절반으로 삭감해 줌으로써 그것이 갖는 물질적 의미는 상당히 퇴색해졌다.[272]

응우옌 왕조의 청에 대한 사절 수와 조공품 액수가 초기보다 줄었다고는 하지만 양국 간의 정상적인 조공관계에는 변함이 없었다. 그러나 청조는 태평천국의 난(1851-1864)이 일어나자 조공을 중지시켜 그 후 16년 동안 사절이 파견되지 않았다.[273] 이후 응우옌 왕조가 여청사를 다시 파견한 것은 1869년, 1871년, 1873년, 1877년, 1881년의 다섯 차례였다.[274]

응우옌 왕조의 황제들은 사신을 파견하면서 행동거지를 조심하도록 단단히 주의시켰다. 예를 들면, 1809년 이부참지(吏部參知) 응우옌 흐우 턴(Nguyễn Hữu Thận, 阮有愼) 등이 세공사로 청에 갈 때, 자 롱 황제는 그들에게 언행을 조심해 국체(國體)를 존중하라고 했다.[275] 이는 종주국인 청에 대한 존경이라기보다 오히려 문화국인 응우옌 왕조의 체면을 손상하지 말라는 의미로 보아야 할 것이다.

응우옌 왕조의 군주들이 청 황제의 권위를 인정하고 스스로 신하임을 칭하면서 조공관계를 유지한 것은 이전 왕조들과 마찬가지로 정치적·문화

270 『大南寔錄』 正編 第2紀, 권207, 41b-42a면; 鈴木中正, 「清·越南 關係の成立」, 358면.

271 和田博德, 「阮朝中期の清との關係」, 山本達郎 編 『ベトナム中國關係史』(東京: 山川出版社, 1975), 557-558면.

272 『大南寔錄』 正編 第2紀, 권207, 41b-42a면; 鈴木中正, 「清·越南 關係の成立」, 358면.

273 John K. Fairbank, "The Early Treaty System in the Chinese World Order," in *The Chinese World Order*, edited by John K. Fairbank, p.269; 和田博德, 「阮朝中期の清との關係」, 566면.

274 和田博德, 「阮朝中期の清との關係」, 581면.

275 『大南寔錄』 正編 第1紀, 권37, 11a-b면; 竹田龍兒, 「阮朝初期の清との關係」, 山本達郎 編 『ベトナム中國關係史』(東京: 山川出版社, 1975), 497면.

적·경제적 요인들 때문이었다. 주지하는 바와 같이, 중국인들은 자기네가 가진 우수한 문화와 풍부한 물자 때문이라고 한다. 그러나 베트남 측에서 보면 이러한 주장은 별 근거가 없는 것이었다. 물론 문화적인 면에서는 완전히 부정할 수만도 없다.

자 롱 황제를 비롯해 역대 군주는 물론 지식층 모두 유학을 좋아해 중국을 지식의 원천으로 생각했다. 예컨대, 자 롱 황제는 조회 때 신하들과 한당(漢唐) 군신(君臣)의 사적 및 역대 왕조의 제도를 논하고, 조회가 끝난 다음에는 밤늦게까지 『명사(明史)』를 보여주며 이야기했다고 한다.[276] 민 망 황제가 응우엔 왕조의 어느 군주보다도 유학에 열중했었다는 것은 너무나 잘 알려진 사실이며,[277] 그의 뒤를 이은 티에우 찌 황제(Thiệu Trị, 紹治帝, 1841-1847)도 유학과 문사를 존중해 스스로 과거시험에 출제하기도 했다. 따라서 청나라에 가는 사신이 띤 중요한 임무 중의 하나는 중국서적, 특히 신간서적의 입수였다. 이러한 것은, 민 망 황제가 1829년 청에 가는 사절에게 중국의 고시(古詩), 고화(古畵) 등을 구해 오도록 하는 동시에 청조의 실록을 구할 수 있으면 초본이라도 가격에 구애받지 말고 필히 구입토록 한 데서 엿볼 수 있다.[278]

물론 중국의 서적구입이 지적 충족만을 위한 것은 아니었다. 그것은 응우엔 왕조가 정치제도라든가 법률제도 등을 마련하는 데 중요한 참고자료가 되었다. 한 예를 들면, 자 롱 황제는 『황월율례(皇越律例)』로 잘 알려진 법전

276 『大南寔錄』 正編 第1紀, 권43, 4a면; 竹田龍兒, 「阮朝初期の清との關係」, 502면.

277 민 망 황제의 중국 문화와 제도 수용에 대하여는 우드사이드에 의한 고전적 연구가 있다. Alexander B. Woodside, *Vietnam and the Chinese Model: A Comparative Study of Vietnamese and Chinese Government in the First Half of the Nineteenth Century*(Cambridge, Mass.: Harvard University Press, 1971).

278 『大南寔錄』 正編 第2紀, 권69, 29b-30a면; 竹田龍兒, 「阮朝初期の清との關係」, 499면.

을 편찬하여 반포했다. 이는 『홍덕율례(洪德律例)』와[279] 『대청조율(大淸條律)』을 참조했다고 하지만,[280] 실제 내용은 『대청률(大淸律)』을 극히 일부만 제외하고 거의 그대로 계수하고 있다.

상기한 문화적인 면은 응우옌 왕조가 청조의 조공체제를 수용한 이유의 일부일 뿐이다. 보다 중요한 이유는 청과의 군사적 대결을 피하고 친선을 도모함으로써 왕조의 안전을 유지하자는 것이었다. 베트남역사학회 회장인 판 후이 레(Phan Huy Lê) 교수에 의하면, 베트남은 1975년 이전 15차례 외국의 침략을 받았다고 한다.[281] 이 중 19세기 이전 11번의 외침 중 2차례를 제외하면 9번은 모두 중국과 싸운 것이었다. 뿐만 아니라 왕조의 성립 10여 년 전인 1788년 청이 베트남을 침입했었다는 사실은 그 군주들에게 적지 않은 우려가 되었을 것임에 틀림없다. 응우옌 푹 아인이 하노이를 공격하기 이전 여청사를 파견한 일이 이를 말해 준다. 그것은 청에게 조공의 의사를 확실히 보임으로써 개입을 막고자 하는 의도에서였다. 그는 여청사가 돌아오면 즉시 불러 그곳 동태를 묻곤 했다. 일례로, 자 롱 황제는 1818년 12월 여청사들이 귀국하자 곧 청국 사정을 물었다.[282] 황제가 청의 정치적·사회적 변동이 베트남에 끼칠 영향을 생각하면서 물었으리라는 것은 두말할 필요도 없다.

민 망 황제는 어느 누구보다도 청의 사정에 깊은 관심을 가지고 그 정보를 얻으려 노력했다. 그는 여청사에게 『사정일기(使程日記)』를 작성하여 그들이 중국에서 보고들은 것을 상세히 기록하도록 명했다. 1832년 4월 민 망

279 레 왕조 제4대 타인 똥(Thánh Tông, 聖宗) 때 제정된 법을 말하는데, 혹 『국조형률』, 일명 『여조형률』을 가리키는 것이 아닌가 한다.

280 『大南寔錄』 正編 第I紀, 권51, 3a-b면.

281 Phan Huy Lê, "Tính thống nhat trong đa dạng của lịch sử Việt Nam"(베트남역사의 다양성 속에서의 통일성), Phan Huy Lê, Tìm về cội nguồn(근원의 탐구), tập I(Hà Nội: Thế Giới Publishers, 1998), p.495.

282 『大南寔錄』 正編 第I紀, 권58, 11a-b면; 竹田龍兒, 「阮朝初期の淸との關係」, 498면.

황제는 그가 보냈던 사절들이 그의 의도와는 달리 청의 상황을 대략만 기록했음을 지적하면서, 이후의 사절은 청의 국정과 민정을 명확히 기록하되, 이미 알고 있는 지명 등은 기재할 필요가 없다는 명령을 내렸다.[283] 『대남식록』에 의하면, 그는 여청사가 가져오는 정보만으로는 부족함을 느끼고, 같은 해 10월에는 하노이에 있는 관리에게 청국 상인으로부터 「경초」(京抄, 청조의 官報)를 구입하여 바치도록 했다.[284] 당시 경초에는 그 해 1월에 있었던 연경(燕京)의 폭설과 주민들의 동사(凍死)에 관한 기록은 없었으나, 그 이야기를 들은 민 망 황제는 이에 대한 내용도 기록하라는 칙령을 내릴 정도로 청국 정보의 수집에 열성이었다.

경제적 목적 또한 응우옌 왕조가 청의 조공체제를 받아들인 중요한 이유였다. 오늘날과 달리 청조와 응우옌 왕조 모두 개인들의 자유로운 무역활동을 제한했던 당시에는 조공제도가 사신들의 내왕을 통한 관영무역으로서 중요한 역할을 했다. 청조는 그래도 자기네 상인들이 베트남과의 무역에 종사하는 것을 제한적으로나마 용인했지만, 베트남 상인들의 내왕은 전혀 허용하지 않았다. 응우옌 왕조는 청조와 달리 처음부터 자국민의 사사로운 출경을 금했다. 최초의 엄격한 금령은 자 롱 황제 때인 1816년 사외출경(私出外境) 및 위금하해율(違禁下海律)이란 이름으로 내려졌다.[285] 이러한 금령이 내려진 것은 수출금지품인 쌀·소금·금·은·물소 뿔·상아 등이 밀무역을 통해 중국으로 흘러나갔기 때문이었다. 청조에서도 철·흑연·유황 등의 유출

283 『大南寔錄』 正編 第2紀, 권79, 17a-18b면; Alexander Woodside, *Vietnam and the Chinese Model*, pp.118-119; 竹田龍兒, 「阮朝初期の清との關係」, 498면; 大澤一雄, 「阮朝皇帝の對外認識一明命·紹治·嗣德時代を中心として」, 『山本達郎博士古稀記念 東南アジア·インドの社會と文化』(上)(東京: 山川出版社, 1980), 272면.

284 『大南寔錄』 正編 第2紀, 권85, 30a면; 竹田龍兒, 「阮朝初期の清との關係」, 499면; 大澤一雄, 「阮朝皇帝の對外認識一明命·紹治·嗣德時代を中心として」, 272면.

285 『大南寔錄』 正編 第1紀, 권54, 9b면; 竹田龍兒, 「阮朝初期の清との關係」, 532면.

은 엄격히 금지했다. 이러한 상황 하에서 응우옌 왕조 조정은 사신들은 통해 필요한 물자를 구할 수밖에 없었다.

응우옌 왕조는 사신들이 출발하기에 앞서 청 황제로부터의 하사품 내지는 구입할 물품의 목록을 적어 주고 사신들은 이에 따라야만 했다. 청으로부터 구입하는 물품 중 중요한 것 중의 하나는 이미 언급했듯이 서적이었다. 그 외에도 인삼·약재·중국차·종이 등이 포함되었다. 사신들은 조정에서 정해준 물품을 제대로 구입하지 못하면 귀국 후 처벌을 받았다. 1830년 여청사로 갔다 돌아온 이들이 파직된 예에서 이를 알 수 있다.[286] 이들은 떠나기 전 민 망 황제로부터 청의 예부에 대하여 우리 본국에서는 인삼이 부족하니 종래의 하사품 대신 관동인삼(關東人蔘)을 요청하는 동시에, 창벽(蒼璧) 등의 보석을 구입토록 하라는 명령을 받았다. 그러나 효양(孝養) 때문에 인삼이 필요하다고 하여 국가 체면을 손상했고, 그에 더하여 구입한 옥기(玉器)들이 모두 유리제품이었다는 것이 처벌의 이유였다.

물자의 구입은 정기적인 사행뿐만 아니라 임시 사절의 파견 때에도 행해졌다. 1847년 12월 티에우 찌 황제의 사망을 청에 알리는 여청사를 보낼 때 새로 제위에 오른 뜨 득 황제는 옥기(玉器)·완기(玩器) 및 진기한 물자 등 구입할 명단을 보여주었다. 그러자 과도(科道; 감찰관)인 한 관리가 지금은 황제의 즉위 초로 궁중이 질박해야 할 때인 데다가, 더욱이 여청사는 고애사임으로 사치품의 구입은 불가하다고 하여 중단한 일도 있었다.[287]

여기서 한 가지 짚고 넘어가야 할 것은, 여청사를 통한 관영무역이 중국인들의 생각처럼 '지대물박(地大物博)'이라는 이유에서였던 것이 아니라는 점이다. 민 망 황제가 말하기를, 물건이란 각각 산출되는 곳이 다르니 있는 것

286 『大南寔錄』 正編 第2紀, 권65, 9b-10a면; 竹田龍兒, 「阮朝初期の清との關係」, 498면.
287 『大南寔錄』 正編 第4紀, 권1, 31b-32a면.

을 없는 것과 바꾸는 일은 고금을 통해 당연하다고 했다.[288] 다시 말해, 그는 중국에 있는 물건이 베트남에 없는 경우, 아니면 그 반대로 중국에는 없고 베트남에는 있는 경우, 이들 물자를 서로 바꾸는 정도로 생각했던 것이다.

응우옌 왕조의 군주들이 이처럼 정치적·경제적·문화적 등의 이유로 청의 조공체제를 받아들였다. 그렇다고 그들이 청의 조공체제를 받아들이고 거기에 안주했던 것은 결코 아니었다. 이는 응우옌 푹 아인이 그의 황제 즉위나 연호 제정에 대하여 청과 하등의 상의도 하지 않고 스스로 결정한 데서 알 수 있다. 다만 국호문제에 대하여 청의 승인을 요청한 것은, 그 때까지의 안남이란 이름이 당의 안남도호부에서 유래했음으로 이를 피하기 위함이었다. 그러나 청에서 자신이 요청한 남 비엣을 받아들이지 않고 비엣 남으로 하도록 한 데 대해 우호관계를 고려하여 일단 받아들이기는 했지만, 이에 만족한 것 같지는 않다. 왜냐하면 1812년에 그는 청에 알리지도 않고 일방적으로 국호를 다시금 다이 비엣(大越)이라고 고쳤기 때문이다.[289]

이 때 다이 비엣이란 이름은 『국사유편』에서 '다시금'이란 말을 쓴 것으로 보아 응우옌 푹 아인의 조상 응우옌 푹 쭈(Nguyễn Phúc Chu, 阮福淍)가 1709년 '대월국완주영진지보(大越國阮主永鎭之寶)'를 주조했던 데서 연유한 것 같다.[290] 다이 비엣이란 이름은 중국의 승인을 받지 않은 독자적인 것이기 때문에 중국인들은 베트남을 안남이라고 불렀다.

자 롱 황제의 뒤를 이은 민 망 황제는 1838년 또다시 나라 이름을 '다이 남(Đại Nam, 大南)'이라 하고 이듬해부터 사용키로 했다.[291] 그 이유는 왕조의 영

288 "夫物各出於其所産 以有易無 古今通義." 『大南寔錄』 正編 第2紀, 권218, 33a-34a면; 大澤一雄, 「阮朝皇帝の對外認識—明命·紹治·嗣德時代を中心として」, 276-277면.

289 "復國號曰大越." 『國史遺編』, 81면.

290 『大南寔錄前編』 권8, 7a-b면.

291 『大南寔錄』 正編 第2紀, 권190, 1a-2b면 및 권200, 8a-b면; 『국사유편』, 278면; Choi Byung Wook, *Southern Vietnam under the Reign of Min Mạng(1820-1841)*, p.132.

토가 남해까지 이르러 대제국을 형성함으로써 새로운 이름이 보다 합당하다는 것이었다. 또 국호를 아름다운 글자로 한 경우는 전에도 얼마든지 있었다고 하면서, 본래 만주였던 청나라가 대청(大淸)으로 바꾼 예를 들고 있다.[292] 이것은 어디까지나 논리적인 설명이고, 실제는 그가 별로 탐탁지 않게 생각하는 청이 대청이라고 하는 데에 자극 받아 대항 심리에서 다이 남이라고 하지 않았는가 생각된다. 이듬해에는 중국 황제의 옥새와 같이 옥으로 '대남천자지새(大南天子之璽)'를 만들어 국내의 모든 문서는 물론 청을 제외한 외교문서 등에 사용하게 했다.[293] 한편 티에우 찌 황제도 1844년 자신의 옥새를 제작하여 조칙에 사용하라는 명령을 내렸다.[294]

청조에서는 응우옌 왕조가 자기네가 허용한 비엣 남 대신 다이 남이란 국호를 사용하고 있는 것을 막연히 알고 있었지만, 이를 묵인하고 간섭하려 하지 않았다.[295] 이유는 당시 청 조정이 아편전쟁과 애로호(號) 사건의 패배라든가 태평천국의 난 등 대내외 문제로 베트남에 개입할 겨를이 없었기 때문일 가능성이 커 보인다. 태평천국의 난 동안에는 16년 간 양국 사이에 사절이 오고가지 않은 것이 이를 입증해준다.

양국 간의 소원한 관계는 청조의 베트남 사정에 관한 무지를 가져왔다. 그 대표적인 사례가 아편전쟁 시기에 중국인들 사이에 널리 퍼져 있던 낭설로, 1808년 베트남이 있지도 않았던 영국과의 싸움에서 대승했다는 이야기이다. 이 낭설을 굳게 믿은 중국인들은 영국군을 가볍게 여겼을 뿐만 아니라, 영국 해군에 대항하기 위해 베트남 군함을 도입하자는 심각한 논의까지

292 "大淸原稱滿洲 後復改爲大淸."『大南寔錄』正編 第2紀, 권190, 1b면.
293『大南寔錄』正編 第2紀, 권200, 16a-b면.
294『大南寔錄』正編 第3紀, 권40, 1a-b면.
295 竹田龍兒,「阮朝初期の淸との關係」, 495면.

한 바 있다.[296] 결국 베트남과 영국 사이에 전쟁은 없었다는 것이 밝혀지기는 했지만, 여하튼 청조의 베트남 정세에 대한 무지와 불간섭은 응우옌 왕조가 청조에 대해 가지고 있던 독자성과 대등의식을 강화시켜 주었다고 할 수 있다.

한편 베트남인들은 중국문화를 받아들여 자기네도 문화민족임을 내세우고 있었기 때문에, 중국대륙을 지배하는 이민족에 대하여는 대등하다기보다 오히려 자기네가 더 우수하다는 생각을 가졌다. 응우옌 왕조의 역대 군주는 청을 북조(北朝) 또는 청국(淸國)이라 하고 청나라 사람들은 북인(北人) 또는 청인(淸人)이라 일컬었다. 이는 청이 이민족에 의해 세워졌다는 멸시감에서 비롯된 것이다. 심지어 자 롱 황제는 베트남을 '중국(中國)'이라고 부르기까지 했다.[297] 중국대륙을 지배한 이민족에 대한 베트남인들의 멸시는 오래전으로 거슬러 올라간다. 앞서 언급한 것처럼 1285년 몽골의 제2차 쩐 왕조 침입 때 병사들은 몽고군을 죽이자는 의미의 '살달(殺韃)'이란 두 글자를 팔뚝에 입묵(入墨)하고 있었다.

특히 민 망 황제의 문화적 자만심은 대단했다. 그는 1830년 신하들에게 이르기를, 『청회전(淸會典)』을 보면 조정 내 관리들의 의관이 만이의 풍습을 따르고 있어 예전 사람들의 복식과는 다르니 경망스럽게 이를 본받는 일이 없도록 하라고 했다.[298] 그뿐만 아니라 민 망 황제는 1835년 신하들과 시를 논하는 중에, 건륭제가 지은 시들은 상당히 많으나 이들은 모두 정경(情景)을 그대로 묘사하고 있을 뿐 시어(詩語)를 제대로 가다듬지 않은 게 흠이라고 했

296 和田博德, 「阮朝中期の清との關係」, 559-561면.

297 『大南寔錄』 正編 第1紀, 권26, 22a면, 권38, 12a면 및 권44, 19a면; Alexander Woodside, *Vietnam and the Chinese Model*, pp.18-19.

298 『大南寔錄』 正編 第2紀, 권70, 2a면; 竹田龍兒, 「阮朝初期の清との關係」, 539-540면.

다.[299] 조공체제 하에서 종속국의 군주가 중국의 제도는 말할 것도 없고 황제의 시에 대해 비평을 한다는 것은 상상조차 할 수 없는 일이다.

한편 베트남 사신 리 반 푹(Lý Văn Phức, 李文馥)은 1831년 8월 20일 푸젠(福建)의 공관에 이르렀을 때, 관문(關門)에 '월남이사공관(粵南夷使公館)'이라고 쓴 것을 보고 베트남을 '이(夷)'라고 한 데 분개하여 항의하는 한편, 「이변(夷辨)」을 썼다고 한다. 즉 베트남은 신농씨의 후예로서 공맹정주(孔孟程朱)의 가르침을 따르고, 주한당송(周漢唐宋)의 법과 제도를 따르는 '화(華)'이지 결코 '이(夷)'가 아니라고 했다.[300]

응우옌 왕조 황제들의 청에 대한 비하는 청조 국력의 약화와도 관련이 있어 보인다. 1840년 4월 민 망 황제는 아편전쟁을 전망하면서 다음과 같이 말하고 있다. 작년에 영국군이 광동 연안의 섬들 사이를 오래 돌아다녔음에도 불구하고 청은 어떤 대책을 세웠다던가 아니면 배 한 척 보내 이를 공격했다는 이야기도 듣지 못했다. 만약 영국이 다시 공격해 온다면 청국은 이를 저지할 수 없어 임칙서(林則徐)에게 죄를 묻고는 영국에 항복할 것이 틀림없다.[301] 민 망 황제의 예측은 정확하여, 임칙서는 해직되고 다른 후임자가 보내졌다. 이러한 예측은 응우옌 왕조의 여청사가 쓴 『사정일기』라든가 기타 정보를 통해 가능했으리라 생각한다.

청조 국력의 약화로 인하여 뜨 득 황제 때에 이르면 더욱 독자적인 행동으로 나아가게 했다. 다시 말하면, 초기 프랑스의 침략에 대해 황제는 청에게 아무런 도움도 요청하지 않았다. 주지하는 바와 같이, 프랑스는 1858년 베트남 중부지방을 침략하기 시작해 이듬해인 1859년에는 남부의 자 딘 성(省)을

299 『大南寔錄』 正編 第2紀, 권159, 29b면; 竹田龍兒, 「阮朝初期の清との關係」, 541면.

300 최귀묵, 「越南의 중국 使行文獻 자료 개관 및 연구 동향 점검」, 144면.

301 『大南寔錄』 正編 第2紀, 권212, 33b면; Alexander Woodside, *Vietnam and the Chinese Model*, p.280; 和田博德, 「阮朝中期の清との關係」, 564면.

점령하고 1862년 초까진 동부 3성(Biên Hòa, Gia Định, Định Tường)을 손에 넣었다. 뜨 득 황제는 청에 알리지 않고 독자적으로 프랑스와 1862년 6월 제1차 사이공조약(일명 '壬戌條約')을 맺어 이 지방을 할양해 주었다.[302] 프랑스는 더 나아가 1867년에는 서부 3성(Vĩnh Long, An Giang, Hà Tiên)도 점령하여 남부지방 전부를 완전히 식민지화했다. 1850년대 초부터 당시까지 응우옌 왕조와 청 사이에는 태평천국의 난으로 사절의 내왕이 없었기 때문인지는 몰라도, 여하튼 뜨 득 황제는 두 차례의 프랑스 침략에 대해 청에 원조를 요청할 생각조차 하지 않았다.

프랑스는 다시 북부지방을 점령할 목적에서 1873년 장 뒤퓌(Jean Dupuis) 사건을 구실로 프랑시스 가르니에(Francis Garnier)를 파견했다. 소수 병력을 이끌고 도착한 그는 곧 하노이를 함락시키고 이어 홍 강 델타의 주요 도시인 홍 옌(Hưng Yên), 하이 즈엉(Hải Dương) 및 남 딘(Nam Định) 등을 점령했으나 얼마 안 되어 유영복(劉永福)의 흑기군 복병에 의해 전사하고 말았다. 당시 프랑스는 대내문제로 전쟁을 확대시킬 여력이 없어 후에 조정과 협상 끝에 1874년 3월 제2차 사이공조약(일명 '甲戌條約')을 체결했다. 조약의 주요 내용은, 베트남이 완전히 독립국이라는 것과 앞으로 베트남의 외교정책은 프랑스의 정책과 일치해야 한다는 것 및 홍 강의 자유로운 통행보장이었다.[303] 이때도 역시 뜨 득 황제는 청에게 도움을 요청할 생각이 없었음은 물론 조약내용조차 알려 주지 않았다.[304] 1860년대와는 달리 이 무렵에는 청과의 사

302 『大南寔錄』 正編 第四紀, 권26, 19b-21b면; Georges Taboulet, *La Geste Française en Indochine* (Paris: Adrien-Maisonneuve, 1956), Tome II, pp.472-477.

303 『大南寔錄』 正編 第四紀, 권50, 7b-14b면; Georges Taboulet, *La Geste Française en Indochine*, Tome II, pp.742-747.

304 제2차 사이공조약을 청에 알린 것은 프랑스였다. 1875년 5월 프랑스 측이 총리아문(總理衙門)에 알리자 공친왕(恭親王)은 프랑스가 베트남을 보호령으로 하고 대외정책을 제한한 데 대해 간접적으로 거부의사를 표시했다. Henri Cordier, *Histoire des relations de la Chine avec les puissances occidentales, 1860-1902*, 3 Vols. Reprinted(Taipei: Ch'eng-wen Publishing Company, 1966), Vol.II, pp.278-283.

절 왕래가 재개되었는데도 알려 주지 않은 것은 태평천국 잔당의 토벌에서 나타난 청 군대의 무능함과 어떤 연관이 있지 않을까 한다.

태평천국의 난으로 중단되었던 청에 대한 응우옌 왕조의 조공은 전술한 바와 같이 1869년 재개되었으며, 그 후 네 차례 행해졌다. 이중 1877년과 1881년의 조공에 대해 프랑스는 제2차 사이공조약에 위배된다고 했지만, 이때도 응우옌 왕조는 청에 도움을 요청하지 않았다.[305] 그러나 제2차 사이공조약에 의해 보장된 홍 강의 자유로운 통행을 확실히 하기 위해 코친차이나 총독이 보낸 앙리 리비에르(Henri Rivière)가 1882년 5월 하노이와 부근 일대를 점령하자 뜨 득 황제는 태도를 바꾸었다. 그는 양광총독을 통해 청에 도움을 요청했고,[306] 이에 응해 청군이 베트남 국경을 넘어 들어왔다.[307]

1883년에는 히엡 호아 황제(Hiệp Hoà, 協和帝, 1883)가 후에 궁중 내의 혼란 속에서 자신의 지위를 확고히 하는 동시에 프랑스의 침략에 대한 원조를 요청하고자 사절의 파견을 시도했다. 그러나 당시 조정의 권신들에 의해 독살됨으로써 무산되고 말았다.[308] 독살 소식을 접한 청 조정은 독살한 신하들의 죄를 묻고 정통의 왕을 즉위시켜야 한다는 1883년 11월의 논의에 따라 양광총독(兩廣總督)과 운귀총독(雲貴總督)으로 하여금 수륙으로 응우옌 왕조의 수도인 오늘날 후에로 직행하여 변란을 진정시키라는 명령을 내렸다.[309] 한 베트남 학자는 청의 출병이 베트남을 지배하려는 욕망에서 비롯

305 『大南寔錄』 正編 第4紀, 권43, 18a면, 권47, 14b면, 권55, 31b면 및 권63, 41a-b면; 和田博德, 「阮朝中期の清との關係」, 581면.

306 『清光緒朝中法交涉史料』(臺北: 文海出版社, 1967) 권3, 36a-37b면; Lloyd E. Eastman, *Throne and Mandarins: China's Search for a Policy during the Sino-French Controversy, 1880-1885* (Cambridge, Mass.: Harvard University Press, 1967), p.56.

307 『清史稿』 권527, 14648면; Eastman, *Throne and Mandarins*, p.55.

308 和田博德, 「阮朝中期の清との關係」, 584-585면.

309 『清光緒朝中法交涉史料』 권3, 27a면.

되었다고 했다.[310] 하지만 그보다는 당시 베트남 북부에 프랑스군이 주둔하고 있음을 고려하면 중국 남쪽 변경의 안전을 도모하려는 의도였을 가능성이 많아 보인다.

히엡 호아 황제의 청봉(請封) 사절 파견은 제2차 사이공조약에 의해 베트남은 완전한 독립국임이 인정되었기 때문에 실제는 조약위반인 셈이다. 그러나 그는 아직 서구식 조약개념이 없었고, 단지 중국 황제의 책봉이 대내적으로 중요하다는 전통적 사고에만 사로잡혔던 관계로 사절의 파견을 시도했던 것이다. 히엡 호아 황제가 권신들에 의해 독살된 후 그의 뒤를 이은 끼엔 푹 황제(Kiến Phúc, 建福帝, 1883-1884)가 보낸 청봉사가 청나라에 마지막으로 파견된 사절이었다.[311] 그는 즉위 반년 남짓 만에 병사했기 때문에 책봉되지는 못했다. 실제로도 이때는 이미 청의 사절이 베트남에 입국할 수 없는 상황이었다.

결국 응우옌 왕조의 청에 대한 조공관계는 1803년에 시작되어 80년 동안 지속되었다. 그러다가 프랑스와 베트남 사이에 맺어진 1883년 8월 아르망(Harmand) 조약(제1차 후에 조약, 또는 癸未和約)에 의해 베트남이 프랑스의 보호국이 되어 외교권을 상실함으로써 종지부를 찍었다.[312] 이 조약은 홍 강의 자유로운 통행문제를 해결하기 위해 북부로 파견된 앙리 리비에르(Henri Rivière)가 응우옌 왕조의 군대와 충돌하다가 1883년 5월 전사한 사건이 계기가 되었다. 이 조약은 베트남이 10세기 중반 중국으로부터 독립한 이래 천년 가까이 계속되어 온 중국에 대한 조공관계의 종말을 의미하는 것이기도 했다. 뿐만 아니라 청불전쟁의 결과 1885년 6월 9일 맺어진 톈진조약(天津條

310 Trịnh Nhu, "Nguồn Gốc của Chiến Tranh Trung-Pháp(1883-1885)"(청불전쟁의 기원: 1883-1885), *Nghiên Cứu Lịch Sử*, So 1(1991), pp.20-21.

311 和田博德, 「阮朝中期の清との關係」, 590면.

312 Georges Taboulet, *La Geste Française en Indochine*, Tome II, pp.807-809.

約, 또는 越南新約)에 의해, 청은 프랑스와 베트남 사이의 조약을 존중키로 함으로써[313] 베트남과 중국의 모든 전통적 관계는 더 이상 존재하지 않게 되었다.

313 『淸末對外交涉條約集』, 卷二 「光緖條約」(臺北: 國風出版社, 1963), 145면.

제 2 장

베트남의 남진(南進)

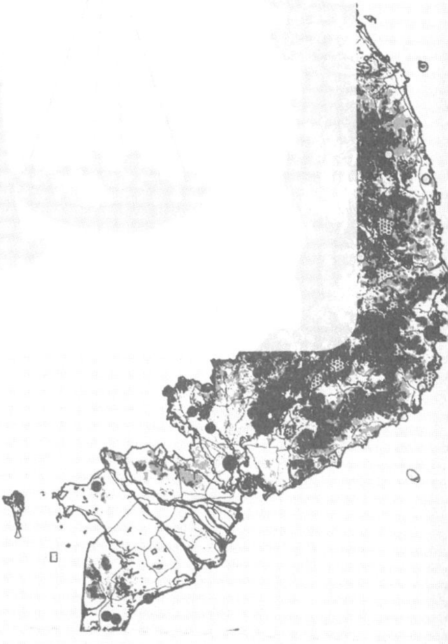

1. 북속시기 참파의 북진

베트남의 인구는 2015년 말 기준으로 9천 4백만 정도인데, 54개 종족으로 이루어져 있다. 우리가 베트남 사람이라고 하면 대부분 '비엣 족'으로, 이들이 전 인구의 86-87% 이상을 점한다. 나머지 53개 종족은 소수민족이다.

전근대 시기 언제부터인지는 확실하지 않지만, 비엣 족은 자신들을 '낀족(Kinh 족; 한자로는 京族)'이라고 했다. '낀족'은 한자가 말해주듯이 '문명인'이란 의미를 함축하고 있다. 이들은 자기들을 중화문명권의 성원으로 보면서도, 다른 한편 전통적으로 '북국(北國)'의 중국과는 구별되는 독자의 영역·문화·왕조 및 역사를 가진 존재로서의 '남국의식(南國意識)'을 가지고 있었다. 앞서 언급한 바와 같이 베트남은 역사상 영토를 남으로 확대하는 '남진'을 행하면서 18세기에는 메콩델타에 도달하게 된다. 그러는 과정에서 '낀족'은 선주민인 참족, 크메르인(베트남어로는 Khơ-me) 등과 만났다. 이들 낀족은 중화문명의 담당자라는 강한 의식을 가지고, 주변의 소수민족들을 '모이(mọi)', 즉 '야만'이라고 보았다.[01]

그러나 미 썬[Mỹ Sơn; 오늘날 베트남 중부 꽝 남 성(省) 주이 쑤옌 현(huyện Duy Xuyên, 維川縣)]에 남아 있는 참파 왕들이 세운 4세기로부터 13세기까지의 힌두교사원 유적들을 보면 참족은 결코 야만이라고 할 수 없다. 또한 앙코르 왕조의 수리야바르만 2세(Suryavarman II)에 의해 12세기 전반에 건설된 세계

01 伊藤正子, 『エスニシティ〈創生〉と國民國家ベトナム』(東京: 三元社, 2003), 10면. 프랑스가 베트남을 지배하면서는 '모이'를 '산지민(montagnards)'이라고 했다.

[그림 6] 4세기 참파유적(미 썬 소재)

에서 제일 큰 종교건축물인 힌두교사원,[02] 앙코르 와트[Angkor Wat('寺院都市'란 뜻)] 역시 크메르인들이 야만이 아니었음을 보여준다. 전근대의 베트남인들이 이들을 야만이라고 부른 이유는 중국문화를 받아들인 자기네와는 다른 힌두교 문화를 발달시켰기 때문에 그랬던 것이다.

참파는 중국 기록에서 임읍(Linyi, 林邑)·환왕(環王)·점성(占城) 등으로 나타난다. 임읍은 192년에 건국했는데,[03] 이전에는 그 중심지가 베트남 중부

02 12세기 말에 불교사원으로 바뀌었다.

03 "建國起自漢末 初平之亂 人懷異心 象林功曹姓區 有子名連 攻其縣 殺令 自號爲王 值世亂離 林邑遂立." 『水經注疏』(南京: 江蘇古籍出版社, 1989), 卷36 溫水條, 3008면; George Maspero, *Le royaume de Champa*, p.50; 衫本直治郎, 「中國に知られたるチャンパの國号」, 衫本直治郎, 『東南アジア史研究 I』(東京: 巖南堂書店, 1968), 94-95면. 衫本直治郎에 의하면, '임읍'은 한나라가 남월을 정복한 후 베트남에 설치했던 '日南郡 象林縣'이었는데, 한 말에 독립하면서 '象'가 없어지고 '도읍' 내지 '國'

의 후에(Huế) 지역이었다고 주장되어왔으나,[04] 지금은 고고학 발굴에 의해 그 보다 더 남쪽인 호이 안(Hội An, 會安) 부근의 짜 끼에우[Trà Kiệu; 참파어로 Simhapura(사자의 도시란 뜻)]를 중심으로 성립했다고 하는 설이 제기되고 있다.[05] 환왕으로 바뀐 것은 당나라 때인 지덕(至德) 연간(756-758)이었다.[06]

점성이라는 이름이 처음 나타나는 것은 당나라 희종(僖宗, 874-888) 건부(乾符) 4년이니 이는 877년에 해당되고, 그 중심지는 인드라푸라(Indrapura; 오는 날 다 낭 부근의 Đồng Dương)였다. 이후로 점성이란 이름은 중국과 베트남의 기록에서 변함이 없었다.[07] 점성은 '참파(Champa)의 도성(都城)'이란 의미로 산스크리트어로는 'Champapura'인데, '참파'라는 이름은 인도의 갠지스 강 하류에 있던 초기 왕국으로부터 유래했다.[08] 한편 참파 왕국에서 참파라는 이름이 처음 발견된 것은 미 썬 지방의 산스크리트어 비문에 있는 'Champa-desa'[09]라는 용어로, 그 비문의 시기는 6세기 말에서 7세기 전반이라고 한다.[10]

을 의미하는 '읍'가 더해져 '林邑'으로 되었다고 한다. 杉本直治郎, 「中國に知られたるチャンパの國号」, 100면.

04 R. A. Stein, "Le Lin-yi: sa localisation, sa contribution à la formation du Champa et ses liens avec la Chine," *Han Hieu: Bulletin du Centre d'Études Sinologiques de Pékin* 2,1-3(1947), pp.54-107, 318.

05 Yamagata Mariko, "The Early History of Lin-i Viewed from Archaeology," *Acta Asiatica* 92(2007), pp.4-6. 짜 끼에우는 행정상 꽝 남 성 주이 쑤옌 현에 속한다.

06 "環王, 本林邑也 … 至德後 更號環王." 『新唐書』(北京: 中華書局, 1975), 卷222, 6297-6298면; Maspero, *Le royaume de Champa*, p.96; 杉本直治郎, 「中國に知られたるチャンパの國号」, 96면.

07 "乾符四年 占城國進馴象三頭." 劉恂, 『嶺表錄異』(北京: 中華書局, 1985), 卷上, 6면; Anne-Valerie Schweyer, "La Dynastie d'Indrapura(Quang Nam, Viet Nam)," in *Southeast Asian Archaeology 1998*, edited by Wibke Lobo and Stefanie Reimann(Hull, U.K.: Centre for South-East Asian Studies, University Hull, 2000), pp.205-218; Momoki Shiro, "'Mandala Champa' Seen from Chinese Sources," in *The Cham of Vietnam: History, Society and Art*, edited by Trần Kỳ Phương and Bruce M. Lockart, p.126.

08 William A. Southworth, "The Coastal States of Champa," in *Southeast Asia: From Prehistory to History*, edited by Ian Glover and Peter Bellwood(London: Routledge/Curzon, 2004), p.209.

09 'desa'는 '나라(國)' 또는 '영토'라는 의미이다.

10 R. C. Majumdar, *Champa: History & Culture of an Indian Colonial Kingdom in the Far East, 2nd-16th Centuries AD*(Delhi: Gian Publishing House, 1985 reprint), Book III, pp.9-12; 杉本直治郎, 「中國に

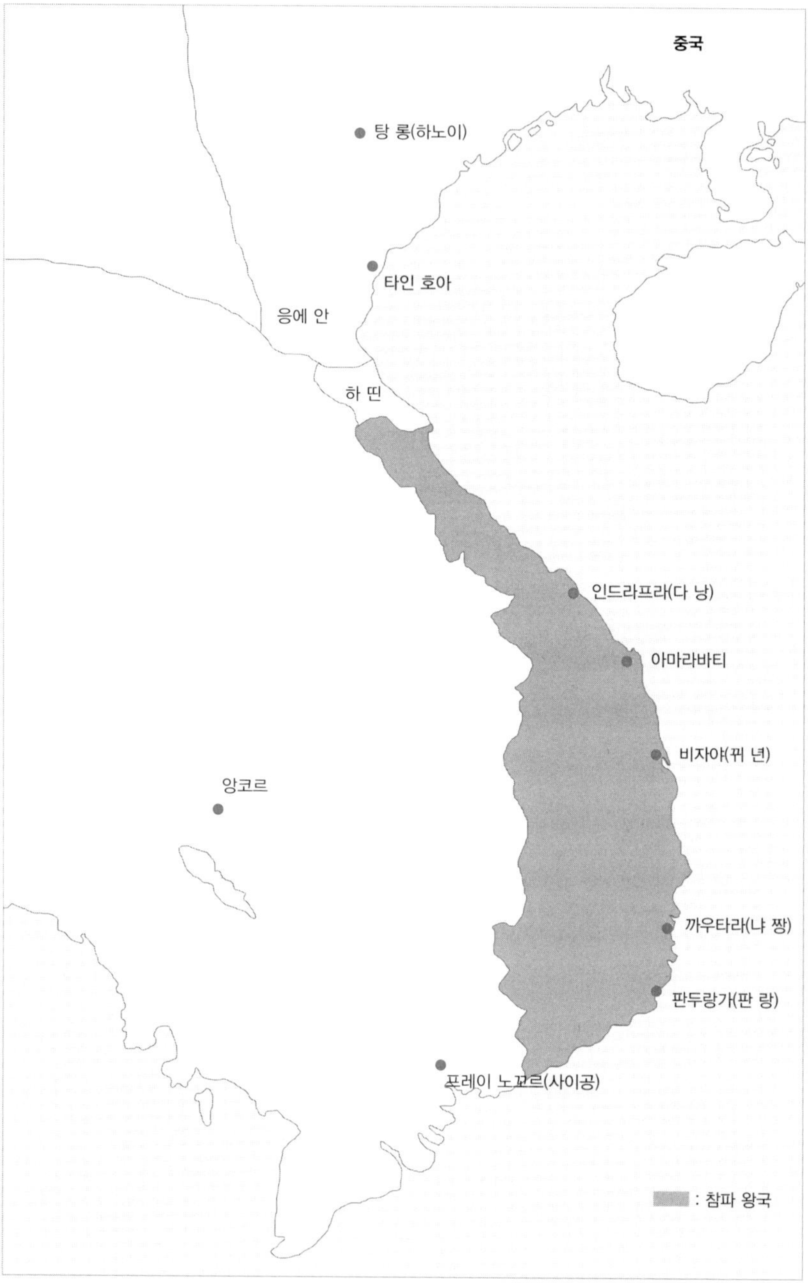

[그림 7] 2–15세기의 참파 왕국

앞에서 이미 말했듯이, 1970년대까지 참파에 대한 연구는 '그 역사가 참족이라는 단일 종족에 의한 단일 왕국이었으며, 베트남 레 왕조(黎朝)의 제4대 타인 똥(聖宗)이 1471년에 행한 원정에 의해 종말을 고했다'고 보는 경향이었다. 이는 1920년대 조르주 마스페로가 중국과 베트남의 한문 자료들, 그리고 당시까지의 고고학 발굴 및 비문들을 종합하여 쌓아놓은 연구를 따른 결과였다.

그러나 앞에서 언급한 바와 같이, 지금은 참파란 주로 베트남 중부지방의 해안을 따라 정치적, 경제적으로 독자적이었던 소국가[11]들을 총칭하는 용어라는 것이다. 이들은 때에 따라 중국이나 베트남 또는 캄보디아로부터의 침입에 대응하여 연합세력을 이루었지만, 권력의 중심은 정치적, 경제적 상황 변화에 따라 한 지역으로부터 다른 지역으로 이동하곤 했다. 다시 말하면, 위와 같은 상황의 변화로 인해 소국가들 사이에 세력의 부침이 있었다. 소국들 중에서 끝까지 명맥을 유지한 것은 판두랑가로 1692년 이래 베트남의 지배하에 있다가 1832년 응우옌 왕조(阮朝)의 민 망 황제(明命帝)가 이를 종식시켰다. 이리하여 참파는 소멸되고 말았다.

한편 참파는 참족만의 국가가 아니라 오스트로네시안 언어를 사용하는 인종집단(Jarai, Rhadé, Chru, Roglai, Bahnar)은 물론 오스트로아시안 언어계의 인종집단(Mnong, Naa, Stieng) 같은 중부 고원지대의 소수민족들도 포함하고

知られたるチャンパの國号」, 114면; William Southworth, "Notes on the Political Geography of Campa in Central Vietnam during the Late 8th and Early 9th Centuries A.D." in *Southeast Asian Archaeology 1998*, edited by Wibke Lobo and Stefanie Reimann(Hull, U.K.: Centre for South-East Asian Studies, University Hull, 2000), p.240.

11 소국들에는 다섯 국이 있었다. 1) 인드라뿌라(Indrapura)의 중심지는 오늘날 다 낭(Đà Nẵng) 부근의 동즈엉(Đồng Dương)이었다; 2) 아마라바띠(Amaravati)는 현재의 꽝 남 省(Quảng Nam)과 꽝 응아이 省(Quảng Ngãi)에 위치했었다; 3) 비자야(Vijaya)는 빈 딘 省(Bình Định)에 있었다; 4) 까우타라(Kauthara)는 카인 호아 省(Khánh Hòa)의 냐 짱(Nha Trang)이 중심지였다; 5) 판두랑가(Panduranga)는 닌 투언 省(Ninh Thuận)의 판 랑(Phan Rang)을 중심으로 했으며, 남쪽의 빈 투언 省(Bình Thuận)까지를 포함했다.

있었다고 한다. 더욱이 이는 현대 참파어로 된 기록에 몇몇 왕들이나 고위 관리들이 참족이 아니라 고원지대 출신이었다는 것에 의해서도 입증이 된다.[12] 그래서 '참파'라는 나라이름 자체가 부적절한 면이 있지만, 기존의 이름을 바꿀 수도 없어 그대로 사용한다는 이야기까지 나오고 있다.

이러한 참파와 베트남의 관계는 종래 베트남의 남진(南進)에 의해 설명되었다. 보다 구체적으로 말하면, 베트남이 인구과잉으로 남으로 진출하면서 참파는 이에 맞서 대응하는 수동적 입장이었다는 것이다.[13] 그러나 최근의 연구는 베트남이 중국지배 하에 있을 때 자오 찌(交趾)에 대한 임읍의 잦은 침입, 즉 북진(Bắc tiến, 北進)이라든가 베트남이 독립한 직후에도 참파와의 충돌이 있었음을 중시하고 있다. 더욱이 후술하는 바와 같이, 쩐 왕조 후기에는 참파의 공격에 의해 황제가 전사하고 탕 롱이 점령되기까지 했다. 그런 고로 참파는 결코 수세에 있었던 것이 아니라 1471년 레 왕조의 타인 똥이 원정할 때까지는 베트남과의 대결에서 대등한 관계에 있었다고 한다.[14]

『삼국지』에 의하면, 사섭의 사후 자오 쩌우 자사에 임명된 여대(呂岱)는 사씨 일가의 저항을 진압한 다음 중국문화를 전파하기 위해 229-230년 경 남으로 사절을 파견했다.[15] 그러나 실제로는 남해무역을 강화하기 위해서였

12 Gay Bernard, "Vue nouvelle sur la composition ethnique du Champa," in *Actes du séminaire sur le Campa*(Paris: Travaux du Centre d'Histoire et Civilisations de la Péninsule Indochinoise, 1988), pp. 49-58; Bruce M. Lockhart, "Colonial and Post-Colonial Constructions of 'Champa'," in *The Cham of Vietnam: History, Society and Art*, edited by Trần Kỳ Phương and Bruce M. Lockart(Singapore: NUS Press, 2011), pp. 29-30.

13 Lê Thành Khôi, *Histoire du Viêt Nam des origines à 1858*, pp.162-163; Nguyễn Thế Anh, "Le Nam Tiến dans les textes vietnamiens," in *Le frontières du Vietnam: histoire des frontières de la péninsule indochinoise*, edited by p.B. Lafont(Paris: L'Harmattan, 1989), p.122.

14 Michael Vickery, "*Champa Revisited*," ARI Working Paper No.37 (Singapore: Asia Research Institute, National University of Singapore, 2005), p.23.

15 여대가 사씨 일가의 저항을 완전히 진압한 것이 229년이고 231년에는 자오 찌 자사에서 물러났기 때문에, 사절의 파견은 229-230년 사이일 가능성이 많다.

지 않은가 한다. 여하튼 이에 응해 푸난(扶南)과 임읍 등이 조공을 바쳤다고 한다.[16] 이것이 중국과 임읍의 첫 공식적 접촉이었지만, 조공은 형식적이었던 듯하다. 248년 임읍은 끄우 쩐와 자오 찌를 공격해 성읍을 파괴했는데, 자오 찌우 자사(交州刺史)의 회유에 의해 겨우 해결되었다. 이때 전술한 찌에우 어우는 저항하다가 무력에 의해 진압 당했다. 이후 오는 더 이상 녓 남 군(日南郡) 소속의 쿠 뚝(Khu Túc, 區粟; 지금의 후에 지역)으로 진출하지 않아 이 지역은 임읍의 지배하에 들어갔다.[17] 임읍의 공격은 오의 남해무역 강화로 인해 자신들의 몫이 축소되는 데에 대한 반발인 동시에, 좁은 해안가에서 농경지가 적어 생산되는 식량의 부족 때문이기도 했다. 이러한 상황은 후대에도 계속되었다.

자오 찌우 자사였던 도황의 상소에 의하면, 270년인가에는 당시 임읍의 왕인 범웅[范熊; 베트남어로는 팜 흥(Phạm Hùng)][18]이 푸난과 손을 잡고 계속하여 자오 찌우를 공격하여 관리들을 살해하고 약탈을 일삼았다고 한다. 도황은 10여 년간 많은 병력을 동원하여 싸운 끝에 겨우 임읍의 군대를 물리칠 수 있었다.[19] 범웅이 죽고 아들 범일[范逸; 베트남어로는 팜 덧(Phạm Dật)]이 뒤를 이은 후에는 우호관계로 회복되어 283년에는 진(晉)에 공물을 보냈다.[20]

336년 범웅이 사망한 후 왕위를 계승한 것은 범문[范文; 베트남어로는 팜 반(Phạm Văn)]이었다. 그는 본래 중국인 노예였다가 점차 왕의 총애를 받으면

16 『三國志』 권60, 「吳書」 15, 1385면; Paul Pelliot,. "Le Fou-Nan," *BEFEO* 3(1903), p.252.

17 『水經注疏』 권36 溫水條, 3004; 『三國志』 권61, 「吳書」 16, 1409면; George Maspero, *Le royaume de Champa*, p.53.

18 임읍을 세운 구련(區連, 베트남어로는 Khu Liên)의 사후 아들들이 대를 잇다가 후손이 없자 생질인 범웅이 왕이 되었다. 『晉書』 권97, 열전67, 2545면; 『梁書』 권54, 열전48, 784면.

19 『晉書』 권57, 열전27, 1560면.

20 『晉書』 권3, 58면. 마스페로가 284년이라고 한 것은 오류이다. 그는 태강(太康) 5년 12월이라고 했는데, 태강 4년 12월이 맞다. George Maspero, *Le royaume de Champa*, p.55, n.5.

서 영향력을 키워 적통의 왕자들을 물리치고 왕이 되었다. 범문은 340년 진의 황제에게 길들여진 코끼리[馴象]를 보내면서 호아인 썬(Hoành Sơn, 橫山; 현 Quảng Bình 省의 최북단)을 공동의 경계로 하자고 제안했다. 이는 비옥한 녓 남을 얻자는 것이 목적이었다. 진이 거절하자, 그는 344년 녓 남과 끄우 뜩(九德) 및 끄우 쩐(九眞)에 대한 약탈을 자행하여 주민들이 큰 피해를 보았다.[21] 347년에는 또다시 녓 남을 공격하여 대외교역에서 오는 이득을 착취해 주민들의 원한을 사고 있던 녓 남 태수 하후람(夏侯覽)을 비롯해 5,6천 명을 살육하고 그곳에 3년간[22] 머무르다 임읍으로 돌아왔다.[23]

349년 범문이 사망하자 아들 범불(范佛; 베트남어로는 팜 펏[Phạm Phật]; 참파의 비문에 보이는 Bhadravarman?)이 왕위를 계승하고 북으로의 팽창정책을 계속했다. 그러나 351년과 359년의 원정에서 실패하여 녓 남을 동진(東晋)에 돌려주는 한편, 372년과 377년에는 사절을 보냈다.[24]

범불의 사후 아들인지 손자인지 불확실한 범호달(Phạm Hồ Đạt, 范胡達, 베트남어로 팜 호 닷)[25]이 왕이 되어 399년에 녓 남과 끄우 득을 침범하여 태수를 포로하기까지 했는데, 도 비엔(杜瑗)에 의해 격퇴되었다. 그는 동진의 약화를 틈타 407년과 413년 또다시 북으로 침범했으나 도 비엔과 그 아들 도 뚜에 도(杜慧度)에 의해 각각 대패했다.[26] 이런 침범은 정치적 세력의 확대라기보다도 경제적 약탈이 주목적이었으며, 사실상 약탈은 그들 생업 중의 하나

21 『晉書』 卷7, 帝紀7, 182면; 『水經注疏』 卷36 溫水條, 3011-3012면; 『梁書』 권54, 열전48, 784-785면.

22 범문은 349년 사망했기 때문에 만으로 3년을 의미하는 것은 아니다.

23 『晉書』 卷7, 帝紀7, 193면 및 열전67, 2546면; 『梁書』 권54, 열전48, 784면.

24 『晉書』 卷8, 帝紀8, 204면 및 卷9, 帝紀9, 221면 및 228면; 『晉書』 卷97, 열전67, 2546-2547면; 『梁書』 卷54, 열전48, 785면; 『水經注疏』 卷36 溫水條, 3000면; George Maspero, *Le royaume de Champa*, pp.59-61.

25 중국 사서에 범호달은 范湖達 또는 范須達로도 기록되어 있다.

26 『晉書』 卷10, 帝紀10, 251면; 『梁書』 卷54, 열전48, 785면.

였다.[27] 이후 임읍은 414년과 417년 두 차례 사절을 보내 토산품과 길들여진 코끼리를 바쳤지만, 실제는 거의 매년 녓 남과 끄우 득을 침범하여 주민들에 대한 살상(殺傷)이 매우 심했다.[28] 이에 도 뚜에 도는 420년 대대적인 정벌을 하여 임읍을 항복시키고 그때까지 약탈당했던 모든 것을 되찾았다고 한다.[29]

420년 중국에서 동진이 망하고 송(宋)이 서면서 임읍은 한편으로는 사절은 보내면서도 다른 한편으로는 침략을 멈추지 않았다. 송이 건국된 이듬해 당시 임읍의 왕 범양매(Phạm Dương Mại, 范陽邁) 2세[30]는 사절을 보냈지만, 424년에는 녓 남과 끄우 득 등을 침범했다. 도 호앙 반(杜弘文)이 원정을 준비하다가 전임되었기 때문에 일은 성사되지 않았다.[31]

430년 범양매 2세는 사절을 보내 자오 쩌우와 화목하지 못했음을 사죄했다. 그러나 목적은 송의 남쪽 변경에 대한 방어의지를 살피기 위함이었지 않은가 한다.[32] 사실상 그는 이듬해 선박 100여 척을 보내 끄우 뜩의 해안을 침공했다. 자오 쩌우의 자사 완미지(阮彌之)가 수륙 양군으로 쿠 뚝 성(區粟城)을 공격을 했으나 풍랑 때문에 함락시키지 못하고 돌아왔다.[33]

이후 범양매 2세는 점점 더 자오 쩌우 정벌에 욕심을 내서 푸난에 도움을 요청했다가 거절을 당했다. 433년에는 사절을 송에 보내 자오 쩌우의 할양을 요구하기까지 했지만, 받아들여지지 않았음은 물론이다. 435년부터 441

27 Kenneth R. Hall, "The Politics of Plunder in the Cham Realm of Early Vietnam," in *Art and Politics in Southeast Asian History: Six Perspectives*, edited by Robert Van Niel(Honolulu: University of Hawaii Center for Southeast Asian Studies, 1989), pp.5-16.

28 『晉書』 卷10, 264면 및 266면; 『梁書』 卷54, 열전48, 785면.

29 『전서』(상), 143면; 『大越史略』 33면.

30 아버지를 흠모해서 아들이 아버지와 같은 이름을 사용했다고 한다. 『梁書』 卷54, 열전48, 785면. 양매(陽邁)는 참파의 칭호인 'Yang Mah(황금 왕자)'를 한자로 표기한 것 같다.

31 『宋書』 卷97, 열전57, 2377면; 『梁書』 卷54, 열전48, 786면; George Maspero, *Le royaume de Champa*, pp.68-69.

32 『宋書』 卷97, 열전57, 2377면; Keith Taylor, *The Birth of Vietnam*, p.116.

33 『宋書』 권97, 열전57, 2377면; 『梁書』 권54, 열전48, 786면; 『水經注疏』 권36 溫水條, 3006면.

년까지 네 차례에 걸쳐 거듭 송에 사절을 보내면서도, 다른 한편 침입을 그치지 않았다.[34]

446년 송 조정은 마침내 자오 쩌우의 자사 단화지(檀和之)에게 군대를 이끌고 가서 이를 토벌토록 했다. 송의 군대는 쿠 뚝 성을 점령하여 많은 사람을 죽이고 더 나아가 임읍의 수도인 짜 끼에우를 함락시키니 범양매 부자는 달아났다. 단화지는 수많은 보물과 10만 근 황금을 약탈해가지고 개선했다.[35] 송의 군대가 물러간 후 범양매 2세는 서울로 돌아왔으나 폐허를 보고 비탄한 나머지 곧 세상을 떠났다(446).[36]

세력이 약화된 임읍은 더 이상 침략할 여력이 없어 화친을 위해 455년과 이후 두 번 더하여 총 3회에 걸쳐 송에 사절을 보냈다. 중국 기록에 따르면, 임읍은 송뿐만 아니라 그 뒤를 이은 제(齊)와 양(梁) 등에 대해서도 침략은 거의 없고 사절만 파견하고 있다. 이러한 사절의 파견은 당시 중국에서 임읍이라고 하여 하나의 통일된 국가로 명명하고 있지만, 실제 임읍은 단일의 왕국이 아니라 중부 해안가를 중심으로 한 소국들의 느슨한 연합체였던 만큼 몇몇 소국들이 각기 보낸 것이 아닐까 한다. 예외적으로 양나라 때인 543년 루드라바르만 1세(Rudravarman I)가 오늘날 하 띤 성(tỉnh Hà Tĩnh, 河靜省) 지역인 득 쩌우(Đức Châu, 德州)를 침공했다. 이 침입은 리 비(李賁)의 저항에 양의 세력이 집중되어 있었던 틈을 탄 것 같다. 그러나 리 비의 장수 팜 뚜(Phạm Tu, 范脩)가 격퇴했다.[37]

34 『宋書』 권97, 열전57, 2377-2378면.

35 『宋書』 권97, 열전57, 2378면; 『梁書』 권54, 열전48, 786면; Keith Taylor, *The Birth of Vietnam*, pp.116-117.

36 『水經注疏』 권36 溫水條, 3014. 마스페로가 범양매의 죽음을 443년이라 한 것은 오류다. George Maspero, *Le royaume de Champa*, p.74.

37 『梁書』 권3, 본기3, 87면; 『전서』(상), 148면. 마스페로는 이 해를 541년이라고 했는데, 이는 오류다. George Maspero, *Le royaume de Champa*, p.81.

모모키 시로(桃木至朗)에 의하면, 446년부터 589년 수의 중국대륙 통일 때까지 임읍이 보낸 사절 수는 17번 정도라고 한다. 사절이 오면 중국 왕조들은 임읍의 왕에게 '안남장군 임읍왕(安南將軍 林邑王)' 등의 칭호를 수여했다. 이러한 칭호는 임읍에게 두 가지 이점이 있었다. 첫째는 중국 왕조의 군사적 압력과 자오 쩌우에 있는 중국 관리들의 자의적인 행위로부터 보호를 받을 수 있었다는 것이다. 다른 이점은 이웃 경쟁자들, 특히 푸난에 대한 임읍의 지위를 강화해 주었다는 데 있다.[38]

루드라바르만 1세의 아들인 삼부바르만(Sambhuvarman, 중국 사료의 范梵之)은 진(陳) 말의 쇠퇴를 이용하여 북으로의 세력 확대를 엿보았다. 수가 통일하자 그는 정책을 바꾸어 595년에 조공을 바쳤으나, 10년 후인 605년 수의 장군 유방(劉方)에 의해 수도, 짜 끼에우가 약탈당했다.[39] 수는 임읍을 군(郡)으로 하여 다스렸다고 하였으나, 도로가 험난해 명목상에 불과했던 듯하다.[40] 삼부바르만은 수가 멸망하자 곧 당에 623년 사절을 보냈고, 그의 후계자들도 자주 조공을 바쳤다.[41]

당은 지덕(至德) 연간(756-758)에 이르러 어떤 연유에서인지 임읍을 환왕(環王)이라 부르고 있다. 『신당서』에 의하면, 임읍 왕의 거소(居所), 즉 도성은 점성(占城)이라 하며 지덕 연간에 국호를 '환왕'으로 고쳤다는 것이다.[42] 환왕 시대 당에 조공을 바친 것은 초기인 793년 한 번뿐이었다.[43] 이후에는 여러

38 Momoki Shiro, "'Mandala Champa' Seen from Chinese Sources," pp.121-124.

39 『隋書』 권2, 帝紀2, 40면, 권3, 帝紀3, 64면, 권82 열전47, 1832-1833면; 『전서』(상), 157면; George Maspero, *Le royaume de Champa*, pp.83-84

40 『隋書』 권29, 志24, 807면 및 卷31, 志26, 886면; George Maspero, *Le royaume de Champa*, p.85. 임읍군은 명목상 당나라 때에도 정원(貞元) 연간(785-805)까지 존속했다. Momoki Shiro, "'Mandala Champa' Seen from Chinese Sources," p.124.

41 『舊唐書』 권197, 열전147, 5270면.

42 "至德後 更號環王." 『新唐書』 권222下, 열전147下, 6298면.

43 『舊唐書』 권13, 본기13, 377면.

차례 안남도호부의 남변을 침공하여 당에 대해 적대적인 태도를 취했다. 그러고 보면 모모키 시로가 지적한 것처럼,[44] 환왕은 꽝 찌 혹은 꽝 남에 위치해 있었던 소국을 지칭할 뿐인데, 중국인들은 참파를 단일 왕국으로 추측하여 이를 참파라고 잘못 생각했던 것 같다.

점성[占城, 베트남어로는 찌엠 타인(Chiêm Thành)]이란 이름은 전술한 바와 같이 중국 기록에서 877년에 처음 보인다. 이 때 참파는 순상 세 마리를 바쳤다고 하는데, 당시 왕은 인드라바르만 2세(Indravarman II)로 2년 전 왕위에 올랐다. 인드라바르만 2세는 동 즈엉 지역에 서울 인드라푸라(Indrapura)를 건설했으며, 참파에서 대승불교를 공식적으로 처음 인정했다.[45] 그는 거대한 불교 건축물들을 세웠고, 이후 100년 가까이 후계자들도 이 전통을 이어받았는데, 당시 건축물이나 조각의 특징적 양식을 예술 사가들은 '동 즈엉(Đồng Dương) 양식'이라고 부른다.

이제까지의 서술은 엄밀한 의미에서 중국과 참파의 관계이지만, 그 관계가 이루어진 곳은 베트남이었다. 임읍의 북진이라든가 중국 관리들의 남해물자 착취로 인한 충돌은 베트남에서 일어났다. 다시 말하면 베트남은 두 나라 사이의 전쟁터가 되었다. 따라서 베트남인들은 피해자일 뿐이었다. 그들은 중국의 지배를 받고 있었기 때문에 스스로 할 수 있는 역할이란 별로 없었다. 베트남과 참파가 직접 대결하게 된 것은 베트남이 중국으로부터 독립을 하면서였다.

44 Momoki Shiro, "'Mandala Champa' Seen from Chinese Sources," pp.125-126.

45 Anne-Valérie Schweyer, *Ancient Vietnam: History, Art and Archaeology*, pp.19, 194; George Coedès, *The Indianized States of Southeast Asia*, pp.122-123.

2. 베트남의 독립과 참파와의 대립

베트남 사서(史書)에서 중국으로부터 독립 후 참파와 관련된 기록이 처음 나타난 것은 979년이다. 『대월사기전서』에 의하면, 응오 꾸옌의 후손인 응오 녓 카인(Ngô Nhật Khánh, 吳日慶)이 참파 왕을 설득하여 배 천여 척으로 호아 르 성(華閭城)을 공격하려다 폭풍을 만나 배들이 전복되어 익사했기 때문에 실패했다고 한다. 딘 보 린은 권력을 잡은 후 자신의 지위를 보다 확고히 하려고 응오 녓 카인의 어머니를 자기의 황후로 맞아들이는 동시에 응오 녓 카인의 여동생은 아들 딘 리엔과 결혼시켰다. 뿐만 아니라 딸을 응오 녓 카인에게 시집보냈다. 그러나 결혼정책은 실패했다. 응오 녓 카인은 부인을 버리고 참파로 도망갔다가 딘 보 린이 시해되었다는 소식을 듣고 그 기회를 이용하여 정권을 잡으려 했던 것이다.[46] 이는 어디까지나 비공식적으로 일어난 사건이었다.

공식적인 접촉은 레 호안이 띠엔 레 왕조를 세우면서였다. 982년 그는 사절을 참파에 보냈는데, 참파 왕은 사절을 감금해 버렸다. 레 호안은 분노하여 스스로 원정군을 이끌고 참파의 수도 인드라푸라로 쳐들어갔다. 그리하여 왕을 죽이고 도성을 파괴하는 한편, 많은 금은보화를 약탈할 뿐만 아니라 궁중의 무희들과 인도인 승려를 포로로 붙잡아 귀환했다.[47]

사절 파견의 목적에 대한 언급은 없지만, 아마도 자신의 즉위를 알리기 위함이었지 않은가 한다. 그것은 중국 역대 왕조의 황제들이 즉위하면 주변 소국들에 알리는 것과 같은 방법이었다. 사실 베트남은 처음부터 참파를 자기

46 『전서』(상), 184-185면; Keith Taylor, *The Birth of Vietnam*, p.280; Đào Duy Anh, *Đất nước Việt Nam qua các đời*, p.114.

47 『전서』(상) 189면; 『大越史略』, 44-45면; Phung Van Dan, "La formation territoriale du Viet Nam," *Revue du Sud-Est Asiatique* 4(1963), pp.274, 276-277; Li Tana, *Nguyễn Cochinchina*, p.19.

의 소국으로 생각했다. 일례로, 『대월사기전서』의 994년 기록에는 이 해에 앞서 참파가 조공사절을 보내 토산품을 바쳤는데 '예(禮)에 어긋났다'면서 거절했다고 한다.[48] 그러나 참파는 베트남이 자기들과 대등하다고 생각하여 레 호안이 즉위를 알린 사실에 대한 거부반응에서 사절을 감금했던 것 같다. 『대월사기전서』는 위의 기록에 이어서 참파 왕이 '두려워' 손자를 다시 보냈다고 했는데, 어느 정도 사실일지는 의문의 여지가 있다. 후술하는 995년 참파의 침범을 보면 띠엔 레 왕조를 전혀 두려워했을 것 같지가 않다. 더구나 '조공을 바쳤다'고 했는데, 조공이란 베트남 측의 일방적인 생각이었을 뿐이다. 인도문화의 영향을 받은 참파에게는 그런 개념조차 없었기 때문이다.

레 호안이 포로를 붙잡고 재물을 약탈한 다음 귀환한 것은 아직 후대에서와 같은 홍 강 델타의 인구 과밀로 인한 남으로의 영토 확장의 필요성이 없었기 때문이다. 이런 약탈전쟁의 유형은 베트남은 물론 전근대 동남아시아 각국에서 공통적으로 나타난다. 당시 이들 나라에서 필요한 것은 토지보다도 인력이었다.

레 호안의 귀환 후 인드라푸라에서는 베트남의 관리 르우 께 똥(Lưu Kế Tông, 劉繼宗)이란 자가 스스로 권력을 장악했다. 983년 그는 레 호안이 보낸 군대를 물리치고는 참파 왕을 자칭하는 한편 986년에는 송에도 이를 알렸다.[49] 한편 레 호안은 자기가 보낸 군대가 실패하자, 두 차례의 경험으로 육로와 해로가 모두 험난한 것을 깨닫고 타인 호아와 하 띤에 각각 수로를 개척하고 육로를 건설하여 호아인 썬(Hoành Sơn, 橫山; 현재의 하 띤 성과 꽝 빈 성의 경계 지역) 지방으로의 진출을 용이하게 했다.[50] 이러한 조치는 아직 남진이

48 "占城國使制冬獻方物 帝責其違禮拒之." 『전서』(상), 194면.

49 『전서』(상) 190면; 『宋史』 권489, 열전248, 14080면; George Maspero, *Le royaume de Champa*, pp.124-125.

50 『전서』(상) 190면 및 193면; 『大越史略』, 45면; Đào Duy Anh, *Đất nước Việt Nam qua các đời*, p.114;

란 개념이 없었기에 남진을 위해서가 아니라 참파와 대적하는 상황에서 전략상의 필요에 의한 것이었다. 그렇기는 하지만 후일 남진의 주요 통로가 된 것은 사실이다.

989년 르우 께 똥이 사망하던 해, 레 호안은 관리를 보내 호안 쩌우와 아이 쩌우 두 주(州)의 세금을 걷도록 했다. 그러나 관리는 오히려 두 주를 참파에 귀속시켰고 참파는 세금을 바치지 않았다. 레 호안은 이번에도 스스로 군대를 이끌고 가서 관리를 체포했을 뿐만 아니라 수많은 주민들을 살해했다.[51] 그럼에도 불구하고 참파는 995년과 997년 베트남의 남쪽 변경을 침범하여 주민들에게 많은 피해를 입혔다.[52] 레 호안의 후계자 중의 한 명인 롱 딘(Long Đĩnh, 龍鋌)이 1008년 호안 쩌우와 티엔 리에우 쩌우(châu Thiên Liễu, 天柳州)를, 1009년 호안 드엉 쩌우(châu Hoan Đường, 驩唐州)와 타익 하 쩌우(châu Thạch Hà 石河州)를 점령한 것[53]은 이러한 참파의 끊임없는 침입에 대한 일종의 대응책이었다고 하겠다. 다오 주이 아인(Đào Duy Anh)은 티엔 리에우 쩌우가 호안 쩌우의 남쪽이거나 서쪽으로 보고 있으며, 뒤의 두 주는 지금의 하 띤 지방이라고 했다.[54] 만약 그렇다면 띠엔 레 왕조는 자기네가 영역으로 여기는 오늘날 하 띤 성(省) 지역에 대한 지배조차도 그다지 확고히 하지 못했던 것 같다.

한편 인드라푸라가 파괴되자 이에 대신하여 그보다 남쪽에 위치한 지금의 빈 딘 근처를 중심으로 한 비자야(Vijaya)가 새로운 세력으로 등장했다. 비자야는 북의 꽝 남과 남의 냐 짱(Nha Trang)의 해상무역을 기반으로 번영할

Li Tana, *Nguyễn Cochinchina*, p.20.

51 『전서』(상) 192면; 『大越史略』, 45면.

52 『전서』(상) 195면; George Maspero, *Le royaume de Champa*, p.129.

53 『전서』(상), 200-201면. 『대월사략』에는 타익 하 쩌우가 하 타익 쩌우(Hà Thạch Châu, 何石州)로 되어 있다. 『大越史略』, 47면.

54 Đào Duy Anh, *Đất nước Việt Nam qua các đời*, pp.115-116.

수 있었다. 종래의 연구들은 참파의 수도가 인드라푸라로부터 바자야로 옮겨졌다고 했으나,[55] 이는 참파 왕국의 성격을 잘못 이해한 데서 생긴 오류였다. 또한 참파는 982년 이후 베트남의 압력으로 회복하기 어려울 정도로 기울었다고 했으나 이 역시 잘못된 사실이다. 비자야는 이전 어떤 참파 국가들보다도 강력하고 인구가 많으며 영향력이 컸다. 1280년대 몽골의 침입을 막아냈고, 14세기 말의 왕인 쩨 봉 응아(Chế Bồng Nga, 制蓬峨)는 탕 롱을 점령하기까지 했다.[56]

리 왕조에 들어서면서 정권이 이전보다 안정되어 참파에 대한 공격은 더욱 강화되었다. 리 꽁 우언은 1020년 후일의 타이 똥(太宗)인 태자 리 펏 마(Lý Phật Mã, 李佛瑪)로 하여금 남쪽 변경을 위협하는 참파를 공격하게 했다. 리 펏 마는 오늘날 꽝 빈 성 북부지역인 보 찐(Bố Chính, 布政)에서 참파 군과 대적하여 그 장군을 참수하는 등 참파 군에게 대패를 입혔다.[57]

이후 리 왕조와 참파 관계는 한동안 잠잠했다. 그러다가 1038년인가 1039년 참파의 왕자 디아 바 틱(Địa Bà Thích, 베트남 기록의 地婆剌) 등 5명이 리 왕조로 도망친 사건이 일어났다.[58] 이는 아마도 당시 참파 궁중 내부에서 어떤 분란이 있었기 때문이었을 것이다. 이듬해에는 보 찐의 수비대 대장이 군인 백여 명을 이끌고 리 왕조로 내부(來附)했다.[59]

1043년 여름 참파가 리 왕조를 침탈한 사건이 발생하자, 타이 똥은 연말

55 George Coedès, *The Indianized States of Southeast Asia*, p.125; Phung Van Dan, "La formation territoriale du Viet Nam," p.275; Li Tana, *Nguyễn Cochinchina*, p.20.

56 William A. Southworth, "The Coastal States of Champa," pp.229-230.

57 『전서』(상), 213-214면.

58 『大越史略』, 54면; 『전서』(상), 228면. 디아 바 틱이 온 해에 대해 『대월사략』에는 1038년으로, 『전서』에는 1039년으로 되어 있어, 마스페로는 두 다른 경우로 보고 있다. 그러나 디아 바 틱의 이름이 동일한 것으로 보아 『대월사략』과 『전서』의 연도가 다른 것은 어느 한 쪽이 연도를 잘못 기록한 것 같다. 따라서 별개의 경우라고 말할 수는 없다는 생각이다. George Maspero, *Le royaume de Champa*, p.134.

59 『전서』(상), 229면.

부터 참파에 대한 원정을 위해 배 백여 척을 건조하게 했다. 그리하여 1044년 초 그는 해로로 이전 어느 때보다도 대대적인 원정길에 올랐다. 원정은 대성공이었다. 우선 현재 베트남 중부인 트아 티엔-후에(Thừa Thiên-Huế)를 점령하여 참파 왕 신하바르만 2세(Jaya Shinhavarman II, 베트남 기록의 乍斗)를 참수하는 동시에 병사 3만 명을 살해하고 5천여 명을 포로로 했다. 살해된 자가 너무 많아 타이 똥은 더 이상 살해하지 말라는 명령을 내릴 정도였다. 그리고는 남으로 항해를 계속해 비자야도 함락하여 왕의 처첩 이하 무녀(舞女)까지 모두 붙잡았다. 이때 왕비 중의 한 사람이 타이 똥을 모시게 하자 울분을 참지 못해 강에 투신하여 자살하니, 타이 똥은 그녀의 정절을 갸륵하게 여겨 '부인(夫人)'의 칭호를 하사했다.[60]

원정에 앞서 타이 똥은 신하들에 묻기를, 선제(先帝)가 돌아가신지 16년이나 되었는데 참파가 한 번도 사신을 보내지 않았음은 내 덕이 부족해서인가 아니면 저들이 산천의 험난함을 믿어서인가라고 했다. 신하들은, 참파 왕은 무력으로 정벌하여 복종시키지 않으면 그렇게 하지 않을 것이라고 대답했다. 그러면서 참파를 정벌하지 않으면 국내의 제후들로 참파처럼 따르지 않을 것이니 정벌함이 마땅하다 해서 원정이 결정되었다는 것이다.[61] 이는 타이 똥이 왕권강화에 얼마나 노력했는가를 잘 보여준다. 사실 그는 타이 또의 사후 왕자의 난을 겪은 후 힘들게 제위에 올랐기 때문에 초기에는 지위가 불안정했었다. 이러한 타이 똥의 노력으로 이후 리 왕조의 왕권은 안정이 되었다고도 할 수 있다.

타인 똥은 참파 원정 후 10년 더 제위에 있었는데, 그 동안 참파와 어떤

60 『전서』(상), 232-234면; 『大越史略』, 55면; George Maspero, *Le royaume de Champa*, pp.134-136.

61 『전서』(상), 232면.

갈등이 있었다는 기록은 없다. 참파는 갈등을 피하려는 듯 1047년[62]과 1050년 두 차례에 걸쳐 타이 똥에게 사절을 보냈다.[63] 타이 똥의 뒤를 이어 타인 똥(聖宗)이 제위에 오른(1054년) 다음에도 참파는 계속해서 1057년과 1059년 그리고 1060년 사절을 파견했다.[64] 참파는 1063년, 1065년 및 1968년에도 사절을 보냈는데, 이때의 참파 왕은 앞서 사절을 파견한 왕과는 다른 인물이었다.[65]

타인 똥과 관련하여 흥미로운 사실은, 그가 참파 음악을 매우 좋아해서 스스로 이를 번역하여 악공들로 하여금 연주하게 했다고 한다.[66] 이러한 참파 음악의 영향은 아마도 타이 똥이 붙잡아 온 무녀들의 영향이 컸을 가능성이 많다.

타인 똥은 참파 음악에 대한 애호에도 불구하고 참파에 대하여는 호의적이지 않았던 것 같다. 참파 역시 겉으로는 사절을 보내 친선을 추구하면서도 다른 한편 리 왕조에 대해 적개심을 가지고 있었다. 1062년 송의 광시 성 지방관이 조정에 올린 보고에 의하면, 참파는 병력을 훈련시키지 못해 항상 자오 찌의 침입으로 고난을 겪었는데, 최근 무비를 강화하여 자오 찌에 대항하려고 한다는 것이었다.[67]

1068년 참파가 남쪽 변경을 침범하자 1069년 봄 타인 똥은 친정(親征)에 나서면서 장군 리 트엉 끼엣을 원정군 사령관으로 임명했다. 이러한 즉각

62 타인 똥은 이때에 온 참파 사신을 유배 보냈다고 한다. 참파 왕이 공손하지 않다는 것이 이유였다. 『大越史略』, 55면.

63 『大越史略』, 55면; 『전서』(상), 236면; George Maspero, *Le royaume de Champa*, pp.138-139.

64 『大越史略』, 58면; George Maspero, *Le royaume de Champa*, p.139.

65 『大越史略』, 59면; 『전서』(상), 244면; George Maspero, *Le royaume de Champa*, p.140.

66 『전서』(상), 243면; 『大越史略』, 58면.

67 『宋史』 권489, 열전248, 14084면; Geoff Wade, "Champa in the *Song hui-yao*: A draft translation" (Singapore: Asia Research Institute Working Paper Series No.53, 2005), pp.18-19.

적인 대응에는 1067년 송에서 신종(神宗)이 즉위하면서 신법으로 유명한 왕안석(王安石)을 등용하여 리 왕조 공격의 배후세력에 대한 사전의 대비책도 고려되었다. 타인 똥의 수군은 두 달도 채 안되어 비자야를 함락시켰다. 참파 왕 루드라바르만 3세(Rudravarman III, 베트남어 制矩)는 성이 함락되기 직전 도망했으나 캄보디아 국경 부근에서 리 트엉 끼엣에게 포로가 되었다. 타인 똥은 참파 궁중에서 신하들에게 연회를 베풀어주고 자신은 궁궐계단에서 격구(擊毬)를 하는 등 승리를 자축했다. 그리고는 2,560가구의 비자야를 완전히 불태운 후 참파 왕과 수천의 포로를 이끌고 5개월 만에 탕 롱으로 돌아왔다. 참족 포로들은 현 박 닌(Bắc Ninh) 지방의 리 왕조 직할령에 정착시켰다.[68]

루드라바르만 3세는 그해 가을 디아 리(Địa Lý, 地哩)와 마 린(Ma Linh, 麻令) 및 보 찐(Bố Chính, 布政)의 세 지역(오늘날 꽝 빈 성과 꽝 찌 성의 북부)을 할양해 주겠다고 하면서 석방을 요청하여 귀국이 허락되었다.[69] 이 영토의 획득은 흔히 베트남 역사에서 말하는 남진의 제일보라고들 말한다.[70] 그러나 최근에는 1225년 중국인 조여괄(趙汝适)이 저술한 『제번지(諸蕃志)』에도 이들 지역이 '점성의 속국'[71]으로 되어있음을 고려하면, 베트남의 완전한 영토가 된 것이 아니기에 남진이라고 할 수는 없다는 주장이 제기되고 있다.[72] 후술하는 바와 같이, 사실 리 왕조는 물론 그 다음의 쩐 왕조에서도 이들 지역의 주도권을 둘러싸고 참파와의 충돌이 계속되기 때문에 진정한 의미에서 남진이

68 『大越史略』, 60면; 『전서』(상), 245면; George Maspero, *Le royaume de Champa*, p.141; Keith W. Taylor, *A History of the Vietnamese*, pp.74-75.

69 "制矩請以地哩 麻令, 布政三州贖罪 許之." 『전서』(상), 245면; 黎貴惇, 『撫邊雜錄』(Hà Nội: Viện Nghiên Cứu Hán Nôm, VHv 1181) 권1, 16면.

70 Nguyễn Thế Anh, "Le Nam Tiến dans les textes vietnamiens," p.122.

71 趙汝适 著, 楊博文 校釋, 『諸蕃志校釋』(北京: 中華書局, 2000), 9면 및 13면.

72 桃木至朗, 『中世大越國家の成立と變容』, 174면.

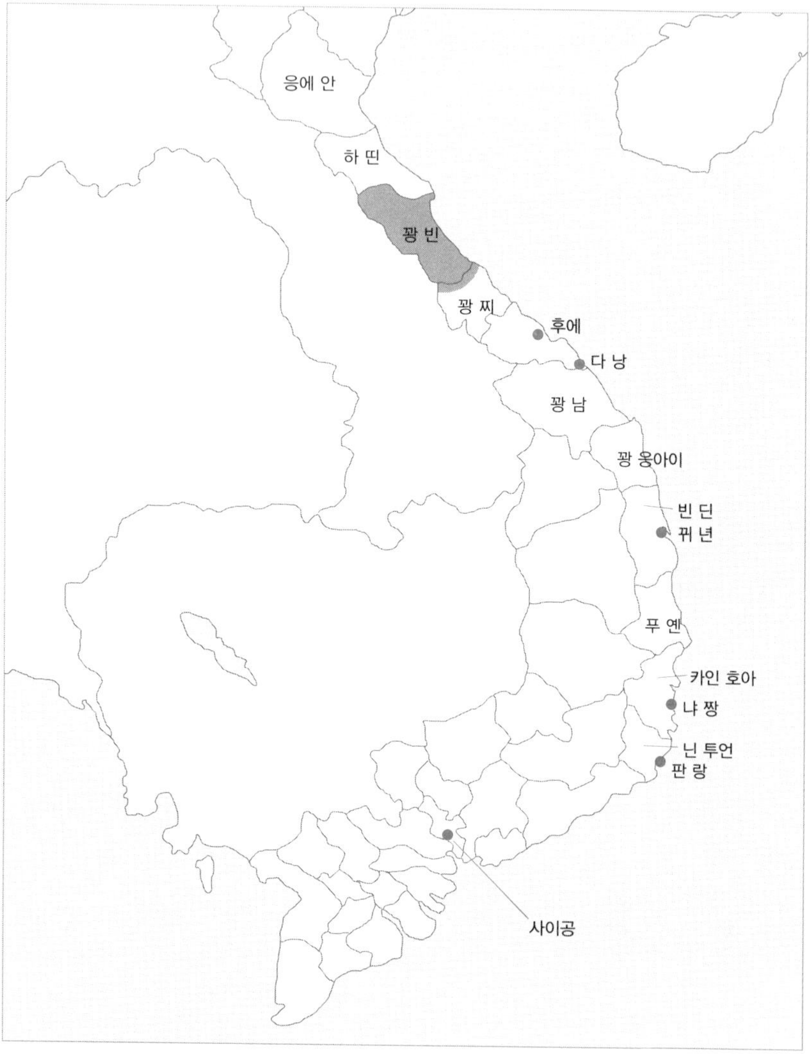

[그림 8] 리 왕조와 참파의 영토 각축 지역

이루어졌다고 말하기는 어렵다.

루드라바르만 3세는 귀국한 후 1071년과 1073년 리 왕조에 조공사절을 보냈다.[73] 그런가 하면 참파는 타인 똥의 뒤를 이은 년 똥(仁宗) 때인 1074년에 리 왕조의 남쪽 변경을 침범했다.[74] 그 침범이 루드라바르만 3세가 한 것인지는 분명하지 않다. 여하튼 년 똥은 이듬해 리 트엉 끼엣으로 하여금 참파를 원정하게 하였으나 실패하고 말았다. 그는 다만 디아 리와 마 린 및 보 찐 3주(州)의 지형을 그려 지도를 만들고 이들의 행정명칭을 바꾸는 동시에 베트남인들을 이주시켜 정착하게 하고는 돌아왔다.[75] 당시 가장 유능했던 장군인 리 트엉 끼엣의 실패는 참파가 베트남 역사서에서 말하는 것처럼 그렇게 약한 존재가 결코 아니었음을 입증해 주는 하나의 증거라고 볼 수 있다.

이후 참파는 거의 정기적으로 리 왕조에 조공을 바치다가 1092년에 이르러 송에게 리 왕조를 공동으로 공격하자고 제안했지만, 송은 이를 받아들이지 않았다.[76] 1094년 리 왕조가 참파에게 조공을 하지 않는다고 질책을 하자,[77] 1095년부터 1102년까지 모두 다섯 차례 사절을 보냈다.

그러던 중 1103년 지엔 쩌우(Diễn Châu, 演州; 현재의 응에 안 성과 히 떤 성) 지방 출신의 주술사인 리 작(Lý Giác, 李覺)이란 자가 반란을 일으켰다가 리 트엉 끼엣에 패하여 참파로 달아나는 사건이 발생했다. 리 왕조의 국내가 허술하다는 리 작의 말에 참파 왕 자야 인드라바르만 2세(Jaya Indravarman II, 制麻那)

73 『전서』에는 1071년 조공한 기록만 있다. 『전서』(상), 245면; 『대월사략』에는 1073년 조공한 기록만 있다. 『大越史略』, 62면. 『대월사략』의 베트남어 번역본에는 1072년과 1073년 모두 조공한 것으로 되어 있다. *Đại Việt Sử Lược*, dịch, Nguyễn Gia Tường(Thành Phố Hồ Chí Minh: Nhà Xuất Bản Thành Phố Hồ Chí Minh, 1993), p.162.

74 『전서』(상), 247면.

75 『전서』(상), 248면; 『撫邊雜錄』 권1, 16면.

76 『宋史』 권489, 열전247, 14085면; Geoff Wade, “Champa in the *Song hui-yao*: A draft translation,” p.22.

77 『전서』(상), 253면.

는 왕조의 남쪽 변경을 침공하여 이전에 잃었던 세 개 주를 일시 탈환했다. 그러나 참파 왕은 곧 리 트엉 끼엣에게 패하여 그 주들을 다시 돌려주었다.[78] 그 후 참파 왕은 리 왕조에게 조공을 바치고 순종한다는 뜻을 표시했다.

이로부터 10여 년 후 캄보디아의 앙코르 왕조에서 위대한 정복자인 수리야바르만 2세(Suryavarman II)가 등장하면서 리 왕조와 참파 사이에도 변화가 생겼다. 그가 참파를 괴롭히기 시작하자 참파 사람들이 1123년 이후 몇 차례 리 왕조로 피난을 왔다. 뿐만 아니라 참파는 1130년 리 왕조에 조공을 바쳤음에도 불구하고 수리야바르만 2세의 압력에 의해 2년 뒤 앙코르 군대와 더불어 응에 안을 침공했다. 이 침공은 응에 안의 수비대에 의해 격퇴되었다.[79] 이후 참파는 1134년(?) 혹은 1135년(?)에 사절을 보냈다는 기록이 베트남 사서에서 보인다.[80]

1150년에는 웅 민 디엡(Ung Minh Điệp, 한자는 雍明疊; 참파어는 Vaṃśarāja)이라고 하는 참파 국인(國人)이 리 왕조에 와서 참파 왕이 되도록 도와달라고 했다고 한다. 이에 아인 똥(Anh Tông, 英宗, 1138-1175)은 리 몽(Lý Mông, 李蒙)으로 하여금 군사 5천 명을 데리고 가 그를 참파 왕으로 추대하도록 했다. 그러나 이들은 참파에 이르러 매제(妹弟)인 그 왕 자야 하리바르만(Jaya Harivarman, 베트남어 制皮囉筆)과의 싸움에서 대패하여 모두 사망하고 말았다.[81] 아인 똥이 웅 민 디엡을 참파 왕으로 삼으려한 것은 참파가 자기네보다 소국으로 조공을 바치는 나라라고 생각하는 베트남인들의 사고를 그대로 반영하고 있음

78 『전서』(상), 254-255면; George Maspero, *Le royaume de Champa*, p.150.

79 『전서』(상), 275-276면; 『大越史略』, 71면. 마스페로는 1130년을 1131년이라고 한 것은 오류다. George Maspero, *Le royaume de Champa*, p.155.

80 『대월사략』은 1134년, 『전서』는 1135년이라고 했다. 『大越史略』, 72면; 『전서』(상), 278면.

81 『전서』에는 1152년 참파인 雍明些疊이 온 것으로 되어 있다. 참파 비문에 의하면, 1150년이 맞는 듯하다. 한편 웅 민 디엡은 자야 하리바르만 부인의 오빠다. 『大越史略』, 74면; 『전서』(상), 293면; George Maspero, *Le royaume de Champa*, pp.158-159.

에 틀림없다.

이후 참파는 리 왕조에 몇 번인가 사절을 보냈는데, 1166년에 온 사절의 예기치 못한 행동으로 인해 충돌이 벌어졌다. 참파 사절이 오 리(Ô Lý, 烏里)[82]에 도착하자, 사절을 수행한 군사들이 해변가의 주민들을 약탈했다. 이듬해 아인 똥은 태위(太尉) 또 히엔 타인(Tô Hiến Thành, 蘇憲誠)에게 참파를 정벌하도록 명을 내렸다. 또 히엔 타인의 부대가 참파에 도착하자, 참파 왕은 곧 사절을 보내 진귀한 보석들과 많은 토산품을 바치며 강화를 청했다. 아인 똥은 또 히엔 타인에게 군사를 이끌고 돌아오도록 명함으로써 사태는 크게 확대되지 않고 끝났다.[83]

당시 참파 왕 자야 인드라바르만 4세(Jaya Indravarman IV)는 찬탈자로, 다시 말하면 자야 하리바르만의 아들을 밀어내고 왕위에 오른 지(1167년) 얼마 안 되었기 때문에 즉시 강화를 요청했던 것 같다. 리 왕조의 원정 이전인지 이후인지는 확실치 않지만, 여하튼 같은 해 송에 사절을 보내 책봉을 요청한 것[84]도 이러한 사실을 입증해 준다.

자야 인드라바르만 4세는 아인 똥에게 강화를 요청할 때 조공을 끊지 않겠다고 했지만, 이후 첫 사절의 파견은 1170년이었다. 그 후 사절의 파견은 없다가 1177년에는 오히려 응에 안 지방을 침략하고 있다.[85] 베트남 기록이 이에 대해 더 이상 상세한 언급을 하지 않은 점으로 보아 큰 문제는 없었던 것 같다.

같은 해 참파는 캄보디아도 침략하여 왕을 죽이고 약탈을 자행했다. 이것이 문제가 되어 새로이 왕이 된 캄보디아의 자야바르만 7세(Jayavarman VII)는

82 오 리가 현재의 어디인지는 불명확하다. 쉽게 생각하면, 흔히 말하는 '오'와 '리' 두 주(州)로 현재의 후에 부근이라고 할 수 있겠지만 당시는 아직 리 왕조가 그곳까지 진출했다는 기록이 없기 때문에, 여기서 말하는 '오 리'는 '오'와 '리' 두 주와는 관련이 없다고 본다.

83 『전서』(상), 298면; George Maspero, *Le royaume de Champa*, pp.160-161.

84 『宋史』 권489, 열전247, 14086면.

85 『大越史略』, 77면 및 79면; 『전서』(상), 301면.

참파에 대한 복수를 결심하고, 우선은 그 내부에서 분쟁을 일으키게 할 계획을 세우고 이를 실행에 옮겼다. 이 분쟁으로 인해 리 왕조에까지 그 영향이 미쳤다.

캄보디아에 도피해 있던 참파의 젊은 왕자 비디야난다나(Vidyānandana)는 자야 바르만 7세의 도움으로 비자야를 점령하고 자야 인드라바르만 4세도 포로로 잡아 캄보디아로 보냈다. 그리고 자신은 참파 남부에 위치한 판두랑가에서 수리야바르마데바(Sūryavarmadeva)란 이름으로 왕이 되고, 비자야에는 자야바르만 7세의 매제를 왕으로 했다. 얼마 후 비자야에서 반란이 일어나 왕을 캄보디아로 몰아내자 이를 진압하고 캄보디아의 영향력으로부터 벗어나 자립하여 참파 전 지역의 왕이 되었다. 그러다가 1203년 캄보디아가 보낸 그의 숙부 다나파띠그라마(Dhanapatigrāma)에게 패배해 리 왕조로 망명했다.[86] 수리야바르마데바가 바로 베트남 사서(史書)에서 말하는 보 찌(Bố Trì, 布池)이다.

여기서 한 가지 언급해 두어야 할 중요한 사실은 자야 인드라바르만 4세와 비디야난다나와의 싸움에 관한 미 썬(Mỹ Sơn) 비문의 내용이다. 1203년으로 추정되는 이 비문에 의하면, 인드라바르만 4세는 1차 싸움에서 패한 다음 일시 캄보디아로 도망갔다가 다시 돌아와 아마라바티(Amaravati), 우릭(Ulik), 비야르(Vvyar), 즈리이(Jriy) 및 트라익(Traik) 등의 부대를 동원해 복위를 시도했다고 한다. 그러나 또다시 실패하고 트라익으로 물러났다가 사로잡혀 처형을 당했다.[87]

모모키 시로에 따르면, 아마라바티는 꽝 남 지방이라는 것이 일반적인 설

86 George Coedès, *The Indianized States of Southeast Asia*, pp.170-171.

87 R. C. Majumdar, *Champa: History & Culture of an Indian Colonial Kingdom in the Far East 2nd-16th Century A.D.* Book III, pp.203-204.

이지만, 우릭은 송원(宋元) 사료의 오 리(Ô Lý, 烏里; 후에 부근?)이며 비야르는 역시 같은 사료들에 보이는 비엣 리(Việt Lý, 越里 또는 越裏; 꽝 찌 남부?)에 해당하는 것이 확실하다는 것이다. 즈리이는 디아 리(Địa Lý, 地哩)의 음사(音寫)로 녓 레 강(sông Nhật Lệ, 日麗江) 입구가 있는 꽝 빈 성 남부로 보고 있다. 트라익은 인드라바르만 4세가 마지막으로 도망한 곳이니 참파의 가장 북쪽지방인 꽝 빈 성 북부, 즉 보 찐(布政)이라는 주장이다.[88] 그렇다면 이는 위에서 언급한 『제번지』의 기사와 일치하여, 언제인지는 알 수 없지만 1069년 리 왕조에 주었던 디아 리와 마 린 및 보 찐의 세 지역은 1200년 이전에 다시 참파의 영역으로 되었던 것 같다.

다시 보 찌(布池)의 문제로 돌아가 베트남 사료를 보면, 1203년 참파 국왕 보 찌가 그의 숙부 보 조(Bố Do, 布由; Dhanapatigrāma)에게 쫓겨나 200여 척의 배에 처자와 병사들을 태우고 리 왕조로 와 끼 라(Kì La, 奇羅; 오늘날 하 띤 성의 남부)[89] 해안에 머무르면서 구원을 요청했다고 한다. 현지로부터 보고를 받은 황제는 태부(太傅) 담 지 몽(Đàm Dĩ Mông, 譚以蒙) 등으로 하여금 군사를 이끌고 가 상황을 보도록 명을 내렸다. 이들은 개미구멍이 제방을 무너뜨린다는 생각에서, 200여 척의 배를 이끌고 온 보 찌를 믿을 수 없으니 현지 관원들에게 대비토록 했다. 그러나 현지 관원들은 저들이 어려워 구원을 요청하는 데 의심할 필요는 없다고 하자, 담 지 몽은 화를 내며 군사를 데리고 가 버렸다. 나중에 현지 관원들은 자기들의 진심을 조정이 의심할까 두려워 보 찌를 습격하기로 했다. 그러나 이 계획이 누설되었기 때문에, 참파 왕은 밤중에 먼저 기습을 감행해 현지 군대를 대파하고 그 지역을 약탈한 다음 남

88 桃木至朗, 『中世大越國家の成立と變容』, 174면; Momoki Shiro, "'Mandala Champa' Seen from Chinese Sources," pp.129-130.

89 이는 『대월사략』의 표현이다. 『전서』에는 꺼 라(Cơ La, 機羅)로 되어 있다.

으로 돌아갔다.[90] 실권자였던 담 지 몽은 그다지 유능하지 못해 정책적 실수를 범함으로써 사회적 혼란을 야기했던 인물이니만큼, 이 사태 역시 상황판단을 잘못한 그에게 어느 정도 책임이 있다고 하겠다.

이 일이 있은 후 1225년 리 왕조가 멸망할 때까지 베트남 사서에는 참파가 1216년과 1218년 두 차례 응에 안을 침입한 것으로 되어 있다. 이들 침입은 주목(州牧) 리 벗 니엠(Lý Bất Nhiễm, 李不染)에 의해 격퇴 당했다.[91] 참파가 침입할 때 '쩐라[眞臘]', 즉 캄보디아도 같이 참여하고 있음을 유의해 볼 필요가 있다. 당시 참파는 캄보디아의 영향 하에 있었기 때문에, 침입은 아마도 캄보디아의 주도로 이루어졌을 가능성이 많다.

1225년 리 왕조에 이어 쩐 왕조가 창건되었을 무렵, 캄보디아는 전성기가 지난 데다 서쪽에서 타이가 등장함으로써 더 이상 참파에 관심을 기울일 수가 없었다. 캄보디아의 압력으로부터 자유로워진 참파는 북의 쩐 왕조와의 관계를 재정립하려고 해서인지 1228년 사절을 보냈다. 두 번째 사절파견은 1242년이었다. 베트남 사서에 따르면, 사절의 파견은 예전에 잃은 땅을 돌려달라는 것[92]과 새로운 왕조의 상황을 살피려는 게 목적이었던 듯하다.

이러한 것이 1252년 쩐 타이 똥(太宗)이 참파원정에 나서게 된 이유 중의 하나였다. 그 위에 참파는 리 왕조의 쇠퇴 이래 자주 해안의 주민들을 약탈한다는 것 역시 중요한 이유였다. 10살도 채 안 되어 제위에 오른 그는 이제 30대 초반의 젊은이였다. 그동안 국내외 모든 문제는 쩐 투 도(陳守度)가 주도해 왔었는데, 타이 똥은 참파원정을 스스로 함으로써 자신의 능력을

90 『大越史略』, 83-84면; 『전서』(상), 308면; George Maspero, *Le royaume de Champa*, p.167.

91 『전서』(상), 313면; George Maspero, *Le royaume de Champa*, p.168.

92 『전서』에는 '고지(故地)의 반환요청'이라는 구절이 있는데, 이는 리 왕조 때 잃은 세 주(州)를 의미하는 것 같다. 그러나 모모키 시로는 이를 다른 사료들과 비교하여 보면 세 주일 수가 없다고 주장한다. 위에서 간단히 언급했지만, 이들은 당시 참파의 영토였다는 것이다. 『전서』(상), 336면; 桃木至朗, 『中世大越國家の成立と變容』, 174면.

보여주고자 했던 의도도 있었지 않을까 한다. 원정은 쉽지 않았던 모양으로, 1월에 출발한 원정대는 비자야를 점령하여 왕비와 대신들을 비롯한 많은 사람들을 붙잡고 12월에야 돌아왔다.[93] 이후 양국 간에는 우호관계가 성립하여, 참파는 특히 1262년부터 1270년까지 여섯 차례나 사절을 보냈다. 이는 1257년 조카인 하리데바(Harideva)가 숙부인 왕을 암살하고 자신이 왕(Jaya Siṃhavarman)이 된 것과 어떤 관련이 있지 않은가 한다. 1266년 인드라바르만 5세(Indravarman V)로 왕명을 바꾼 그는 1270년대 한동안 중단되었던 사절파견을 1279년과 1282년 두 차례 다시 했는데, 이때는 몽골의 위협에 대처하려는 의도였다고 생각된다.

1278년 몽골의 소게투(唆都)는 남송을 정복하고 참파에게 사절을 보내 복속을 요청했는가 하면, 이듬해에는 쿠빌라이가 직접 소게투 등을 파견해 참파 왕의 친조를 요구하고 나섰다. 이에 응해 1280년 참파 왕(인드라바르만 5세)은 사절을 보내 토산품을 바치며 항복의 표문(表文)을 바쳤다.[94] 1281년 쿠빌라이는 참파 왕을 점성군왕(占城郡王)에 책봉함과 동시에 참파에 행중서성(行中書省)을 설치하고 소게투를 우승(右丞), 유심(劉深)을 좌승(左丞)으로 임명했다.[95] 쿠빌라이가 참파에 이처럼 관심을 가진 것은 그곳 해안이 남중국해를 통해 다른 동남아시아지역으로 진출하는 데 중간 지점으로서 중요했기 때문이었다.

참파 왕은 이처럼 몽골에 순종하는 듯했으나, 왕자인 하리짓(Harijit, 중국 기록에는 補的; 베트남 사서에는 쩨 만, Chế Man, 制旻)은 왕과 달리 몽골에 불복했다. 뿐만 아니라 그는 몽골이 타이 및 인도 등지로 보내는 사신이 참파를 경유

93 『전서』(상), 336면.
94 『元史』 권210, 열전97, 4660면.
95 "立行中書省占城 以唆都爲右丞劉深爲左丞." 『元史』 권11, 본기11, 234-235면 및 권129, 열전16, 3152면. 『元史』 권210, 열전97에는 지원(至元) 19년(1282)으로 되어 있는데, 이는 오류인 것 같다.

할 때 억류하기까지 했다.[96] 이에 1282년 쿠빌라이는 소게투로 하여금 군사 5,000여 명과 전선(戰船) 250척 등으로 이루어진 몽골의 원정대를 이끌고 참파를 원정토록 명했다. 소게투 원정군은 수도인 비자야 해안에 이르러 참파의 군대를 패배시키고 비자야에 입성했으나(1283년), 인드라바르만 5세는 항복을 거부하고 산속으로 들어가 저항을 끊이지 않았다. 소게투는 비자야를 버리고 해안가에 진영을 구축하고는 일 년 동안 참파와 싸웠으나 결정적인 승리를 거두지는 못했다. 이런 중에 식량은 부족해졌고, 요청한 증원군은 오지 않았다.

1284년 봄 식량부족에 시달린 소게투는 논을 개간하게 하는 한편 군대를 이끌고 북쪽으로 이동하여 오 리(烏里)와 비엣 리(越里) 등을 점령하여 얼마간의 식량을 얻을 수 있었다.[97] 이후 북쪽에서 쩐 왕조를 공격하고 있던 몽골군을 도우라는 명령을 받고 오마르(烏馬兒)와 북상을 해, 이를 적극 저지하는 쩐 왕조의 군대를 물리치고 마침내 타인 호아에 다다랐다. 그 후 진군하여 탕 롱 부근에서 토곤(脫歡)의 부대와 만난 다음 다시 타인 호아로 돌아갔다.[98] 한편 토곤의 부대는 1285년 봄 대파되어 퇴각하자, 소게투는 그 소식을 확인하려 탕 롱으로 갔다가 남하하는 도중 쩐 타인 똥 부자의 기습을 받아 전사했다.[99]

소게투 부대가 떠난 후 몽골 증원군이 도착했으나 싸울만한 병력은 안 되었다. 그렇지만 이들은 참파 왕에게 사절을 보내 항복을 하도록 요구했으며, 인드라바르만 5세도 국가가 소게투에 의해 폐허가 된 이상 몽골이 또다

96 『元史』 권210, 열전97, 4660-4661면; George Maspero, *Le royaume de Champa*, pp.176-177.

97 『元史』 권129, 열전16, 3152-3153면.

98 『元史』 권 129, 열전16, 3153면 및 권209, 열전96, 4644-4645면; 山本達郎, 『安南史硏究』 I, 178-186면.

99 『元史』 권129, 열전16, 3153면; 『전서』(상), 360면; 山本達郎, 『安南史硏究』 I, 192-195면; George Maspero, *Le royaume de Champa*, p.185.

시 침입하는 일이 없기를 바라는 마음에서 이를 순순히 받아들였다. 그리하여 그는 1285년 9월 사절을 쿠빌라이에게 보냈다.[100]

참파가 쩐 왕조에게 사절을 보낸 것은 이보다 한참 후인 1293년이었다.[101] 이때는 쩐 왕조의 년 똥이 상황(上皇)으로 물러나고 제위를 장자인 투옌(Thuyên, 烇), 즉 아인 똥(Anh Tông, 英宗, 1293-1314)에게 물려준 직후라 이와 어떤 관련이 있을지도 모르겠다. 몽골의 침입을 물리친 데는 쩐 왕조의 도움이 있었음에도 불구하고 참파가 이처럼 오랜 동안 사절을 보내지 않은 것은 그 내부의 사정 때문이었지 않은가 한다.

1285년 마르코 폴로가 참파를 방문했을 때 이미 나이가 많았던 인드라바르만 5세[102]는 몽골과의 전쟁으로 인한 피로가 겹쳐 사망한 것으로 보여진다. 하리짓 왕자가 그의 뒤를 이었는데, 이가 자야 심하바르만 3세(Jaya Siṃhavarman III)이다. 그는 우선 몽골의 침입으로 폐허가 되어 약화된 국력을 회복하는 데 주력했을 것이다. 이는 동시에 다시 들이닥칠지 모를 몽골의 침입에 대한 대비이기도 했다. 마스페로에 의하면, 쿠빌라이는 자신이 보낸 사절을 자바가 감금한 데에 대해 이를 징벌하기 위해 원정군을 보냈다. 이들을 태운 함대가 1292년 말 중국 천주(泉州)를 출발해 이듬해 참파 앞바다를 지날 때, 자야 심하바르만 3세는 함대가 해안에 정박하는 것을 철저히 금했다고 한다.[103]

1301년 초 참파는 쩐 왕조에게 오랜만에 다시 사절을 보냈고, 곧바로 상황인 년 똥은 참파를 방문해 그곳에 9개월 동안 머물렀다. 심하바르만 3세

100 『元史』 권13, 본기13, 279면.

101 『전서』(상), 370년; George Maspero, *Le royaume de Champa*, p.186.

102 1285년 참파를 방문한 마르코 폴로는 왕이 늙었다고 했다. 『(마르코 폴로의) 동방견문록』, 김호동 역주(서울: 사계절, 2000), 426-427면.

103 George Maspero, *Le royaume de Champa*, p.188.

는 년 똥이 떠나기 전에 그의 공주 중 한 명을 자기에게 시집보내줄 것을 요청했고, 년 똥은 이를 승낙했다.[104] 그렇다면 1301년의 참파 사절은 심하바르만 3세가 처음부터 베트남 공주를 얻기 위한 의도에서 보냈을 가능성이 많아 보인다.

참파 왕에게 공주를 출가시킨다는 사실이 알려지자 중국적 관념을 받아들여 이웃 소국들을 야만으로 간주하던 쩐 왕조의 조야(朝野) 문인들은 이를 강력히 반대했다. 자야 심하바르만 3세는 쩐 왕조 내부의 이러한 분위를 알고, 1305년에 백여 명으로 이루어진 사절단을 파견해 금은과 기이한 많은 물건들을 혼례예물로 보냄과 동시에 오(烏)와 리(里) 두 주, 오늘날의 꽝 찌와 트아 티엔-후에(Thừa Thiên-Huế) 두 성에 해당하는 지역의 할양을 조건으로 내세웠다. 그럼에도 불구하고 조신들은 여전히 불가하다는 주장을 굽히지 않았다. 이때 입내행견(入內行遣)인 쩐 칵 쭝(Trần Khắc Chung, 陳克終)이 적극 찬성하여 공주의 결혼은 성사가 되었다.[105] 1306년 마침내 후엔 쩐 공주(Công chúa Huyền Trân, 玄珍公主)가 참파로 출가하자 조야의 문인들은 국어시[106]로 공주의 혼인을 중국의 한나라 때 흉노 왕에게 보내진 왕소군(王昭君)의 예에 비유하여 풍자했다고 한다.[107]

오와 리 두 주가 아무리 넓다고 하여도
후엔 쩐 공주 한 사람은 그 수십 배의 가치가 있는 것을.

104 『전서』(상), 384면; 『전서』(상), 386면; George Maspero, *Le royaume de Champa*, p.189.

105 『전서』(상), 387면. 쩐 칵 쭝의 성은 본래 도(Đỗ, 杜)씨였으나, 몽골의 제3차 침입 때인 1286년 자진하여 오마르 진영에 가서 그 내부사정을 알아온 공로로 국성(國姓)을 하사받아 쩐씨로 되었다. 입내행견은 조정 내 주요 관직의 하나로, 상서(尚書)에 해당한다.

106 쯔 놈(chữ nôm, 字喃)으로 쓴 시. 쯔 놈은 한자의 음과 뜻을 빌어 베트남어를 표기하는 문자로, 우리의 이두와 유사하다.

107 『전서』(상), 388면; 川本邦衛, 『ベトナムの詩と歴史』, 168-169면.

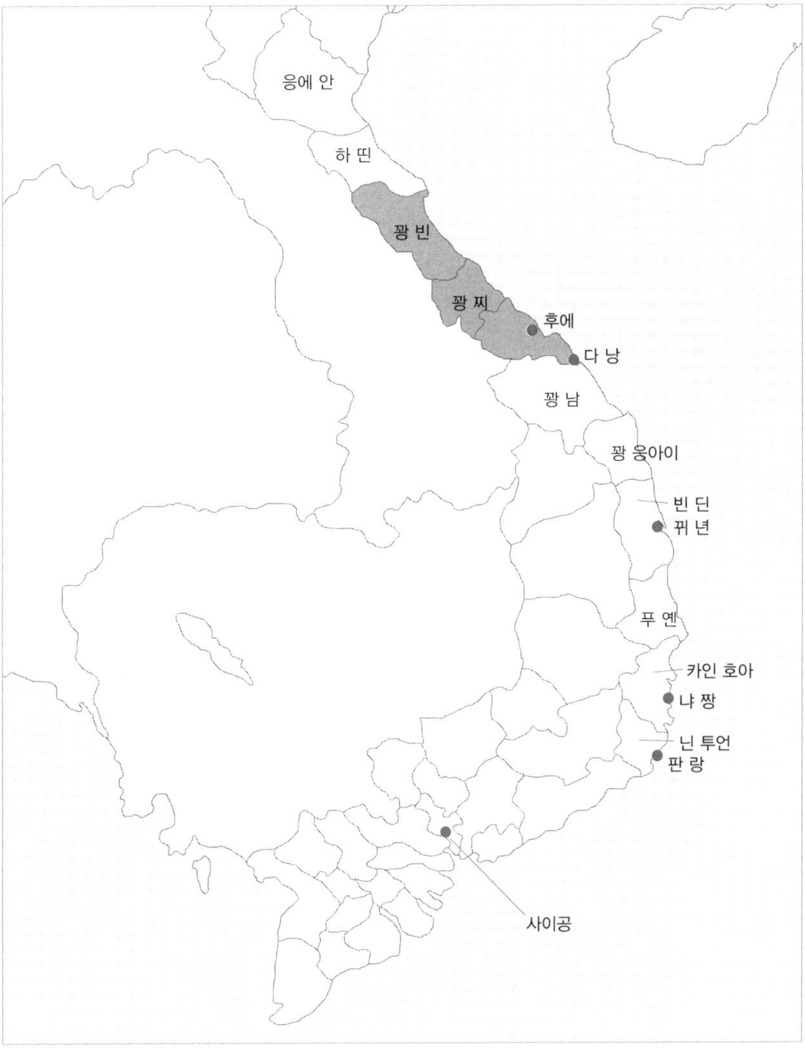

[그림 9] 쩐 왕조의 남쪽 변경

이듬해 1월 오와 리 두 주의 이름을 각각 투언 쩌우(Thuận Châu, 順州)와 호아 쩌우(Hóa Châu, 化州)[108]로 바꾸었다. 일부 촌락은 쩐 왕조에의 복속을 거부했기 때문에, 이들 주민에게는 그 중에서 관리를 임명하는 한편, 토지를 주고 3년 동안 세금을 면제해 주었다.[109] 쩐 왕조에의 복속 거부는 이들 촌락의 주민이 베트남인들과는 다른 참족이거나 여타 소수민족이었기 때문일 것이다. 여하튼 이리하여 베트남의 영역은 중부의 요충지인 하이 번 관(đèo Hải Vân, 海雲關)까지 확대되었으나 그 지배가 확고한 것은 아니었다. 참파는 이 지역을 되찾기 위한 침공이 계속되었기에 말이다.

심하바르만 3세는 베트남 공주를 얻었지만 불운하게도 1년 만에 세상을 떠났다. 문제는 여기에서 시작되었다. 참파 풍습으로는 왕이 죽으면 왕후는 왕의 화장용 나무 위에서 같이 분신하여 왕과 운명을 같이 하도록 되어 있었기 때문이다. 공주가 해를 입을까 걱정한 쩐 왕조에선 그녀를 구하기 위해 조문사절이란 명목으로 쩐 칵 쭝을 보냈다. 쩐 칵 쭝은 참파 인들에게 해변에서 화장을 한다고 속이고는 배를 타고 탈출하여 그대로 탕 롱으로 돌아왔다.[110]

참파에서는 자야 심하바르만 3세의 아들이 왕위[베트남어 쩨 찌(Chế Chí), 制至]를 물려받았다. 그는 아버지의 결혼이 무효로 됨에 따라 잃어버린 두 주를 되찾기 위해 자주 침입을 했고 그 지역 내에서도 반란이 빈번히 일어났다. 1311년 말 쩐 아인 똥의 참파 친정은 이러한 문제가 원인이었다. 1312년 5월 아인 똥은 쉽게 참파 왕을 포로로 하여 돌아오는 한편, 왕의 동생에게

108 응우옌 왕조가 수도를 투언 호아(Thuận Hóa, 順化)라고 한 것은 여기에서 유래한다. 이 투언 호아(Hóa)가 오늘날의 후에(Huế)인데, 후에는 호아의 음이 와전된 것이다.

109 『전서』(상), 388면.

110 『전서』에는 쩐 칵 쭝이 배에서 공주와 사통(私通)하며 즐기느라고 일정보다 늦게 탕 롱에 도착한 것으로 되어있다. 『전서』(상), 389면; Keith W. Taylor, *A History of the Vietnamese*, p.141.

속국의 왕이란 의미인 아후(亞侯)라는 칭호를 주어 참파를 다스리게 했다.[111] 1313년 10월 참파가 타이의 공격을 받았을 때, 아인 똥이 이를 도와주게 한 것도 참파를 속국으로 간주해 보호해야 한다는 일종의 의무감에서였다.[112] 아인 똥의 원정으로 참파는 쩐 왕조의 권위에 굴복했지만 양국 사이의 갈등은 해소되지 않고 깊어만 갔다.

참파의 굴복은 일시적일 뿐으로 참파 왕 쩨 낭(Chế Năng, 制能)[113]은 곧 쩐 왕조에 저항하여 잃어버린 북부의 땅을 되찾으려고 했다. 1318년 쩐 왕조는 원정군을 보내 쩨 낭을 쫓아내니 그는 자바로 도망갔다. 쩐 왕조는 다른 참파 지도자인 쩨 아 난(Chế A Nan, 制阿難)을 히에우 타인 아 브엉(Hiệu Thành Á Vương, 效城亞王)에 봉하여 참파의 지배를 맡겼다. 1326년 이 왕이 반란을 일으키자 쩐 왕조는 원정군을 보냈으나 도리어 실패하고 말았다.[114] 여기에서 보듯이 참파는 잃어버렸던 지역을 되찾으려 끊임없이 노력했다. 한편 1326년 쩐 왕조 원정군의 퇴치로 참파는 쩐 왕조의 속국으로부터 벗어났다. 그래서인지 쩨 아 난은 더 이상 쩐 왕조에 사절을 보내지 않았다. 그렇다고 해서 양국 사이에 어떤 충돌이 있었던 것은 아니다.

참파는 1342년에 이르러 쩨 아 난이 사망하자 사위인 짜 호아 보 데(Trà Hòa Bố Đế, 茶和布底)가 자립하여 왕이 되고 쩐 왕조에게 고애사를 보냈을 뿐이다. 1346년 쩐 왕조는 참파에 사절을 보내 조공을 하지 않는다고 질책을 하자 참파는 곧 사절을 파견했는데, 가지고 온 예물(禮物)이 매우 적었다고

111 『전서』(상), 392-394면; George Maspero, *Le royaume de Champa*, pp.194-195. 포로가 된 참파 왕은 1313년 탕 롱에서 사망했다.

112 『전서』(상), 395면; 川本邦衛, 『ベトナムの詩と歴史』, 171면; George Coedès, *The Indianized States of Southeast Asia*, p.229.

113 쩨 낭은 쩨 찌의 뒤를 이은 왕으로 생각된다.

114 『전서』(상), 398면 및 405-406면; George Maspero, *Le royaume de Champa*, pp.199-200.

한다.[115] 짜 호아 보 데가 자립했다면서 쩨 아 난의 사망사실을 알린 것은 자신의 왕위를 기정사실화하려 한 것 같다. 사절을 보내지 않다가 쩐 왕조의 질책을 받고 적은 예물을 보낸 이유는 왕위계승을 둘러싼 분쟁 때문에 사절을 보낼 여유가 없었기 때문으로 보인다. 이는 다음과 같은 사실에 의해 입증된다.

1352년 제 아 난의 아들 쩨 모(Chế Mỗ, 制某)가 예물을 가지고 쩐 왕조에 와서 짜 호아 보 데를 정벌하고 자신을 참파 국왕으로 해줄 것을 요청했다.[116] 이는 왕위를 둘러싸고 두 사람 사이에 10년 동안의 갈등이 있었음을 말해준다. 1353년 쩐 주 똥(Dụ Tông, 裕宗)은 쩨 모의 구원요청에 응해 참파 정벌을 명했다. 보병은 꼬 루이[Cổ Lũy, 古壘; 오늘날 꽝 응아이(Quảng Ngãi) 성]까지 이르렀으나, 수군이 참파 전선에 의해 저지당해 군량이 전달되지 못했기 때문에 귀환하고 말았다.[117] 이에 힘을 얻어서인지 짜 호아 보 데는 호아 쩌우(化州)를 탈환하려다가 실패했다. 참파의 침공을 물리친 다음 쩐 왕조는 호아 쩌우의 방위를 위해 병력을 증강시켰다. 1356년 상황 민 똥(Minh Tông, 明宗)과 주 똥이 두 달 동안 남쪽 변경을 순행하면서 응에 안 지방까지 간 것도 이러한 강화의 일환이었다.[118]

그럼에도 불구하고 이후 쩐 왕조는 참파에 대한 이전의 공세로부터 바뀌어 오히려 수세에 몰렸다. 중요한 이유 중의 하나는 곧 언급할 바와 같이 쩐 조정의 약화였다. 또 다른 이유는 1360년 참파에서 쩨 봉 응아(制蓬峨)[119]라는 유능한 왕의 등장이었다. 마스페로는 쩨 봉 응아 치세를 참파의 '절정기'

115 "占城遣使來貢 禮物甚薄." 『전서』(상), 422-423면.

116 『전서』(상), 425면.

117 『전서』(상), 426면; George Maspero, *Le royaume de Champa*, p.202.

118 『전서』(상), 428면.

119 『명사』(明史)에는 아답아자(阿荅阿者)로 언급되어 있다.

라고 했지만, 세데스(Coedès)의 말대로 그보다는 오히려 저무는 해가 마지막 빛을 발하는 것에 비유될 수 있는 시기였다.[120] 그의 치세 30년 동안 쩐 왕조는 참파의 침입 앞에서 일방적으로 당하기만 했다. 베트남 역사상 참파에게 이처럼 처참하게 패배를 당한적은 한 번도 없었다.

쩨 봉 응아의 출신에 대해서는 알려진 바가 없다. 다만 최근의 연구에 의하면 그가 쩐 왕조에 대한 침공에서 계속 성공할 수 있었던 요인으로 다음과 같은 것을 들고 있다.[121] 하나는 자국 내 생산품의 수출과 국제무역의 중계지로 인한 경제적 번영, 그리고 다른 하나는 중국 명나라와의 친선유지에다 이웃 캄보디아와 쩐 왕조의 약화라는 국제정세가 그의 세력 강화에 영향을 끼쳤다고 한다.

그러나 무엇보다 중요한 것은 쩐 왕조의 쇠퇴였다고 본다. 참파에서 쩨 봉 응아가 등장할 무렵 쩐 왕조의 왕은 주 똥(裕宗)이었다. 주 똥의 지배는 두 시기로 나눌 수 있다. 전기는 연호가 티에우 퐁(Thiệu Phong, 紹豊, 1341-1357)이던 시기이고, 후기는 연호가 다이 찌(Đại Trị, 大治, 1358-1369)였던 시기이다. 응오 씨 리엔은 이 후기에 주 똥은 술과 놀이에만 빠져 이로 인해 쩐씨는 쇠퇴했다고 했다.[122]

쩐 왕조는 주 똥이 제위에 오를 때부터 이미 가뭄·홍수·병충해 등이 빈발하고 기근이 발생해 농민들의 생활이 위협을 받았다. 이에 상황 민 똥이 미곡의 방출과 조세의 감면 등과 같은 적절한 조치를 취해 몇몇 농민반란이 일어나기는 했지만 그가 살아있는 동안 큰 사회적 혼란은 없었다. 그러나

120 George Maspero, *Le royaume de Champa*, pp.193-218; George Coedès, *The Indianized States of Southeast Asia*, p.237.

121 John K. Whitmore, "The Lst Great King of Classical Southeast Asia: 'Chế Bồng Nga' And Fourteenth-century Champa," in *The Cham of Vietnam: History, Society and Art*, edited by Trần Kỳ Phương and Bruce M. Lockart(Singapore: NUS Press, 2011), pp.186-190.

122 『전서』(상), 430면.

1357년 민 똥이 세상을 떠나면서 왕조는 뿌리째 흔들리기 시작했다. 민 똥은 임종에서 주 똥의 어머니인 황태후에게 궁궐에 남아있고 출가(出家)하지 말도록 권유했는데,[123] 이는 아마도 자신의 사후 주 똥의 행실을 이미 예상하고 그를 자제시켜 달라는 의도에서 그랬지 않은가 한다.

주 똥은 향락에 빠져 궁궐을 신축하고 정원을 화려하게 꾸며 황실 재정을 탕진했다. 그 뿐만 아니라 때마침 전해진 원나라 창극(唱劇)에 빠졌는가 하면 부호들을 모아 도박을 하는 등 정사는 돌보지 않았다.[124] 이리하여 권력은 몇몇 부패한 관리들의 손에 들어가 정치가 어지러워지자, 당대 저명한 학자요 주 똥의 태자시절 스승이었던 쭈 반 안(Chu Văn An, 朱文安)은 권신 7인을 참수하라는 상소문을 올렸다. 그때 '칠참소(七斬疏)'라고 불린 이 상소문이 황제에게 보고도 되지 않자 그는 관직을 버리고 향리로 돌아갔다.[125]

이처럼 쩐 왕조의 정치가 혼란에 빠질 무렵 참파의 공격이 시작되었다. 1361년 참파는 지 리(Dĩ Lý, 迤里) 항구를 공격했으나 다행히도 럼 빈 부(phủ Lâm Bình, 臨平府)의 군대에 의해 격퇴되었다.[126] 이어 1362년과 1365년 및 1366년에도 호아 쩌우와 럼 빈을 계속 침공했다. 참파의 계속된 침공에 대해 1367년에는 쩐 왕조가 공세로 나올 준비를 하자 이듬해 초 쩨 봉 응아는 호아 쩌우를 돌려달라는 사절을 보냈다. 그러나 이를 무시하고 쩐 왕조의 군대는 찌엠 동(Chiếm Động, 占洞; 현재의 꽝 남)에까지 이르렀다가 복병을 만나 크게 패했다.[127] 이런 와중에 쩐 조정에서는 제위문제를 놓고 분란이 일어

123 『전서』(상), 429면.

124 『전서』(상), 432면 및 434면.

125 『전서』(상), 440면.

126 『전서』(상), 432-433면. 마스페로는 지 리를 다 리(迱里)라고 했는데, 이는 오류이다. George Maspero, *Le royaume de Champa*, p.204. 모모키 시로에 의하면, 럼 빈 부는 오늘날 꽝 빈 성과 꽝 찌 성의 북부에 해당한다고 한다. 桃木至朗, 『中世大越國家の成立と變容』, 174-175면.

127 『전서』(상), 435-436면; 『撫邊雜錄』 권1, 19면; George Maspero, *Le royaume de Champa*, pp.204-

났다.

1369년 주 똥이 후사 없이 사망하면서, 형인 쩐 죽(Trần Dục, 陳昱)의 서자 즈엉 녓 레(Dương Nhật Lễ, 楊日禮)가 황태후의 후원으로 제위에 올랐다. 그러자 즈엉 녓 레가 쩐씨의 적통(嫡統)인가가 문제되었다.[128] 쩐 죽 역시 원곡(元曲)을 좋아해 여배우와 결혼했다. 그런데 이때 여인은 이미 즈엉 크엉(Dương Khương, 楊姜)이란 자와 결혼하여 임신 중인 상태였다. 아이가 태어나자 쩐 죽은 그를 자기 아들로 삼았는데, 이가 즈엉 녓 레이다. 6개월 후 그는 자신을 제위에 앉힌 황태후가 후회하는 걸 알고 황태후를 시해함을 물론 술에 취해 잡희에만 몰두했다. 더욱이 그는 쩐 왕조를 친아버지의 성인 즈엉(楊)으로 바꿀 생각까지 하자, 쩐 황실의 귀족들이 마침내 그를 제거하고 민 똥의 셋째 아들 쩐 푸(Trần Phủ, 陳暊)를 황제로 맞아들이니 이가 응에 똥(Nghệ Tông, 藝宗, 1370-1372)이다.

이러한 쩐 조정의 혼란은 1371년 봄 참파가 침입하는 계기가 되었다. 즈엉 녓 레의 어머니가 아들의 복수를 위해 참파로 도망하여 이들에게 침입하도록 권유했기 때문이다. 쩨 봉 응아는 인드라푸라와 응에-타인[乂安-淸化]을 차례로 지나 하등의 저항도 없이 직진하여 탕 롱을 점령했다. 쩨 봉 응아 군대는 궁궐을 불태우고 약탈을 자행한 다음 노획물을 가지고 돌아갔다. 응에 똥은 탕 롱이 점령되기 직전 배를 타고 부근으로 몸을 피했다.[129] 이는 참파가 탕 롱을 점령한 최초로, 이후 양국의 대결에서 참파의 우세가 점쳐지는 조짐이기도 했다.

응에 똥은 유약하여 외침에서의 충격에서 벗어나지 못하고 1372년 11월

205.

128 『전서』(상), 436-437면; 桃木至朗, 『中世大越國家の成立と變容』, 279면.

129 『전서』(상), 442면; George Maspero, *Le royaume de Champa*, p.206; John K. Whitmore, *Vietnam, Hồ Quý Ly, and the Ming(1371-1421)*, pp.10-11.

이복동생 낀(Kính, 曔)에게 제위를 물려주니 이가 주에 똥(Duệ Tông, 睿宗, 1373-1377)이다. 주에 똥은 군사력을 증강하고, 남쪽 지방의 군비를 강화하는 한편 타인 호아와 응에 안 항구의 준설 및 두 지방을 잇는 도로의 보수 등 참파에 대적하기 위한 조치를 취했다. 1376년 여름 참파가 호아 쩌우를 침공하자, 주에 똥은 주변의 권고를 물리치고 그해 말 12만의 대군을 이끌고 친정에 나섰다.

주에 똥의 친정에 앞서 째 봉 응아는 변경의 소요를 우려해 쩐 왕조의 군(軍) 총책임자인 도 뜨 빈(Đỗ Tử Bình, 杜子平)을 통해 주에 똥에게 상당량의 금을 보냈다. 그러나 그는 이를 횡령하고, 황제에게는 째 봉 응아가 오만불손하니 토벌해야 한다고 보고하여 주에 똥이 분노했다고 한다.[130]

주에 똥은 진격을 계속해 이듬해 1월 비자야 근교에 이르렀다. 째 봉 응아는 성 밖에 진지를 설치하고 신하를 시켜 이미 그가 도망가 성이 비었으니 기회를 잃지 말고 속히 진격하는 게 좋겠다고 거짓말을 하게 했다. 그러나 이 말을 믿은 주에 똥은 성이 빈 줄 알고 들어가려다가 복병에 의해 살해되었다.[131]

째 봉 응아는 쩐 왕조 군대의 패배를 기회삼아 서둘러 북으로 항해를 해서 6월에는 탕 롱 부근에 다다랐다. 상황 응에 똥이 침공 통로의 방비를 준비시켰으나, 째 봉 응아가 길을 바꾸어 공격을 하자 방비가 안 된 탕 롱은 쉽게 함락되었다. 그는 약탈을 한 다음 돌아가다가 풍랑을 만나 피해를 입었다고 한다.[132]

한편 주에 똥이 전사하자, 그의 장자인 히엔(Hiện, 晛)이 제위에 올랐는데,

130 『전서』(상), 447면; John K. Whitmore, *Vietnam, Hồ Quý Ly, and the Ming (1371-1421)*, pp.17-18; Keith W. Taylor, *A History of the Vietnamese*, p.158.

131 『전서』(상), 447-448면; George Maspero, *Le royaume de Champa*, pp.208-210; Whitmore, *Vietnam, Hồ Quý Ly, and the Ming(1371-1421)*, pp.17-18.

132 『전서』(상), 449면; George Maspero, *Le royaume de Champa*, p.210.

이가 페 데(Phế Đế, 廢帝, 1377-1388)이다. 그는 후일 권신 호 꾸이 리(Hồ Quý Ly, 胡季犛)[133]에 의해 폐위되었기 때문에 페 데라고 불린다.

1378년 쩨 봉 응아는 전년에 포로로 해 자기 딸 하나와 결혼시킨 응으 꺼우 브엉(Ngự Câu Vương, 御溝王)[134]으로 하여금 응에 안을 침공하게 했다. 쩨 봉 응아 자신은 홍 강 델타에 이르러 쩐 왕조의 군대를 패배시키고 탕 롱을 점령하여 약탈한 후 돌아왔으니,[135] 이로써 탕 롱은 세 번이나 점령되었다.

1380년 봄 쩨 봉 응아는 또다시 떤 빈(Tân Bình, 新平)[136]과 투언 호아(Thuận Hóa, 順化), 즉 오늘날의 꽝 찌와 트아 티엔 성의 주민들을 동원해 응에 안과 타인 호아를 침공했다. 당시 권력을 장악하고 있던 호 꾸이 리는 군대를 이끌고 가 쩨 봉 응아의 참파 군과 싸워 이들을 패퇴시켰다. 그럼에도 불구하고 참파의 세력은 응에 안과 타인 호아 지역에 영향을 끼치고 있었던 듯하다. 이는 이듬해 승려들로 조직된 군대가 참파 군대를 물리치고 참파를 돕는 지엔 쩌우(Diễn Châu, 演州; 현 타인 호아 지방)의 유력자를 살해한 데서 알 수 있다. 1282년 참파는 다시 또 타인 호아를 침입했으나, 호 꾸이 리가 특히 아끼는 부하인 응우옌 다 프엉(Nguyễ Đa Phương, 阮多方)이 결사적으로 싸워 이들을 물리쳤다.[137]

이 승리를 계기로 쩐 왕조는 이제까지의 수세에서 공세로 전환하려고 했다. 그리하여 1383년 1월 호 꾸이 리로 하여금 수군을 지휘하여 참파를 공격

133 호 꾸이 리의 조상은 본래 중국인으로 베트남으로 이주한 후 레씨 집안의 양자가 되어 레씨로 바꾸었다. 그가 권력의 중추부로 들어가게 된 것은 그의 두 고모가 민 똥의 후궁이 되어 한 사람은 응에 똥을 낳고 다른 한 사람은 주에 똥을 낳았기 때문이었다. 그는 후일 쩐 왕조를 찬탈 한 후 본래의 성인 호씨로 고쳤다.

134 이름은 쩐 훅(Trần Húc, 勗)으로, 응에 똥의 아들 중 하나다.

135 『전서』(상), 453면; Whitmore, *Vietnam, Hồ Quý Ly, and the Ming (1371-1421)*, p.19.

136 떤 빈 부(府)는 1375년에 럼 빈(臨平) 부(府)를 개명한 것이다. 『전서』(상), 446면.

137 『전서』(상), 455-456면; Whitmore, *Vietnam, Hồ Quý Ly, and the Ming (1371-1421)*, p.22.

하게 할 계획을 세웠다. 새로 여러 척의 큰 배를 건조한 다음 참파로 향하던 도중 풍랑으로 선박이 난파됨에 따라 계획은 실패로 끝나고 말았다.

이 실패를 알았는지 몰랐는지는 알 수 없으나, 그해 6월 쩨 봉 응아는 수장(首將) 라 응아이(La Ngai, 羅皚)[138]와 더불어 군사를 이끌고 이전과는 달리 산길을 따라 수도 서쪽의 꽝 오아이 진[Quảng Oai, 廣威鎭; 이전 하 떠이 성(tỉnh Hà Tây, 河西省) 서부]에 이르자 수도는 놀라 어쩔 줄을 몰랐다. 당시의 상황을 『대월사기전서』는 다음과 같이 전하고 있다.[139]

> 참파는 띠엔 레 왕조, 리 왕조 이래 병사는 많아도 겁이 많아서 우리 군대가 이르면 가솔을 이끌고 도망하거나 또는 울면서 항복을 했다. 쩨 봉 응아와 라 카이에 이르러 사람들을 모아 훈련을 시켜 점차 옛 습관을 버리고 용감하게 어려움을 견디어 낼 수 있었기 때문에 침략을 되풀이한 고로 우리나라의 걱정거리가 되었다.

상황이 보낸 장군들이 진을 치고 저항하려 했더니, 참파 군이 먼저 매복을 했다가 공격을 함에 대패를 당했다. 응우옌 다 프엉은 홀로 탕 롱을 보호하기 위해 수비를 강화하고 주야로 지켰다. 상황은 응우옌 몽 호아(Nguyễn Mộng Hoa, 阮夢華)라는 신하가 물에까지 들어가 상황이 탄 배를 붙들고 말리면서 같이 싸울 것을 요청했음에도 불구하고 강을 건너 피신했다.[140] 응오 씨 리엔은 이를 평해, 상황이 용기가 없어 적이 이르기도 전에 먼저 피하니

138 마스페로는 '레 카이'라고 했는데, 이는 잘못된 발음이다. George Maspero, *Le royaume de Champa*, p.219.

139 『전서』(상), 457면; 桃木至朗, 『中世大越國家の成立と變容』, 175면.

140 『전서』(상), 457면; George Maspero, *Le royaume de Champa*, p.214.

국인(國人)들이 어떠했겠느냐라고 했다.[141]

쩨 봉 응아는 몇 달에 걸친 공격에도 탕 롱을 함락하지 못하자 연말에 돌아갔다. 그리고는 1384년 이후 여러 해 동안 그의 관심은 다른 곳에 있었던 듯 북쪽 탕 롱에 대한 공격은 없었다.

1389년 타인 호아 지방에서 반란이 일어난 것을 기회삼아 참파는 다시 침입을 했다. 호 꾸이 리는 그 전해에 폐 데를 폐하고 상황 응에 똥의 어린 막내아들 응웅(Ngung, 顒), 곧 투언 똥(Thuận Tông, 順宗, 1388-1398)을 제위에 앉히고 상당한 권력을 장악하고 있었다. 그는 수군을 이끌고 참파의 타인 호아 침공을 저지하기 위해 출정했으나, 참파 군의 계략에 속아 패하고는 도주해 탕 롱으로 돌아왔다. 그로 인해 호 꾸이 리는 응에 똥의 신망을 다소간 잃었다. 다행히 응우옌 다 프엉의 기지로 쩐 왕조의 수군은 큰 피해를 모면할 수 있었다.[142]

응에 똥은 몽골과의 전쟁 때 순국해 유명한 인물인 쩐 빈 쫑(Trần Bình Trọng, 陳平仲)의 후손인 쩐 캇 쩐(Trần Khát Chân, 陳渴眞)을 임명해 참파의 침입에 대처하게 했다. 이때 폐 데의 동생은 형의 원수를 갚는다고 무리를 데리고 참파 쪽으로 갔다.

1390년 1월 쩨 봉 응아는 탕 롱을 향해 북진하여 하이 찌에우(Hải Triều, 海潮; 오늘날의 Hưng Yên)까지 이르렀다. 그때 그의 질책을 받은 신하가 배반을 하고 쩐 캇 쩐 진영으로 와서 쩨 봉 응아가 탄 배를 알려주었다. 이에 쩐 왕조 군대는 '화총(火銃)'으로 그 배를 집중 공격하니 쩨 봉 응아는 마침내 전사했다. 이에 참파 군대는 대패를 당하고 물러갔다.[143] 쩨 봉 응아의 전사 후

141 "藝皇無勇 敵未至而先避 其如國人何." 『전서』(상), 457면.

142 『전서』(상), 463면.

143 『전서』(상), 462-464면; Whitmore, *Vietnam, Hồ Quý Ly, and the Ming(1371-1421)*, pp.29-30. Sun은 쩐 왕조 군대가 승리할 수 있었던 것은 '화약을 이용한 신무기'의 사용 때문이라고 했다. Sun Laichen,

비자야로 돌아온 장군 라 응아이는 자립하여 왕이 되었다. 참파 비문에 따르면, 이가 자야 심하바르만(Jaya Siṃhavarman)이다. 이에 쩨 봉 응아의 두 아들은 쩐 왕조로 도피했다.[144] 이로써 30년 가까웠던 참파의 공세는 끝이 났고, 비자야의 세력도 약화되었다. 이 시기 오늘날의 꽝 빈과 꽝 찌 및 트아티엔 지역은 참파에 호의적이었으며, 이들보다 북쪽의 응에 안과 타인 호아의 주민들은 쩐 왕조와 참파에 대한 지지로 양분되는 양상을 보였다.[145] 이는 전자의 지역들이 참파의 지배하에 있음을 말해준다.

3. 쩨 봉 응아의 전사와 참파의 약화

쩨 봉 응아의 사후에는 쩐 왕조가 공세를 취할 차례였다. 응에 똥의 신임을 다시 얻은 호 꾸이 리는 1391년 초 스스로 군대를 이끌고 호아 쩌우를 돌아본 후 성벽의 보수를 지시했다. 그러는 한편 군대를 보내 참파를 공격하게 했으나 실패하고는 탕 롱으로 돌아왔다.[146] 1396년에는 다시 장군 쩐 뚱(Trần Tùng, 陳松)으로 하여금 참파를 정벌케 했다. 그는 참파 장군을 포로로 하여 귀환할 정도로 정벌은 성공적이었다.[147] 1397년에는 참파 장군 쩨 다 비엣(Chế Đa Biệt, 制多別)이 동생과 아들을 데리고 항복해 오자, 그를 호아 쩌우의 진수(鎭守)로 임명하여 참파에 대한 방어를 맡겼다.[148]

"Chinese Gunpowder Technology and Đại Việt, ca. 1390-1497," in *Việt Nam: Borderless Histories*, edited by Nhung Tuyet Tran & Anthony Reid(Madison: University of Wisconsin Press, 2006), p.76.

144 『전서』(상), 465면.

145 『전서』(상), 464면; Whitmore, *Vietnam, Hồ Quý Ly, and the Ming(1371-1421)*, p.31.

146 『전서』(상), 466면.

147 『전서』(상), 481면.

148 『전서』(상), 474면.

1400년 호 꾸이 리는 쩐 왕조를 찬탈하여 자신이 제위에 올라 나라이름을 다이 응우(Đại Ngu, 大虞)라 하는 동시에 성도 호(Hồ, 胡)로 바꾸었다.[149] 이해 참파에서도 라 응아이가 사망하고, 아들 바 딕 라이(Ba Đích Lai, 巴的吏; 중국 사료에는 巴的賴)[150]가 왕위에 올랐다.

바 딕 라이는 왕위에 오른 직후부터 호 꾸이 리의 공격을 받아야만 했다. 이러한 호 꾸이 리의 참파에 대한 공격은 명나라의 위협에 대비하기 위해 사전에 남쪽 참파의 세력을 꺾어놓으려는 포석이었다. 호 꾸이 리는 제위를 곧 아들에게 물려주었지만, 태상황으로서 모든 실권을 쥐고 있었다. 그는 초기부터 참파에 대한 공세를 취해, 1401년 참파에 대한 공격을 시도했으나, 육로를 택했던 관계로 병사들이 행군으로 지친 데다 수군과 연락이 안 되어 식량까지 부족해 중도에 돌아오고 말았다.[151]

1402년 초에는 호씨의 수도인 떠이 도(西都)로부터 호아 쩌우까지의 도로를 정비하고, 가을에는 참파에 대한 대대적인 원정을 감행해 참파 군에 대패를 입혔다. 이에 참파 왕 바 딕 라이는 외숙(外叔)을 보내 찌엠 동을 헌납한다는 조건으로 화친을 요청했다. 호 꾸이 리는 이에 만족하지 않고 꼬 루이(古壘)까지 요구해 두 지방을 모두 할양받았다. 그리고는 이들 지역을 탕(Thăng, 升)·호아(Hoa, 華)·뜨(Tư, 思)·응이아(Nghĩa, 義)의 네 주로 나누고, 이들 전부를 합해 탕 호아 로(lộ Thăng Hoa, 升華路)로 만들었다.[152] 이리하여 참파는 오늘날의 꽝 남과 꽝 응아이 두 성을 잃어 그 영토는 쩨 봉 응아 치하 때의 절반으로 줄어들었다. 한편 쩨 봉 응아의 둘째 아들을 꼬 루이 지방의 상후(上

149 이 책 167면, 주 134 참조.

150 『明史』 권324, 열전212, 8385면. 그의 처음 왕명은 Vīrabhadravarman이었다가, 1432년 Indravarman(VI)으로 바꾸었다.

151 『저서』(상), 480면; George Maspero, *Le royaume de Champa*, p.221.

152 『전서』(상), 480-481면; 『撫邊雜錄』 권1, 23면; George Maspero, *Le royaume de Champa*, pp.221-222; Whitmore, *Vietnam, Hồ Quý Ly, and the Ming(1371-1421)*, p.74.

侯)로 임명하여 뜨와 응이아 두 주의 통치를 맡겼다.[153] 이는 참파 사람들의 민심을 수습하기 위한 의도에서였다. 그러나 참파는 이에 앞서 적지 않은 수의 주민들을 자기네 영역 내로 후퇴시키고 소수의 병력만을 변경에 남겨 놓았었다. 그런가 하면 호 꾸이 리는 이 지역을 베트남화하기 위해 토지 없는 농민들을 이주시켜 팔뚝에 거주지 지명을 문신하여 다른 곳으로 이주하지 못하도록 했다. 그뿐만 아니라 농민들을 모집하여 그곳으로 이주시키면서 물소도 주어 농사를 도와주었다.[154]

1403년 호 꾸이 리는 참파의 위협을 완전히 제거할 목적에서 또다시 수륙 20만의 원정군을 보냈다. 원정군은 비자야를 함락시키려 9개월이나 포위했지만, 함락시키지 못하고 그 사이 식량이 부족하여 귀환함에 따라 원정은 실패하고 말았다.[155]

1403년 참파 왕은 명 영락제에게 사절을 보내 안남이 침략한다는 사실을 고하면서, 그들이 침략하지 못하도록 경고해주기를 요청했다. 이듬해에도 사절을 보내 안남이 황제의 명을 거역하고 수군으로 공격할 뿐만 아니라 황제가 우리 사절에게 하사한 물자들을 모두 중도에서 약탈했다는 것을 알렸다. 1406년에도 참파는 조공을 바치면서 안남의 약탈을 고했다.[156]

한편 호 꾸이 리는 급박한 명의 위협에 더 이상 참파원정은 염두에 둘 수가 없었다. 그는 명의 침입에 대비했지만, 결국 1406년 겨울 그에 대한 명의 공격이 시작되어 이듬해 여름 부자는 붙잡혀 난징(南京)으로 보내졌다. 명의

153 『전서』(상), 481면.
154 『전서』(상), 482면.
155 『전서』(상), 483면.
156 『明史』 권324, 열전212, 8385-8386면; Geoff Wade, "The *Ming Shi* Account of Champa," in *Monde du Viêt Nam: Hommage à Nguyên Thê Anh*, edited by Frédéric Mantienne and Keith Taylor(Paris: les Indes Savantes, 2008), pp.47-48.

침공을 이용하여 1407년 참파는 1402년에 잃었던 지역을 되찾았다.[157]

1414년 쩐 꾸이 코앙(陳季擴)의 저항을 진압한 명의 사령관은 이듬해 영락제에게 이들 지역은 호씨의 영토였기에 원정군을 보내 참파로부터 다시 찾도록 하자고 건의했다. 그러나 황제는 자오 찌(交趾)를 평정한지 얼마 안 된 상황에서 군사들을 또다시 피로하게 싶지 않다면서 이를 허락하지 않았다. 다만 사절을 보내 참파 왕을 질책하자, 참파 왕이 사죄하는 것으로 끝나면서 그 지역은 그대로 참파의 영역이 되었다.[158]

1427년 레 러이가 명의 군대를 물리치고 독립을 거의 확정짓자, 참파는 곧 사절을 보냈다.[159] 아마도 친선보다는 새로운 정세변화에 어떻게 대처할 것인가를 살피기 위함이었지 않은가 한다. 이는 레 러이가 1433년 8월 사망하고 뒤를 이어 11살의 어린 왕자가 제위를 잇자[타이 똥, 太宗, 1434-1442], 그 틈을 타 1434년 2월 참파가 호아 쩌우를 침범한 것에 의해서도 알 수 있다. 참파 왕 보 데(Bế Đề, 布提)는 군사를 거느리고 변경 부근까지 와서 베트남의 정세를 살핀 후 비엣 해구(cửa Việt, 越海口)에 잠입하여 사람들을 붙잡아 갔다.[160] 그러나 참파 왕은 레 왕조의 세력이 결코 취약하지 않다는 것을 깨달았는지 더 이상 침범할 생각을 하지 않았다. 그해 가을 사절을 보내 화친을 요청하는 동시에 붙잡아 간 사람들을 돌려보냈다.[161] 이리하여 양국 간에는 평화가 유지되면서, 참파는 이듬해에도 사절을 보냈다.

1441년 참파 왕 보 데가 사망한 후 아들 대신 처남인 비 까이(Bí Cai, 賁該; 중국 사서에는 摩訶賁該)가 왕위에 올랐다.[162] 레 왕조에서는 타이 똥이 이듬해

157 『전서』(상), 495면; 『明史』 권324, 열전212, 8386면; George Maspero, *Le royaume de Champa*, p.224.
158 『明史』 권324, 열전212, 8386면.
159 『전서』(중), 539면.
160 『전서』(중), 573면; 『明史』 권324, 열전212, 8387면.
161 『전서』(중), 579-580면.
162 Geoff Wade, "The *Ming Shi* Account of Champa," p.49, n.105. '摩訶'는 'Maha'의 의미이다.

8월 사망하고 겨우 3살인 년 똥(Nhân Tông, 仁宗, 1443-1459)이 제위를 이었다. 비 까이는 레 왕조의 황제가 어린 것을 기회로 계속 호아 쩌우를 침공했다. 1444년의 침공에서는 주민들을 약탈하고 돌아갔으나, 1445년의 경우는 홍수로 인해 크게 패하고 말았다.[163]

1446년 레 왕조는 참파 원정을 결정하고 60만(?) 명의 대군을 보냈다. 명분은 참파 왕이 세 번째 대대적인 침공을 한다는 데에 대한 선제공격이었다. 레 왕조의 군대는 비자야까지 가서 이를 점령하고 왕과 비빈 등을 포로로 한 다음 귀환했다. 그리고는 보 데의 조카인 마 하 꾸이 라이(Ma Ha Quí Lai, 摩訶貴來)가 항복하면서 왕으로 해줄 것을 요청하자 이를 인정해 주었다.[164] 앞에서도 언급했듯이, 참파의 이러한 잦은 침공은 좁은 해안가에 경작지가 부족하여 식량이 충분하지 못했기 때문이었을 것이다.

이후 참파는 아마도 내분으로 인해 더 이상 베트남의 남쪽 변경을 침범하지 않았다. 1449년 마 하 꾸이 라이의 동생 마 하 꾸이 조(Quí Do, 摩訶貴由)가 형을 감금하고 왕을 자칭하며 사절을 보내 인정해 줄 것을 요청했다. 그러나 레 왕조는 임금을 시해한 자는 인정할 수 없다고 하여 받아들이지 않았다. 그뿐만 아니라 사신을 보내 지난 번 보 데가 사망했을 때 아들이 뒤를 잇지 않고 비 까이가 왕이 된 것이 도리어 어긋남을 지적하기까지 했다.[165]

이후 베트남 기록에는 한동안 참파에 대한 언급이 없다. 이 사이 참파에서는 마 하 반 라 주엣(Ma Ha Bàn La Duyệt, 摩訶槃羅悅)이 마 하 꾸이 조를 살해하고 왕이 되었다가 사망하자 1460년 동생 반 라 짜 또안(Bàn La Trà Toàn, 槃羅

163 『전서』(중), 610면; George Maspero, *Le royaume de Champa*, pp.230-231.

164 『전서』(중), 611면; 『明史』 권324, 열전212, 8387면. 1449년 명은 비 까이를 귀국시키도록 안남에 명했으나, 안남은 이를 받아들이지 않았다.

165 『전서』(중), 621면 및 625면. 중국 기록에서는 1452년 마 하 꾸이 조가 형의 죽음을 알려와 그를 왕으로 책봉했다는 기사가 보인다. 『明史』 권324, 열전212, 8387면.

茶全)이 뒤를 이어받았다.

1467년에 이르러 참파는 사절을 보내 공물을 바쳤다는 기사가 보인다. 이때 레 왕조 측은 참파가 사대의 예로 섬길 것을 요구했다.[166] 참파는 이 요구를 따르지 않고, 오히려 2년 뒤인 1469년에는 배를 타고 와서 호아 쩌우를 약탈하는 일이 벌어졌다. 다음 해 8월에는 참파 왕 반 라 짜 또안이 직접 수륙 10여 만의 군사를 이끌고 호아 쩌우를 습격해 이를 포위했다.[167] 실제 10만이었는지는 확실치 않지만, 여하튼 큰 병력을 동원할 수 있었다는 것은 참파의 세력이 아직 약화되지 않았음을 말해준다. 따라서 이러한 참파의 침공은 레 왕조가 사대의 예를 요구한 데에 대한 반발이었지 않은가 한다. 그러나 반 라 짜 또안의 침공은 결론적으로 말해 참파의 운명에 치명적 타격을 가져다주었다. 당시 레 왕조는 베트남 역사상 황금기라고 일컬어지는 타인 똥(Thánh Tông, 聖宗, 1460-1497)의 치세로, 그의 원정에 의해 참파는 더 이상 베트남을 침공하는 것이 불가능할 정도로 국력이 쇠약해지고 말았다.

레 타인 똥은 참파의 침입을 보고받고 3개월 후인 11월 초 친히 원정한다는 조칙을 내리는 동시에 26만의 정예부대를 동원토록 했다.[168] 이때는 건기로 원정하기에 적절한 시기였다. 테일러(Keith Taylor)에 따르면, 명분은 참파의 침공이 원인이었다고 해도 이면에는 타인 똥이 델타 출신의 문신관료들을 중용하는 데에 대한 타인 호아와 응에 안 출신 무신들이 가지게 될 불만을 원정에 참여시킴으로써 무마하려는 의도도 있었다고 한다.[169] 실제로 타인 똥이 즉위하면서 델타 출신 문신들이 대거 등용되었다. 한편 이와 달리

166 『전서』(중), 659면 및 661면; 『明史』 권324, 열전212, 8388면.
167 『전서』(중), 676면 및 679면.
168 『전서』(중), 679면.
169 Keith Taylor, "Surface Orientations in Vietnam: Beyond Histories of Nation and Region," *Journal of Asian Studies* 57-4(November 1998), p.956.

위트모어(John Whitmore)는 타인 똥이 처음부터 이러한 갈등을 예상하고 문신들의 관료적 효율성과 도덕을 무신들의 전투경험 및 용맹성과 조화시키려 노력했기에, 원정을 무신들의 불만해소와는 직접 관계가 없는 것으로 보고 있다. 그보다는 참파의 침공을 종식시키고 그 땅에 유교적 문화를 확립시키고자 하는 것이 목적이었다고 했다.[170] 사실 이번 타인 똥의 원정이 이전의 공격들과 다른 점은 비자야를 점령한 후 단순히 포로들을 잡아오기보다는 그곳을 자기네 영토에 편입시켰다는 데 있다.

타인 똥은 11월 초 수군 10만을 먼저 보냈다. 그리고는 출정에 앞서 종묘에 원정을 알린 다음 10일 뒤 자신도 15만의 수군을 이끌고 원정길에 올랐다. 1471년 2월 코끼리를 포함한 5천의 병력으로 저항하는 참파 군과 레 왕조의 500척 전선(戰船) 및 3만 병력이 맞부딪쳤다. 타인 똥은 1,000척의 전선과 7만의 병력으로 참파 수군의 뒤로 가서 이를 포위해 궤멸시켰다.[171] 그리고는 다시 남으로 진격하여 비자야를 포위한지 3일 만에 이를 함락하고 그 왕 짜 또안과 처첩들을 생포한 후 탕 롱으로 개선했다. 비자야 함락 때 3만 여명이 포로가 되고, 4만 여명이 살해되었다고 한다.[172]

참파 장군인 보 찌 찌(Bô Trì Trì, 逋持持)는 반 룽(Phan Lung, 藩籠; 오늘날 Phan Rang)으로 도망가 참파 왕을 칭했다. 그리고는 타인 똥에게 사절을 보내 신하로 칭하며 조공을 바치겠다고 하여 그대로 왕에 봉해졌다. 이때 그의 영토는 이전 참파의 1/5에 지나지 않았다. 다시 말하면, 참파는 베트남에게 이전 영토의 4/5를 잃고 다시는 이를 되찾지 못했다. 타인 똥은 이때 참파의 서쪽과 북쪽에 남 반(Nam Bàn, 南蟠)과 호아 아인(Hoa Anh, 華英)의 두 작은

170 John Whitmore, “The Two Great Campaigns of Hong-duc Era(1470-1497) in Dai Viet,” pp.124, 126.

171 『전서』(중), 681-684면.

172 『전서』(중), 684면; George Maspero, *Le royaume de Champa*, p.238. 참파 왕 짜 또안은 탕 롱으로 오는 도중 병사했다.

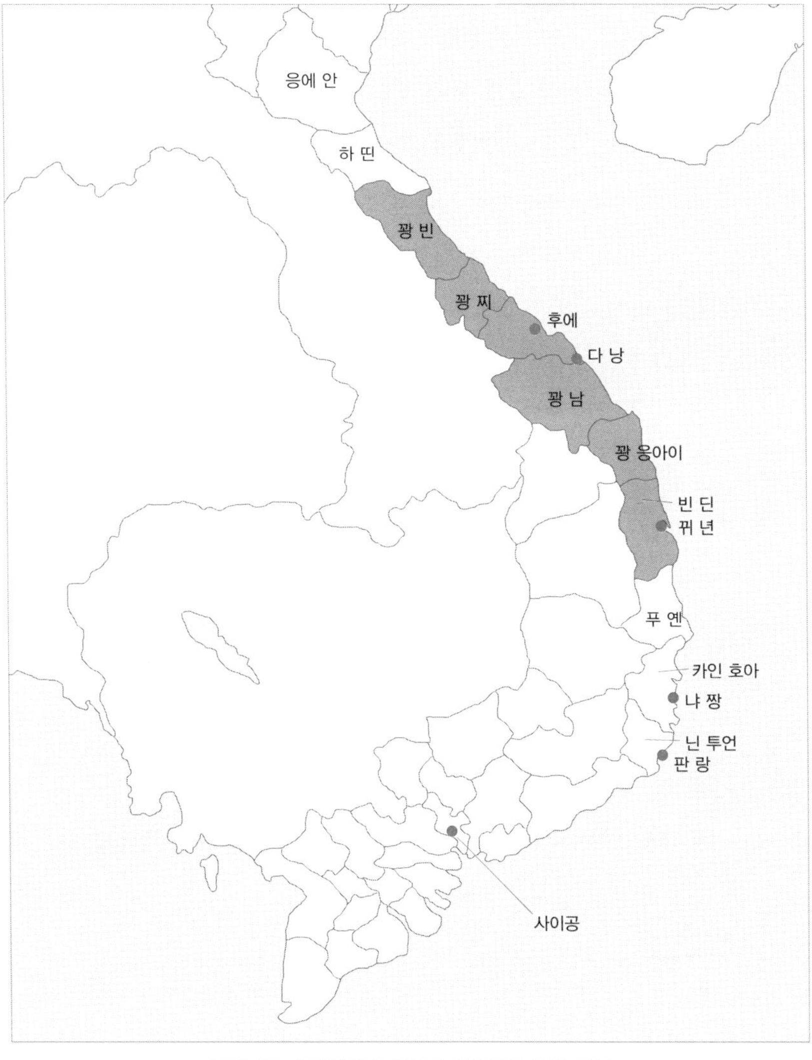

[그림 10] 레타인 똥의 원정 후 베트남의 남쪽 변경

왕국도 세워 레 왕조에 예속시켰다.[173] 다오 주이 아인(Đào Duy Anh)에 의하면,[174] 남 반은 오늘날의 떠이 응우옌(Tây Nguyên, 西原) 지역이며,[175] 호아 아인은 푸 옌(Phu Yên) 지방일 것이라고 한다.

1471년 타인 똥의 원정 결과 꾸 몽 관(đèo Cù Mông, 꾸 몽 關; 현재의 Quy Nhơn 부근) 이북은 완전히 베트남에 편입되어 이전의 찌엠 동 및 꼬 루이와 함께 꽝 남 승선(承宣; 현재의 省에 해당)으로 되었고,[176] 참파는 그 이남의 까우타라와 판두랑가에서 겨우 명맥을 유지했을 뿐이다.[177] 이 두 곳은 일찍부터 독자적이었으나 비자야의 영향에 가려져 그 존재가 뚜렷하지 않았었다. 마스페로가 비자야가 함락됨으로써 참파의 역사가 끝났다고 한 것도 그 때문이었다.[178]

한편 『홍덕판도(洪德版圖)』에는 꾸 몽 관 이남인 현재의 푸 옌 지방(Phú Yên 省)에 화이 년 부(phủ Hoài Nhân, 懷仁府)가 두어진 것으로 되어있다.[179] 그러나 19세기 초 판 후이 쭈(Phan Huy Chú, 潘輝注)가 저술한 『역조헌장유지(歷朝憲章類誌)』에는 화이 년 부가 꽝 남의 남변이라고 했다.[180] 따라서 1474년 범죄자를 화이 년 부로 유형보냈다고 하는 것[181]은 당시 중앙에서 가장 먼 꽝 남의 남쪽을 말하는 것으로 보아야 할 것 같다. 현존하는 『홍덕판도』가 책이름 그

173 『전서』(중), 685면; 『撫邊雜錄』 권1, 41면; George Maspero, *Le royaume de Champa*, pp.239-240.

174 Đào Duy Anh, *Đất Nước Việt Nam Qua Các Đời*, p.232.

175 떠이 응우옌 지역은 베트남 중남부 고원지대의 Đắk Lắk, Đắk Nông, Gia Lai, Kon Tum, Lâm Đồng 등 다섯 성(省)을 말한다.

176 『전서』(중), 686면; Ủy ban khoa học xã hội Việt Nam, *Lịch Sử Việt Nam*, tập I, p.274.

177 Po Dharma, *Le Panduranga(Campa) 1802-1885: ses rapports avec le Vietnam*, Tome I(Paris: École Française d'Exrême-Orient, 1981), pp.62-63.

178 George Maspero, *Le royaume de Champa*, p.240.

179 *Hồng Đức Bản Đồ*[洪德版圖], Bửu Cầm Đố(biên soạn)(Sài Gồn: Bộ Quốc Gia Gíao Dục, 1962), pp.48-49.

180 Phan Huy Chú(潘輝注), *Lịch Triều Hiến Chương Loại Chí*(歷朝憲章類誌)(Sài Gòn: Phủ Quốc Vụ Khanh Đặc Trách Văn Hóa Xuất Bản, 1972), tập I, Quyển Thứ Bốn, pp.361 및 287(한문).

181 아래의 주 13 참조.

대로 홍 득(洪德) 연간(1460-1497)이 아니라 17세기 말 내지 18세기 초의 지도라는 점을 고려할 때[182] 1471년의 원정으로 푸 옌 지방까지 베트남의 영향력 아래로 들어왔다고 하는 것은 옳다고 보기 어렵다

한편 꽝 남 승선의 설치는 베트남 영토의 확대를 의미하지만 그것이 곧 이 지역의 베트남화를 뜻하는 것은 아니었다. 이 지역은 응우옌 낌(阮淦)의 둘째 아들인 응우옌 호앙(Nguyễn Hoàng, 阮潢)이 1550년대 후에 부근에 정착하여 근거지를 마련할 때까지 베트남인 범죄자의 도피처이거나 유배지에 불과했다. 타인 똥의 원정 이전부터도 중앙 조정의 영향력이 미미하여 베트남인 범죄자들의 좋은 도피처였다. 이는 타인 똥이 1470년 참파원정의 한 이유로 베트남인 도망자들에 대한 은신처 제공을 들고 있는 데서도 알 수 있다.[183] 1471년 원정 3년 후인 1474년에 내린 칙령에 의하면, 참파 지역을 유형지로 정해, 유형(流刑) 중 근주(近州)·외주(外州)·원주(遠州)에 해당하는 범죄자들은 각각 탕 호아(升華)·뜨 응이아(思義)·화이 년(懷仁)으로 보내 그곳 수비대에 편입되도록 했다.[184]

범죄자 이외에도 타인 똥의 원정에 참가했다가 뒤에 남거나 새로운 개척지에 대한 기대감 속에서 북으로부터 이주해 온 이들도 없지 않았다. 전자에 관한 것으로는 호이 안(Hội An)의 껌 타인(Cẩm Thanh) 마을에 있는 쩐씨 위패(位牌)의 기록이 이를 말해준다. 이에 따르면, 그 조상은 타인 호아에 살다가 가족과 더불어 홍 득(洪德) 연간에 참파와의 싸움에 동원되었다. 그는 전투에서 잘 싸웠기 때문에 전쟁이 끝난 후 꽝 남에 살도록 허락을 받았다. 그

182 『洪德版圖』는 종래 洪德 21년(1490)에 만들어졌다고 믿어졌으나, 현재는 17세기 중후반 내지 18세기 초의 지도라고 한다. Lê Thước, “Nhận xét về tập bản đồ Hồng Đức số A.2499 của Thư viện Khoa học”(과학도서관 소장 『洪德版圖』 A.2499에 관한 견해), *Nghiên Cứu Lịch Sử*, số 54(1963), pp.27-28.

183 『전서』(중), 680면; Li Tana, *Nguyễn Cochinchina*, p.22.

184 『전서』(중), 698면. 유형은 5형의 하나로, 근주·외주·원주는 각각 중국법에서의 유형 2,000리·2,500리·3,000리에 해당된다. 베트남은 영토가 중국보다 작기 때문에 유형의 등급을 중국과는 달리 했다.

리고는 바다에 가까운 큰 강[아마도 Thu Bon 강]을 보고 사람들을 모아 마을을 만들었다는 것이다.[185] 후자에 관련해서는 같은 호이 안의 껌 타인 마을에 사는 호앙(Hoàng)씨의 가보(家譜)가 이를 입증해준다. 그의 조상은 북쪽 사람이었는데, 홍 득 시대에 참파 왕을 포로로 하여 이 지역을 확보하자 남으로 와서 이곳에 정착했다는 것이다.[186]

그러나 이러한 자료는 현재 지극히 적어 베트남인들이 어느 정도 새로운 개척지로 이주했는지는 알 수 없다. 한 가지 분명한 사실은 중앙 조정이 베트남인들을 조직적이며 체계적으로 이주시키려 노력했다는 아무런 흔적도 보이지 않는다는 점이다.

조정이 주의를 기울인 것은 오히려 현지에 거주하는 참파 인들의 보호였다. 1472년 조정은 관리와 일반 백성들이 참파 사람들을 은닉하지 못하도록 금령을 내렸다.[187] 이는 아마도 참파 인들의 노예화를 방지하기 위함이었지 않은가 한다. 그와 동시에 참파 사람들은 이름을 세 글자로만 하도록 제한했는데,[188] 이는 참파 인들의 파악을 쉽게 하려는 의도였다고 생각된다. 그렇다면 참파 사람들의 은닉금지와 이름의 세 글자 제한은 상호 연관성이 있다고 보아도 틀림없을 것 같다.

여기에서 보듯이, 타인 똥의 원정에 의해 이전 참파 영역이었던 중부지방에 대한 즉각적인 베트남화는 이루어지지 않았다. 그렇지만 남진에 있어 하나의 큰 길을 열어 놓은 것은 분명하다고 하겠다.

레 왕조의 영광은 타인 똥 때를 절정으로 하여 그의 사후에는 기울기 시작했다. 그의 업적은 아들 히엔 똥(Hiến Tông, 憲宗, 1498-1504) 치세 때 잠시 유

185 Li Tana, *Nguyễn Cochinchina*, p.23.
186 Li Tana, *Nguyễn Cochinchina*, p.24.
187 『전서』(중), 692면.
188 『전서』(중), 692면.

지되었다. 히엔 똥은 비교적 역량이 있는 군주로, 농업생산에 많은 관심을 보였으며, 가난한 집안의 자제들에게는 병역을 면제해 주기도 했다. 또한 그는 법이 신속하고 공정하게 운용되도록 주의를 기울였고, 유능한 인재를 선발하여 부패한 지방관을 교체했다.

히엔 똥이 요절한 후 뒤를 잇는 군주들은 어리거나 정사를 제대로 돌보지 않아 조정은 곧 권신들 간의 각축장이 되었다. 그런가하면 무리한 토목공사로 각지에서 반란이 일어났다. 이들 반란을 진압하는 과정에서 타인 호아 무신이 세력을 키웠는가 하면 황제들이 그들에게 살해되는 일까지 벌어졌다. 새로 세워진 황제는 어려서 두려움 속에 타인 호아 출신이 아닌 무인 막 당중(莫登庸)에 의존했다가 마침내 1527년에는 그에게 왕조가 찬탈당하고 말았다. 이에 대항하여 레 왕조 부흥운동이 일어났지만, 곧 부흥운동 내의 주도권을 둘러싸고 찐씨와 응우옌씨 사이에 갈등이 생겼다. 이런 갈등이 우연찮게도 중부지방의 베트남화와 동시에 더욱 남으로의 진출을 촉진시켰다.

1558년 응우옌 호앙은 고향인 타인 호아 지방의 친족과 추종자 및 군대 등 1,000여 명을 이끌고 남하하여 오늘날 꽝 남 성의 꽝 찌 시(Quảng Trị 市) 부근인 아이 뜨(Ái Tử, 愛子)에 정착했다. 전하는 바에 의하면, 응우옌 호앙이 아이 뜨 부근에 이르렀을 때, 주민들이 맑은 물(nước)이 들은 일곱 항아리를 바쳤다고 한다. 이때 큰 외숙이, 이는 하늘이 내리는 것으로 나라를 세울 수 있는 징조라고 말했다고 한다. 베트남어로 물을 뜻하는 'nước'은 '나라'라는 의미도 있는 데서 나온 해석이다.[189] 그러나 이 전설은 후대에 만들어진 것으로, 아래에서 설명하는 바와 같이 당시 응우옌 호앙은 아직 독자적 국가를 건설할 생각은 없었다.

189 『大南列傳前編』(東京: 慶応義塾大學言語文化研究所, 1961) 권3, 2b-3a면.

응우옌 호앙은 아이 뜨에 정착하면서 능력 있는 자들을 중용하고 농민들에게는 세금과 요역을 가볍게 해주는 등 새로운 정착지의 개척에 힘썼다. 그러자 타인 호아와 응에 안으로부터 적지 않은 수의 사람들이 꽝 빈·꽝 찌·트아 티엔 지방으로 이주하여 새로운 촌락들을 형성했다고 한다. 그런 의미에서 응우옌 호앙의 남하는 남진에서 또 하나의 중요한 시기임에 틀림 없다.[190] 그러나 그는 아직 그곳에 영구히 정착할 생각이 없었기 때문에 진정한 의미의 남진은 좀 더 시간을 기다려야 했다.

응우옌 호앙은 레씨 부흥운동을 주도했던 응우옌 낌이 막씨에 의해 독살된 후 정권을 잡은 매형 찐 끼엠(Trịnh Kiểm, 鄭檢)에게 남으로 보내줄 것을 자청했고, 찐 끼엠은 그를 트아 티엔 진수(鎭守)에 임명했다. 『대남식록전편』에 의하면, 응우옌 호앙은 이에 앞서 당시 찐씨와 막씨 등 모든 권력집단에 명망 있는 학자였던 응우옌 빈 키엠(Nguyễ Bỉnh Khiêm, 阮秉謙)에게 자문을 구했더니, 하 띤 성과 꽝 빈 성의 경계지역인 호아인 썬(Hoành Sơn) 일대가 만대에 걸쳐 몸이 안전할 곳이라며 천거했다고 한다.[191] 사실상 응우옌 호앙뿐만 아니라 이전, 이후의 북부 베트남인들 누구에게도 출로는 중부 해안선을 따라 남으로 내려가는 길 외에 다른 선택은 없었다.

응우옌 호앙이 정치적 중심지인 북부 베트남을 버리고 남으로 내려온 사

190 『大南寔錄前編』(이하 '『前編』'으로 약함)(東京: 慶応義塾大學言語文化研究所, 1961) 권1, 6b-7a면; Léopold Cadière, "Le Mur Dông-Hoi: étude sur l'établissement des Nguyen en Cochinchina," *BEFEO* 6(1906), pp.92-93; Nola Cooke, "Regionalism and the Nature of Nguyen Rule in Seventeenth-century Dang Trong(Cochinchina)," *Journal of Southeast Asian Studies* 29-1(March 1998), p.139; Keith Taylor, "Nguyen Hoang and the Beginning of Vietnam's Southward Movement," in *Southeast Asia in the Early Modern Era*, ed. Anthony Reid(Ithaca: Cornell University Press, 1993), pp.45-65; Li Tana, *Nguyễn Cochinchina*, p.24.

191 "橫山一帶 萬代容身." 『前編』 권1, 5a면; Trần Trọng Kim, *Việt-Nam sử-lược*(越南史略), Quyển 2, p.30. 응우옌 빈 키엠은 당시 서로 경쟁관계에 있던 막씨와 레씨 부흥세력 모두에게 존경을 받고 있던 학자였기에, 응우옌 호앙은 자기의 남하를 정당화하고 선전하기 위한 하나의 구실로 그를 만났을 가능성도 없지 않다.

실에 대하여 테일러(Keith Taylor)는 아버지로부터 물려받은 정당한 권위에 안주하지 않고 새로운 것을 추구하려는 모험심의 발로로 해석하고 있다. 즉 그에게서 이제까지와는 다른 새로운 베트남인상(像)이 발견된다는 것이다.[192] 그러나 놀라 쿡(Nola Cooke)이 지적했듯이,[193] 새로운 베트남인상이란 후대의 이야기이고 처음부터 응우옌 호앙이 그런 의식 하에 남하했다고는 믿어지지 않는다.

『대남식록전편』에 의하면,[194] 응우옌 호앙은 아버지의 사후 형인 응우옌 우옹(Nguyễn Uông, 阮汪)이 알 수 없는 이유로 사망한 것을 보고는 찐 끼엠에게 화를 당하지 않을까 두려웠다. 이에 어려서부터 그를 키운 외삼촌 응우옌 으 지(Nguyễn Ư Dĩ, 阮於已)의 권유로 정신이상자인 것처럼 행동했다. 그러나 어떤 이가 이를 찐 끼엠에게 밀고하자 더 이상 견딜 수가 없어 누님이면서 찐 끼엠의 부인인 응옥 바오(Ngọc Bảo, 玉寶)를 통해 멀리 떨어진 오늘날 후에 지역인 투언 호아(Thuận Hóa, 順化)로 보내달라고 요청했다는 것이다.

당시 투언 호아 지방은 치안이 불안한 상태였다. 인심은 레씨 부흥운동에 동조적이지 않았으며 막씨의 침입도 잦았다. 찐 끼엠은 응우옌 호앙을 멀리 보냄으로써 심적 부담도 덜 수 있었고 또 지역에 대한 통제도 필요했기 때문에 그의 요청을 쉽게 받아들였다. 그와 동시에 그 지방에서의 대소사 및 세금 등 일체를 응우옌 호앙에게 일임하고 연말에 적정액을 납부하게 했을 뿐이다.[195] 찐 끼엠은 사망 직전인 1570년 응우옌 호앙에게 투언 호아 이남인 꽝 남 지방의 지배권까지 맡긴 것을 보면 이 무렵에는 그를 위험한 존재

192 Keith Taylor, "Nguyen Hoang and the Beginning of Vietnam's Southward Movement," p.64.

193 Nola Cooke, "Regionalism and the Nature of Nguyen Rule in Seventeenth-century Dang Trong (Cochinchina)," pp.140-141.

194 『大南列傳前編』 권3, 1b-2b면.

195 『전서』(하), 856면.

로 생각했던 것 같지 않다.[196] 그러면서도 응우옌 호앙에게 나라의 중책을 맡기니 초심을 잃지 말고 황실을 잘 보필하도록 훈계한 것을 보면,[197] 찐 끼엠은 자기의 사후에 있을지도 모를 그의 도전을 우려했던 것 같기도 하다.

한편 응우옌 호앙은 찐 끼엠이 이미 여러 해에 걸쳐 명성과 권위를 쌓았고, 1557년 썬 남(Sơn Nam, 山南) 지방의 막씨에 대한 원정에서 대대적인 승리를 거두자 그 위치가 끄떡없음을 인식했다. 여기에 더하여 1556년 제위에 오른 아인 똥(Anh Tông, 英宗, 1557-1573)도 찐 끼엠의 추대에 의해서였기 때문에[198] 응우옌 호앙은 부흥운동의 중심지인 타인 호아에 있기보다는 차라리 후일을 기약하고 보다 행동이 자유로운 남으로의 전출을 희망했던 것으로 보인다. 따라서 그가 결코 응우옌 낌으로부터 찐 끼엠으로 이어진 권력에 대한 야망을 포기했던 것은 아니었다.

남하한 응우옌 호앙은 우선 현지에서 자신의 지위를 확고히 할 필요성을 느꼈다. 그리하여 그는 십여 년 통치하는 동안 주민들을 관대히 대했고, 매사에 가능한 한 은혜를 베푸는가 하면 법의 적용에는 공평을 기했다. 또한 관리들은 무력을 함부로 쓰지 못하게 함으로써 투언 호아와 꽝 남의 주민들의 풍속이 바뀔 정도였다고 한다. 도적이 없어 사람들은 문을 잠그지 않았으며, 외국 상인들은 자유로이 와서 상거래를 함으로써 교역이 발달했다. 군령은 엄격해서 모든 사람이 자기 일을 열심히 하니, 막씨는 다시 쳐들어올 생각을 못해 지역이 안락했다는 것이다.[199] 이는 응우옌 호앙에 대해 호의

196 『전서』(하), 862면; Nola Cooke, "Regionalism and the Nature of Nguyen Rule in Seventeenth-century Dang Trong(Cochinchina)," p.140.

197 『전서』(하), 862면; Keith Taylor, "Nguyen Hoang and the Beginning of Vietnam's Southward Movement," p.48.

198 『전서』(하), 853-854면.

199 『전서』(하), 868면; 『撫邊雜錄』 권1, 59-60면; Keith Taylor, "Nguyen Hoang and the Beginning of Vietnam's Southward Movement," p.49.

적이라고 할 수 없는 북측의 기록이니 사실 그대로임에 틀림없다고 하겠다. 응우옌 호앙의 이러한 통치방침은 장래의 권력 장악을 위한 일종의 대비책이었다.

응우옌 호앙은 남으로 내려온 후 북쪽을 두 차례 방문했는데, 첫 번째는 1569-1572년이었고, 두 번째는 1593-1600년이었다. 첫 번째 방문은 찐 끼엠이 병석에 있을 때로 그가 사망하게 된 후의 상황을 엿보기 위함이 아니었을까 한다. 『대월사기전서』에는 응우옌 호앙이 찐 끼엠을 찾아가 형제의 정을 나누었다고 했지만,[200] 이는 형식적일 뿐이었다. 그는 찐 끼엠의 아들이자 자신의 조카벌인 찐 뚱(Trịnh Tùng, 鄭松)의 권력 승계가 이미 확고해졌으며, 아직 자신이 찐씨에 도전하기에는 역부족이라는 사실을 깨닫고 찐 끼엠이 준 투언 호아 이남의 직책을 흔쾌히 수락했다.

두 번째 방문은 찐 뚱이 막씨로부터 동 낀을 탈환하고 이들을 까오 방의 산간지역으로 축출하던 시기에 이루어졌으며, 응우옌 호앙은 막씨 토벌에 적극 참여하여 공을 세웠다. 『대남실록전편』이 응우옌 호앙과 레 황제와의 관계에 중심을 두고 찐 뚱과의 관계를 중시하지 않은 것을 보면,[201] 그는 레 왕조부흥이라는 결정적 순간에 직접 참여함으로써 다시 한 번 권력의 중추부에 등장할 기회를 엿보았던 것 같다.

1599년 찐 뚱이 빈 안 브엉(Bình An Vương, 平安王)이라고 하여 왕을 칭하며 레 왕조 황제의 권위를 무력화하는 것을 보고는 더 이상 북에서 희망이 없음을 알았다. 더군다나 찐 뚱 역시 자신을 감시 하에 두고 남부지역에 대한 지배를 직접 하려고 하는 것을 알고는 빨리 북부를 떠나고 싶어 했다. 그러

200 『전서』(중), 762면.

201 『前編』 권1, 15a면; Keith Taylor, "Nguyen Hoang and the Beginning of Vietnam's Southward Movement," p.53.

려면 황제의 재가가 필요한데, 찐 뚱이 모든 권력을 장악하고 있는 상황에서 그것은 거의 불가능한 일이었다. 이런 때에 이듬해 홍 강 하류에 주둔하고 있던 장군 세 사람이 반란을 일으키자 이는 응우옌 호앙에게 더없이 좋은 기회였다. 그는 이를 진압한다는 구실로 동 낀을 떠나 남으로 돌아와 다시는 북쪽을 방문하지 않았다. 찐씨의 역사가들은 응우옌 호앙이 동 낀을 떠나기 위해 은밀히 반란을 부추긴 것으로 보고 있다.[202] 당시 상황을 고려하면 그럴 가능성이 전혀 없지 않다.

응우옌 호앙은 남으로 돌아오면서도 찐 뚱의 의심을 사지 않기 위해 다섯째 아들 하이(Hải, 海)와 손자 학(Hắc, 潶)을 동 낀에 인질로 남겨 놓았다. 그뿐만 아니라 딸 응옥 뚜(Ngọc Tú, 玉秀)를 찐 뚱의 아들 찐 짱(Trịnh Tráng, 鄭梉)과 결혼시켰다.[203] 응우옌 호앙이 자신의 세력이 아직 북쪽과 대항하기에는 역부족임을 인식했기 때문에 이러한 방식으로 찐 뚱과의 친선을 도모했다. 응우옌 호앙 측의 이러한 태도로 인해서인지, 찐 뚱은 레 왕조의 신하들이 그에게 누차 정벌을 권했는데도 군대의 동원을 꺼려했다고 한다.[204]

응우옌 호앙은 뜻을 이루지 못했지만, 그의 후손들이 계속 북쪽 '동 낀에 대한 향수'를 간직하고 있었음은 17세기 말 응우옌씨의 초빙에 의해 꽝 남을 방문한 중국인 승려 대산(大汕)이 입증해 주고 있다. 그에 의하면, 응우옌씨는 동 낀이 본래 우리의 강토였는데 선대 때 사위가 나누어 가진 다음 강성해져서 지금처럼 나누어졌다고 말했다는 것이다.[205]

202 『전서』(하), 923면; Keith W. Taylor, *A History of the Vietnamese*, p.255.

203 『前編』 권1, 19a면 및 20a면. 정치적 의도라고는 하지만 응우옌 호앙이 생질의 아들에게 딸을 결혼시킨 것을 보면, 당시 타인 호아 집단 사이에서는 유교의 영향이 미미하지 않았는가 한다.

204 『前編』 권1, 20a면; Keith Taylor, "Nguyen Hoang and the Beginning of Vietnam's Southward Movement," p.61.

205 "語中常以東京爲念 言東京原本國疆土 其先世乃贅婿分藩於兹 後轉强盛." 大汕, 「海外紀事」, 陳荊和 編著, 『十七世紀廣南之新史料』(臺北: 臺灣書店, 1960) 권1, 21a면.

4. 응우옌 호앙(阮潢)의 남부정착과 남진의 본격화

응우옌 호앙은 남으로 돌아오자 곧 기반을 굳히는 데 힘을 기울였다. 진정한 의미에서 베트남인들의 남진은 이때부터 본격화되었다고 하는 표현이 더 적합할 것 같다. 1601년 투언 호아 창(倉)을 설치하고, 또한 티엔 무 사(Chùa Thiên Mụ, 天姥寺)를 지었다. 『대남식록전편』에 따르면, 응우옌 호앙이 주변 산천을 구경하며 다니던 중 한 곳에 이르렀다. 그곳에 전해오는 이야기에, 티엔 무라는 노파가 예언하기를 미래의 주인이 이곳 언덕에 절을 짓고 나라의 번영을 빌 것이라고 했다는 말을 듣고 절을 지었다는 것이다.[206] 이 전설은 어쩌면 응우옌 호앙이 자신의 기반을 투언 호아에 굳히기 위해 지어낸 이야기일 수도 있지 않을까 한다.

1602년 응우옌 호앙은 투언 호아보다 토지가 비옥하고 물산이 풍부한 꽝남에 관심을 가졌다. 북부와 대결하기 위해서는 무엇보다도 재정이 충분해야 한다는 생각에서였을 것이다. 그리하여 후일 자신의 후계자가 되는 여섯째 아들을 꽝 남 영(廣南營)의 진수로 임명하고는, 자신도 그곳을 살피기 위해 처음으로 하이 번 관을 넘어 현지를 살펴보았다. 방문 중 자기가 직접 진영(鎭營) 세울 자리를 택하고 창고도 짓도록 했는데,[207] 이는 그가 군사적 행정체계를 확립하려 했음을 말해준다. 군사적 행정체계는 당시 중부의 치안이 불안했기도 했지만, 그보다는 북의 찐씨에 대항하는 독자세력을 확립하기 위해서였다고 하겠다.

1613년 응우옌 호앙은 죽음에 임해 여섯 째 아들인 응우옌 푹 응우옌

206 『前編』 권1, 20a-b면. 이 절은 후일 응우옌 왕조의 후원을 받는 사찰이 되었다.
207 『前編』 권1, 21a-b면.

(Nguyễn Phúc Nguyên, 阮福源, 1613-1634)을 후계자로 임명하면서[208] 그와 신하들에게 다음과 같이 말하고 있다.[209] "뚜언 꽝[투언 호아와 꽝 남]의 북쪽에는 호아인 썬(Hoành Sơn)과 린 강(Linh Giang, 일반적으로는 sông Gianh이라고 함)이 험하고, 남으로는 하이 번 관의 견고함이 있는 데다가 산에서는 금과 철이 생산되고 바다에서는 어염(魚鹽)이 산출되어 능히 찐씨와 대항하기에 족한 곳이다."

1602년 방문 때 응우옌 호앙은 진영의 동쪽에 불사도 세우도록 명했고, 이후에도 꽝 남과 꽝 빈을 비롯한 여러 곳에 절들을 짓는데 많은 관심을 보였다.[210] 그가 이처럼 불사의 건조에 관심을 가진 것은, 타인 호아의 무신집안 출신으로서 그는 유학보다는 불교를 신봉했기 때문이었다고 할 수 있다. 사실 타인 호아 지방은 통킹 델타의 남쪽 변두리에 위치하여 15세기 말 또는 더 늦게까지도 유교문화의 영향을 적게 받은 일종의 문화적 주변부에 지나지 않았다. 응우옌씨의 고향인 똥 썬 현(huyện Tống Sơn, 宋山縣)이나 찐씨의 고향인 빈 푹 현(huyện Vĩnh Phúc, 永福縣) 모두 1527년 막씨가 정권을 잡을 때까지 한 사람의 진사(進士)도 배출하지 못했다. 타인 호아 전체로도 레 왕조 전기의 진사 출신자는 전체의 5%(40명)에 지나지 않았다.[211]

레 왕조 초기의 일이기는 하지만, 타인 호아 출신 개국공신들은 왕조의 이념이 유교였음에도 불구하고 거의가 불교를 신봉했다. 일례로, 레 러이가 죽음에 임해 태자가 어린 것을 염려해 그를 보좌하도록 부탁받은 타인 호아

208 장자, 차자, 셋째 및 넷째는 먼저 사망했고, 다섯째는 동 낀에 인질로 있었기 때문에 여섯째가 후계자가 되었다.

209 『前編』 권1, 23b-24a면.

210 『前編』 권1, 21a-22b면.

211 Nola Cooke, "Nineteenth-Century Vietnamese Confucianization in Historical Perspective: Evidence from the Palace Examination(1463-1883)," *Journal of Southeast Asian Studies* 25-2(September 1994), p.282, n.71.

출신인 레 쌋(Lê Sát, 黎察)의 경우를 보면 알 수 있다. 그는 1434년 여름 가뭄이 계속되자 꼬 쩌우(Cổ Châu, 古州, 현재 하노이 외곽 지역)에 있는 법운사(法雲寺)의 부처를 동 낀에 모셔다 놓고 기우제를 지내게 했다.[212] 또한 『대월사기전서』에 의하면, 레 쌋뿐만 아니고 타인 호아 집단의 개국공신들이 모두 유학을 멀리하여 그 영향이 하급관리들은 말할 것도 없고 감생(監生)들에게까지 미쳐 문제가 적지 않았다고 한다.[213]

그런가 하면 응우옌 호앙이 처음 남으로 와 자리 잡은 투언 호아는 타인 호아보다도 훨씬 남쪽에 위치하여 홍 강 델타의 중국식 문화와는 더욱 거리가 멀었다. 1463년부터 1559년 사이에 겨우 3명의 진사합격자만이 있었을 뿐이다.[214] 이 지역은 쩐 왕조 때 이미 베트남의 영토가 되었음에도 불구하고 참파인들은 이전의 풍습을 저버리지 않고 고집스럽게 간직했다고 한다. 베트남 기록은 이들의 성격이 흉악하고 고통을 잘 감내했기 때문에 이를 진압하기가 쉽지 않았다고 했다.[215] 그런 점에서 응우옌 호앙은 이 지역이 수백 년 동안 힌두문화의 영향을 받은 점을 고려하여 유교를 강조한다는 것은 비현실적이라고 생각했던 듯싶다.

응우옌 호앙의 불교 신봉은 그의 후대 지배들에 의해 충실히 지켜져 응우옌씨 정권 말까지 변함이 없었다. 후대의 응우옌씨 지배자들이 불교에 호의

212 『전서』(중), 615면 및 Cuong Tu Nguyen, *Zen in Medieval Vietnam: A Study and Translation of the Thiền Uyển Tập Anh*, p.164. 『전서』(중), 573면에는 꼬 쩌우가 깟 쩌우(Cát Châu, 吉州)로 되어 있는데, 이는 오자인 듯 하다.

213 『전서』(중), 593면; 佐世俊久, 「ヴェトナム黎朝國家の確立過程に關する一考察」, 『史學研究』 167(1985), 31면.

214 Nola Cooke, "Nineteenth-Century Vietnamese Confucianization in Historical Perspective," p.282.

215 응우옌 짜이(Nguyễn Trãi(阮廌)가 쓴 「輿地志」에 대한 리 뜨 떤(Lý Tử Tấn, 李子晉)의 주석. Nguyễn Trãi, *Ức-Trai Tập*[抑齋集](Sài Gòn: Phủ Quốc-vụ-khanh đặc-trách văn-hóa xuất bản, 1972), Tập Hạ, p.808; Nola Cooke, "Nineteenth-Century Vietnamese Confucianization in Historical Perspective," p.282, n.69.

적이었음은 전술한 중국인 승려 대산을 초빙한 사실에서도 알 수 있다. 대산은 당시 집권자였던 응우옌 푹 쭈(Nguyễn Phúc Chu, 阮福淍, 1691-1725)를 비롯한 응우옌씨 일족을 모두 불교로 개종시켰다. 그 결과 응우옌 푹 쩌우는 궁중까지 불교식으로 꾸미고, 자신은 '불주(佛主)'[216]라고 불리기를 더 원했다고 하는 것으로 보아, 응우옌씨 치하에서 불교가 얼마나 융성했는가를 나타낸다.[217] 캄보디아인들이 응우옌씨 지배자들인 응우옌 푹 떤(Nguyễn Phúc Tần, 阮福瀕, 1648-1687), 응우옌 푹 타이(Nguyễn Phúc Thái, 阮福溙, 1687-1691) 및 응우옌 푹 코앗(Nguyễn Phúc Khát, 阮福闊, 1738-1765)을 가리켜 '남천왕(南天王)'이라고 부르고, 응우옌 호앙은 '천왕(天王)'이라 한 것도 이러한 불교와의 관련성에서 기인하는 것이다.[218] 이들 응우옌씨에 관한 실록인 『대남식록전편』에서 유학 내지 유교적 도덕을 강조하는 기사는 거의 발견되지 않고 오히려 불교사찰의 건조라든가 수리에 대한 기사가 자주 언급되는 것도 동일한 배경에서 이해할 수 있다.

『대남식록전편』에서 유학과 관련된 기사라면 과거에 관한 것이 거의 전부이다. 이에 따르면, 응우옌씨는 1632년부터 향시를 6년마다 시행하기로 한듯하지만 제대로 시행된 것 같지가 않다.[219] 응우옌씨 정권의 권력은 어디까지나 응우옌 호앙 고향인 똥 썬 지방 출신이거나 타인 호아 출신에게 집중되어 있었다. 이들 사이에는 근친결혼이 왕왕 이루어졌다.[220] 이 점에서

216 『대남식록전편』에는 '불주'라는 명칭은 응우옌 푹 응우옌 때부터 이미 시작되었다고 했다. 『前編』 권2, 2a면.

217 大汕, 「海外紀事」 권1, 16a면 및 18b-22b면; Li Tana, *Nguyễn Cochinchina*, pp.108-109.

218 Li Tana, *Nguyễn Cochinchina*, p.109.

219 『前編』 권2, 22b-23b면; Nola Cooke, "Regionalism and the Nature of Nguyen Rule in Seventeenth-century Dang Trong(Cochinchina)," pp.144-145.

220 Nola Cooke, "Regionalism and the Nature of Nguyen Rule in Seventeenth-century Dang Trong (Cochinchina)," pp.146-150.

응우옌씨 정권은 홍 강 델타출신 문신관료들의 지원을 받는 북의 찐씨 정권과는 성격이 달랐다.

앞에서 언급한 응우옌 호앙의 딸과 찐 짱의 결혼은 아내가 남편보다 윗세대인 경우 이를 금지한 레 왕조의 법에 어긋나는 것이었지만,[221] 당시는 아직 레 왕조 부흥 초기라 별말이 없었다. 그러나 후대 북부에서는 이러한 일이 발생하면 문신관리들의 강력한 항의가 있었다. 예컨대, 낀 똥(Kính Tông, 敬宗, 1600-1619)의 황후는 찐 뚱의 차녀 응옥 찐(Ngọc Trinh, 玉楨)으로 찐 짱은 낀 똥과 그녀 사이에서 태어난 아들 턴 똥(Thần Tông, 神宗, 1619-1643, 1649-1662)에게 이미 출가했던 딸 응옥 쭉(Ngọc Trúc, 玉竹)을 황후로 맞이하게 했다. 이때 신하들이 상소문을 올려 간했으나 턴 똥은 찐 짱의 힘에 눌려서인지 듣지를 않았다고 한다.[222] 그러나 이 결혼은 거의 예외였고, 1600년대 중반부터 찐씨 자체도 유학의 강조에 힘을 기울였다.[223]

응우옌 호앙은 꽝 남을 방문하던 중에 화이 년 부(府)의 군사책임자였던 쩐 득 호아(Trần Đức Hòa, 陳德和)도 만났다. 그의 아버지는 전에 꽝 남 영(營)의 부장(副將)이었다.[224] 이로 보면, 쩐 득 호아 집안은 그 지방에서 상당한 영향력을 행사하고 있었던 것 같다. 따라서 응우옌 호앙이 쩐 득 호아를 만난 것은 화이 년 부가 당시 꽝 남의 최남단일 뿐만 아니라 자신이 남으로 오기에 앞서 찐씨에 의해 그가 이미 그곳에 임명된 관리였던 데다가 영향력도 있었기에 그의 지지를 확보하기 위해서였다고 생각된다. 쩐 득 호아가 이후 응우옌씨의 충실한 지지자가 되었음은 『대남열전전편』에 그의 열전이 있는

221 *Hồng Đức Thiện Chính Thư*[洪德善政書], trans. Nguyễn Sĩ Giác(Sài Gòn: Nam-Hà Ấn-Quán, 1959), pp.36-37, 88-89; 『國朝刑律』, 58a면; *The Lê Code*, vol.1, article 319, p.185.

222 『전서』(하), 941면.

223 Keith W. Taylor, "The Literati Revival in Seventeenth-century Vietnam," *Journal of Southeast Asian Studies* 18-1(March 1981), pp.1-23.

224 『前編』 권1, 21b면; Keith W. Taylor, *A History of the Vietnamese*, p.267.

것으로도 입증이 된다. 또한 이 열전에 의하면, 뒷날 응우옌씨를 위해 중요한 역할을 하는 다오 주이 뜨(Đào Duy Từ, 陶維慈)는 타인 호아에서 처음 남으로 와[225] 쩐 득 호아 밑에서 관리를 했고 후일 그의 사위가 되었다.[226]

1604년 응우옌 호앙은 꽝 남의 행정조직을 개편하여 투언 호아 소속의 찌에우 퐁 부(phủ Triệu Phong, 肇豊府) 아래에 있던 디엔 반 현(huyện Điện Bàn, 奠磐縣)을 부(府)로 승격시켜 5개의 현(縣)으로 나누고 꽝 남으로 편입시킴과 동시에 꽝 남의 기존 부(府)들도 개편하는 등 남쪽의 기반을 공고히 했다.[227]

2년 전 응우옌 호앙이 꽝 남을 방문했을 때 참파는 사절을 보내 친선을 도모하는 데 그쳤다. 그러나 응우옌 호앙이 남쪽 변경을 공고히 하자 참파는 더 이상 위협을 감내하고만 있을 수는 없어 1611년 꽝 남 남변에 대한 공격을 감행했다. 이를 기회로 응우옌 호앙은 꾸 몽 관을 넘어 레 타인 똥 때의 호아 아인 국(國), 즉 오늘날 푸 옌 성을 점령하고 이를 지배하에 두었다. 다시 말하면, 그의 영역이 남으로 다이 라인 곶(mũi Đại Lãnh)[228]까지 확대된 것이다. 새로운 점령지에 푸 옌 부(phủ Phú Yên, 富安府)를 두고, 이를 동 쑤언(Đồng Xuân, 同春)과 뚜이 호아(Tuy Hoà, 綏和)의 2개 현(縣)으로 나누어 다스렸다.[229] 그러다가 1629년 이곳에서 일어난 참파의 반란을 계기로 이를 평정한 다음 쩐 비엔 영(dinh Trấn Biên, 鎭邊營)을 신설하여 군사적 방위체제를 강화했다.[230]

225 다오 주이 뜨는 본래 타인 호아 출신으로 경사(經史)에 능통했으나, 아버지가 광대[倡優]여서 과거응시 자격이 없기 때문에 분을 품고 남으로 왔다. 『前編』 권2, 8a-b면; 『大南列傳前編』 권3, 10b면.

226 『大南列傳前編』 권3, 9b-10a면; K. W. Taylor, *A History of the Vietnamese*, p.276.

227 『前編』 권1, 21a면.

228 서양인들은 이를 흔히 Cape Varella라고 한다.

229 『前編』 권1, 22a-23a면.

230 『前編』 권2, 14b면; Po Dharma, *Le Panduranga(Campa) 1802-1885*, p.64. 쩐 비엔(鎭邊)은 일반적으로 변경의 새로운 개척지에 두어진 명칭이다.

이후 양국 간에는 평화가 계속되었지만, 사소한 충돌이 전혀 없었던 것 같지는 않다. 일설에 의하면, 당시 참파 왕 포 로메(Po Rome, 1627-1651)는 푸 옌에서 응우옌씨와의 충돌 때 부상을 입어 사망했다고 한다. 그의 뒤를 이은 왕이 이복동생인 포 느라웁(Po Nraup)으로, 포 로메의 소수민족 친어머니와 참족 아버지 사이에서 태어났다. 이가 베트남 사료에서 말하는 바 떰(Bà Tấm, 婆抌)이다.

1653년 참파 왕 바 떰은 푸 옌을 침범했다. 당시 응우옌씨의 집권자였던 응우옌 푹 떤(阮福瀕)은 훙 록(Hùng Lộc, 雄祿)을 총사령관으로 삼고 3,000명의 군대를 지원하여 이를 공격하게 했다. 훙 록은 야간에 참파 성을 공격하니, 바 떰은 대패하고 도주하여 판 랑 강(sông Phan Rang, 潘郎江)에 이르렀다. 바 떰은 아들을 시켜 항복을 청함에 응우옌 푹 떤은 이를 받아들여 판 랑 강을 경계로 삼아 동쪽은 응우옌씨의 지배하에 두고 서쪽은 참파에 돌려주었다. 그리고는 새로운 점령지, 즉 오늘날의 카인 호아 성과 닌 투언 성(tỉnh Ninh Thuận, 寧順省)의 일부를 두 개의 새로운 현[타이 캉(Thái Khang, 泰康)과 지엔 닌(Diên Ninh, 延寧)]으로 만드는 동시에 별도로 진(鎭)을 두어 훙 록에게 그 수비를 맡겼다.[231] 이처럼 응우옌씨의 영토가 판두랑가의 일부에까지 확대되자 참파는 이제 판두랑가에 있던 수도를 더 남쪽인 빈 투언 성(tỉnh Bình Thuận, 平順省)의 판 리(Phan Ri)로 옮기지 않을 수 없었다.

응우옌 푹 떤은 이미 약화된 참파를 더 이상 압박할 필요성을 느끼지 않았다. 그보다는 우선 점령지에 대한 지배를 확고히 하고자 주민을 이주시켜 이들로 하여금 토지를 개간하고 촌락을 형성케 하는데 주력했다. 인력과 물자가 턱없이 모자람에도 불구하고 1627년부터 시작된 찐씨의 침입을 몇 차

231 『前編』 권4, 5a-b면; 『撫邊雜錄』 권1, 73면; Trần Trọng Kim, *Việt-Nam sử-lược*, Quyển 2, p.70; Po Dharma, *Le Panduranga(Campa) 1802-1885*, pp.67-68.

레 성공적으로 막아낸 그는 북에 대한 두려움이 반감되었다. 이런 상황에서 장래를 위해서도 남쪽 변경지역에 대한 적극적인 개간의 필요성을 느끼게 되었다.

참파의 고토인 탕 빈 부(phủ Thăng Bình, 升平府)와 디엔 반 부(phủ Điện Bàn, 奠磐府)는 인구가 적고 땅이 넓은 지역이었다. 따라서 응우옌 푹 떤은 그곳에 사람들은 안주시켜 소와 농기구를 주어 개간시킨다면 수년 내에 세금을 부과하여 국가의 소용될 수 있다고 생각했다. 이리하여 주목한 것이 1648년 찐씨와의 전투에서 승리할 때 포로로 한 3만여 명이었다.

응우옌 푹 떤은 이들 중 자유민으로 해주고 남은 2만여 명을 50명씩 한 조로 나누어 촌락을 형성하게 했다. 이들에게는 반년 치 식량을 주는 동시에 부유한 농가에게도 이들에게 식량을 빌려주도록 하여 자생력을 갖게끔 해주었다. 그 결과 탕 지엔[탕 빈과 디엔 반]에서부터 푸 옌까지 촌락이 이어졌으며, 얼마 후에 이들 이주민은 주민으로서 호적에 등재되었다.[232] 1651년 화이 년 부를 꾸이 닌 부(phủ Quy Nhin, 歸寧府)로 바꾼 것[233]도 그 명칭으로 추측하건대 이와 관련이 있지 않은가 한다. 응우옌 푹 떤은 몇 년 뒤, 즉 레 왕조의 틴 득 연간(Thịnh Đức, 盛德, 1653-1657)에 응예 안 지방을 공격하여 포로로 한 이들 또한 이곳으로 이주시켰다.[234] 1770년대 떠이 썬 운동을 일으켰던 응우옌씨 3형제도 그 4대 선조가 본래 응예 안 지방 사람이었는데, 이때 붙잡혀 와서 꾸이 닌 현의 떠이 썬에 살게 되었다고 한다.[235]

응우옌씨는 판 리의 참파에 대한 관심을 갖기 이전 지금의 호찌민 시 지

232 『前編』 권3, 14b면-16a면; Nola Cooke, "Regionalism and the Nature of Nguyen Rule in Seventeenth-century Dang Trong(Cochinchina)," pp.152-153.

233 『前編』 권4, 1a면. 후일 뀌 년 부는 오늘날과 같은 뀌 년(Quy Nhơn, 歸仁)으로 되었다.

234 Đặng Thu(chủ biên), *Di Dân của Người Việt Nam từ thế kỷ X đến Giữa thế kỷ XIX*, p.91.

235 『大南寔錄正編列傳初集』(東京: 慶應義塾大學言語文化研究所, 1962) 권30, 1a면.

방으로 진출할 기회를 만들고자 했다. 사실 오늘날 빈 딘 성과 남부 사이의 지역은 약간의 농토가 해안을 따라 있을 뿐으로 거의 불모지나 다름없었기에 그런 의미에서 이 지역은 남부로 가는 하나의 통로에 불과했다.[236]

응우옌씨는 북의 찐씨와의 대항에서 무엇보다 중요한 것은 재원이었기에 일찍부터 남부에 관심을 가지고 있었다. 응우옌 푹 응우옌이 응우옌 호앙의 뒤를 이은 후 얼마 안 된 1610년대 후반 그의 딸과 캄보디아 왕자의 결혼이 이루어지게 한 것은 이러한 배경에서였다.

결혼을 먼저 제안한 것은 당시 캄보디아 왕 파라마라자 7세(Paramaraja VII)였다. 캄보디아 사료에 의하면, 왕은 타이의 세력의 위협 하에서 응우옌씨와 연결을 맺으려 했다고도 하고, 달리는 두 세력 간의 중간에서 균형을 유지하기 위한 정책이었다고도 한다. 그 외에 캄보디아와 응우옌씨는 국경을 맞대고 있지 않아 직접적인 위협이 되지 않으리라는 점도 고려된 듯하다. 파라마자라 7세는 신하들의 동의를 얻어 응우옌 푹 응우옌에게 자기 아들인 동시에 후계자인 자야제타 2세(Jayajettha II)와 그의 딸과의 결혼을 요청했다. 응우옌 푹 응우옌은 즉시 이를 받아들여 그의 둘째 딸인 앙 꾸브(Ang Cuv; 베트남어로는 응옥 반, Ngọc Vạn)를 캄보디아 왕자에게 시집보냈다. 결혼식은 캄보디아의 수도에서 양국이 고관들이 대거 참석한 가운데 3일 간에 걸쳐 성대히 거행되었다. 파라마라자 7세는 결혼 후 곧 아들에게 왕위를 물려주었다(결혼의 정확한 연대에 대하여는 몇 가지 주장이 있지만, 1616과 1618년 사이에 이루어진 것이 확실하다[237]).

이 결혼에 대해 베트남 사료는 아무런 언급도 없다. 아마도 전 왕조 때 후

236 Keith Taylor, "Surface Orientations in Vietnam: Beyond Histories of Nation and Region," p.965.

237 Mak Phoeun, *Histoire du Cambodge de la fin du XVIe siècle au du XVIIIe*(Paris: Ecole Française d'Extrême-Orient, 1995), pp.148-154.

엔 쩐 공주의 결혼과 마찬가지로, 베트남인들이 정치적, 영토적인 이유로 인해 야만인으로 생각하는 캄보디아인과 결혼한 것을 특별히 기록에 남기고 싶지 않았기 때문이지 않을까 한다.[238] 캄보디아를 야만시하는 예로, 캄보디아를 일컫는 중국의 공식용어인 '까오 미엔(高綿)'을, 응우옌 왕조의 기록에서는 '까오 만(Cao Man, 高蠻)'이라 하여 '야만의 나라'처럼 표기하고 있다.[239]

한편 응우옌 푹 응우옌은 딸을 시집보낼 때 수백 명의 시녀와 호위병을 보내 생각지 않았던 베트남인 거주지가 캄보디아 수도에 형성되었다. 그런가 하면 1622년에는 응우옌 푹 응우옌은 캄보디아를 침입한 타이의 군대를 해전에서 패배시켜, 캄보디아를 위기에서 구해주었다.

캄보디아의 연대기에 따르면, 1623년 응우옌 푹 응우옌은 자야제타 2세에게 선물을 보내면서 캄보디아의 가장 동쪽 지역으로 당시 참파와의 접경 부근이었던 다웅 나이(Daung Nay; 현 베트남어로는 Đồng Nai) 분지에 위치한 프레이 노꼬르(Prey Nokor; '숲속의 도시'란 의미)와 깜퐁 끄라베이(Kampong Krâvei; 베트남어로는 Bến Nghé)에 있는 세관 두 곳을 5년 동안 빌려 쓴 후 다시 돌려주겠다고 했다고 한다.[240] 프레이 노꼬르는 사이공(Sài Gòn; 현 호찌민 시)의 중국인 거주지인 현재의 쩌 런(Chợ Lớn)으로 중국인들이 이미 상업 활동을 하고 있었으며, 사이공의 사이공 강변에 위치한 깜퐁 끄라베이는 주로 행정중심지였다.[241] 캄보디아 왕은 전년 응우옌씨의 도움을 생각해서인지 쉽게 허락했다.

1627년 찐씨와의 무력 충돌이 처음 일어났음을 고려하면, 응우옌 푹 응우옌은 무력대결을 예견하고 그에 앞서 부족한 재원을 보충하기 위해 세관을

238 Mak Phoeun, *Histoire du Cambodge de la fin du XVIe siècle au du XVIIIe*, p.150.

239 『大南寔錄正編列傳初集』 권31, 外國列傳Ⅰ.

240 Mak Phoeun, *Histoire du Cambodge de la fin du XVIe siècle au du XVIIIe*, p.177.

241 프레이 노꼬르는 이후 사이공(Sài Gòn)으로 이름이 바뀌었는데, 이는 그 지방에 많은 나무[柴棍]로부터 유래했다고 한다. 프랑스인들은 이를 'Saï-gon'이라고 했다. 쩌 런은 '큰(lớn) 시장(chợ)'이란 의미로, 중국인들의 상업 활동에 의해 그런 이름이 생겼다. 깜퐁 끄라베이는 후일 자 딘이라 불렸다.

빌려달라고 요청했음에 틀림없다. 그렇다면 사이공 지역은 당시 이미 말레이 등지와의 중요한 교역중심지였던 것 같다. 또한 이 무렵에는 남북대립의 피해자인 베트남 빈민·범죄자·부랑자들은 바레아(Barea; 오늘날 베트남의 Bà Rịa) 지역인 모이 쑤이(Mỗi Xui)와 다웅 나이 등지를 중심으로 캄보디아인들과 더불어 살며 토지를 개간하였다고 한다.[242]

자야제타 2세는 49세의 나이로 베트남에서 찐씨와 응우옌씨 사이에 첫 무력충돌이 일어나던 1627년에 병사했다. 이에 그의 장자가 응옥 반의 후원을 얻어 왕위에 올랐다. 자야제타 2세의 죽음으로 응우옌 푹 응우옌에게 두 가지 문제가 생겼다. 하나는 5년간 빌리기로 한 두 세관의 반환이 가까워졌고, 다른 하나는 딸의 운명이 어떻게 될까 하는 것이었다.

응우옌 푹 응우옌은 선물과 함께 사절을 보내 새로운 왕의 즉위식에 참석하게 했다. 동시에 선왕의 왕비인 응옥 반을 '대비(大妃)'로 추대해 주도록 요청하여 허락을 받았다. 그리하여 응옥 반은 후옌 쩐 공주와 같은 운명을 겪지 않아도 되었으나 그녀의 호위를 위해 500명의 응우옌씨 병사가 캄보디아에 와서 머물렀다. 한편 새로운 캄보디아 왕은 응우옌 푹 응우옌에게 세관의 철수를 요청했는데, 다행히 이 문제도 베트남 출신 대비인 응옥 반이 그 지위를 이용하여 개입함으로써 철회가 되었다.[243] 이후에도 응옥 반은 캄보디아 측이 프레이 노꼬르와 깜퐁 끄라베이를 되찾으려 노력하는 것을 막아주었다.

응우옌씨가 이 지역에 대해 직접적인 영향력을 행사하게 되는 계기는

242 鄭懷德, 「嘉定城通志」, 戴可來·梁保筠 校注, 『嶺南摭怪等史料三種』(鄭州: 中州古籍出版社, 1991) 권3, 121면; Charles B. Maybon, *Histoire moderne du pays of d'Annam(1590-1820)*(Westmead, England: Gregg International Pulbishers, reprint, 1972), p.116; Paul Boudet, "La conquêt de la Cochinchine par les Nguyễn et le rôle des émigrés chinois," *BEFEO* 42(1942), p.119.

243 Mak Phoeun, *Histoire du Cambodge de la fin du XVIe siècle au du XVIIIe*, pp.206-207.

1658년 캄보디아 궁중의 내분 때 군사개입을 하면서였다. 당시 캄보디아 왕은 라마디파티 1세(Ramandihipati I; 왕이 되기 전의 이름은 Cau Bana Cand)였다. 그는 삼촌과 사촌 형제를 죽이고 1642년 왕위에 올랐는데, 왕위에 오른 후 젊은 무슬림 여인과 결혼하여 무슬림신자가 되었다.

1658년 타이의 왕 나라이(Narai)가 캄보디아를 침공할 준비를 하자, 응옥 반의 주변으로 도망하여 살아남은 라마디타파티 1세의 사촌인 앙 수르(Ang Sur, 한자는 匿秋)와 앙 딴(Ang Tan, 한자는 匿新) 형제가 왕에 대해 반기를 들었다. 그러면서 응옥 반에게 응우옌씨가 군사를 보내 도와주도록 요청했다. 응옥 반은 이에 응해 자기 조카로 응우옌씨의 집권자인 응우옌 푹 떤에게 서한을 보냈다.[244]

베트남 사료에 따르면, 응우옌 푹 떤은 캄보디아 측이 쩐 비엔 영(鎭邊營)을 침범했기 때문에 3,000명의 군대를 동원하여 우동(Oudong)을 점령하고 라마디타파티 1세를 포로로 했다고 한다.[245] 그러나 이 주장은 응우옌씨의 군사개입을 정당화하기 위한 구실이었을 뿐 캄보디아의 변경침범 때문은 아니었다. 캄보디아는 응우옌씨에 대한 군사적 침공을 결코 하지 않았다. 결국 응우옌 푹 떤의 침입은 이전부터 추구해온 남으로의 영토팽창정책의 일환이었다고 하겠다.

앙 수르 형제는 응우옌씨를 불러들여 일단은 뜻을 이루었지만 곧 응우옌씨의 군대에 대한 불만이 생겼다. 우선은 앙 수르 형제가 응우옌 푹 떤의 도움을 요청한 것은 캄보디아의 독자적 세력 확립을 위해서였는데, 이는 응우옌 푹 떤의 침략적 의도를 깨달았기 때문이었다. 다른 하나는 응우옌씨 군대의 무자비한 약탈이었다. 레 꾸이 돈(Lê Quí Đôn, 黎貴惇)에 의하면, 응우옌

244 Mak Phoeun, *Histoire du Cambodge de la fin du XVIe siècle au du XVIIIe*, p.296.
245 『前編』 권4, 22a-23b면; 「嘉定城通志」 권3, 120면; 『撫邊雜錄』 권1, 77면.

씨 군사들은 촌락을 파괴하고 말과 코끼리 및 무기 등을 약탈해 짱 빈으로 보냈다고 한다.[246] 캄보디아 궁중사료도 응우옌씨 군대가 무기뿐만 아니라 수많은 금과 은을 강탈해 갔다고 했다.[247]

1659년 응우옌 푹 떤의 영토적 야망을 알아챈 앙 수르 형제는 그에 대해 반기를 들었다. 응우옌씨 군대는 약탈품과 함께 포로로 한 라마디파티 1세를 데리고 물러가자 앙 수르(파라마라자 8세, Paramaraja VIII)는 왕위에 올랐다. 이에 응우옌 푹 떤은 라마디파티 1세를 다시 캄보디아의 왕으로 삼아 되돌려 보내면서 그곳에 사는 베트남인들에게 피해를 주지 않도록 하라는 약속을 받았으나,[248] 그는 귀국 도중 병사하고 말았다.

파라마라자 8세는 베트남인들에 대한 적대감에서인지 중국인들에 대해서는 호의적인 태도를 보였다. 그리하여 중국인 이주민들이 서서히 증가하더니, 정성공(鄭成功)의 사후인 1667년에는 그의 일파 3,000명 이상이 대만으로부터 배를 타고 왔다고 한다. 이들은 파라마라자 8세의 암묵적 허락 하에 우동 부근에 살고 있던 베트남인들을 기습하여 상당수 살해했고, 살아남은 베트남인들은 캄보디아를 떠났다.[249] 이 사건으로 인해 파라마라자 8세와 응우옌씨의 적대관계가 계속되었다. 그렇지만 이러한 적대관계에도 불구하고 전에 세관을 설치한 사이공 지방은 별 영향을 받지 않았다.

응옌씨의 캄보디아에 대한 영토적 야망은 1673-1674년의 제2차 군사개입에 의해 보다 커졌다. 두 번째 개입 역시 캄보디아 궁중의 내분으로 인해서였다. 1672년 파라마라자 8세가 조카이자 양자인 스리 자야제트(Sri Jayajetth)에 의해 살해되었다. 스리 자야제트는 왕위에 올라 파두마라자 2세

246 『撫邊雜錄』 권1, 77면.
247 Mak Phoeun, *Histoire du Cambodge de la fin du XVIe siècle au du XVIIIe*, p.299.
248 「嘉定城通志」 권3, 120-121면.
249 Mak Phoeun, *Histoire du Cambodge de la fin du XVIe siècle au du XVIIIe*, pp.323-324.

(Padumaraja II)라고 칭했지만, 이 사건은 캄보디아 궁중 내부의 분열은 물론 외국의 개입이라는 중요한 정치적 결과를 초래했다.

사건이 발생했을 때 앙 딴은 우동으로부터 멀리 떨어져 있었다. 그는 새로운 왕에 대적하기 위해 응우옌씨에게 요청할 생각에서 바례아로 갔다. 앙 딴은 그곳에서 응우옌 푹 떤에게 파두마라자 2세를 제거할 군대의 파견을 청했다. 파두마라자 2세는 왕이 된 후 앙 딴의 부인을 왕후로 삼았는데, 오히려 그녀의 속임수에 의해 살해되고 말았다. 왕을 살해한 후 그녀는 고관들과 의논하여 멀리 숲에 살고 있던 파라마라자 8세의 장자인 앙 지(Ang Ji)를 왕으로 삼으니 이가 까에브 흐바 2세(Kaev Hva II)이다.[250]

한편 라마디타파티 1세가 후계자로 정했었으며, 후일 앙 딴이 양자로 삼았던 앙 난(Ang Nan, 한자는 匿嫩)은 파라마라자 8세와 앙 딴의 불편한 관계로 인해 파라마라자 8세 치하에서 아무런 역할도 주어지지 않았었다. 그는 파두마라자 2세가 살해되자 카에브 흐바 2세와 경쟁관계에 있을 수밖에 없었다. 까에브 흐바 2세가 앙 난을 제거하기 위해 타이의 도움을 청하자 그는 프레이 노꼬르로 몸을 피했다.[251] 마침 앙 딴이 사망하면서 그는 자연히 까에브 흐바 2세 반대파의 왕으로 추대되었다.[252] 응우옌 푹 떤은 앙 난을 도와 1674년 군대를 파견하니,[253] 캄보디아는 타이의 지원을 받는 우동을 중심으로 한 세력과 응우옌씨가 후원하는 프레이 노꼬르를 중심으로 하는 세력으로 나누어졌다. 당시 중국 상인들은 전자를 산왕(山王), 후자를 수왕(水王)이라 불렀다고 한다.[254] 이로 인해 메콩 강 하류지역은 캄보디아의 통제에서

250 Mak Phoeun, *Histoire du Cambodge de la fin du XVIe siècle au du XVIIIe*, p.338.
251 『前編』 권5, 17b-18a면.
252 「嘉定城通志」 권3, 121면.
253 『前編』 권5, 18b면; 「嘉定城通志」 권3, 121면; 『撫邊雜錄』 권1, 84면.
254 Sakurai Yumio, "Eighteenth-Century Chinese Pioneers on Water Frontier of Indochina," in *Water frontier: commerce and the Chinese in the Lower Mekong Region, 1750-1880*, edited by Nola

점차 벗어날 수밖에 없었다. 이를 가속화시킨 것은 중국인 이주민들이었는데, 이들의 역할은 잠시 접어두고 다시 참파문제로 돌아가 보기로 하겠다.

응우옌씨가 까우타라를 점령한지 39년 후인 1692년 참파(판두랑가) 왕 바 짜인(Bà Tranh, 婆爭)[255]이 지엔 닌(延寧), 즉 이전 까우타라를 침범하여 주민을 약탈하는 일이 있었다. 이듬해 응우옌 푹 쭈(阮福凋)는 군사를 보내 바 짜인을 포로로 하는 동시에 판두랑가를 점령했다. 그리고는 이를 투언 타인 진(trân Thuận Thành, 順城鎭)으로 만들어 영토에 편입시켰다.[256] 프레이 노꼬르 지역을 영향권 하에 둔 응우옌 푹 쭈로서는 남부와의 연결을 위해 판두랑가 점유의 필요성을 느끼고 있었을 가능성이 많다.

투언 타인 진은 몇 달 후 빈 투언 부(phủ Bình Thuận, 平順府)로 고쳐지고 바 짜인의 동생인 께 바 뜨(Kế Bà Tử, 繼婆子)[257]와 그의 세 아들이 관리로 임명되었으나, 참파인은 베트남식 옷을 입도록 하는 등 베트남화를 강조했다. 그러나 곧 반란이 일어나자 응우옌씨는 난을 진압한 다음해 전과 같이 투언 타인 진으로 바꾸고, 께 바 뜨에게 번왕(藩王)의 지위를 주어 자치를 하도록 했다.[258] 그러나 번왕의 자치란 이름뿐이고 정치적 실권은 없었다.

실권이 없는 자치의 허용은 전술한 바와 같이 이 지역이 척박하여 남부로의 통로 외에는 별다른 관심거리가 되지 못했기 때문으로 보인다. 그러나 1697년 투언 타인 진 아래에 안 푹(An Phúc, 安福)과 호아 다(Hòa Đa, 和多)의 두 현(縣)을 둔 것[259]은 이미 이 지역 내로 베트남인들이 적지 않게 이주

Cooke & Li Tana(Singapore: Rowman & Littlefield, 2004), p.40. 아마도 전자는 내지에 있고, 후자는 해안지대에 있었기 때문인 것 같다.

255 참파어로는 Po saut.

256 『前編』 권7, 5b-10a면; Po Dharma, *Le Panduranga(Campa), 1802-1835*, Tome I, p.67.

257 참파어로는 Po saktiraydaputih.

258 『前編』 권7, 4a-b면; Po Dharma, *Le Panduranga(Campa), 1802-1835*, Tome I, pp.67-68.

259 『前編』 권7, 13b면; 『撫邊雜錄』 권1, 89면; 『大南一統志』(京都: 京都大學 所藏本) 권12, 2b면; Po

해왔음을 말해준다. 아마도 현의 설치는 이들은 보호하기 위해서였을 것이다.

판두랑가 번왕의 무력함은 1770년대 떠이 썬 운동이 발발했을 때 참파 왕의 상징인 휘장을 아무런 저항도 없이 넘겨준 것에서도 그대로 보여준다.[260] 응우옌 왕조에 들어와서도 초기에는 자 딘 성(Thành Gia Định, 嘉定城)[261] 하에 투언 타인 진을 존속시켰다. 응우옌 푹 아인은 참파 왕족 계열의 인물에게 자치를 맡겼는데, 이는 참족의 불만을 달래기 위해서였다.[262] 그러다가 민 망 황제가 제위에 올라 자딘성총진(嘉定城總鎭)인 레 반 주엣(Lê Văn Duyệt, 黎文悅)과 마찰이 생기면서 번왕의 입장도 곤란해졌다. 민 망 황제는 번왕이 레 반 주엣과 연계되어 있을지도 모른다고 생각하고 있었다. 그러다가 레 반 주엣의 사망(1832년 7월) 직후인 1832년 10월 투언 타인 진을 닌 투언 부(phủ Ninh Thuận, 寧順府)로 이름을 바꾸고 빈 투언 성(省)에 흡수시켰다. 이에 참파 왕국은 완전히 소멸되고 말았다.[263] 이후 이곳에 파견된 베트남인 관리들의 인종적 편견과 경제적 착취 등으로 반란이 두 차례(1833-1834와 1834-1835) 일어났지만,[264] 이들 반란도 1835년까지는 완전히 진압되어 이후 베트남 사료에서 참파에 대한 언급은 더 이상 없었다.

Dharma, *Le Panduranga(Campa), 1802-1835*, Tome I, pp.69-70.

260 George Dutton, *The Tây Sơn Uprising*, p.92.

261 자 롱 황제는 남부에 자 딘 성을, 북부에는 북성(北城)을 두고, 총진(總鎭)이 몇 개의 성(省)을 다스리게 했다. 민 망 황제는 이들을 철폐하고 각 성을 중앙의 직접지배 하에 두었다.

262 P-B. Lafont, *The Kingdom of Champa: Geography-Population-History*, English translated by Jay Scarborough(San Jose: International Office of Champa, 2014), pp.130-131.

263 『大南寔錄』 正編 第二紀(東京: 慶應義塾大學言語文化研究所, 1973) 권85, 8b-10a면; 『大南一統志』 권12, 3a면; Po Dharma, *Le Panduranga(Campa), 1802-1835*, Tome I, pp.177-178; P-B. Lafont, *The Kingdom of Champa*, pp.134-135.

264 Po Dharma, *Le Panduranga(Campa), 1802-1835*, Tome I, pp.122-169, 179; P-B. Lafont, *The Kingdom of Champa*, pp.136-139.

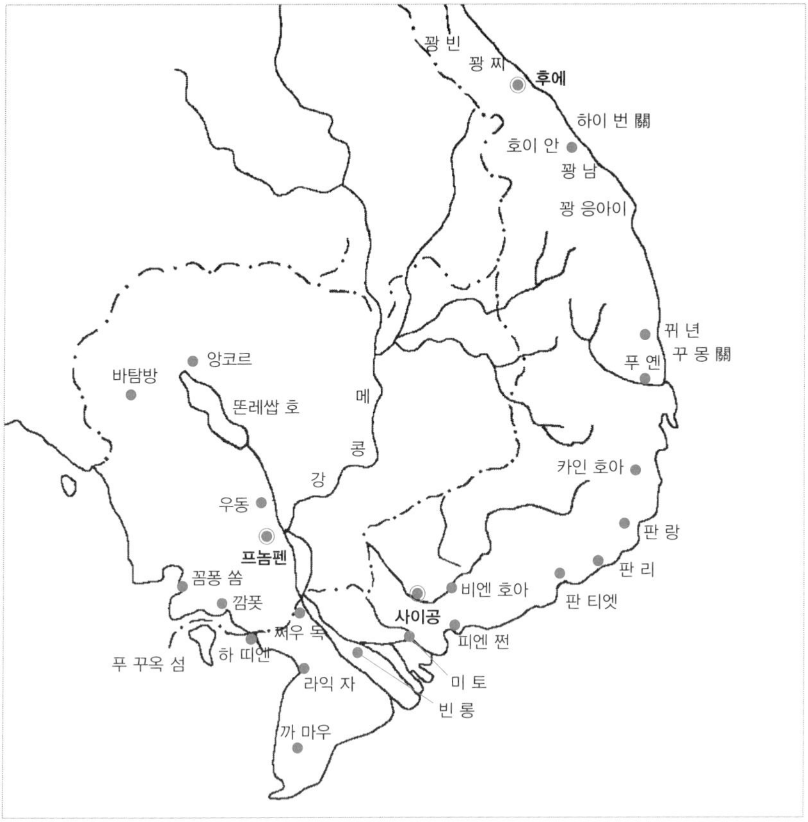

[그림 11] 남부 개척에서 중국 이주민들의 역할

이제는 다시 앞서 잠시 언급한 응우옌씨의 메콩 강 하류 지역으로의 진출에서 중요한 역할을 했다고 한 중국인 이주민들의 문제로 돌아가 그들이 과연 어떤 역할을 했는가를 자세히 살펴보고자 한다.

이들 중국인들의 역할은 두 시기로 나누어진다. 하나는 명나라의 유장(遺將)인 양언적(楊彦迪, 베트남어는 Dương Ngạn Địch)·진상천(陳上川, 베트남어는 Trần Thượng Xuyên) 등이 메콩 강 하류에 정착한 시기이고, 다른 하나 역시 명나라

유민인 막구(鄚玖, 베트남어는 Mạc Cửu)[265] 부자가 하 띠엔(Hà Tiên, 河仙 또는 河僊)[266] 지방을 개발하는 시기이다.

1679년 정월 명의 총병(總兵) 양언적과 부장(副將) 황진(黃進, 베트남어는 Hoàng Tiến), 그리고 또 다른 총병인 진상천과 부장 진안평(陳安平, 베트남어는 Trần An Bình)이 병사 3,000여 명과 전선(戰船) 50여 척을 이끌고 다 낭(Đà Nẵng) 해구에 도착하여 신하가 되기를 청했다. 이러한 이면에는 당시 명과 중부의 호이 안 및 부근 항구들 사이에 무역이 성행하고 있었던 것이 작용했지 않을까 한다. 당시 응우옌씨의 지배자인 응우옌 푹 떤(阮福瀕)은 언어와 풍속도 다른 명의 군사들을 받아들이기 어려웠지만, 거절할 수도 없었다. 오갈 데 없는 그들이 무슨 일을 저지를지 알 수 없기 때문이었다. 응우옌 푹 떤은 신하들과 논의 끝에 이들을 이용하여 앙 난이 지배하고 있던 캄보디아의 동부를 개척하기로 결정하고, 양언적과 황진은 미 토(Mỹ Tho, 美萩)에, 그리고 진상천과 진안평은 비엔 호아(Biên Hòa, 邊和)에 정착토록 해주었다.[267] 이들 지방은 프레이 노꼬르에 가깝거나 접근이 용이한 곳들이었다.

응우옌 푹 떤이 이처럼 결정한 이면에는 이들을 통해 우동의 자야제타 3세(Jayajettja III, 앙 수르)에 대한 압력을 가중시키려 했을 가능성도 많다. 캄보디

265 鄚玖의 성은 본래 막(莫)씨였으나, 1527년 레 왕조의 왕위를 빼앗은 막(莫)씨와 동일시하지 않기 위해 막(鄚)씨로 했다고 한다. E. Gaspardone, "Un Chinois des mers du Sud," *Journal Asiatique* CCLX-3(1952), p.374.

266 하 띠엔은 크메르어로 *Piem* 또는 *Peam*(Pie, Pam, Bam)이라 했으며, '항구' 또는 '강어귀'라는 의미이다.

267 『前編』 권5, 22a-23b면; 「嘉定城通志」 권3, 121-122면; 『無邊雜錄』 권1, 84-85면. 양언적과 진상천에 관해서는 학자들 사이에 견해의 차이가 있다. 후지와라(藤原利一郎)는 이들이 광둥 성 해안에서 활동하며 청나라 군대에 저항하던 해적이라고 했는가 하면, 천징허(陳荊和)는 이들이 본래 해적이었으나 후일 정성공(鄭成功)에 가담했던 무리로 보는 동시에 이들의 도착도 1682년 12월과 1683년 5월 두 차례였다고 했다. 한편 응우옌 테 아인은 이들이 정성공 집단의 일부였다는 진형화의 설에 동의하면서도, 1682년 12월과 1683년 5월은 두 집단이 남부에 도착한 날짜로 보고 있다. 藤原利一郎, 「広南阮氏と華僑」, 『東南アジア史の研究』, 193-194면; 陳荊和, 「清初鄭成功殘部之移殖南圻」(上), 『新亞學報』 5-1(1960), 433-455면; Nguyen The Anh, "L'immigration chinoise du Delta du Mekong," *The Vietnam Review* 1(1996), p.157.

아 사료에 의하면, 앙 난은 양언적 집단과 손을 잡고 1682년부터 1688년까지 수차례에 걸쳐 자야제타 3세를 공격하여 한때는 우동을 점령하기도 했지만 결정적인 승리를 거두지 못했다. 이에 1689년에는 응우옌 푹 떤의 뒤를 이은 응우옌 푹 타이(Nguyễn Phúc Thái, 阮福溙, 1687-1691)에게 직접 도움을 요청했고, 응우옌 푹 타이는 이에 응해 즉각 군대를 보냈다고 한다.[268] 이어 캄보디아 사료는 응우옌 푹 타이의 후원군이 도착하자 앙 난은 재공격을 감행하여 프놈펜을 점령했으나 곧 자야제타 3세의 반격에 부딪쳐 1690년 퇴군했다고 했다.

그런 반면 베트남 사료는 1688-1690년의 공격에 대해서만 언급하고 있다. 이에 따르면, 양언적의 부장 황진이 양언적을 살해하고 캄보디아 내에 독자적 세력을 형성하려 하자 자야제타 3세는 이에 대비하여 요새를 구축하는 한편 응우옌씨에 대한 조공을 거부했고, 앙 난은 이를 좋은 기회로 여겨 자야제타 3세를 공격하기 위해 응우옌 푹 타이에게 도움을 청했다는 것이다.[269]

한편 응우옌 푹 타이로서도 메콩 강 하류지역을 지배하는 데 걸림돌이 될 황진을 방치할 수가 없어 앙 수르에 대한 원정을 구실로 1688년 출병하여 황진을 살해하는 동시에 진상천을 선봉장으로 삼아 프놈펜을 점령하기에 이르렀다. 진상천은 자야제타 3세가 보낸 미인의 계략에 빠져 일단 화해를 하고 철병했다(1689). 이 소식을 들은 응우옌 푹 타이는 응우옌 흐우 하오

268 陳荊和, 「清初鄭成功殘部之移殖南圻」(下), 『新亞學報』 8-2(1968), 420-422면; 藤原利一郎, 「広南阮氏と華僑」, 194면; Charles B. Maybon, *Histoire moderne du pays of d'Annam*, pp.119-120. 부데는 양언적 집단이 호전적이었던 반면에, 진상천 집단은 유순하여 농업과 상업에만 종사했다고 했다. Paul Boudet, "La conquêt de la Cochinchine par les Nguyễn et le rôle des émigrés chinois," p.120. 한편 막 페운은 앙 난이 결합한 것은 양언적이 아니라 진상천과 연합하여 우동을 공격했다고 했는데, 여러 가지 정황으로 보아 오류인 것 같다. Mak Phoeun, *Histoire du Cambodge de la fin du XVIe siècle au du XVIIIe*, pp.369-385.

269 『前編』 권6, 5b-6a면; 「嘉定城通志」 권3, 122면.

(Nguyễn Hữu Hào, 阮有豪)로 대체하여 1690년 재차 출병하여 캄보디아를 점령했으나 역시 자야제타 3세가 보낸 사절의 유혹에 군대를 철수했다고 한다. 이에 노한 응우옌 푹 타이는 응우옌 흐우 하오를 서인(庶人)으로 만들었으나, 그 자신은 얼마 후 병사했고 이에 조금 앞서 앙 난도 세상을 떠났다.[270] 앙 난의 뒤를 이은 것은 아들인 앙 임(Ang Im, 匿淹)으로 어머니는 중국인이었다. 그의 나이는 겨우 열 살로, 진상천의 보호를 받았다. 한편 응우옌 푹 타이의 후계자는 앞에서 이미 언급한 장자 응우옌 푹 쭈(阮福淍)였다.

위와 같은 양측 기록의 차이에도 불구하고 분명한 사실은 전쟁의 결과 응우옌씨가 처음으로 메콩 강 하류를 자기네 영토로 만들고 직접지배하기에 이르렀다는 점이다. 응우옌 푹 쭈는 1698년 자 딘 부(phủ Gia Định, 嘉定府)를 설치하고, 그 아래에 지금의 동 나이에는 푹 롱 현(huyện Phúc Long, 福隆縣), 사이공에는 떤 빈 현(huyện Tân Bình, 新平縣)을 각각 두었다. 한편 군사적으로는 쩐 비엔 영(營)과 피엔 쩐 영(dinh Phiên Trấn, 藩鎮營)이 이들을 관할케 했다.[271] 당시 자 딘 부는 호수가 4만에 불과했기 때문에 응우옌씨는 지배를 보다 공고히 하려고 중부의 꽝 빈 이남으로부터 유민을 모집하여 이주시키고는 촌락을 형성하고 토지를 개간토록 했다.[272] 그와 동시에 청나라 상인들이 와서 쩐 비엔(鎮邊)에 거주하는 자들은 청하사(清河社), 피엔 쩐(藩鎮)에 거주하는 자들은 명향사(明香社)로 하여 베트남인들과는 별개의 촌락을 형성케 했다.

270 『前編』 권6, 10a-17b면; 「嘉定城通志」 권3, 122-123면; 『無邊雜錄』 권1, 86-88면; 藤原利一郎, 「広南阮氏と華僑」, 194-195면; Charles B. Maybon, *Histoire moderne du pays of d'Annam(1590-1820)*, p.120; Paul Boudet, "La conquêt de la Cochinchine par les Nguyễn et le rôle des émigrés chinois," pp.120-121.

271 『前編』 권7, 14a-b면; 「嘉定城通志」 권3, 123면; 『無邊雜錄』 권1, 89면; .Đào Duy Anh, *Đất nước Việt Nam qua các đời*, p.236.

272 호수와 인구는 베트남인뿐만 아니라 중국인, 캄보디아인 등도 포함한 것이다. 『前編』 권7, 14a-b면; 「嘉定城通志」 권3, 123면; Đặng Thu(chủ biên), *Di Dân của Người Việt Nam từ thế kỷ X đến Giữa thế kỷ XIX*, p.103.

그러나 이들도 호적에는 동일하게 등재되었다.[273]

『대남식록전편』에 의하면, 응우옌씨의 남부진출에 불만을 가진 자야제타 3세는 이에 군사적으로 대응할 태도를 가졌다. 진상천의 보고를 받은 응우옌 푹 쭈는 1699년 그로 하여금 캄보디아를 공격토록 하자 선봉장 응우옌 흐우 낀(Nguyễn Hữu Kính, 阮有鏡)과 함께 1700년 그 수도를 점령했다.[274] 그러나 일설에는 응우옌씨는 1698년 캄보디아 침공을 계획했고, 이 사실은 안 진상천이 자진해서 사령관이 되겠다고 요청했다는 것이다.[275] 자야제타 3세는 도망하고, 대신 그의 사위인 앙 임이 잠시 저항하다가 응우옌 흐우 낀에게 항복하여 캄보디아 왕이 되었다. 얼마 후 응우옌 흐우 낀이 사망하자 응우옌씨 군대는 귀국하고, 자야제타 3세는 다시 돌아왔다. 이후 18세기 초 자야제타 3세의 아들과 앙 임이 서로 대결하는 가운데 타이와 응우옌씨의 후원을 받으며 그 대가로 이들은 캄보디아 영토의 상당 부분을 각각 할양해 주었다.[276]

한편 자 딘 부가 설치될 때 양언적과 황진의 거점이었던 미 토는 자 딘 부에 편입되지 않았다. 진상천 등이 토지개간과 농업경영에 열중하여 베트남인은 물론 중국인·유럽인·일본인·말레이인들이 몰려든 반면에, 양언적과 황진은 캄보디아 침입에 주로 관심을 기울여 그들 지역은 개발이 늦었던 것이 그 이유였지 않은가 한다.

미 토가 베트남 영토로 되는 것은 1730년대에 들어서였다. 베트남 사료들에 따르면, 1732년 지금의 미 토에는 딘 비엔 주(châu Định Viễn, 定遠州)가 설치

273 『前編』 권7, 14b; 「嘉定城通志」 권3, 123면; Đào Duy Anh, *Đất nước Việt Nam qua các đời*, p.236. 명향사는 후일 명향사(明鄉社)로 명칭을 바꾸었다.

274 『前編』 권7, 15a-16a면.

275 Sakurai Yumio, "Eighteenth-Century Chinese Pioneers on Water Frontier of Indochina," p.41.

276 Keith W. Taylor, *A History of the Vietnamese*, p.323.

되고, 빈 롱(Vĩnh Long, 永隆) 일대에는 롱 호 영(dinh Long Hồ, 龍湖營)이 두어졌다고 했다. 이유는 라오족(Laotians)과 캄보디아 군대가 자 딘 지방을 공격하자, 이 지역의 총책임자였던 쯔엉 푹 빈(Trương Phúc Vĩnh, 張福永)이 진상천의 아들 진대정(陳大定) 등 부하 장수들을 보내 이들을 물리친 데 있었다. 캄보디아 왕 앙 찌(Ang Chi, 한자는 匿他)는 보복이 두려워 자 딘 지방을 전부 응우옌씨에게 할양하자, 그 일대가 너무 넓어 이를 나누어 새로이 딘 비엔 주와 롱 호 영을 설치했던 것이다.[277]

다른 한편 17세기 말 베트남 남부의 서쪽 변경 하 띠엔에서는 또 다른 중국인 막구가 세력을 확장하면서 응우옌씨의 이 지역 점유에 적극적 역할을 하게 된다. 막구는 본래 광둥 뢰주부(雷州府) 출신으로 양언적이나 진상천과 마찬가지로 명의 멸망 후 청의 지배에 불만을 품고 1671년 캄보디아로 이주했다고 한다.[278] 그는 우동의 궁중에서 일하면서 자야제타 3세의 신임을 얻어 오늘날 하 띠엔 지방의 조세징수를 맡았다. 몇 해 후 그곳이 베트남인·중국인·캄보디아인·말레이인 등의 무역으로 번성하는 것을 보고 왕에게 요청하여 그곳을 통치할 수 있는 크메르 관직인 옥냐(oknha, 屋牙), 즉 총독에 임명되어 정착했다고 한다.[279] 막구의 하 띠엔 정착시기에 대해서 셀러스

277 『前編』 권9, 6a-9a면; 「嘉定城通志」 권3, 123-124면; 『無邊雜錄』 권1, 94면. 캄보디아 사료는 이 지역이 1738년에야 베트남에 편입되었다고 했다. Mak Phoeun, “La frontière entre le Cambodge et le Viêtnam du XVIIe siècle à l’instrauration du protectorat français présentée à travers les chronique royales khmès,” in *Les frontières du Vietnam*, edited by P.B. Lafont(Paris: L’Harmattan, 1989), pp.139-140.

278 武世營 撰, 「河仙鎭叶鎭鄚氏家譜」, 戴可來 등 校注, 『嶺南摭怪等史料三種』(鄭州市: 中州古籍出版社, 1991), 231면. 막구의 이주연대에 대하여 「嘉定城通志」에는 康熙 19년(1680)으로 되어 있다. 후리와라(藤原利一郞)이나 셀러스는 「河仙鎭叶鎭鄚氏家譜」를 인용하여 1671년이 정확함을 입증하고 있다. 「嘉定城通志」 권3, 151면; 藤原利一郞, 「鄚玖事蹟考」, 『東南アジア史の硏究』, 222면; Nicholas Sellers, *The Princes of Ha-Tien(1682-1867)* (Bruxelles: Thang-Long, 1983), p.15. 그의 처음 도착지에 대하여는 셀러스가 우동이라고 주장하는 데 대해, 후지와라는 프놈펜이라고 한다. Nicholas Sellers, *The Princes of Ha-Tien*, p.15; 藤原利一郞, 「鄚玖事蹟考」, 222면.

279 「嘉定城通志」 권3, 151면; 『前編』 권8, 4a-b면; 『大南列傳前編』 권6, 1a-b면. 이곳에 모여든 상인들은 대부분 해적들이었을 가능성이 많다. Charles B. Maybon, *Histoire moderne du pays of d’Annam*, p.122,

는 1681년, 후지와라는 1687-1695년이라고 한 데에 대해, 응우옌 테 아인은 1700년이라고 주장하는 등 이견이 많았다. 최근 사쿠라이 유미오(櫻井由躬雄)는 다시 후지와라처럼 1687과 1695년 사이에 그리로 이주했다는 설을 제기하고 있다.[280]

막구는 하 띠엔에 정착한 후 도박이 성행하는 것에 착안하여 공식적으로 도박장을 개설해주고 세금을 징수했다. 또 은광을 개발하여 상당한 부를 축적할 수 있었다. 아울러 많은 유민들을 모집하여 개발에 종사하게 했다. 그 결과 이 지역이 크게 번성함에 따라 막구는 하 띠엔 이외에도 꼼퐁 쏨(Kompong Som), 롱 끼(Long Ky, 현 Sre Ambel), 깜폿(Kampot), 푸 꾸옥(Phú Quốc), 라익 자(Rạch Gia), 까 마우(Cà Mau) 등을 정착지로 만들었다. 막구는 이처럼 베트남 남서부에서 캄보디아의 남부지역을 자신의 통제 하에 두고 부와 권력을 누렸다.

그러나 그의 후원자로 타이와의 관계가 좋은 자야제타 3세의 세력이 약화되고, 베트남인과 중국인의 수가 메콩 강 연안을 따라 점증함에 그는 안전을 위해 1710년을 전후하여 응우옌 푹 쭈(阮福澗)에게 보호를 요청했다.[281] 이로 인해 하 띠엔은 베트남의 영토가 되었고, 응우옌 푹 쭈는 그를 하 띠엔 진(鎭)의 총병(總兵)에 임명했다. 그러나 내정에 관한 한 전적으로 자치에 맡겼다.

응우옌씨의 보호에도 불구하고 막구는 캄보디아 궁중의 왕위계승분쟁으로 인한 외침으로부터 자유로울 수가 없었다. 1702년 자야제타 3세의 사망

n.3.

280 Nicholas Sellers, *The Princes of Ha-Tien*, p.15; 藤原利一郎, 「鄚玖事蹟考」, 225면; Nguyen The Anh, "L'immigration chinoise du Delta du Mekong," p.158; Sakurai Yumio, "Eighteenth-Century Chinese Pioneers on Water Frontier of Indochina," p.43.

281 그 시기는 아마도 1711년 또는 그 이전인 1708년으로 생각된다. 『前編』 권8, 4a면; 「嘉定城通志」 권3, 152면; 藤原利一郎, 「鄚玖事蹟考」, 210-217면; 陳荊和, 「河仙鄚氏世系考」 『華江學報』 5(1969), 180면; Đào Duy Anh, *Đất nước Việt Nam qua các đời*, p.236.

후 아들 스리 다마라자 2세(Sri Dhammaraja II, 한자는 匿深)가 왕위에 올랐다. 그러나 얼마 후 그는 응우옌씨의 후원을 받고 있는 동생 앙 임(Ang Im, 한자는 匿淹)에 의해 축출되어 타이로 갔다. 1711년 그는 다시 캄보디아로 돌아와 세력을 증강하고는 1715년 타이 군대와 함께 우동 부근의 앙 임을 공격했다. 한편, 타이 수군은 하 띠엔을 함락하고는 약탈을 일삼아 큰 피해를 입혔다. 타이의 침입은 1717-1718년에도 있었다. 막구는 탈출하여 롱 끼에 머무르다가 타이 군대가 물러가자 되돌아와 하 띠엔에 새로이 보루를 쌓아 방위를 강화하는 등 복구에 노력하였고, 그 결과 하 띠엔과 그 일대는 이전의 번영을 되찾았다.[282]

1735년 막구가 사망하자 아들 막천사(鄚天賜, 베트남어는 Mạc Thiên Tứ)가 뒤를 이어 하 띠엔을 다스렸다. 그가 아버지의 사망을 응우옌씨에게 알리자 이듬해 응우옌씨는 그에게 하 띠엔 진(鎭)의 도독(都督) 직함과 함께 3척의 배를 주면서 자치를 허용했다. 막천사는 세금이 면제되고, 바다에서 보화를 채취하거나 매입하여 공납하면 그것으로 그쳤다. 그는 또한 대외교역을 위한 주조권도 주어져서 각국의 상인들이 모여들었다.[283]

1739년에는 캄보디아의 하 띠엔 침입이 있었다. 왕위계승에서 타이의 지원으로 왕위에 오른 캄보디아의 왕이 막구 때 잃은 하 띠엔을 되찾고자 해서였다. 막천사는 이에 대응하여 병사들을 이끌고 열정적으로 싸웠는데 물자가 부족해졌다. 이때 그의 부인이 병사들의 부인들을 조직하여 부족한 물자를 조달한 덕분에 캄보디아 군대를 격파할 수 있었다고 한다. 막천사는

282 『前編』 권8, 23a면; 『大南列傳前編』 권6, 3a면; 「嘉定城通志」 권2, 110-111면; Charles B. Maybon, *Histoire moderne du pays of d'Annam (1590-1820)*, p.124; Đào Duy Anh, *Đất nước Việt Nam qua các đời*, p.237.

283 『前編』 권9, 13a면; 『大南列傳前編』 권6, 3b-4a면

이 공로로 '장군(將軍)'의 칭호가 주어졌다.[284] 이후 캄보디아와는 한동안 평화가 유지되었다.

그러나 1747년 캄보디아 왕이 죽고 그의 아들이 뒤를 이으면서 응우옌씨에 대한 전쟁을 다시 일으켰다. 이 와중에 캄보디아 군대가 미 토를 점령하여 약탈하는 사건이 발생했다. 당시 응우옌씨의 지배자인 응우옌 푹 코앗(Nguyễn Phúc Khoát, 阮福闊)은 캄보디아의 우동까지 침입하여 앙 찌(匿他)를 왕위에 앉혔으나, 그는 곧 쫓겨난 후 사망하고 말았다.[285]

1755년 타이 후원 하의 캄보디아 왕이 1만여 명의 병사로 베트남 남부를 공격을 했으나 응우옌씨의 군대는 이를 물리치는 데 그치지 않고 프놈펜까지 쳐들어갔다. 이에 그는 하 띠엔으로 도망하여 막천사의 중재를 요청했다. 1757년에는 캄보디아 왕이 사망한 후 왕위계승에 패한 자가 막천사에게 피신하여 오자 응우옌씨가 개입하여 그를 왕위에 앉혔다. 응우옌씨는 이처럼 두 차례에 걸친 개입의 결과로, 첫 번에는 미 토 지방으로부터 메콩 강 지류에 이르는 모든 영토를, 그리고 두 번째는 깜폿으로부터 까 마우에 이르는 타이 만(灣) 연안에 이르는 지역에 대한 공식지배권을 캄보디아로부터 얻어내 막천사로 하여금 관할하게 했다.[286]

결국 막씨 부자의 도움으로 응우옌씨는 남부의 서쪽 해안지방에 대한 지배권을 확립할 수 있었다. 이후 하 띠엔은 1770년대와 1780년 초에 타이와 떠이 썬 군대의 침입으로 막대한 피해를 입었으나, 1780년대 후반 응우옌

284 『大南列傳前編』 권6, 4b면; 『前編』 권10, 2a면; Charles B. Maybon, *Histoire moderne du pays of d'Annam(1590-1820)*, p.127.

285 『前編』 권10, 15a-b면.

286 『前編』 권10, 25a-b면, 29a-30b면; 「嘉定城通志」 권2, 124-125면, 153면; 『大南列傳前編』 권6, 5a-6b면; Paul Boudet, "La conquêt de la Cochinchine par les Nguyễn et le rôle des émigrés chinois," pp.127-128; Charles B. Maybon, *Histoire moderne du pays of d'Annam(1590-1820)*, pp.127-128; Nicholas Sellers, *The Princes of Ha-Tien*, pp.49-52.

푹 아인의 떠이 썬에 대한 승리로 마침내 평온을 되찾았다. 그러나 응우옌 왕조에 들어와서는 1848년 이후 그 영토가 오늘날 안 장 성(tỉnh An Giang, 安江省)의 쩌우 독(Châu Đốc)에서 그치고 캄보디아 내부에까지 미치지는 않았다.

1811년부터 1847년 응우옌 왕조 군대가 물러갈 때까지 캄보디아는 타이와 베트남 간의 전쟁터로, 폭력과 불안의 시대였다. 베트남이 물러간 다음에는 비록 베트남보다는 덜했지만 타이의 압력을 받았다. 그리하여 데이비드 챈들러(David Chandler)는 19세기 첫 60년은 1970년대 이전의 캄보디아 역사에서 어두운 시대 중에서도 '가장 어두운 부분(the darkest portion)'이라고 했다.[287]

이 시기 베트남인들은 주된 '악당'이어서, 캄보디아가 베트남에 대해 많은 적대감을 가진 것은 이 혼란시기부터라고 할 수 있다. 특히 민 망 황제는 캄보디아인을 야만인이라고 생각하여 이들의 베트남화에 노력하였는데, 일례로 스커트 대신 바지를 입도록 했는가 하면, 머리카락을 짧게 자르지 말고 길게 하도록 했다.[288] 더군다나 1834년 캄보디아 왕 앙 짠(Ang Chan, 螉禛)이 아들 없이 딸들만 남겨놓고 사망하자, 1835년 초 첫째 딸은 친 타이 쪽이라고 생각하여 둘째인 응옥 번 공주(Ngọc Vân, 玉雲公主)를 왕위에 앉혔다. 이가 앙 메이(Ang Mey) 여왕이다. 동시에 캄보디아를 쩐 떠이 타인(Trấn Tây Thành, 鎭西城)으로 하고 그 아래 베트남식 행정제도를 도입했다.[289] 이후 관리의 임명, 봉급 및 군사문제 등 모든 것이 베트남인의 손안에 있었다.

이들 제도는 캄보디아인들에게 매우 이질적인 것이었다. 그리하여 응우

287 David Chandler, *A History of Cambodia*(Boulder: Westview, 1992), p.117.

288 David Chandler, *A History of Cambodia*, p.126.

289 『大南寔錄』 正編 第2紀, 권142, 17b-18b면; Trần Trọng Kim, *Việt-Nam sử-lược*, Quyển 2, p.222; David Chandler, *A History of Cambodia*, p.125; 최병욱, 「베트남의 캄보디아병합(1835-1847): 여왕 메이(Mei)의 처리문제를 중심으로」, 『동남아시아연구』 20-2(2010), 7-10면.

옌 왕조가 캄보디아를 완전히 지배하려는 노력에 대해 대대적인 반발이 일어나면서 캄보디아 내의 많은 베트남인들이 학살을 당했다. 1840년대 중반에 이르면 타이를 이기고 캄보디아를 지배할 수 있다는 생각은 더 이상 가능해 보이지 않았다. 이에 티에우 찌 황제는 1847년 죽음에 앞서 철수하라는 칙령을 내림으로써 베트남은 캄보디아로부터 물러나고 말았다.[290]

290 *A New History of Southeast Asia*, edited by M. C. Ricklefs(New York: Palgrave Macmillan, 2010), p.149; Nola Cooke, "Water World: Chinese and Vietnamese on the Riverine Water Frontier, from Ca Mau to Tonle Sap(c. 1850-1884)," in *Water frontier: commerce and the Chinese in the Lower Mekong Region, 1750-1880*, edited by Nola Cooke & Li Tana(Singapore: Rowman & Littlefield, 2004), p.147.

제 3 장

부부관계와 여성의 지위

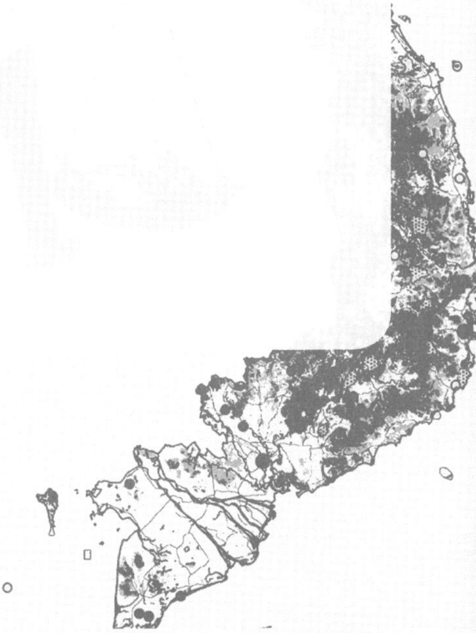

1. 부부관계의 성립

많은 사회에서 부부관계의 성립은 결혼을 전제로 한다. 그리고 이 결혼이란 오늘날 사회에서는 기본적으로 사랑하는 두 사람 사이의 결합인 것이다. 그러나 전근대 베트남 사회에서는 두 사람 사이의 사랑에 의한 경우도 있었지만, 그보다도 결혼은 조상숭배를 위한 가계의 영속이 더 중시되었다. 다시 말하면, 제사를 지낼 후손의 생산이 중요했다. 이는 베트남인들이 '가보(家譜)'를 편찬한 주요 목적 중의 하나가 조상의 기일을 빠짐없이 기록하는 비망록적인 성격이 짙었던 것에서 알 수 있다. 많은 사회에서 흔히 보는 족보의 편찬이 친족의 연원이나 명예의 기록이 우선적이었던 것과 같은 문제는 왕족 등 극히 일부 특권계층을 제외하면, 일반적으로 이는 부차적이었을 뿐이다.[01] 저 세상으로 떠난 조상들을 편히 쉬게 하려면 제사가 절대 필요하다는 것이 살아 있는 자손들의 믿음이었다. 조상의 제사는 고고조부모(高高祖父母)인 5대까지 하는 경우도 있지만, 일반적으로는 증조부모까지의 3대에서 그쳤다.[02] 이 때문에 당시 결혼은 당사자들의 문제라기보다도 부모는 물론 친족들의 주요 관심거리였다.

근세 베트남 사회에서 결혼양식에는 두 가지가 있었다. 하나는 중매결혼

01 末成道南, 「ベトナムの家譜」, 『東洋文化研究所紀要』 127(1995), 21면.

02 山本達郎, 「越南の家譜」, 1044면; 末成道南, 「ベトナムの家譜」, 17면. 오늘날 베트남인들도 부모가 사망하면 영혼이 곧 바로 집안을 떠나는 것이 아니라 몇 세대가 지난 뒤에 생존한 이들과의 관계가 멀어지면 그때 새로운 세대에게 자리를 물려주고 떠난다고 믿는다. 이 과정은 처음 조상에 되고나서 세 세대가 걸린다. 집안을 떠난 조상은 가문의 사당으로 옮겨간다. 권헌익 지음, 유강은 옮김, 『학살, 그 이후: 1968년 베트남전 희생자들에 대한 추모의 인류학』(서울: 아카이브, 2012), 178면.

이었고, 다른 하나는 연애결혼이었다. 전자는 지배계층에서 일반적으로 행해졌고, 후자는 일부 하층민들 사이에서 이루어졌다.

중매결혼은 양가 부모나 집안 어른들 간의 논의에 의해 이루어졌다. 이때 최종 결정에는 아버지보다 어머니의 의사가 중요했다고 한다.[03] 결혼 당사자들은 자신의 배우자 선택에서 하등의 발언권이 없었을 뿐만 아니라 결혼의 결정이 기정사실화된 후에야 알고는 했다. 이런 경우 신랑과 신부가 결혼 당일에야 처음으로 얼굴을 대하게 되는 것이 일반적이라고 해도 지나친 말은 아니다.

중매결혼이 양가 부모나 집안 어른들에 의해 이루어지는 주요 이유는, 무엇보다도 지배계층에 속하는 집안의 딸들은 중국 유교의 영향 하에 자유로운 외출이 허용되지 않았기 때문이다. 유교의 영향 하에 이루진 것이겠지만, 베트남 속담에 다음과 같은 말이 있다. "여자아이들은 빗장을 지른 문 안에 있어야 한다."[04] 혹시 외출을 하더라도 길바닥만 보며 걷고 집에 들어와서야 눈을 들어 위를 바라볼 수 있었다.[05]

또 다른 이유는 관리계층이나 부유층에서 자녀들의 결혼을 이용하여 높은 신분층과 연줄을 맺으려는 의도 때문이기도 했다. 베트남 전통사회가 특히 유교의 영향을 받으면서 관직과 부는 사회적 신분을 결정하는 가장 중요한 두 요소였다. 두 요소 중에서 관직이 더 중요했음은 물론이다. 이런 이유

03 Huynh Dinh Te, "Vietnamese Cultural Patterns and Values as Expressed in Proverbs"(Ph. D. dissertation, Columbia University, 1962), p.82.

04 "Con gái cửa gài then đóng." Huynh Dinh Te, "Vietnamese Cultural Patterns and Values as Expressed in Proverbs," p.75, n. 1; Cong-Huyen-Ton-Nu Nha Trang, "The Traditional Roles of Women as Reflected in Oral and Written Vietnamese Literature"(Ph. D. dissertation, University of California, Berkeley, 1973), p.30; Abbé Richard, *Histoire naturelle, civile et politique du Tonkin*, vol.1, pp.115-116.

05 "Đi cúi mặt xuống đất, về cất mặt lên trời." Huynh Dinh Te, "Vietnamese Cultural Patterns and Values as Expressed in Proverbs," p.75.

로 해서 18세기에 가장 잘 알려진 학자요 관리인 레 꾸이 돈(Lê Quí Đôn, 黎貴惇)은 부 똥 지엠(Vũ Tông Diễm, 武宗琰)이란 이가 과거에 합격하자 심지어 자기 조카 딸 중의 하나를 그의 둘째 부인으로 주기까지 했다.[06] 관리 집안은 일반적으로 비슷한 배경의 집안과 혼사를 맺었는가하면, 딸만 있는 부유한 집안은 머리는 좋은데 교육을 시킬 능력이 없는 아들을 가진 빈한한 가정과 혼사를 맺기도 했다. 이들 집안은 사위가 장차 과거에 합격하기를 기대하면서 이러한 결혼을 시켰음은 말할 것도 없다.

그러나 하층민의 남녀들까지 중매결혼에 의해 맺어지는 것은 아니었다. 상층계층의 여자들과는 달리 하층민의 여자들은 일을 하기 위해서건 아니면 놀기 위해서건 출입이 자유로웠다. 베트남 관습은 젊은 여자들이 젊은 남자들과 어울리는 것에 대해 그다지 부정적이지 않았다. 이로 인해 이들은 자유롭게 배우자를 선택하는 것도 가능하여 중매를 통하지 않고 결혼할 수 있었다. 명의 지배기(1407-1427)에 저술된 것으로 알려진 『안남지원(安南志原)』에 의하면, 베트남인들은 연말에 폭죽을 터뜨리며 불을 켜놓고 밤새도록 즐기는데, 가난한 이들은 이날 밤 스스로 배우자를 택했다고 한다.[07] 이와 유사한 내용은 쩐 왕조 때의 기록에서도 보인다. 몽골의 제2차 침입 때(1285년) 항복하여 『안남지략(安南志略)』을 쓴 레 딱(Lê Tắc, 黎崱)에 따르면, 가난한 집안의 남녀는 중매자 없이 스스로 배우자를 택했다고 했다.[08]

그렇다고 모두가 자유롭게 결혼했다고 할 수는 없다. 사실 곧 언급할 결

06 范廷琥, 『雨中隨筆』(Ecole Française d'Extrême-Orient microfilm A. 1297), 97a-b면. 이러한 과거를 통한 관직에의 진출 중시로 인해, 전근대 시기 지배계층은 '문(文)'을 숭상해 13세기의 저명한 역사학자인 레 반 흐우(Lê Văn Hưu, 黎文休)처럼 이름의 가운데 글자에 '반(Văn, 文)'을 쓰는 것이 상당히 보편적이었다.

07 『安南志原』 권2, 102면.

08 "貧家男女 無媒婚禮者 則自相配." 黎崱, 『安南志略』, 41면. 이 책은 몽골인들의 베트남 침입을 위한 일종의 안내서라고 할 수 있다.

혼절차에서 신랑이 신부 마을에 지불하는 '란 냐이(lan nhai, 攔街)'[09]라는 결혼 사례금이 말해주듯이, 대부분의 결혼은 각기 다른 마을의 남녀 간에 이루어졌다. 이런 경우 남녀는 서로 만날 기회가 많지 않기 때문에 어른들의 접촉에 의해 혼담이 오고가는 것이 더 일반적이었지 않을까 한다.

통킹 델타와 그와 인접한 평야지대의 촌락들은 오랜 역사를 가지고 있으며, 이러한 역사는 후술하는 바와 같이 촌락들이 대나무 울타리로 둘러싸인 밀집된 형태를 이루게 했다. 이러한 외형이 촌락들로 하여금 외부세계로부터 독립된 인상을 주기는 하지만, 실제로는 이웃 촌락과의 사이에 논들만 있고 다른 아무런 장애물도 없어서 서로 내왕하기가 어렵지 않았다. 사람들은 들에서 일하다가 다른 마을사람들을 만날 수가 있었다. 사람들은 또한 결혼이나 장례 및 마을의 축제 때에 이웃마을을 방문했고, 이러한 접촉은 흔히 새로운 접촉을 갖게끔 했다. 즉 이웃마을 사람들이 답례로 찾아오고, 이때 혼담이 오고갈 수도 있었다.

여하튼 간에 젊은 남녀가 자유롭게 어울리는 베트남 관습은 유교적 도덕에서 보면 결코 바람직하지 않은 것임에 틀림없었다. 그렇기 때문에 유교를 몹시 존중한 레 왕조의 타인 똥(聖宗)은 1471년 칙령을 반포하여, 남녀의 동석(同席) 및 같은 냇가에서 남녀의 목욕이라든가 남녀 간에 손으로 직접 물건을 주고받는 것을 금지시켰고 위반하면 처벌을 받았다.[10] 이 칙령을 보더라도 당시 베트남에서 남녀의 접촉이 얼마나 자유스러웠는가를 알 수 있다.

타인 똥의 금령이 지배계층에는 영향을 끼쳤겠지만, 일반 하층민들 사이에서는 오랜 관습이 한 번의 금령에 의해 없어질 수 없었다. 17세기 후반

09 '란 냐이'는 글자 그대로 신부 마을 사람들이 신부를 맞으러 온 신랑의 행렬을 가로막고 돈과 음식을 요구하는 관습이다.

10 『洪德善政書』 p.44; *The Lê Code*, vol.2, p.108.

네덜란드인 아버지와 베트남인 어머니 사이에서 태어나 하노이에 체재하고 있던 사무엘 바론(Samuel Baron)은 다음과 같이 말하고 있다.[11] "무어인이나 중국인과는 달리 이 나라 사람들은 여자를 남의 눈으로부터 감추지 않는다." 이처럼 여자들이 자유롭게 밖으로 나다닐 수 있었기 때문에 18세기에도 그들은 자유롭게 배우자를 택할 수 있었다. 당시 베트남의 상황을 글로 남긴 리샤르 수사(Abbé Richard)의 말을 빌리면, "그들[여자]은 언제나 자유의사에 의해 마음에 드는 사람을 골랐다. 그와 같은 일은 중국인들에게는 용납되지 않았다."[12] 리샤르 수사에 앞서 17세기 후반 베트남을 다녀온 중국인 반정규(潘鼎珪)도 여자들이 배우자를 택한다고 했다.[13] 이러한 배우자 선택은 주로 하층민들의 경우였을 것임은 말할 필요도 없다.

그러나 왕실에서는 권력을 위해 황태후가 신하를 배우자로 선택하는 예도 있었다. 딘 보 린이 사망한 후 어린 황제를 책임진 즈엉(Dương, 楊)태후가 송나라 군대의 침입 앞에 군의 최고책임자인 레 호안(黎桓)을 배우자로 맞아 980년에 황제로 삼았다. 남성중심에서 보면 왕조교체지만, 여자 측이 권력 유지를 위해 주체적으로 배우자를 선택한 것이라고도 볼 수 있다.[14]

결혼 상대자가 중매에 의해 선택되든가 아니면 결혼 당사자들이 스스로 선택하든가 간에, 거기에는 법적 내지는 사회적 관습이란 제약이 따랐다. 이 경우에도 영향을 받은 것은 주로 지배계층이었다. 법적 제약의 첫째는 동성혼(同姓婚)의 금지였다. 최초의 금지령은 레 타인 똥의 꽝 투언(Quang Thuận, 光順) 4년(1463) 오복친(五服親) 간에 관해 내려졌으며, 홍 득(洪德) 연간

11 Samuel, Baron. "A Description of the Kingdom of Tonqueen," in *A Collection of Voyages and Travels*. edited by Awnsham and John Churchill(London: Printed for Awnsham and John Churchill, 1732), vol.6, p.30.

12 Abbé Richard, *Histoire naturelle, civile et politique du Tonkin*, vol.1, p.116.

13 潘鼎珪, 「安南紀遊」, 122면.

14 桃木至朗, 『中世大越國家の成立と變容』, 109면.

(1470-1497)에 되풀이하여 금하면서 위반자는 장(杖) 80대에 처해지도록 했다.[15] 『국조형률』에 의하면,[16] 남자와 달리 여자에 대한 형벌은 태(笞) 50대까지로 제한되었기에 이럴 경우 여자에 대한 형벌이 어떠했는가는 알 수가 없다. 동성혼에 대한 금지령이 2세기 후 후옌 똥(Huyền Tông, 玄宗, 1663-1671)때인 1663년에 다시 내려졌고,[17] 주 똥(Dụ Tông, 裕宗, 1705-1729) 때인 1720년 또 다시 되풀이된 것을 보면,[18] 그다지 받아들여진 것 같지가 않다. 실제로 야마모토 다츠로(山本達郞)가 1930년대 수집한 베트남의 15편 가보(家譜)에는 동성혼에 관한 것들이 있다. 예컨대, 오늘날 타이 빈 성(tỉnh Thái Bình, 太平省) 소재의 안 타이(An Thái, 安泰)와 록 토(Lộc Thọ, 祿壽) 두 촌락 공동의 「안록완족가보(安祿阮族家譜)」는 1886년에 기록된 응우옌(阮)씨 집안 것인데, 5대조의 고고조모와 3대조의 증조모가 모두 응우옌씨였다고 한다.[19] 1886년으로부터 5대조와 3대조라면 19세기 전반의 사람들일 것이다. 이와 관련하여 아야베 쓰네오(綾部恒雄) 역시 베트남에서는 성이 같더라도 조상이 다르면 처벌되지 않는다고[20] 한 것은 주목할 만하다. 이는 우리나라에서 과거 동성동본(同姓同本)이 아니면 결혼이 허용되었던 것과 유사한 경우가 아닌가 한다.

동성혼의 금지가 베트남에서 잘 지켜지지 않은 것은 그것이 자기네 고유의 관습이 아니라 부계중심인 중국 유교문화의 영향이었기 때문일 것이다. 당률에서는 동성 간에 결혼하는 경우 남녀 각각 2년의 도형(徒刑)에 처해지도록 해서 처벌이 상당히 무거웠는 데 비해, 명률에서는 각각 장(杖) 60대로

15 『洪德善政書』, 122면; 『天南餘暇集』, 「條律」, 18a면; *The Lê Code*, vol.2, p.180.

16 『國朝刑律』, 2a면; *The Lê Code*, vol.1, article 1, p.107.

17 *Lê Triều Chiếu Lịnh Thiện Chính*[黎朝詔令善政], trans. Nguyễn Sĩ Giác(Sài Gòn: Nhà in Bình-Minh, 1961), p.296; vol.2, p.116.

18 『전서』(하), 1047면.

19 山本達郞, 「越南の家譜」, 1040면 및 1045면.

20 綾部恒雄, 『東南アジアの論理と心性』(東京: 第一書房, 1992), 210면.

레 왕조의 형벌과 큰 차이가 없었다.[21]

동성혼은 쩐 왕조의 황실에서는 일상적으로 되어 있었다. 이는 왕조의 실질적 건설자인 쩐 투 도(陳守度)가 외척으로 리 왕조를 멸망시킨 점을 고려하여 처음부터 외척의 권력개입을 막으려 황실근친혼을 장려했기 때문이다. 응오 씨 리엔이 지적했듯이, 이러한 황실근친혼은 베트남역사에서 특이한 현상이기는 했다.[22] 쩐 황실의 근친혼은 몽골의 침입을 세 차례나 물리친 영웅인 쩐 흥 다오(陳興道)의 결혼관계에 잘 나타나 있다. 그는 본명이 쩐 꾸옥 뚜언(Trần Quốc Tuản, 陳國峻)으로 쩐 왕조의 첫 황제인 타이 똥(太宗)의 형인 쩐 리에우(Trần Liễu, 陳柳)의 아들인데, 타이 똥의 맏딸로 사촌이 되는 티엔 타인 공주(Công chúa Thiên Thành, 天城公主)와[23] 결혼했다.[24] 결국 이는 형제가 아들과 딸을 서로 결혼시킨, 다시 말하면 4촌 간의 결혼인 것이다. 한편 이 결혼에서 태어난 장녀는 타인 똥의 아들로 뒷날 년 똥(仁宗)이 되는 황태자 컴(Khâm, 昑)의 태자비가 되었다.[25]

이들의 결혼은, 황태자의 입장에서는 고모와 당숙 사이의 딸과 결혼한 것이고, 태자비의 입장에서는 아버지와 당고모 사이의 아들과 결혼한 것이 된다. 또한 쩐 흥 다오의 아들은 타인 똥(聖宗)의 딸과 결혼하였는데,[26] 이들은 당질과 당고모의 사이로 아래 세대가 윗세대와 결합한 경우이다. 레 타인

21 『唐律疏議』 권14, 262면; 『大明律』 권6, 59면.

22 『전서』(상), 335면. 쩐 황실의 황실근친혼에 대하여는 모모키 시로(桃木至朗)가 상세히 설명하고 있다. 桃木至朗, 『中世大越國家の成立と變容』, 281-284면.

23 티엔 타인 공주는 타이 똥의 딸이 아니라 누이동생이라는 설도 있다. 桃木至朗, 『中世大越國家の成立と變容』, 281면, 각주 73.

24 공주는 이미 다른 왕자와 결혼할 예정이었음에도 불구하고 강제로 그와 결혼했다. 『전서』(상), 335면; 桃木至朗, 『中世大越國家の成立と變容』, 281면; *The Lê Code*, vol.2, p.180.

25 『전서』(상), 349면; 桃木至朗, 『中世大越國家の成立と變容』, 281면; Alexander B. Woodside, "Medieval Vietnam and Cambodia: A Comparative Comment," *Journal of Southeast Asian Studies*, 15-2(September 1984), p.316.

26 『전서』(상), 255면; 桃木至朗, 『中世大越國家の成立と變容』, 281면.

똥 때의 법은 이처럼 남편과 아내의 세대가 다른 존비(尊卑) 간의 결혼을 철저히 금하고, 어기면 그에 상응하는 처벌[流刑]을 받았다.[27] 이 역시 유교문화에 근거한 중국법인 당률과 명률의 규정을 계수(繼受)한 결과였다고 보아 틀림없다. 존속위혼(尊屬爲婚)의 경우 당률에서는 장 100대, 명률에서는 장 80대의 형에 처해졌다.[28]

근친혼이 일반 하층민들 사이에서도 행해졌는지는 기록이 없어 알 수 없다. 그러나 황실에서 있었다면 그들도 그랬을 가능성이 많다. 베트남에서는 중국이나 한국에서 '족보(族譜)'라고 하는 것을 '가보(家譜)'라고 하는 것에서도 알 수 있듯이 친족제도가 발달되지 않았기에 근친개념이 확실했다고 보기는 어렵기 때문이다. 적절한 비교일지는 모르겠으나, 이는 친족제도가 발달되지 않은 일본에서도 족보라는 말 대신 '가계도(家系圖)' 또는 '가보'라고 하며 근친혼이 가능했던 것을 고려하면 더욱 그렇다는 생각이 든다. 일본의 경우 근친혼은 고대 황실에서 자기네 종족을 보존하기 위해 근친혼이 행해졌던 것의 유습(遺習)과도 어느 정도 관련이 있지 않을까 한다.

야마모토 다츠로는 일찍이 동성혼이 레 왕조 초에도 일반적 관행이었다고 했다. 그는 『대월사기전서』에 보이는 레 왕조 건국에서 중추적 역할을 한 인물인 응우옌 짜이(Nguyễn Trãi, 阮廌)의 처 이름이 응우옌 티 로(Nguyễn Thị Lộ, 阮氏路)였다든가, 유학의 소양을 쌓은 촌락의 유력자인 응우옌 반 디에우(Nguyễn Văn Điệu, 阮文調)의 처가 응우옌(阮, Nguyễn)씨라는 것 등이 이를 입증한다고 보았다.[29] 그러나 쩐 투 도는 리 왕조에 대한 흔적을 없애기 위해 리

27 『洪德善政書』, 122면 및 124면. 당률과 명률 모두 이를 엄금하고 있다. 결혼하면 간통죄에 해당되었다. 『唐律疏議』 권14, 263면; 『大明律』 권6, 60면.

28 『唐律疏議』 권14, 263면; 『大明律』 권6, 60면.

29 『전서』(중), 607면 및 633면; 山本達郎, 「安南黎朝の婚姻法」, 『東方學報』 8(1938), 277면.

(李)씨를 응우옌(阮)씨로 바꾸게 했고,[30] 그 위에 베트남에서는 성을 바꿀 수 있었기에 이들의 성이 응우옌씨라고 해서 두 집안이 실질적으로 우리가 생각하는 것과 같은 동성관계였는가에 대해서는 좀 더 자세한 검토가 필요하지 않을까 한다. 그렇기는 하지만 레 타인 똥 때 동성혼에 대한 금지령이 처음 내려진 것을 고려하면, 그 이전 동성혼은 관리계층 사이에서도 별달리 금기시되었다고 보기는 어렵다.

레 타인 똥이 동성혼에 대한 금지령을 내렸으면 관리들은 이를 따랐을 가능성이 많다. 타인 똥은 인간이 금수와 다른 것은 예(禮) 때문이라고 하면서, 모든 관리의 승진은 유교적 예의 준수여부에 따라 결정하도록 했다.[31] 따라서 이들은 규정을 어기면 승진이 되었다가도 취소되거나 관직을 박탈당하고 처벌까지 받았다. 그러나 관직을 떠났거나 아니면 관직이 나아가지 않는 지배층은 반드시 규정을 따랐던 것 같지가 않다. 야마모토 다츠로가 인용한 「안록완족가보」의 5대 조상은 하노이에서 하급무관으로 있다가 관직을 그만둔 후 위의 마을로 낙향한 인물이었다.

이들처럼 식자층에서도 동성혼의 행해졌다면, 하층민들에서는 더욱 그러했을 가능성이 많다. 중국이나 우리나라에서와는 달리 베트남 사람들에게 성(姓)이란 편의에 따라 얼마든지 바꿀 수 있는 것이었다. 스에나리 미치오(末成道男)가 1990년대 전반 북부 베트남에서 수집한 가보자료 21 중 성을 바꾼 것이 5이었다. 이들 가보에 의하면, 성을 바꾼 이유는 전란을 피해 다른 지방으로 이주한 경우와 자손이 적을 때 성을 바꾸면 운(運)이 변해 집안이 번성하리라는 믿음 때문이었다고 한다. 성을 바꿀 때는 주로 어머니의 성

30 『전서』(상), 326면.
31 "今後官吏諸色 某或遷陞除授 卽吏部箚示府縣社 責令社長端供." 『전서』(중), 677면.

을 따르는 것이 특징이라고 했다.[32] 가보가 있는 집안은 적어도 식자층이었을 것을 감안하면, 생활고로 고향을 등지는 하층민들 사이에서는 성을 바꾸는 일이 더욱 빈번했을 것으로 생각된다. 우리는 앞에서 베트남의 남진과정에서 조정이 빈민들을 새로운 정복지로 이주시킨 경우들을 많이 보았는데, 이때 그들은 주변상황에 따라 성을 바꾸었을 가능성이 많다. 실제로 18세기 후반 농민운동을 주도했던 떠이 썬 삼형제의 본래 성은 호(Hồ, 胡)씨였다. 그들은 조상은 1650년대 찐씨와 응우옌씨의 남북대결 때 고향인 중북부의 응예 안에서 중남부 꿔 년으로 이주했다. 그 후 이들은 당시 그곳 지배층의 성이 어머니의 성과 같은 응우옌씨였기에 응우옌씨로 바꾸었다.[33] 때문에 성이 같다는 것 자체는 결혼에 아무런 장애가 되지 않았다.

문제는 결혼 당사자 두 사람의 부계혈통(父系血統)이 같은가 아닌가 하는 것이었다. 17, 18세기 유럽인들의 기록에 의하면, 베트남의 관습으로는 같은 형제의 자손들은 촌수가 아무리 멀어도 서로 결혼하는 것이 허용되지 않았다고 한다.[34] 중국의 『대청률(大淸律)』을 그대로 계수한 것으로 알려진 응우옌 왕조의 『황월율례(皇越律例)』조차도 동성혼은 인정하면서 부계혈통이 같은 경우의 결혼은 철저히 금하고 있다.[35] 앞서 언급한 쩐 홍 다오의 예를 본다면, 이 역시 레 왕조가 유교를 강조한 영향 때문이었을 것이다.

레 타인 똥은 또한 여자형제들의 자녀들 간에도 결혼을 금지시켰지만,[36]

32 末成道男, 「ベトナムの「家譜」」, 31-35면.

33 Vản Tân, *Cách Mạng Tây Sơn*[西山黨 혁명](Hà Nội: Văn Sử Địa, 1958), p.34; Alexander Woodside, *Vietnam and Chinese Model*, p.44.

34 Alexandre de Rhodes, *Histoire du royaume de Tunquin et des grands progrez que la predication de l'evangile y a faits en la conversion des infidelles depuis l'année 1627 jusques à l'année 1646*(Lyon: Jean Baptiste Devenet, 1651), p.100; Abbé Richard, *Histoire naturelle, civile et politique du Tonkin*, vol.1, p.100.

35 山本達郎, 「安南黎朝の婚姻法」, 278면.

36 『洪德善政書』, 122면; *The Lê Code*, vol.2, p.180.

이 역시 일반 평민들 사이에서는 잘 지켜지지 않았던 것 같다. 이는 다음과 같은 베트남 속담을 보면 알 수 있다. "왕과 쭈어(chúa)는 도대체 어찌하여 두 자매의 아이들이 결혼하는 것을 금하시나요?"[37] '쭈어'는 17, 18세기 남북 대립 때 실권을 장악하고 있던 찐씨와 응우옌씨를 일컫는 칭호이기에, 이 속담은 그 당시 조정의 금지령에 반발하여 생긴 것임에 틀림없다. 결국은 조정이 금하더라도 우리는 우리의 관습대로 하겠다는 의미를 내포하고 있다. 실제로 당시는 남북이 대립과 분열 상태에 있어 조정은 평민들의 일상생활에 관여할 겨를이 별로 없었다. 테일러(Keith Taylor)는 17세기 후반 남북 간에 직접적인 무력충돌이 끝나기 직전부터 북쪽의 찐씨는 유교적 문화부흥에 노력했다고 했지만,[38] 그것이 어느 정도 사회의 저변에까지 영향을 끼쳤는지는 의문의 여지가 있다. 이를 말해주듯이, 로드 신부는 두 자매의 아이들이 서로 결혼했다고 했다.[39]

결혼을 하려면 몇몇 단계를 거쳐야 했는데, 이는 법과 관습으로 정해져 있었다. 홍 득(洪德) 연간에 반포된 규정에 의하면, 의혼(議婚)[40]·정친(定親, 즉 약혼; 달리는 問名)·납빙(納聘, 약혼선물; 속칭 納采)·친영(親迎, 즉 결혼식; 속칭 迎婿)의 4단계를 거쳤다.[41] 이러한 절차는 중국의 육례(納采, 問名, 納吉, 納徵, 請期, 親迎)와 유사하지만, 납길과 청기가 생략되어 있다. 위에서 언급한 것처럼 배우자를 스스로 선택하는 가난한 이들 사이에서는 이러한 절차를 따랐다고

37 Huynh Dinh Te, "Vietnamese Cultural Patterns and Values as Expressed in Proverbs," p.87, n.1; Nguyên Van Ky, "Rethinking the Status of Vietnamese Women in Folklore and Oral History," in *Viêt Nam Exposé: French Scholarship on Twentieth-Century Vietnamese Society* edited by Gisele Bousquet and Pierre Brocheux(Ann Arbor: The University of Michigan Press, 2002), p.99.

38 Keith W. Taylor, "The Literati Revival in Seventeenth-century Vietnam," pp.1-23.

39 Alexandre de Rhodes, *Histoire du royaume de Tunquin*, p.100.

40 결혼은 남자 18세, 여자 16세부터 가능했다. 『天南餘暇集』, 「條律」, 45a면.

41 『전서』(중), 706면; 『天南餘暇集』, 「條律」, 45a-b면; 山本達郎, 『安南黎朝の婚姻法』, 251-252면.

생각되지 않는다.

혼인절차에서 이처럼 중국의 용어를 빌려오고는 있지만, 위의 규정은 당시 베트남의 관습을 반영하고 있는 것으로 보인다. 이는 18세기 말에서 19세기 초에 활약한 베트남 학자인 팜 딘 호(Phạm Đình Hổ, 范廷琥)의 말로 보아 확실하다. 그는 관리나 평민이나 모두 결혼할 때 문명·납빙·친영의 세 단계를 따랐을 뿐이라고 했다.[42] 이 무렵 타이를 방문하여 그곳에서 들은 베트남 관습에 대한 기록을 남긴 유럽인 신부 쇄시(Choisy)도 세 단계를 호이(hoi)·쩨오(cheo)·꾸오이(cuoi)라 부르고 있다.[43] 호이는 '호이(hỏi)'로 의혼, '쩨오'는 결혼식 때 신랑이 신부 마을에 내는 일종의 결혼세, 즉 '란 냐이', 꾸오이는 '끄어이(cưới)'로 친영을 의미한다.

의혼 절차를 제외하면 법과 관습 사이에는 거의 차이가 없다. 의혼이 생략된 것은 의혼과 문명이 동시에 이루어졌기 때문일 것이다. 남자의 부모가 빈랑(檳榔) 나무 열매[44]와 술을 가지고 여자 집에 갔을 때 이를 받아들이면 청혼을 받아들인 것으로 되었다.[45] 10세기에 저술된 중국의 『태평환우기(太平寰宇記)』에도, 베트남에서는 결혼하려고 하는 남자가 그가 원하는 여자에게 빈랑 열매 한 그릇을 보내, 여자가 이를 다 씹어 먹으면 청혼이 받아들여진 것으로 간주했다고 했다.[46] 1170년 계림(桂林)의 지부(知府)로 부임해 당시 베트남 사정에 전통했던 범성대(范成大)가 쓴 『계해우형지(桂海虞衡志)』에는 의하면, 베트남인들은 음력 3월 3일 남녀가 모여 공놀이를 하다가 남자

42 "士庶之家 惟行問名納徵親迎三禮." 范廷琥, 『雨中隨筆』, 52b면.

43 Léopold Cadière, "Les Europeens qui ont vu le vieux Hué: l'Abbé de Choisy," *Bulletin des Amis au Vieux Hué* 16(1929), p.118.

44 빈랑은 베트남의 예전 의식에서 빠져서는 안 되는 귀중한 열매였다.

45 『洪德善政書』, 92면.

46 "南中八郡志曰 … 索婦之人 未婚前先送檳榔一盤 女食盡 則成親." 『太平寰宇記』(上海: 金陵書局, 1882) 권170, 4b면.

가 던진 공을 여자가 받으면 서로 결혼하게 된다는 구절이 있다.[47] 쩐 왕조의 실질적 건설자인 쩐 투 도는 리 왕조의 찬탈에서 이러한 관습을 이용했다. 그는 의도적으로 일곱 살인 조카 쩐 까인(陳煚)을 리 왕조의 마지막 군주이자 여왕인 열일곱 살이었던 찌에우 호앙(昭皇)의 소꿉친구로 들어보내 같이 놀도록 했다. 그러다 어느 날 쩐 까인이 수건에 싼 빈랑 열매를 던지자 찌에우 호앙이 받자 이를 구실로 두 사람을 결혼시켰다.[48]

경우에 따라서는 여자 집에서 사윗감을 잘 모를 때, 결혼하기 전에 남자를 1-2년 또는 그 이상 데리고 생활하기도 했다고 한다. 이때 남자가 게으르다거나 한 집안을 이끌어 나갈 능력이 없다고 생각되면, 그를 돌려보내기도 했다.[49]

결혼하기로 결정이 되면 중국에서는 이를 문서로 작성했지만,[50] 베트남에는 그런 규정이 없었다. 여하튼 일단 예물이 오고가서 약혼이 되면, 특별한 사정[51]이 없는 한 남녀 어느 쪽도 파혼할 수가 없었다. 법은 이를 위반하면 쌍방 모두 장 80대에 처하도록 규정하고 있다.[52] 이 파혼규정과 관련하여 주목할 만한 사실은 처벌이 여자 측에게만 불리하게 되어 있지 않았다는 점이다. 이는 여자 집안만 처벌하도록 한 중국법과는 확실히 다르다. 당률에서

47 馬端臨, 『文獻通考』(上海: 商務印書館, 1936) 권330, 2594면.

48 『전서』(상), 315-316면.

49 Alexandre de Rhodes, *Histoire du royaume de Tunquin*, p.100; Nhung Tuyet Tran, "Vietnamese Women at the Crossroads: Gender and Society in Early Modern Đại Việt,"(Ph. D. dissertation, University of California at Los Angeles, 2004), p.90.

50 『唐律疏議』 권13, 253-254면; 『大明律』 권6, 57면.

51 남자든 여자든 악질(惡疾; 흔히 나병)에 걸리거나 범죄를 저지르는 등의 경우에는 당국에 알려 약혼을 파기할 수 있었다. 『國朝刑律』 58a-b면; *The Le Code*, vol.1, article 322, p.186. 이 규정은 당률에는 없고, 명률에서는 "有犯姦盜者 不用此律"이라 하여 파혼을 인정하고 있다. 『大明律』 권6, 57면; 山本達郎, 「安南黎朝の婚姻法」, 165면.

52 『國朝刑律』 57b면; *The Lê Code*, vol.1, article 315, p.185; 『洪德善政書』, 94면.

의 처벌은 장 60대였고, 명률에서는 태 50대였다.[53]

결혼이 결정되면 남자의 부모는 다시금 예물을 가지고 여자 부모를 방문하여 결혼할 날짜, 즉 길일(吉日)을 의논했다. 결혼날짜가 정해지면 일반 평민의 경우 남자가 약혼녀를 방문하는 것이 허용되었다. 그러나 지배계층에서는 유교적 남녀부동석의 개념에 따라 방문이 허용되지 않았다.

결혼의 마지막 단계는 신랑이 결혼 하루 전이나 결혼 당일에 신부의 마을을 방문하여 전술한 바와 같은 마을에 '란 냐이'를 납부해야만 했다.[54] 란 냐이가 납부되면 신부의 마을 사람들은 결혼을 공식적으로 인정해 주었다.

란 냐이를 지불하는 것은 전근대 북부 베트남 촌락들의 독립적이며 자율적인 특징 때문이었다. 이와 같은 특징을 보여주는 것이 촌락마다 대나무 울타리로 빽빽하게 둘러싸여 있어 외부의 침입을 불가능하게 한 모습이다. 17, 18세기 베트남을 방문한 유럽인들 중의 한 사람인 윌리엄 댐피어(William Dampier)의 말이 이를 잘 보여준다.[55]

> 마을들은 입구에 다가갈 때까지 거의 보이지 않는다. 이는 마을을 둘러싸고 있는 나무나 숲들 때문이다. 따라서 바다에 가까운 저지대에서 마을이 없는 숲을 본다는 것은 거의 있을 수 없고, 또 숲 없는 마을을 본다는 것 역시 어려운 일이다.

53 『唐律疏議』 권13, 253; 『大明律』 권6, 57면.

54 '란 냐이'의 요구가 점차 과다해짐에 따라 1663년에 반포된 교화조례(敎化條例)에서는 동전 1관(貫)과 술 한 항아리로 제한했다. 『黎朝詔令善政』, 296-297면.

55 William Dampier, *Voyages and Discoveries*, pp.35-36. 다음도 참조하라. 『洪德善政書』, 70면; John Crawfurd, *Journal of an Embassy to the Courts of Siam and Cochin China*, p.259; Pierre Gourou, *The Peasants of the Tonkin Delta: A Study of Human Geography*, trans. Richard Miller(New Haven: Human Relations Area Files, 1955), p.292.

이러한 베트남 촌락의 자율성 때문에 흔히 "왕의 법은 촌락의 관습에 따른다."[56]고들 말을 한다. 각각의 촌락에는 모든 주민들이 지켜야만 하는 그 자체의 고유한 규정과 관습이 있었다. 촌락이 왕권에 직접 도전하지 않는 한 이들 규정과 관습을 조정은 인정해 주었다. 그러기에 전근대 시기에는 촌락을 '촌락국가(làng nước)'라고까지 부를 정도였다.[57]

신랑이 신부 마을에 란 냐이를 바치면, 신부는 그때 비로소 신랑과 시부모로부터 받은 예물을 가지고 신랑의 마을로 갔다. 신랑 댁에서 올리는 최종 예식으로 신부는 신랑과 결합하는 동시에 그 집안의 일원이 되었다.[58] 그러나 후술하는 바와 같이 신부가 신랑 집안의 '진정한' 일원이 되기까지에는 자녀의 출생을 기다려야만 했다.

이러한 복잡한 절차는 둘째 부인이나 셋째 부인을 얻는 때는 필요하지 않았다. 그때는 별다른 절차 없이 예물만 보내 부인을 데려왔다. 일부다처제는 일반적으로는 바람직하다고 생각하지 않았지만,[59] 관리계층이나 부유층에서 관습적으로 행해졌다.[60] 일부다처제의 주요 목적은 가계의 영속을 위해서였다. 첫째 부인에게서 아들이 없으면, 아들을 얻기 위해 둘째 또는 셋째 부인을 맞아들였다. 또 다른 이유는 관직과 부를 자랑하기 위한 남자의 허영심 때문이기도 했다. 17세기 초에 코친차이나를 방문했던 예수회 선교

56 "Phép vua thua lệ làng." 저자가 몇 차례 베트남의 촌락을 자동차로 방문한 적이 있는데, 그때마다 주차비를 내야 했다. 공간이 넓은 데도 외지 차량이 주차비를 내야하는 것은 이러한 촌락의 자율성이 아직도 어느 정도 남아 있기 때문이다.

57 Nguyen Tien Huu, "The Village State in Traditional Vietnam," in *Nation and Mythology*, edited by Wolfram Eberhard et al.(Bremen: Simon & Megiera, 1983), pp.161-162.

58 부모의 상중(喪中)이나 수감(收監)일 때에는 결혼을 할 수 없었다. 『국조형률』, 57b-58a면; *The Lê Code*, vol.1, article 317 and 318, p.185. 이는 당률과 명률의 영향이었다. 『唐律疏議』 권13, 257-258면; 『大明律』 권6, 59면.

59 Huynh Dinh Te, "Vietnamese Cultural Patterns and Values as Expressed in Proverbs," p.92.

60 山本達郎, 「越南の家譜」, 1046-1047면.

사인 크리스토퍼 보리(Christopher Borri)에 의하면, 부유한 사람들은 자신의 당당함과 너그러움을 과시하기 위해 많은 첩을 거느렸다는 것이다.[61]

이외에 명망이 있거나 부유한 집안과의 연결을 위한 욕망도 일부다처제의 원인이었다. 한 예로, 1757년 과거에 합격한 팜 꽁 띠엔(Phạm Công Tiến, 范公進)이란 이는 이미 결혼했음에도 불구하고 부유한 집안의 딸을 둘째 부인으로 맞아들였다.[62] 부유한 집안이 팜 꽁 띠엔에게 딸을 준 것은 그의 과거 합격 때문이었음은 말할 것도 없다.

그러나 이러한 일부다처제는 일반 평민들 사이에서는 거의 행해지지 않았다. 이들은 첫 결혼에 드는 비용조차 부담하기 어려웠기 때문이다. 결혼 예물만이 아니라 당시 베트남에서는 결혼식 때 온 마을 사람들을 초대해 잔치를 베풀어야 하는 관습으로 빚을 지는 경우가 많았다.

한 가지 주목할 점은, 결혼에 의해 신부가 신랑 집으로 가야만 하는 것은 아니었다는 사실이다. 신랑이 신부의 집으로 들어가 사는 모거제(母居制)도 상당히 보편적이었던 듯하다. 이는 앞에서 보았듯이, 결혼의 마지막 단계를 속칭 '영서(迎婿)'라 하여 "사위를 맞아들인다"라 한 것이 이러한 관습 때문에 생겼지 않은가 한다.

기록상 베트남 사회의 모거제의 관습은 기원 전후까지 소급된다. 후한 초 임연이, 베트남 사람들은 부부가 반드시 동거하는 것은 아니며 자녀는 아버지의 성(姓)을 모른다고 한 말[63]은 어머니가 양육한다는 뜻으로 모거제를 연상시키다. 기원 5세기 리 펏 뜨(李佛子)가 찌에우 꽝 푹(趙光復)과 대결하는 중에 그를 쉽사리 이길 수 없자 자기 아들을 그의 딸과 정략결혼 시킨 후 그대

61 Christopher Borri, "An Account of Cochinchina," in *A Collection of Voyages and Travels*, edited by Awnsham and John Churchill, vol.2 (London: Printed for Awnsham and John Churchill, 1732), p.805.

62 『雨中隨筆』, 97a면.

63 『後漢書』 권76, 열전66, 2462면.

로 그 진영에 머무르게 할 수 있었던 것[64]도 모거제의 풍습 때문에 가능했다고 생각된다.

모거제는 홍 득 연간(1470-1497)까지도 널리 행해진 관습이었던 듯하다. 그러기에 당시 법령들을 주로 모아놓은 『홍덕선정서』에 의하면, 레 타인 똥은 이는 오래 전 진(秦) 시대의 낡은 풍습으로 이를 강요하면 처벌하겠다[65]고 하지 않았는가 한다. 그럼에도 불구하고 17세기 베트남인의 기록에도 모거제가 언급되어 있어, 이는 베트남 사회에 뿌리 깊었던 관습이었던 것 같다.[66] 베트남어의 '어 제(ở rể; 데릴사위)'란 말이 이와 관련이 있는 것은 아닐까 한다.

한편 가난하여 결혼예물을 장만할 수 없는 젊은이는 여자 집에 들어가 노역봉사로 대신하는 경우도 있었다. 베트남 속담에 다음과 같은 말이 이를 입증해준다.[67] "나는 사위가 되어 일꾼노릇을 하며 당신 집의 야채를 무수히 먹었노라." 그러나 총명한 사위는 노동을 하지 않고 과거 준비에만 몰두하면 되었다. 예컨대, 레 느 호(Lê Như Hổ, 黎如虎)라는 이는 가난한 집안 출신인데 부유한 집안의 딸과 결혼한 덕분에 1541년 과거시험에 합격할 수 있었다.[68]

모거제는 부인의 경제적 역할과도 밀접한 관련이 있었다, 남편은 부인의 집으로 들어가 그녀에게 경제적으로 의존하여 생활했다. 이는 크리스토퍼 보리의 다음과 같은 말에서도 쉽게 알 수 있다.[69]

64 『嶺南摭怪』, 29면; 『전서』(상), 151면.
65 『洪德善政書』, 46면.
66 Nhung Tuyet Tran, "Vietnamese Women at the Crossroads," p.89.
67 Phan Huy Lê, Trần Quốc Vượng, Hà Văn Tấn, Lương Ninh, *Lịch Sử Việt Nam*, p.78.
68 武芳琨, 『公餘捷記』(Ecole Française d'Extrême-Orient microfilm A.44), 46a면.
69 Christopher Borri, "An Account of Cochinchina," p.805.

남편들은 자기 몫의 재산을 가지고 집을 떠나 부인 집으로 가서 그녀의 재산에 의존해 생활한다. 부인이 모든 집안일을 처리하고 가족들을 돌본다. 남편은 집안에서 빈둥대기만 하며 집에 무엇이 있는지도 거의 알지 못한다. 그저 고기와 옷이 있는 것으로 만족할 뿐이다.

남편의 게으름에 대한 크리스토퍼 보리의 이야기는 과장된 면이 있을지 모르나, 여하튼 모거제와 부인의 경제적 역할과의 관련성을 잘 보여주고 있다. 베트남 학자들에 의하면, 이러한 모거제의 관습은 오늘날도 북부지방의 하 떠이 성(tỉnh Hà Tây, 河西省)과 하 박 성(tỉnh Hà Bắc, 河北省)의 몇몇 마을에서 행해지고 있다고 한다.[70] 특히 딸만 있는 집안에서는 이들 지방뿐만 아니라 도시에도 사위가 처가살이를 하는 예를 적지 않게 볼 수 있다.[71]

부거제와 모거제 외에 신혼부부는 때에 따라서 독자적인 거처를 마련하기도 했다. 『수서(隋書)』에 의하면, 남해(南海)와 자오 찌(交趾)에서 부자(父子)는 동거하지 않으며, 아버지가 빈한할 때는 아들에게 볼모[質]로 잡히는 수도 있다고 했다.[72] 이로 보면, 부자가 동거하지 않는 관습은 전근대 베트남 사회에서 꽤 널리 행해졌던 것 같다. 그렇다면 『국조형률』이 중국법을 계수하면서도 이와는 달리 부모생존 중의 '별적이재(別籍異財)'를 인정한 것은 동거하다 분가했다는 뜻일 수 있겠지만, 결혼하면서부터 분가했다는 의미로 해석하는 것 역시 가능하다. 분가는 결국 아버지의 권위로부터의 이탈과 함께 부계제의 약화를 의미한다고 볼 수 있다. 그 때문에 『국조형률』은 분가한

70 Mai Thi Tu and Le Thi Nham, *Women in Viet Nam* (Hanoi: Foreign Languages Publishers, 1978), p.243. 현재 하 떠이 성은 하노이에 포함되었으며, 하 박 성은 박 닌 성(tỉnh Bắc Ninh)과 박 장 성(tỉnh Bắc Giang)으로 나뉘었다.

71 저자가 만난 하노이에 거주하는 저명한 베트남 여류작가는 작년(2015년) 외동딸을 결혼시켰는데, 사위가 처갓집에 들어가 살고 있다.

72 『隋書』 권31, 志26, 887-888면.

자녀의 행동에 대해 부모는 책임질 필요가 없다고 했다.[73]

2. 부부의 권리와 의무

이상에서 언급한 결혼절차가 끝나면 비로소 두 사람은 공식적으로 부부가 되고, 그에 따라 상호 권리와 의무도 생겼다. 야마모토 다츠로는 신랑이 신부에 주는 결혼예물이 전근대 베트남 사회에서 여자의 매매를 상징하는, 다시 말하면 매매혼(賣買婚)으로 보았다.[74] 그렇게 되면 부인에 대해 남편은 절대적 권위를 행사할 수 있게 된다. 그러나 결혼예물은 둘째 부인이나 셋째 부인을 얻을 때의 경우이고, 첫째 부인을 맞을 때의 예물은 부인을 돈으로 사는 신부 값(bride price)이 아니었다.

사실상 결혼예물로 가장 중요한 것은 빈랑나무 열매로, 이는 전근대 베트남사회에서 결혼식이나 종교의식 등과 같은 중요 의식에서 보편적으로 사용되었다. 뿐만 아니라 귀한 손님을 맞을 때도 반드시 대접해야 하는 열매였다. 그러기에 가난한 사람들은 단순히 이 열매를 교환하는 것으로 혼사가 이루어졌다. 따라서 결혼이란 아래의 논의에서 보듯이, 가내에서 '아내의 중요성'이라는 점에서 이해되어야만 한다는 생각이다.

부부 간의 권리와 의무가 일일이 규정되어 있지는 않았지만, 일반적으로 가내에서 남편이 아내보다 높은 지위를 누렸다는 것은 의심할 여지가 없다. 남편의 높은 지위는 특히 유교도덕의 영향 때문에 실제보다는 이론적인 면에서 더욱 그러했다. 레 왕조가 유교, 특히 중국 송나라 때의 신유학을 지배

73 『國朝刑律』, 82b면; *The Lê Code*, vol.1, article 457, p.222.
74 山本達郎, 「安南黎朝の婚姻法」, 273면.

이념으로 채택함으로써 지배계층에는 상당한 영향을 끼쳤다. 그러나 피지배계층에까지의 영향이 어느 정도였는가는 아직 연구가 부족한 편이다. 앞서도 언급했듯이, 레 왕조 전기 100년을 제외하면, 16세기에는 막씨의 레 왕조 찬탈과 이에 대한 레 왕조 부흥운동이 전개되었다. 그 후 17, 18세기에는 찐씨와 응우옌씨가 남북으로 나뉘어 권력다툼을 했다. 이러한 혼란 속에서 왕조는 유교이념을 강화할 여유가 없었다. 정치적으로 혼란한 가운데도 과거시험이 시행되어 식자층은 유학을 공부했지만, 이는 과거시험을 위한 수단에 불과했다. 그런 이유로 인해서인지 우리나라의 이퇴계(李退溪)나 정다산(丁茶山) 같은 저명한 유학자가 베트남에서는 별로 눈에 띄지 않는다.

1663년의 칙령에 따르면, 황제의 칙령을 촌락의 행정책임자인 사장(xã trưởng, 社長)과 마을의 지도자들이 사람들을 모아 놓고 내용을 자세히 설명하도록 했다.[75] 이 방법이 그다지 효과적이었을 것 같지는 않다. 배우지 못한 문맹인들이 복잡한 유교사상을 받아들이기는커녕 이해할 수도 없었으리라고 생각되기 때문이다. 18세기 말 존 배로우(John Barrow)가 이를 정확히 지적하고 있다. 그는 말하기를, 유교도덕은 베트남인들의 행동에 별 영향을 주지 못했는데, 주요 이유는 한문으로 반복된 가르침으로 대부분의 사람들은 이해할 수 없었기 때문이라고 했다.[76]

유교의 가족도덕에 의하면 여자는 아무런 독자성이 인정되지 않았다. 이른바 삼종지의(三從之義)에 의해, 어려서는 아버지를, 결혼 후에는 남편을, 그리고 남편의 사망 후에는 아들을 따라야만 했다. 이런 제도 하에서는 결혼이란 어떤 의미에선 여자에 대한 권위가 아버지로부터 남편으로 바뀌는 것이었다. 이는 다시 말하면, 부인의 의무는 무엇보다 남편에게 복종해야 한

75 『黎朝詔令善政』, 298면.

76 John Barrow, *A Voyage to Cochinchina*(Kuala Lumpur: Oxford University Press, 1975), p.302.

다는 의미이다. 그런고로 부모의 부귀를 믿고 남편 집안에 대해 교만방자해서도 안 되었다.[77]

레 왕조의 군주들이나 지배계층은 이러한 결혼개념을 그대로 받아들였다. 따라서 부인은 남편에 예속되어, 그의 허락 없이는 여하한 일도 하는 것이 용납되지 않았다. 응우옌 짜이가 지었다고 하는 『가훈가(家訓歌)』에는[78] 결혼한 여자의 도리에 대해 다음과 같은 내용이 있다.[79]

> 아내는 남편과 같은 요 위에서 같은 이불을 덮고 잠을 자기는 하지만, 남편 섬기기를 임금님이나 아버님 섬기듯이 해야 한다.

후옌 똥(玄宗)이 1663년 즉위하면서 관리들의 도덕성을 강조하기 위해 반포한 칙령인 교화조례는 부부 간의 사랑과 존경을 강조하고 있다. 그러나 실제로는 부인에 대한 남편의 우위를 인정하고 있다는 것은 누가 보아도 확실하다. 교화조례의 다른 항목에서는 남편은 부인에게 덕행을 가르칠 책임이 있고, 부인은 남편에 대해 질투심을 품거나 그의 말을 거역해서도 안 된다고 했다.[80] 즉 부인의 미덕이란 남편에 대한 복종으로, 그가 잘못을 지적하면 그대로 따라야 했고 불만을 품어서는 안 된다는 것이다. 이는 가족의

77 "爲婦人 … 不可恃其父母富貴 而驕其夫家 高聲大語." 『黎朝詔令善政』, 282면; *The Lê Code*, vol.2, p.109.

78 오늘날 학자들은 『가훈가』가 18세기 또는 19세기의 작품이라고 한다. Hoàng Văn Lâu, "Ai viết Gia Huấn Ca?"(누가 가훈가를 썼는가?) *Nghiên Cứu Hán Nôm*, 2(1984), pp.112-119.

79 Nguyễn Trãi, *Gia Huấn Ca*, edited by Đinh Gia Thuyết(Sài Gòn: Tân Việt, 1953), p.27; Nha Trang, "The Traditional Roles of Women as Reflected in Oral and Written Vietnamese Literature," p.36. 오늘날은 『가훈가』가 응우옌 짜이의 작품이 아니며, 한 사람이 쓴 것도 아닌데, 누가 썼는지도 확실하지 않다고 한다. 모두 6편으로 되어 있는데, 한편은 19세기 전반의 것이라고 한다. Hoàng Văn Lầu, "Ai viết Gia huấn ca," tr.112-118.

80 『黎朝詔令善政』, 280-282면; 『전서』(하), 974면.

화목이 사회질서의 첫 단계가 된다고 하면서, 이러한 화목은 아내의 행동 여하에 달린 것으로 보았기 때문이다.

『가훈가』의 말대로라면, "집안이 화목하려면 아내는 남편의 명령에 절대 복종해야 한다."[81]라고 했다. 아내가 남편의 명령에 불복하는 행동은 가족의 화목에 역행하는 것으로 간주되었으며, 따라서 아내의 절대복종이 요구되었다. 아내는 남편의 잘못된 행동을 보았을 때조차 침묵을 지켜야만 했다. 『국조형률』은 아내가 남편을 고소하는 경우, 그 죄는 십악의 하나인 '불목(不睦)'으로 규정하고 있다.[82] 이는 『국조형률』의 기반이 된 당률과 명률에서도 마찬가지이다.[83] 다만 예외적으로 남편이 모반(謀反)이나 모대역(謀大逆) 및 모반(謀叛)에 연루되었을 때는 당률과 명률의 규정에서처럼 고소가 허용되었다.[84] 이러한 예외는 베트남법이 유교의 도덕관념을 보급하려는 의도도 있지만, 그보다는 근본적으로 왕권을 유지하기 위함이라는 것을 확인시켜준다. 바꾸어 말하면 유교도덕의 보급은 왕권을 유지하기 위한 하나의 수단이었다고 보아도 틀리지 않는다. 또 다른 예로, 『국조형률』은 자손이 조부모나 부모의 태형(笞刑) 또는 장형(杖刑)을 대신 받으면 일등을 감해주도록 했다.[85] 그러나 군(軍)의 검열점호에서는 아들이 아버지를 대신해도 장 80대의

81 Nguyễn Trãi, *Gia Huấn Ca*, p.15; Nha Trang, "The Traditional Roles of Women as Reflected in Oral and Written Vietnamese Literature," pp.38-39.

82 "八曰不睦 … 毆告夫及大功以上尊長." 『국조형률』, 3b면; *The Lê Code*, vol.1, article 2, p.110.

83 『唐律疏議』 권1, 14면; 『大明律』 권1, 4면. 『국조형률』이 당률과 명률을 계수했다는 논의에 대하여는 다음을 참조하라. 仁井田 陞, 「南方民族法と中國法との交渉—黎朝刑律考」, 『中國法制史研究—刑法』(東京: 東京大學出版會, 1959), 583면; *The Lê Code*, vol.3, pp.4-25(Appendix A); 유인선, 「베트남 『黎朝刑律』의 체재와 내용: 唐律의 繼受와 관련하여」, 『법사학연구』 27(2003.4), 321-349면.

84 모반(謀反)은 사직을 위태롭게 하려는 것이고, 모대역은 종묘와 왕릉 및 궁궐을 파괴하려 꾀하는 것이며, 모반(謀叛)은 국가를 배반하고 적을 이롭게 하려는 행위를 말한다. 『국조형률』, 93b면; *The Lê Code*, vol.1, article 504, p.240; 『唐律疏議』 권24, 436면; 『大明律』 권22, 177면.

85 『국조형률』, 10a면; *The Lê Code*, vol.1, article 38, p.119.

형벌에다 1관(貫)을 지불해야만 되었다.[86] 이들 규정 역시 효보다 충이 앞서고 있음을 말해준다.

그렇기는 하지만 여하튼 『국조형률』은 전근대 시기 베트남에서 유교적 부부관계의 개념이 법적으로 가장 잘 나타나 있는 법전이다. 이 법전에서 부부의 상대적 관계는 부자의 관계에 비유될 수 있을 정도로 부인의 지위가 낮게 규정되어 있다. 이러한 개념은 당률과 명률을 계수한 결과였다. 남편을 구타한 처는 용서받을 수 없는 죄악의 하나를 범한 것으로, 형벌은 외주(外州)에의 유형이었다. 이러한 형벌은 중국법의 규정에 비해 훨씬 무거웠다.[87] 처에 대한 형벌은 자녀가 부모에 대한 같은 행동보다 겨우 한 등급 가벼웠을 뿐이다. 자녀의 경우는 원주(遠州)에의 유형에 처해졌다.[88] 친족이 아닌 제3자 간의 구타행위는 장 60대에 해당하는 형벌이었음을 고려하면,[89] 남편에 대한 처의 구타가 얼마나 중하게 다스려졌는가를 쉽게 알 수 있다. 말할 것도 없이 만일 처가 남편을 구타하여 상처를 입히든가 또는 사망하게 되면 형벌은 당연히 더욱 무거워졌다. 상처의 경우는 원주에의 유형이었고, 사망하면 교형(絞刑)에 처해지게끔 되었다.[90] 남편의 살해를 모의한[謀殺] 처

86 『국조형률』, 51a면; *The Lê Code*, vol.1, article 283, p.176.

87 『국조형률』, 89a면; *The Lê Code*, vol.1, article 481, p.232; Tạ Văn Tài, "The Status of Women in Traditional Vietnam," *Journal of Asian History*, 15-2(1981), p.103. 남편을 구타한 아내에 대한 형벌은 당률에선 도형 1년, 명률에선 장 100대였다. 특히 명률은 남편이 이혼을 요구할 수도 있었다. 『唐律疏議』 권22, 410면; 『大明律』 권20, 163면.

88 『국조형률』, 87a면; *The Lê Code*, vol.1, article 475, p.230. 당률과 명률에서는 모두 참형(斬刑)으로 베트남의 법보다 형이 무겁다. 『唐律疏議』 권22, 414면; 『大明律』 권20, 164면.

89 『국조형률』, 87a면; *The Lê Code*, vol.1, article 475, p.230. 당률에서는 태(笞) 40대, 명률에서는 태 20대로, 베트남의 경우보다 형이 가볍다. 『唐律疏議』 권21, 383면; 『大明律』 권20, 157면.

90 『국조형률』, 84a면; *The Lê Code*, vol.1, article 465, p.226. 남편이 사망한 경우 당률과 명률에서는 참형으로 베트남의 법보다 한 등급 무거웠다. 『唐律疏議』 권22, 410면; 『大明律』 권20, 163면.

에 대한 형벌은 참형(斬刑)이었다.[91] 당률과 명률에서도 형벌은 동일했다.[92] 첩은 처보다 형벌이 더 무거웠다. 만약 남편을 구타하거나 또는 그로 인해 상처를 입히게 되면, 처의 경우보다 한 등급 더 무거운 형벌에 처해졌다.[93]

이와는 달리 남편은 부인에 대해 어느 정도 법적인 특권이 주어졌다. 예컨대, 남편은 처를 체벌(體罰)할 수 있었다. 다만 체벌로 인해 처가 상처를 입거나 사망하더라도 제3자 간의 동일한 행동에 대한 것보다 3등이 감해졌으며,[94] 남편의 첩에 대한 행위는 더욱 가벼웠다. 일례로, 첩이 사망하더라도 그것이 과실로 인했을 경우 남편은 형사책임이 없었다.[95]

그렇다면 문제는 이러한 『국조형률』 내의 제반 규정이 당시 베트남 사회에서의 실제 부부관계를 어느 정도 반영하고 있는가 하는 점이다. 『국조형률』을 반포하게 한 레 타인 똥은 어려서부터 유학을 공부했으며, 자라면서 유학의 경전은 물론 다른 성인들의 고전을 즐겨 읽었다고 한다.[96] 타인 똥은 타이 똥의 넷째 아들이었기 때문에 그의 앞 응이 전(Nghi Dân, 宜民, 1459)에 대해 타인 호아 출신 신하들이 쿠데타를 일으켜 그를 황제로 추대하지 않았더라면 제위에 오를 가능성은 거의 없었다. 따라서 유학공부에만 전념할 수 있었고, 그로 인해 제위에 오른 다음에도 유학에 대한 굳은 신념에는 변함이

91 『국조형률』, 76a면; *The Lê Code*, vol.1, article 416, p.213; Tạ Văn Tài, "The Status of Women in Traditional Vietnam," pp.103-104.

92 『唐律疏議』 권17, 327면; 『大明律』 권19, 150면.

93 『국조형률』, 89a면; *The Lê Code*, vol.1, article 482, p.233; 『唐律疏議』 권22, 410면; 『大明律』 권20, 163면.

94 『국조형률』, 89a면; *The Lê Code*, vol.1, article 482, p.233; Tạ Văn Tài, "The Status of Women in Traditional Vietnam," pp.103-104. 당률과 명률도 남편의 체벌을 인정하고, 상처 때에는 형벌이 제3자 간의 경우보다 두 등급 가벼웠다. 다만 사망한 때에는 당률은 일반 살인의 경우를 적용하고, 명률은 교형에 처하도록 규정했다. 『唐律疏議』 권22, 409면; 『大明律』 권20, 163면.

95 『국조형률』, 89a-b면; *The Lê Code*, vol.1, article 482, p.233. 이는 당률과 명률에서도 동일하다. 『唐律疏議』 권22, 409-410면; 『大明律』 권20, 163면.

96 『전서』(중), 639면.

없었다. 이런 신념으로 인해 그는 베트남 사회 전체를 유교적 이념으로 변모 시키는 것이 자신의 임무라고 생각하면서,[97] 백성들을 유교적 윤리로 교화 시키는 데 관심을 기울였다. 그런 이유로 인해 아마도 『국조형률』 내의 규정들은 당시 베트남 사회의 현실과는 상당한 거리가 있었을 것으로 생각된다.

베트남 부인들은 '노이 뜨엉(nội tướng, 內相)'이라고 불린다. 사실상 근세 베트남에서는 부인이 집안일들을 처리하는 것이 상당히 보편적이었던 것 같다. 1790년대 매카트니 경(Lord Macartney)을 수행하여 중국에 갔던 존 배로우(John Barrow)는 다음과 같이 말하고 있다.[98]

> 중국인은 중요한 일을 여자들에게 맡기는 것이 수치스럽다고 생각한다. 코친차이나 사람들은 여자들이 가족의 중요한 일에 관심을 갖는 것은 당연하다고 생각하여 이를 맡긴다.

이와 관련하여 베트남 속담에 다음과 같은 말이 있다. "첫째는 부인이요, 둘째는 하늘이다."[99] 좀 과장되었을지는 모르겠으나 이 또한 부인의 집안 내 위치가 어떠했는가를 잘 보여주는 속담이라고 생각된다. 또 다른 속담으로는 "남편의 방울은 부인 것보다 값이 덜 나간다."[100]도 있다. 이런 속담들은

97 John K. Whitmore, "The Development of Le Government in Fifteenth Century Vietnam"(Ph. D. dissertation, Cornell University, 1968), p.152.

98 John Barrow, *A Voyage to Cochinchina in the Years 1792 and 1793*, p.302.

99 "Nhất vợ nhị trời." Nguyên Van Ky, "Rethinking the Status of Vietnamese Women in Folklore and Oral History," pp.94-95; My-Van Tran, "The Position of Women in Traditional Vietnam: Some Aspects," in K. M. de Silva et al., eds. *Asian Panorama: Essays in Asian History, Past and Present*(New Delhi: Vikas Publishing House, 1990), p.277.

100 "Lệnh ông không bằng cồng bà." 후인 딘 떼는 'Lệnh'을 방울이 아니라 명령으로 잘못 해석하고 있다. Huynh Dinh Te, "Vietnamese Cultural Patterns and Values as Expressed in Proverbs," p.77. 저자에게 후인 딘 떼의 오류를 지적해 준 것은 고(故) 응우옌 응옥 후이(Nguyễn Ngọc Huy) 교수였다.

남편의 부인에 대한 지위가 높지 않았음을 보여준다.

부부 간의 실제관계는 무엇보다 두 사람 사이의 사회적 지위라든가 경제적 조건에 따라 상당한 차이가 있었다. 예컨대, 아내가 남편보다 세력가문에 속하든가 부유한 집안 출신이면 남편의 권위 행사는 제약을 받았을 것임에 틀림없다. 앞서 언급한 1663년의 교화조례에서 아내가 부모의 부귀를 믿고 남편 집안에 대한 오만한 행위를 해서는 안 된다고 한 것을 보면 이런 일이 실제 적지 않았던 듯하다. 그리하여 남편의 체벌이 법률상 인정되었다고 하더라도 체벌이 실제로 행해졌을 가능성은 지극히 낮았지 않았을까 한다. 만약 체벌이 행해지면 아내의 친정으로부터 항의가 있었을 것이다.

한편 『국조형률』의 금지 규정에도 불구하고 아내는 남편을 고소하는 것이 가능했다. 앞에서 과거합격 후 둘째 부인을 얻은 것으로 언급된 팜 꽁 띠엔이 수도인 탕 롱으로부터 고향으로 돌아가는 행차에서 첫째 부인과 둘째 부인 사이에 예우문제로 언쟁이 벌어졌다. 첫째 부인이 이 문제를 당국에 제소하자 팜 꽁 띠엔은 관직임명에서 제외되었다.[101]

모거제의 경우에는 아내의 발언권이 훨씬 컸을 것은 말할 필요도 없다. 아내는 시부모의 눈치를 보지 않아도 되어 결혼 전과 마찬가지로 행동의 자유를 누릴 수 있었다. 그런가 하면 남편은 경제적으로 장인이나 아내에게 의존해야 했기 때문에 생활에 제약이 따를 수밖에 없었다.

부거제든 모거제든 간에 경제력은 부부 간의 상대적 지위와 관련하여 중요한 요인이었다. 오늘날 학자들은 일반적으로 말하기를, 가정이나 사회에서 여성이 남성에 비해 지위가 낮은 주요 원인이 재산소유권이 없고 경제적으로 남편에게 의존해 있기 때문이라고 한다. 다시 말하면, 부인은 집안일

101 『雨中隨筆』, 97a-b면.

에만 종사하고 그 재산은 남편에게 흡수되어 있어서 그렇다는 것이다. 이러한 논리라면 근세 베트남 사회에서 여성들의 지위는 남편에 비해 결코 낮았다고 할 수 없다. 왜냐하면 그들은 결혼한 후에도 남편과 거의 동등한 재산 소유권이 있었고 또 경제적으로도 매우 활동적이었기에 그렇다고 말할 수 있다.

레 왕조 사회에서 가족재산의 소유권에 관하여는 일찍이 두 연구가 행해졌다. 하나는 1930년대 일본인 학자인 마키노 타츠미(牧野 巽)에 의해서였고,[102] 다른 하나는 1952년 프랑스 학자인 로베르 렝가(Robert Lingat)에 의해서였다.[103] 『국조형률』, 특히 그 중에서도 374조, 375조, 376조 세 조문의 자세한 분석을 통해, 가족재산은 다음과 같은 세 종류로 구성되어 있었다는 데 두 학자는 의견이 일치하고 있다. 이들 연구에 의하면, 가족재산은 남편이 자기 자신의 가족으로부터 상속 받는 재산(夫宗田産)과 아내가 자기 가족으로부터 물려받은 재산(妻田産), 그리고 부부가 결혼생활 중에 공동으로 취득한 재산(新造田産, 다른 말로는 辨造田産)으로 이루어져 있다. 최근 『국조형률』을 영문으로 번역한 응우옌 응옥 후이와 따 반 따이도 이들과 같은 의견이다.[104]

레 왕조 사회에서 가족재산이 부부의 전유물이었음은 히엔 똥(Hiển Tông, 顯宗, 1740-1786) 치하인 1767년에 만들어진 '촉서(囑書)', 즉 재산상속문서를 보아도 명백하다.[105]

조상전래의 재산이거나 자기 취득의 재산이거나를 막론하고, 토지를 비롯하

102 牧野巽, 「安南の黎朝刑律にあらわれた家族制度」, 687-724면.
103 Robert Lingat, *Les régimes matrimoniaux du Sud-Est de l'Asie: essai de droit comparé indochinois*, vol.1, pp.75-92.
104 *The Lê Code*, vol.2, p.205.
105 仁井田 陞, 「黎氏安南の財産相續法と中國法」, 『中國法制史研究－奴隷農奴法, 家族村落法』(東京: 東京大學 東洋文化硏究所, 1962), 541면.

여 연못·노예·가옥 및 기타 동산에 이르기까지 미리 촉서를 만들어 자녀 5인에게 나누어 주려고 한다. 이들 전토 등의 재산은 부부 자신들의 소유이니 친속이 간섭하여 이를 속이거나 이중으로 처분해서도 안 된다.

부모는 가족재산의 소유권은 물론 가족재산으로 생겨나는 과실(果實)에 대해여도 권리를 가졌다. 이러한 부모의 권리는 자녀들이 부모의 사망 후 재산의 상속을 요구할 수 있었음에도 불구하고, 부모의 생존 중에는 가족재산으로부터 생겨나는 과실에 대해조차 하등의 권리도 주장할 수 없었음을 말해준다. 이 때문에 자녀들은 부모의 재산을 그들 생존 중에 허락 없이 팔면 '도죄(盜罪)'에 해당되었다.[106]

이와 달리 중국의 전통법에 의하면, 가족재산은 가족원 전체의 공동소유로, 조부와 부(父) 및 아들들의 공동재산일 뿐만 아니라 여자들도 소유권을 가지고 있었다. 다시 말하면, 동거인들 모두의 공동재산[同居共財]이었다.[107] 그렇기 때문에 당률과 명률에서는 자녀들을 비롯한 모든 동거하는 손아래 사람들[同居卑幼]이 부모의 재산을 그들 생존 중에 허락 없이 팔면 '횡령죄(橫領罪)'로 다루었다.[108]

『국조형률』 375조에 따르면,[109] 세습재산에 관한 한 부부 사이에 재산 공

106 『국조형률』, 68a-b면; *The Lê Code*, vol.1, article 378, pp.200-202; 牧野巽, 「安南の黎朝刑律にあらわれた家族制度」, 699면.

107 당률에서 동거(同居)는 '공재동거(共財同居)'를 의미하며, 또는 동거친속(同居親屬)이라고 하는 것은 '동거공재자(同居共財者)'를 의미한다고 했다. 이는 송률(宋律)에서도 마찬가지였다. 『唐律疏議』 권6, 130면 및 권16, 303면; 仁井田 陞, 『中國法制史硏究一奴隸農奴法, 家族村落法』, 359-363면; Bettine Birge, *Women, Property, and Confucian Reaction in Sung and Yüan China*(Cambridge: Cambridge University Press, 2002), pp.53, 113.

108 『唐律疏議』 권12, 241면; 『大明律』 권4, 48면.

109 『국조형률』, 67b면; *The Lê Code*, vol.1, article 375, p.199; *The Lê Code*, vol.2, pp.206-208; 『洪德善政書』, 98면; Robert Lingat, *Les régimes matrimoniaux du Sud-Est de l'Asie*, vol.1, pp.76-79; Tạ Văn Tài, "The Status of Women in Traditional Vietnam, pp.128-129.

유의 개념은 없었다. 비록 이들 재산이 부부의 공동관리 하에 놓였고, 그로부터 생기는 과실은 공동의 재산이 되기는 했지만, 그것들은 결혼생활 중에도 분리된 채로 남아 있었다. 남편은 아내의 세습재산에 대해 하등의 권리도 없었고, 아내 역시 남편재산에 대해 마찬가지였다. 그런고로 만약 부부가 이혼을 하면 그들은 각자 자기의 재산을 가지고 헤어졌다.

부부의 재산소유권과 관련하여 특히 중요한 사실은 남편은 아내가 후손이 없이 사망하더라도 그녀의 재산에 대한 상속권이 없었다는 점이다. 375조는 남편이 아내의 세습재산 중 절반에 대한 용익권만을 가질 수 있었을 뿐이며, 그가 사망한 후에는 그 절반의 재산마저 아내의 부모, 부모가 사망했으면 친족에게로 돌아가도록 규정하고 있다.[110] 요컨대, 자녀가 없는 아내의 재산에 대한 최종적 소유권은 그녀의 친정에 있으며, 그들이 제사를 지내주게 했다. 만약 남편이 아내의 재산에 대해 소유권을 주장할 수 있었다면, 그것은 아내가 남편에 대해 범죄를 저질렀을 때뿐이었다. 『국조형률』의 규정에 의하면, 아내가 간통죄를 범하든가 또는 남편에게 상처를 입힌 경우, 그녀의 재산은 몰수되어 남편에게 주어졌다.[111]

아내의 재산이 친정으로 되돌아갔다는 것은 베트남 여성들은 결혼에 의해 남편의 권위에 완전히 흡수되지 않았음을 의미한다. 그렇다면 레 타인똥이 1460년에 내린 칙령은 이와는 반대가 된다. 칙령의 내용인즉 친정 부모가 중대한 범죄에 연루되었을 때 결혼한 딸들은 처벌이 면제된다는 것이었다.[112] 이 칙령의 근본적인 이유는 여자는 일단 결혼하면 출가외인으로 부

110 "諸夫妻無嗣 或先歿 無屬書 而田産歸夫及妻 若留祭祀 (法謂夫宗田産分爲貳分 歸宗人壹分 以供祭祀 歸妻壹分 聽給養壹世 … 妻歿及 夫亦如之 … 父母在則主之 無則宗人監之)." 『국조형률』, 67b면; *The Lê Code*, vol.1, article 375, p.199.

111 『국조형률』, 73b면, 89a면; *The Lê Code*, vol.1, article 401 및 483, pp.207, 232-323; 『洪德善政書』, 130면; Tạ Văn Tài, "The Status of Women in Traditional Vietnam," p.129.

112 『天南餘暇集』, 「條律」, 5a면.

모가 아니라 남편의 가족에 속한다는 생각에서였다. 이러한 생각은 중국으로부터 빌려온 것이었다. 그러나 베트남의 관습으로는 딸들이 결혼했다고 해도 부모로부터 완전히 떨어져서 그들 자신과 재산을 남편의 권위에 맡기지 않았다. 그들은 항상 친정의 일부였고, 만약 자녀가 없으면 그들의 제사는 친정이 책임을 졌다. 결혼생활 중 취득한 공동재산의 절반조차도 자식이 없는 경우에는 친정으로 돌아갔다.

최근 팜 티 투이 빈(Phạm Thị Thùy Vinh)이 레 왕조 시기 낀 박(Kinh Bắc, 京北)[113] 지역을 조사한 바에 의하면, 특히 17, 18세기에는 자녀 없는 여인들은 재산이 넉넉한 경우 절을 지어주고 절에 자신의 제사를 맡기는 경우도 많았다.[114]

결혼생활 중 새로이 취득한 재산은 부부의 공동재산으로, 부부 중 누구도 그 재산에 대해 절대적인 권리가 없었다. 왜냐하면 만일 배우자 중 누구든지 한 사람이 사망하면 그의 몫인 절반은 최종적으로 그의 가족에게 돌아가게 되어 있었기 때문이다. 따 반 따이는 레 왕조 사회에서 재산과 노예의 매매라든가 저당 또는 교환에 관한 양식에는 항상 배우자 두 사람의 참여가 요구되었음을 지적하고 있다.[115]

응우옌 왕조 초기에 편찬된 『황월율례』는 남편에게 아내의 재산을 포함한 모든 가족재산을 양도할 수 있는 권한을 부여했다. 그럼에도 불구하고 현실적으로 남편은 배우자의 동의 없이는 재산을 처분하지 않았으며, 매입하려는 사람도 재산이 부부 두 사람의 명의로 되어 있지 않으면 구입을 꺼

113 현재의 박 닌(Bắc Ninh)과 박 장(Bắc Giang) 두 성에다 빈 푹(Vĩnh Phúc) 성과 흥 옌(Hưng Yên) 성의 일부.

114 Phạm Thị Thùy Vinh, *Văn Bia Thời Lê Xứ Kinh Bắc và Sự Phản Ánh Sinh Hoạt Làng Xã*(레 왕조 시기 낀 박 지역의 비문과 촌락생활의 반영), (Hà Nội: Viện Nghiên cứu Hán Nôm, 2003), p.373(영문).

115 Tạ Văn Tài, "The Status of Women in Traditional Vietnam," p.132.

려했다고 한다.[116] 이와 달리 중국에서는 아내가 비록 가족재산의 공동 소유자였지만, 남편의 강력한 권위로 인해 아내의 동의 없이 재산을 처분할 수 있었다.

재산소유권이란 점에서 볼 때, 남편과 아내의 유일한 차이는 아내는 재혼하면 먼저 사망한 남편재산에 대한 용익권을 잃은 반면에, 남편은 재혼하더라도 먼저 사망한 아내의 재산에 대한 용익권을 그대로 유지했다는 점이다.[117] 이러한 남편의 용익권에도 불구하고 모거제의 경우에는 그러한 권리를 계속 유지했을 것 같지는 않다. 가족재산권과 관련하여 법이 남편에게 유리하도록 된 주원인은 유교적 영향에 의한 부거제적 관념 때문이었다고 생각된다. 유교적 관점에서는 개가한 여자가 전남편의 재산을 다른 남자에게로 가져간다는 것은 상상할 수 없는 일이었다.

남편의 권위는 재산의 처분권과 밀접한 관련이 있었다. 보다 구체적으로 말하면, 재산 소유에 대한 독점적인 권리가 어느 정도였는가 하는 것이었다. 독점적인 권리의 정도가 높으면 높을수록 남편의 권위는 더욱 강했다. 이와는 반대로 독점적인 권리의 정도가 낮으면 낮을수록 그의 권위는 훨씬 약해졌다. 결론적으로 말하면, 『국조형률』이 아내의 재산권을 인정해준 것은 아내에 대한 남편의 강력한 권위를 인정하지 않았다는 의미이다. 프랑스 학자인, 폴 포메이(Paul Pomeï)는 부부 간의 재산소유로부터 해석하기를, 『국조형률』은 결혼에 의해 남편이 유일한 소유주가 되는 '완전한 하나(entièreté)'가 되는 것으로 간주하지 않았다고 했다. 그보다는 오히려 헤어질 때 배우자 각자가 자기 몫을 챙기는 단순한 '제휴(association)' 내지는 '동반자

116 Robert Lingat, *Les régimes matrimoniaux du Sud-Est de l'Asie*, vol.1, pp.92-93.

117 『국조형률』, 67b면; *The Lê Code*, vol.1, article 375, p.199.

(compagnon)'로 보았다는 것이다.[118] 요즘 표현을 빌린다면 '동거인(同居人)'에 가깝다는 생각이 들 정도이다. 부부 사이의 단순한 제휴관계가 완전한 '결합(union)'으로 바뀌는 것은 자녀들을 통해서였다. 이는 자녀들이 부모재산을 상속하는 문제와 관련된 『국조형률』 내의 조문들 및 『홍덕선정서』에 의해 입증된다.[119]

부모재산의 상속과 관련하여 흥미로운 점은 아들과 딸이 똑같이 나눈다는 점이다. 일찍이 마키노 타츠미(牧野巽)는 『국조형률』의 388조를 인용하여 부모가 유언 없이 사망한 경우 그 재산은 형제자매 간에 균분된다고 했고, 1980년대에 응우옌 응옥 후이와 따 반 따이도 동일한 의견을 말하고 있으며, 본인도 이들과 같은 견해를 피력한 바 있다.[120] 388조의 원문은 다음과 같다.[121]

> 부모가 모두 사망했을 때 토지는 있지만 촉서를 남겨놓지 않은 경우 형제자매가 이를 서로 나눈다. (토지의) 20분의 1은 향화(香火)를 위해 먼저 정해 놓고 이를 장남에게 주어 관리하게 한다. 나머지는 서로 나눈다."

앞에서 말한 처전산(妻田産)은 이처럼 딸이 부모로부터 물려받은 재산임은 말할 것도 없다.

118 Paul Pomeĭ, *Le droit familial et patrimonial au Viet-Nam*(Paris: Recueil Sirey, 1951), p.234.

119 『국조형률』, 67a-b면 및 70a-b면; *The Lê Code*, vol.1, article 374, pp.198-199 및 article 388, p.203; 『洪德善政書』, 40면; Lingat, *Les régimes matrimoniaux du Sud-Est de l'Asie*, vol.1, pp.80-81; 仁井田陞, 「黎氏安南の財産相續法と中國法」, 536면.

120 牧野巽, 「安南の黎朝刑律にあらわれた家族制度」, 716-717면; *The Lê Code*, vol.2, p.225; 유인선, "越南黎朝社會에서의 家族制度와 財産相續慣行," 『亞細亞研究』 24-1(1981.1.), 5면.

121 "父母俱亡 有田土 未及遺下囑書 而兄弟姊妹相分 以貳拾分之壹爲奉事香火 付與長男監守 餘者相分." 『국조형률』, 70a-b면; *The Lê Code*, vol.1, article 388, p.203. 이 조문은 막 당 조안(莫登瀛, Mặc Đăng Doanh)의 다이 찐(大正, Đại Chính) 11년(1540)에 재강조 되었다. 『洪德善政書』, 14면.

최근에 와서 쩐 늉 뚜옛(Tran Nhung Tuyet)은 딸들의 균분상속에 대해 이의를 제기하고 나섰다.[122] 그는 세 가지 이유를 들어 딸들은 균분상속의 대상이 아니었다고 주장한다. 첫째는 『국조형률』의 388조에 "서로 나눈다[相分]."라고 되어 있지 '균분'이라고 되어 있지 않다는 것이다. 둘째는 『홍덕선정서』에 보이는 "촉서와 문계(文契)에 의해 형제가 균분하기로(囑書文契 兄弟均分) 했는데, 다시 균분을 요구하는 자는 패도(悖道)로 인정하여 장(杖) 80대에 호정(犒丁)이란 도형에 처한다."라는 구절을 인용하고 있다. 셋째 역시 『홍덕선정서』에 있는, 부모가 재산분배 전에 사망한 경우 법은 문계와 촉서를 장남에게 맡기되, 이때 장남은 자기의 몫을 "중자(衆子)와 같게 해야 한다."는 예를 들면서, '중자'가 '아들들'만 뜻한다는 주장이다. 그리고 이에 덧붙여 한 가지 실례로, 까인 흥(景興) 8년(1747) 7월 2일자 부 반 번(武文彬, Vũ Văn Bân) 부부가 서명한 촉서를 보면 딸은 균분의 대상이 아니었음을 들고 있다.[123]

우선 문제는 중자가 아들만을 의미하는가 하는 점이다. 부 반 번 부부의 촉서 본문에 "소유한 전지(田池)와 토택(土宅)은 미리 촉서를 작성하여 중자에게 균분하되 남녀 3인에게 남겨준다"는 구절이 있다.[124] 이 구절로 보면 중자는 아들만이 아니라 딸까지도 포함하는 것이 확실하다. 일찍이 니이다 노보루(仁井田陞)는 당대 및 송나라 초에 행해진 법에 보이는, 형제들이 부모의 재산을 분할하는 데 분할에 앞서 형제 중 누군가가 사망한 경우[兄弟亡者]에는 "그 사망한 사람의 '자(子)'가 사망한 이의 몫을 상속한다[子承父分]."에서 '자'를 '남녀'라고 해석했고, 최근 베틴 버지(Bettine Birge)도 이에 동조하고

122 Tran, Nhung Tuyet, "Vietnamese Women at the Crossroads," pp.167-169; Tran, Nhung Tuyet, "Beyond the Myth of Equality: Daughters' Inheritance Rights in the Lê Code," pp.131-132.

123 Tran, Nhung Tuyet, "Vietnamese Women at the Crossroads," pp.172-174; Tran, Nhung Tuyet, "Beyond the Myth of Equality: Daughters' Inheritance Rights in the Lê Code," pp.134-135.

124 "所有田池土宅 預造囑書均分衆子 留與男女三人."「景興 8년(1747) 7월 2일자 부 반 번(武文彬, Vũ Văn Bân)과 쯔엉 티 란(張氏蘭, Trương Thị Lan) 부부가 서명한 촉서」, 1b면.

있다.[125]

다음은 『홍덕선정서』의 "촉서문계 형제균분"을 남자 형제들만의 균분이라고 한다면 딸들의 몫은 없는데, 그렇다면 『국조형률』의 조문 중 "형제자매상분" 구절과는 모순이 된다. 이러한 모순을 어떻게 해석해야 하는지에 대한 문제가 있다. 이 문제는 부 반 번 부부의 촉서 본문에 보이는 "중자에게 균분하되 남녀 3인에게 남겨준다."라는 구절에 의해 해결될 수 있지 않을까 한다. 즉 레 왕조시대 베트남 사회에서는 형제자매의 균분을 원칙으로 삼았다고 하겠다. '형제균분'이 경우에 따라 있었겠지만 보편적이었던 것 같지는 않다.

형제자매의 균분상속은 19세기에도 행해졌다. 미야자와 치히로(宮澤千尋)가 소개한, 응우옌 왕조의 자 롱(嘉隆) 16년(1817) 3월 29일 자 토지분할문서에서도 장남과 손자 3인(1인은 여성), 그리고 외손(外孫) 5인이 균분하고 있다.[126] 또한 타인 타이(Thành Thái, 成泰) 12년(1899) 11월 24일 자 촉서에서도 8인의 자(남 3인, 여 5인)가 균분상속하고 있는 것이 보인다.[127]

그뿐만 아니라 딸들도 제사상속을 할 수 있었다. 『국조형률』에 있는 「증보향화령」의 4개조(388-391)와 「증보참작교정향화」의 9개조(392-400)에 의하면,[128] 제사상속에서 첫째 부인의 장자와 장자의 사후에는 그의 장자, 다시

125 仁井田陞, 『唐宋法律文書の研究』(東京: 東方文化學院, 1937), 583면; Bettine Birge, *Women, Property, and Confucian Reaction in Sung and Yüan China*, p.79.

126 외손에의 상속은 전근대 베트남 사회의 양계적 성격과 관계가 있는 것 같다. 베트남 사회의 양계적 성격에 대하여는 다음을 참조. Yu Insun, "Bilateral Social Pattern and the Status of Women in Traditional Vietnam," *South East Asia Research*(London) 7-2(July 1999), pp.215-231.

127 宮澤千尋, 「ベトナム北部における女性の財産上の地位―19世紀から1920年代末まで」の補章」, 『人類學からみた ベトナム社會の基礎的研究』(東京: 平成6·7年度科學研究補助金」(總合研究 A) 研究成果報告書, 1996年 3月), 83-84면.

128 『국조형률』, 70a-73b면; *The Lê Code*, vol. 1, article 388-400, pp.203-206; 『洪德善政書』, 12면, 14-16면, 42면, 56-58면; Tạ Văn Tài, "The Status of Women in Traditional Vietnam," pp.124-125.

말하면 적장자 계열이 제사를 상속했다.[129] 만일 장자가 불효라든가 또는 질병으로 제사를 상속할 수 없으면, 차남이 제사상속자가 되었다. 혹시 아들들이 없으면 장녀가 제사상속을 했다.[130] 리 왕조의 마지막 황제인 펏 낌의 왕위상속에 대해, 후일 응오 씨 리엔은 유교적 입장에서 후에 똥이 종실(宗室)의 아들을 양자로 입양하여 왕위를 잇게 하지 않은 것은 잘못이라고 비판했다.[131] 그러나 그의 『대월사기전서』와 거의 동시대에 반포된 『국조형률』이 딸의 상속을 인정하고 있는 것을 보면, 당시 지배층에서조차 부계적 관념은 철저하지 않았던 것 같다.

쩐 꾸옥 브엉(Trần Quốc Vượng)은 전근대 지식인들이 유교이념에 충실하면서도, 다른 한편 불교와 도교도 수용했고, 또 고등문화와 대중문화를 연결시키려 했다고 했다.[132] 그래서인지 레 타인 똥의 유교화 노력에는 한계가 있었다. 일례로, 그는 부모의 상중에 처첩이 임신하면 아들들은 장 100대에 원주(遠州)에의 유형에 처해지도록 했다. 그러나 이 규정은 그의 아들 히엔 똥(Hiến Tông, 憲宗, 1498-1504) 때에 관료들이 후사가 끊긴다는 이유로 반발하자 완화될 수밖에 없었다.[133] 다른 예로, 타인 똥은 꽝 투언(光順) 5년(1464) 이성양자(異姓養子)의 입양을 금했다가 홍 득(洪德) 25년(1494) 동성양자를 구할 수

129 제사의 장자상속은 20세기 베트남 사회에서조차 보편적이지 않았던 것 같다. 레이몽 들루스탈(Raymond Deloustal)이 지적한 바에 따르면, 일부 지방에서는 향화 재산의 관리를 모든 아들들이 돌아가면서 했다고 한다. 들루스탈은 이러한 윤번제상속(輪番制相續)이 베트남사회의 일반적 현상이 아니라 지역적 특성에 불과하다고 한 반면, 헨리 맥알리비(Henry McAleavy)는 이를 제사상속에서 모두 동등했다는 표시로 해석하고 있다. Raymond Deloustal, "La justice dans l'ancien Annam," *Bulletin de Ecole Française d' Extrême-Orient* 11(1911), p.57; Henry McAleavy, "Varieties of *huong-hoa*: A Problem of Vietnamese Law," *Bulletin of the School of Oriental and African Studies* 21(1958), pp.618-619.

130 "監守香火 有長男用長男 無長男 則用長女." 1540년에 반포된 법에는 적처(嫡妻)에게서 아들이 없으면, 첩의 아들들 중 현명한 자가 제사를 상속하도록 했다. 『洪德善政書』, 14-16면.

131 『전서』(상), 315면.

132 Trần Quốc Vượng, "Popular Culture and High Culture in Vietnamese History," *Crossroads* 7-2(1992), pp.5-37.

133 『洪德善政書』, 30면 및 92면.

없으면 이성양자도 허용한다고 했는데,[134] 이 또한 같은 이유에서가 아닌가 한다. 한편 『국조형률』 내 「증보향화령」의 388조와 390조는 이미 레 타인 똥의 생존 중인 1462년과 1483년, 그리고 389조와 391조는 그의 사후인 1511년과 1517년에 각각 삽입되었다.[135]

다른 한편 아내에 대한 남편의 권위 행사가 어려운 것은 부인의 재산소유권 때문만이 아니라 그녀의 경제적 활동 때문이기도 했다. 앞에서 언급한 것처럼 베트남 여인들은 자유로이 돌아다닐 수 있었다. 베트남 여인들이 누린 이러한 행동의 자유는 17, 18세기에 베트남을 방문했던 유럽인들에게 매우 인상적이었던 모양으로, 그들은 이를 이슬람 여인이나 중국 여인의 부자유와 비교하고 있다. 사무엘 바론은 저서에서 다음과 같이 표현하고 있다. "무어인이나 중국인과는 달리, 이 나라 사람들은 여인을 남의 눈으로부터 그들처럼 엄격하게 감추지 않는다."[136] 여인을 집안에만 있게 하여 남자들로부터 격리시켰던 중국인들에게도 베트남 여인들이 제한받지 않고 돌아다니는 모습이 이상하게 보였던지 이를 잊지 않고 적어 놓았다. 17세기 말 경에 『안남지원』의 서문을 쓴 고웅징(高熊徵)은 "(베트남의) 남녀들은 왕래하거나 자리를 같이 할 때 서로 피하지 않는다. 이는 비록 고귀한 집안에서도 마찬가지다"[137]라고 했다. 우리나라 제주도 사람인 고상영(高商英)은 17세기 후반 베트남에 표류했다가 돌아와서 전하기를, 이 나라 사람들 중에는 "남자가 셋이면 여자는 다섯이다"라고 했다는 것이다.[138] 17세기 말 응우옌씨의 초청에 의해 후에를 방문한 중국인 승려, 대산(大汕) 역시 "해안가의 행인 중

134 『洪德善政書』, 96면 및 50면.

135 『洪德善政書』, 14-16면; 『국조형률』, 70a-71b면; *The Lê Code*, vol.1, articles 388-391, pp.203-204.

136 Samuel Baron, "A Description of the Kingdom of Tonqueen," p.30.

137 "其風俗 … 男女裸體 往來坐立不相避 雖貴家亦然." 『安南志原』 권1, 30면.

138 "其民三男五女." 鄭東愈 著, 『晝永編』, 81면.

에는 남자보다 여자가 많다"[139]라고 했다. 이러한 기록들은 무엇을 의미하는가?

앞에서 언급한 것처럼 베트남 여인들의 외부활동에는 사회적 신분에 따라 차이가 있었다. 지배계층에 속하는 여인들은 일반적으로 집안에만 있고 외출은 삼가 하는 경향이었다. 이들은 유교적 예의범절에 따라, 자유로이 바깥출입을 한다거나 커다란 소리로 이야기하는 등의 행동은 하지 않도록 요구되었다. 『가훈가』에서는 이를 다음과 같이 강조하고 있다. "그들에게 공손한 말씨와 올바른 행동을 하도록 가르쳐야 한다. 딸들은 집에 있으면서 집안일 하는 것을 배워야 한다."[140]

이들과는 달리 하층집안의 여인들은 농사일이나 상업에 종사해야만 했다. "남편은 쟁기질을 하고, 아내는 모를 심고, 물소는 써레질을 한다"는[141] 속담이 말해주듯이, 여인들은 논을 갈며 모를 심고 추수를 하는 등 들판에서 열심히 일하지 않으면 안 되었다. 당시 베트남의 농업은 노동집약적으로, 모판의 준비로부터 수확까지 상당한 노동력이 필요했다. 더욱이 홍 강 델타의 저지대는 일 년에 2모작으로 노동력이 거의 무한정으로 필요하여 여인들도 남자들만큼 일할 수밖에 없었다. 이러한 상황에서 남편이 아내를 통제하기란 쉽지 않았으며 또한 바람직하지도 않았다. 이는 가난할수록 부부는 서로 의지하면서 일을 분담해야 했으며 상하의 관계를 논할 처지가 못 되었음을 말해준다.[142]

139 "夾岸行人 女多於南." 大汕, 「海外紀事」 권1, 15a면.

140 Nguyễn Trãi, *Gia Huấn Ca*, p.20; Nha Trang, "The Traditional Roles of Women as Reflected in Oral and Written Vietnamese Literature," p.45; 『洪德善政書』, 54면.

141 "Chồng cày, vợ cấy, con trâu di bừa." Trần Quốc Vượng, *Truyền Thống Phụ Nữ Việt Nam*(베트남 여성의 전통)(NXB Văn Hóa Dân Tộc, 2000), p.16; Nha Trang, "The Traditional Roles of Women as Reflected in Oral and Written Vietnamese Literature," p.159.

142 David Marr, "The 1920s Women's Rights Debates in Vietnam," *Journal of Asian Studies* 35-3(May 1976), p.375.

아내에 대한 남편의 통제가 불가능하지는 않았더라도 어려웠던 또 다른 이유 중의 하나는 상업 활동을 통해 아내가 가족경제에 크게 기여했기 때문이기도 했다. 1778년 영국의 인도총독에 의해 코친차이나에 보내졌던 찰스 샤프만(Charles Chapman)은 남편들이 경제적으로 아내에게 의존했던 경우들을 다음과 같이 보고하고 있다.[143]

부인들은 (남자들보다) 훨씬 활동적이었다. 이들이 일상적으로 모든 업무를 처리하는 동안, 게으른 남편들은 한가로이 다리를 꼬고 앉아서 담배를 피우든가 또는 빈랑열매를 씹든가 아니면 차를 마시고 있을 뿐이었다.

이와 비슷한 내용은 풍랑을 만나 1794년 11월 베트남에 표류했던 일본인 선원이 귀국 후 한 이야기에서도 발견된다.[144]

이 나라의 풍습으로 말하면, 여자가 상당히 현명하고 굳건하여, 장사의 홍정도 열의 아홉은 여자가 한다. 대개 남자는 그저 건들건들 술을 마시고 노래를 흥얼거리고 샤미센비파소궁(三味琵琶小弓)을 켜며 장사는 남의 집 일인 양 게으름만 피면서 놀러 다닌다.

이들 이야기들을 고려하면, 대산(大汕)이 해안가에서 본 많은 여인들은 단순한 행인들이 아니라 상인들이었음에 틀림없다. 일본인 선원도 말했지만, 당시 베트남을 방문한 유럽인들도 베트남 여인들은 유능하고 끈질긴 장사

143 Charles Chapman, "A Sketch of the Geography of Cochin China," *The Asiatic Journal and Monthly Register for British India and its Dependencies* 4(1817), p.341. 이 글은 Alastair Lamb, *The Mandarin Road to Old Hue*(Hamden: Archon Books, 1970), pp.130-137에도 수록되어 있다.

144 中野煥 撰, 『南瓢記』(早稲田大學 舊藏本, 1797), 卷二, 17b면.

꾼들이었다고 했다. 그들은 시장의 물가를 조작하면서까지 이익을 추구했다는 것이다. 17세기 후반 베트남을 방문했던 영국인 여행가, 윌리엄 담피에르(William Dampier)는 베트남 여인들은 런던의 주식중개인만큼이나 교활하다고 말했다.[145] 이런 상술로 인해 외국 상인들이 베트남 여인들을 흔히 자신들의 중개인으로 고용하곤 했다고 한다.[146]

여인들의 이러한 상업 활동에의 종사는 당시 베트남뿐만 아니라 버마·타이·말라카·인도네시아 등 동남아시아 각국에서 일반적인 현상이었다. 근세 유럽인과 중국인들은 이들 여인들의 상술에 놀라움을 표시하고 있다.[147] 한 예로, 자바에서는 일반적으로 남편들은 금전적인 일을 완전히 아내에게 맡겼다. 여자는 시장에게 가서 사고파는 일을 혼자 다 했다. 그리하여 자바 남자들은 금전에 관한 한 바보라는 속담까지 있다.[148]

오늘날 베트남 남자들 중에도 근세 자바 남자들의 모습을 연상시키는 사례가 적지 않다. 북부가 아니라 남부의 예이기는 하지만, 베트남 여성들은 남자들이 상술이 없다고 불평을 한다. 호찌민 시에서 제일 큰 벤 타인(Bến Thành) 시장의 상점주들은 대부분 여성들이다. 한 여성 상점주는 남편이 상술이 없다면서 불평하기를, 이는 마치 자기가 없는 동안 아이에게 상점을 맡기는 거와 같다고 한다. 그는 팔기는 하지만 가격을 기억하지 못해 항상 손해를 본다는 것이다. 뿐만 아니라 손님이 값을 깎자고 하면 남편은 거절을

145 William Dampier, *Voyages and Discoveries*, with an introduction and notes by Clennell Wilkinson. Edited by N. M. Penzer(London: The Argonaut press, 1931), p.47.

146 Charles Chapman, "A Sketch of the Geography of Cochin China," p.341; Alastair Lamb, *The Mandarin Road to Old Hue*, p.134.

147 Anthony Reid, *Southeast Asia in the Age of Commerce, 1450-1680* (New Haven: Yale University Press, 1988), vol.1, p.164.

148 Thomas Stamford Raffles, *The History of Java*(London: John Murray, Albemarle Street, 1817), vol.1, p.353. Anthony Reid, *Southeast Asia in the Age of Commerce,* p.164에서 재인용.

못하는 것도 문제라고 한다.[149] 또 다른 여성도 남편이 가족을 부양할 능력이 부족하다고 한탄한다. 가게를 함께 운영하지만 거의 도움이 안 된다는 것이다. 그녀의 말에 따르면, 남편은 즐기는 데만 관심을 가져 시장의 다른 남자들과 카드놀이에 대부분의 시간을 보낼 뿐이다.[150] 그러기에 지금도 베트남 부인들은 집안경제를 책임진 '노이 뜨엉'일 수밖에 없다.

근세 베트남 사회에서 상업에 종사하는 여인들은 대부분이 피지배층의 빈한한 집안 출신이었지만, 사회적 신분이 높은 가족출신들도 상당 수 있었다. 앞서 언급한 중국인 반정규는 말하기를, 관리들의 부인조차 상업에 종사하는 것을 꺼리지 않았다고 했다.[151] 1749-1750년 사이에 몇 달 동안 코친차이나에 머물렀던 포르투갈인 코플러(Jean Koffler) 또한 베트남 여인들은 고관의 부인들도 상업에서 이윤 남기기를 결코 게을리 하지 않았다는 기록을 남겨 놓았다.[152] 특히 집안이 유족하지 못한 선비들 중에는 그들이 과거시험을 준비하는 동안, 부인들이 농작물이나 수공업제품을 시장에 가져다 팔아 가족의 생계를 유지하는 한편, 남편의 지필묵(紙筆墨)까지 마련해 주는 것 또한 흔한 일이었다. 베트남의 옛날 민요 가운데 다음과 노래가 있다.[153]

나는 풍 티엔(Phụng Thiên) 지방 출신의 젊은 여인이에요.

채소를 팔아서 낭군의 붓과 종이를 마련한답니다.

앞으로 어느 날엔가 그의 이름이 등과자(登科者)의 명단에 오를 때,

149 Ann Marie Leshkowich, *Essential Trade: Vietnamese Women in a Changing Marketplace*(Honolulu: University of Hawaii Press, 2014), p.72.

150 Ann Marie Leshkowich, *Essential Trade*, pp.72-73.

151 "互市率女人 雖官之內子不爲忌." 潘鼎珪, 『安南紀遊』, 122면; Arnold J. A. Vissière, "Ngan-Nan Ki Yeou: relation d'un voyage au Tonkin," *Bulletin de Geographie Historique et Descriptive* 4(1889), p.78.

152 Jean Koffler, "Description historique de la Cochinchina," *Revue Indochinoise* 16(1911), p.585.

153 Trần Quốc Vượng, *Truyền Thống Phụ Nữ Việt Nam*, p.23.

채소에 거름 주며 키운 나의 노고를 갚아 주겠죠.

여인들이 상업에 종사한 것과 관련하여 주목할 사실은, 베트남 관리들은 상업에 대해 중국 관리들처럼 그렇게 반대하는 태도를 취하지 않았다는 점이다. 1476년 심한 가뭄이 들자, 레 타인 똥은 기우제를 지내며 "수공업자들과 상인들은 할 일을 잃고 농민들은 실망이 크니 비를 내려주십시오"라고 했다.[154] 이듬해에는 주(州)와 현(縣) 및 촌락[社]에게, 주민들이 원하면 잘 조사하여 기존의 수에 관계없이 시골 장을 증설하라는 칙령을 내렸다.[155] 이리하여 특히 통킹 델타에서는 그 수가 크게 늘었다. 윌리엄 댐피어의 기록에 의하면, 4~5 마을마다 시장이 하나씩 있어 일주일에 한 번씩 장이섰다고 한다.[156]

한편 레 타인 똥은 즉위하던 해인 1460년 곡식을 바치면 명예직인 관작(官爵)을 주도록 했다. 아들인 히엔 똥(憲宗) 때의 예를 보면, 악역(惡逆)을 범한 자, 범죄자, 폭력을 휘두르는 자 및 창우(倡優)와 그들 자손이 아닌 양민은 다 자격이 있다고 하여[157] 상인을 배제하지 않고 있다.

이처럼 상업에 대해 관대해서였는지 레 왕조는 중국에서 전통적으로 상인들의 과거시험 응시를 불허했던 것과는 달리 상인계층의 과거응시를 허용했다. 뿐만 아니라 레 왕조 후기, 즉 17, 18세기에는 관직의 매매가 성행했는데, 이때 관직을 사는 이가 상인인가 아닌가는 문제 삼지 않았다. (중국에서도 청나라 후기에는 상인들 역시 관직을 살 수 있었다.) 아마도 이런 배경에서 고관들의 부인이 상업에 종사할 수 있었지 않은가 한다.

154 『전서』(중), 701면.
155 『전서』(중), 703면; 『洪德善政書』, 144면.
156 William Dampier, *Voyages and Discoveries*, pp.26-27.
157 『전서』(중), 763면.

베트남의 많은 촌락들은 대부분은 자신들이 필요로 하는 옹기나 광주리 같은 물건들을 자급자족해 왔다. 그러나 15세기에 이르면 판매를 위해 물품들을 전문으로 생산하는 마을들이 나타나기 시작했다.[158] 17, 18세기에 이르러서는 대외무역의 증가로 인해 수공업 제품의 생산에 더욱 박차가 가해졌다. 이에 따라 여인들은 옹기를 굽거나, 비단을 짜거나, 바구니를 만드는 등의 일에 종사했다. 이때 각 마을은 자기들의 기술이 다른 마을에 전수되지 않도록 결혼한 여성에게만 일을 시켰고, 처녀들은 참여시키지 않았다. 완성된 물건들을 시장에 가져다 파는 것 역시 주로 여인들의 몫이었다.

여인들의 경제적 활동과 관련하여 흥미로운 점은 농업이나 수공업에서 지불되는 임금이 남녀가 동일했다는 것이다. "남녀 사이에 품삯의 차이는 없었다"라고 19세기 초 영국의 사절로 후에를 방문한 존 크로퍼드(John Crawfurd)는 말하고 있다.[159] 임금은 하루에 30문(文) 내지 60문(一錢)이었던 것 같다. 『국조형률』에는 일당(日當)이 30문으로 되어 있는데,[160] 피에르 파브르(Pierre Poivre)라는 프랑스 동인도회사의 직원은 1794년 9월부터 4개월 가까이 후에에 체류하는 동안 하루 품삯으로 30문 내지 1전을 지불했다고 한다.[161] 이는 여자들의 노동력이 높이 평가되었으며, 아울러 그들의 사회적 지위가 상당히 존중되었음을 나타내는 것으로 보아도 틀림없다.

베트남 여인들은 그들의 사회적 신분에 따라 어느 정도 차이는 있었겠지만, 일반적으로 가정경제에서 차지하는 중요한 역할로 인해 집안 내에서 상

158 Nguyen Thanh Nha, *Tableau économique du Viêt Nam au XVII aux et XVIII siècles*(Paris: CUJAS, 1970), p.102-103.

159 John Crawfurd, *Journal of an Embassy to the Courts of Siam and Cochin China*(Kuala Lupur: Oxford University Press, 1967), p.523. 이 책은 1826년 런던에서 처음 출판되었다. 크로퍼드를 수행했던 핀레이선도 유사한 기록을 남겼다. George Finlayson, *The Mission to Siam, and Hué, the Capital of Cochin China, in the Years 1821-1822*(London: John Murray, 1826), p.386.

160 『국조형률』, 7b면; *The Lê Code*, vol.1, article 23, p.116.

161 Nguyen Thanh Nha, *Tableau économique du Viêt Nam*, p.158.

당히 중요한 권력을 행사할 수 있었다. 앞에서 이미 언급한 바와 같이, 이들 여인이 번 것은 가계수입의 상당한 몫이었을 뿐만 아니라, 때로는 유일한 수입이기도 했다. 이러한 아내의 경제력으로 인해 처의 상실은 가정경제에 커다란 위협이 아닐 수 없었고, 특히 가난한 집안에서는 더욱 그러했다. 비록 유교적 성향의 법이 남편에게 아내에 대한 우위를 인정했다고 하더라도, 현실적으로는 남편이 아내에 대한 권위를 행사하기 어려웠고 또한 적절치도 않았다. 부부 사이의 지배와 종속이라는 법적 관계는 명목상에 불과했고, 현실적으로 양자는 거의 평등했다고 볼 수 있을 것이다.

부부 관계를 단순히 상하의 문제로만 볼 수 없다는 것은 베트남의 속담에도 잘 나타나 있다. "부부는 끈으로 영원히 묶여져 있음으로 혹시 다투는 경우에도 승자와 패자는 있을 수 없다"[162]라는 것이 그들의 생각이다. 또 "남편이 한 걸음 내딛으면 아내는 한 걸음 물러나야 하고, 남편이 화해적인 태도를 취하면 아내는 친근감을 느끼게 해야 한다"[163]는 말도 있는데, 이는 부부란 서로 양보하고 희생적이어야 하지, 어느 한 편이 다른 한 편을 지배해서는 안 됨을 뜻하는 것으로 풀이된다. 우리가 부부(夫婦)라고 하는 말을 베트남인들은 '버 쫑(vợ chồng)', 즉 '부부(婦夫)'라고 하는 것도 결코 우연한 일은 아니다. 이는 남편에 대한 아내의 중요한 위치를 보여주는 것이다. 또한 전근대 베트남어에서 까이(cái)는[164] '크다'는 의미도 있고 또 '어머니'라는 뜻도 있는 것도 여성의 지위와 관련이 있다는 생각이다.

집안에서 아내의 중요성은 오늘날 자녀들에 대한 이름에서도 엿볼 수 있다. 저자가 1995년 7월 베트남에서 만난 젊은 사업가의 이름은 응우옌 부 민

162 Huynh Dinh Te, "Vietnamese Cultural Patterns and Values as Expressed in Proverbs," p.89, n.3.
163 Huynh Dinh Te, "Vietnamese Cultural Patterns and Values as Expressed in Proverbs," p.89, n.3.
164 까이(cái)는 현대 베트남어에서 어머니라는 뜻보다는 '암컷 한 마리(cái một)'처럼 동물의 암컷을 셀 때 사용하는 수사(數詞)로 변했다.

찐(Nguyễn Vữ Minh Chính)이라고 했다. 베트남 남자들의 이름은 우리처럼 일반적으로 세 글자이며 간혹 두 글자인 경우도 있다. 여자의 이름에는 '티(thị, 氏)' 자가 많이 사용되어, 응우옌 티 민 응옥(Nguyễn Thị Minh Ngọc)처럼 네 글자인 사람이 적지 않다. 신기해서 그에게 왜 네 글자인가하고 물었더니, '응우옌'은 아버지 성이고, '부'는 어머니 성인데, 어머니가 자기 성을 꼭 넣으라고 주장하여 네 글자가 되었다고 했다. 그뿐만이 아니라 오늘날 베트남의 유명한 영화감독인 응우옌 판 꽝 빈(Nguyễn Phan Quang Bình)도 '응우옌'은 아버지의 성이고, '판'은 어머니의 성이다. 이처럼 어머니의 성을 아버지의 성과 나란히 이름에 넣은 예는 얼마든지 있어 베트남 사회에서 부부 간의 위치가 어떤가를 잘 보여준다. 그렇지만 전술한 응우옌 부 민 찐은 자녀들에게는 어머니 성을 넣겠냐고 물었더니 넣지 않겠다고 하는 것을 보면 오늘날에는 모계적인 면은 거의 사라져가고 있는 느낌이다.

3. 부부관계의 해소

부부관계가 끝나는 것은 이혼과 사망에 의해서였다. 이혼의 경우 부부관계가 완전히 해소되는 데 비해, 사망한 경우에 생존한 배우자는 사망한 배우자에 대해 어느 정도 권리와 의무를 지니고 있었다는 점에서 완전한 해소라고는 할 수 없다.

어느 사회, 어느 시대에서나 마찬가지로 근세 베트남에서도 결혼이 영원히 계속되고 와해되기를 바라지 않았다. 그러나 부부 간의 갈등이라든가 부정(不貞) 행위 등과 같은 이유로 이혼을 원하는 경우에는 이를 용인했고, 때에 따라서는 법은 이를 강요하기까지 했다. 일반적 부부관계에서와 마찬가지로 이혼에서도 법은 여자에게 불리하게 되어 있다.

법률상 이혼에는 3가지 종류가 있었으니, 첫째는 남편에 의한 아내의 일방적 방기, 즉 출처(出妻), 둘째는 법에 의한 강제이혼, 그리고 셋째는 부부 쌍방에 의한 합의이혼이었다.

여자에 대한 지배는 결혼에 의해 아버지로부터 남편으로 옮겨간다는 당시의 이념에 따라 남편은 처를 일방적으로 버릴 수 있는, 다시 말하면 처를 친정으로 되돌려 보낼 수 있었다. 중국에서와 같이 출처할 수 있는 원인으로는 이른바 '칠출(七出)'로, 무자식 · 질투 · 악질(惡疾) · 음탕 · 부모에 대한 불경(不敬) · 형제와의 불화 · 절도의 일곱 가지였다.[165] 이 일곱 가지 원인이 단순히 부부 간의 문제가 아니라 가족 전체의 이해관계와 관련되어 있음에 주목할 필요가 있다. 앞에서 언급했듯이, 당시 결혼이 단순히 배우자 당사자들의 애정에 의해 성립하는 것이 아니라는 점이 여기에도 잘 나타나 있다.

그러나 칠출에는 세 가지 예외 규정이 있었으니, 부모의 상을 당한 경우, 결혼 초에는 빈천했다가 후일 부귀해진 경우, 처가 의지할 곳이 없는 경우였다.[166] 이런 경우에는 처가 비록 칠출의 하나에 해당하더라도 그를 내보내는 것이 금지되었다.[167] 출처는 그 원인에서 알 수 있듯이 가족 전체의 이익과 관련이 있었지, 부부 간의 관계는 덜 중요시되었다. 이러한 점에서 볼 때, 출처는 사회적 집단으로서의 가족을 강조하고 가족원 개개인을 경시하는 유교사상의 반영이었다.

출처의 권리가 남편에 의해 실제로 근세 베트남 사회에서 어느 정도로 행사되었는지는 알려져 있지 않다. 출처가 일단 법에 의해 규정되어 있는 이

165 『洪德善政書』, 66-68면; *The Lê Code*, vol.2, pp.175-176; 山本達郎, 「安南黎朝の婚姻法」, 304-305면; Ta Van Tai, "The Status of Women in Traditional Vietnam," p.107.

166 『洪德善政書』, 68-69면; 山本達郎, 「安南黎朝の婚姻法」, 305-306면.

167 『洪德善政書』, 69면.

상 적기는 하지만 몇몇 부류의 사람들에 의해서는 실행되었을 것으로 추측된다. 유교의 가족도덕을 철저히 신봉하는 유학자들은 처를 희생시키면서까지도 법규를 지켰을 것으로 생각된다. 법을 위배하면 관직을 잃을 위험이 있었기에 관리들도 규정을 따랐지 않았을까 한다. 이미 앞에서 언급했듯이, 팜 꽁 띠엔은 과거시험에 합격했음에도 불구하고 첫 부인에 대한 대우를 적절히 하지 않았기 때문에 관직에 임용되지 못했다. 1469년에 이미 레 타인똥은 관리의 임명과 승진은 그들의 결혼이 유교의식에 일치하는가 여부를 확인한 다음에 하도록 하라는 칙령을 내렸다.[168]

그리고 부인과의 사이가 좋지 않아 내보내고자 하는 이들에게 칠출은 하나의 편리한 수단일 수도 있었을 것이다. 사실상, 법은 만약 처가 칠출 중 하나라도 해당하면 남편은 반드시 처와 이혼해야 한다는 강제규정을 두고 있다. 이는 법에 의한 강제이혼인 것이다. 『국조형률』에 따르면, 남편이 그런 처와 이혼하지 않는 경우 형벌은 폄벌(貶罰)이었다.[169] 출처하지 않는 데에 대한 형벌이 당률에서는 도형 1년, 명률에서는 장 80대로[170] 중국법이 무거웠다.

이러한 규정에도 불구하고 출처가 널리 행해졌다고 보기는 어렵다. 이유 중의 하나는 무엇보다 결혼비용 때문이었을 것이다. 베트남인들은 결혼예물이나 결혼식에서의 손님접대에 과대한 비용을 지출하는 경향이 있었고, 그 때문에 결혼 후에 부채를 짊어지거나 파산하는 예들이 적지 않았다. 따라서 1663년에 반포된 교화조례에서는 이를 금지하는 규정까지 두었다.[171] 따

168 『전서』(중), 677면.

169 『국조형률』, 56b면; *The Lê Code*, vol.1, article 310, p.184; 『홍덕선정서』, 68면.

170 『唐律疏議』 권14, 268면; 『大明律』 권6, 62면.

171 이 풍습은 그 후도 여러 차례 금지하려했으나 뿌리가 깊어 20세기 초까지도 근절되지 않았던 모양으로, 1910년대 중반 근대 지식인인 판 께 빈(Phan Kế Bính)은 그의 책에서 이를 비판하고 있다. 『黎朝詔令善政』, 290면; *The Lê Code*, vol.2, pp.113-114, 115-116; Phan Kế Bính, *Việt Nam Phong Tục*(월남풍속),

라서 남편은 결혼을 위해 이미 사용한 비용을 낭비해 버리지 않고자 했고, 뿐만 아니라 재혼할 만한 경제적 여유도 거의 없었다. 그리하여 남편은 처를 내보내기 보다는 가능하면 같이 살기를 더 원하는 경향이었다고 생각된다.

출처를 꺼리는 보다 더 중요한 이유는 아내가 상업·농업·수공업 등과 같은 활동을 통해 가정경제에 대한 기여가 크기 때문이었다. 뿐만 아니라 출처는 처의 재산소유권 때문에 그의 상실은 가족의 재산에도 커다란 타격을 주는 문제였다. 남편은 처를 내보낼 때 그녀의 재산이나 다른 모든 개인 소유물을 돌려주어야만 했다. 이에 대해 18세기 중반 프랑스의 한 선교사는 다음과 같이 전하고 있다.[172]

> 남편은 아내가 결혼할 때 가져온 것들은 말할 것도 없고 그녀에게 준 선물들까지 돌려주어야 했고, 모든 가구와 그녀가 살았던 집도 반분해야만 되었다.

관리들이나 일부 부유층 사람들은 결혼비용이라든가 가족경제의 측면에서는 이혼하기에 훨씬 유리한 입장에 있었다. 그렇지만 이들은 출처하는 경우 처의 친정과 불편한 관계를 가지게 된다는 또 다른 문제에 직면했다. 출처란 처의 가족에서 볼 때 결코 명예로운 일은 아니었고, 따라서 그들은 출가한 딸을 보호하려 모든 노력을 기울였을 것임에 틀림없다. 이들 계층에서의 결혼은 흔히 같은 계층에 속하는 집안들 사이의 일이었기 때문에, 만일 남편이 권문세가나 부호 집안의 출신이라면 처의 가문 또한 이와 비슷했다. 그런 때문인지 사무엘 바론은 말하기를, 아내가 칠출의 하나와 관련되었을

(TPHCM: NXB Tổng Hợp Đồng Tháp, 1991), pp.176-178. 嶋尾 稔, 「ベトナムの家礼と民間文化」, 山本英史 編著, 『アジアの文人が見た民衆とその文化』(東京: 慶應義塾大學言語文化研究所, 2010), 120면에서 재인용(*Việt Nam Phong Tục*은 1915년에 처음 출판되었다).

172 Abbé Richard, *Histoire naturelle, civile et politique du Tonkin*, vol.1, p.103.

때조차 출처하는 예는 거의 좀처럼 없었다고 했다.[173] 이런 경우 문제는 다른 방식으로 해결되었다. 예컨대, 부부 사이에 아이가 없으면 남편은 아내의 동의를 얻어 둘째, 또는 셋째 부인을 얻었다. 결국 출처라는 남편의 일방적인 이혼은 실제라기보다 이념상의 문제였을 뿐이며, 그리하여 아내의 지위는 악질(惡疾) 등과 같은 특별한 경우가 아니면 보장되어 있었다고 할 수 있다.

남편에 의한 일방적인 이혼이 아내의 법적 권리에 대한 차별이었던데 비해, 부부 상호간의 합의에 의한 이혼은 서로의 자율성을 의미하는 것이었다. 존 크로퍼드는 말하기를, 베트남에서는 합의이혼이 아니면 이혼이 불가능하다고까지 했다.[174] 아내는 남편으로부터 이혼에 동의해달라고 요청받았을 뿐만 아니라, 자신이 이혼을 요청할 수도 있었다. 합의이혼에 관한 최초의 성문법은 홍 득(洪德) 시대까지 거슬러 올라간다. 『홍덕선정서』에 의하면, 부부가 서로 화합하여 살 수 없어 헤어지기를 원하는 경우, 법은 이혼을 허락했다.[175]

법은 상호 합의에 의한 이혼을 증명하기 위해서는 당사자들이 직접 문서를 두 통 만들어 각각 한 통씩 갖도록 요구하는 한편, 전통적으로 행하여지던 동전을 반으로 나누거나 젓가락을 부러뜨리는 관습에 의한 이혼은 무효라고 했다. 동전을 반으로 나누는 것은 재산의 분할을 상징하고, 젓가락을 부러뜨리는 것은 음식을 같이 먹지 않는다는, 말하자면 동거의 분리를 의미한다. 이혼문서에는 이혼서약, 날짜, 남편의 서명, 그리고 아내의 점지(點指)를 포함해야 했다. 증인은 필요 없었다. 이혼문서의 작성은 중국제도의 도

173 Samuel Baron, "A Description of the Kingdom of Tonqueen," p.11; Rhodes, *Histoire du royaume de Tunquin*, pp.102-103; Ta Van Tai, "The Status of Women in Traditional Vietnam," p.111.

174 John Crawfurd, *Journal of an Embassy to the Courts of Siam and Cochin China*, p.521.

175 『洪德善政書』, 68면. 당률과 명률도 합의이혼을 인정했다. 『唐律疏議』 권14, 268면; 『大明律』 권6, 62면.

입임이 분명하다. 중국에서는 이를 휴서(休書) 또는 이서(離書)라고 했다. 결혼증서는 필요하지 않았는데 이혼문서가 요구되었다는 것은 흥미롭다. 아마도 이혼에 따른 분쟁을 막으려는 이유에서였지 않은가 한다.

이유야 어떻든 이혼문서의 작성이라는 새로운 제도는 대부분이 문맹자인 일반 대중들에 의해 받아들여진 것 같지가 않다. 글을 모르는 이들은 친척이나 중재를 원하는 이에게 대서하도록 했지만,[176] 거기에는 많은 불편이 따랐지 않은가 한다. 17, 18세기 유럽인 방문자들에 의하면, 동전을 반으로 나누거나 젓가락을 부러뜨리는 옛 관습이 합의에 의해 이혼할 때의 일반적인 방법이었다고 한다. 그들 중 한 사람인 존 배로우는 다음과 같이 말하고 있다.[177]

> 코친차이나에서는 남편과 아내가 증인들 앞에서 동전의 하나를 반으로 나누거나 젓가락을 부러뜨리면, 이전의 계약이 해소되고 별거하는 것으로 간주되었다.

이로 보면, 남편과 아내가 단순히 동의하여 이혼하는 예전 방식이 분명히 선호되었고, 이혼은 충분히 성립된 것으로 간주되었음에 틀림없다.

합의이혼이 근세 베트남 사회에서 어느 정도로 빈번하였는지는 알려져 있지 않지만, 드문 일은 결코 아니었을 것으로 생각된다. 인류학자인 에드먼드 리치(Edmund Leach)는 이혼율을 말하면서, 남편의 권위와 아내의 친정

176 『洪德善政書』, 68면.

177 John Barrow, *A Voyage to Cochinchina*, pp.304-305. 사무엘 바론과 리샤르 수사도 비슷한 기록을 남겨 놓았다. Samuel Baron, "A Description of the Kingdom of Tonqueen," p.11; Abbé Richard, *Histoire naturelle, civile et politique du Tonkin*, vol.1, p.103.

과의 친소 사이에는 밀접한 상관관계가 있다는 설을 제기했다.[178] 다시 말하면, 남편의 권위가 약하면 약할수록, 그리고 아내와 친정과의 관계가 밀접하면 할수록 이혼율은 높아진다는 것이다. 이와는 반대로, 남편의 권위가 강하고 아내와 친정과의 관계가 약하면 이혼율은 낮아진다고 한다.

우리가 이제까지 보아온 베트남의 남편은 가족 내에서 권위적 존재가 아니고, 아내는 거의 남편과 동등했다는 인상에 따르면, 결혼은 신부가 그의 친정으로부터 남편의 가족으로 완전히 흡수되는 것이 아니었다. 그녀는 결혼 후에도 여전히 친정과의 관계를 유지했다. 베트남 여인들의 이름에 성(姓) 다음 흔히 쓰이는 '티(thị, 氏)', 예컨대, 부 티(Vũ Thị, 武氏)는 그들이 결혼 후에도 '부'씨인 친정의 일원임을 강조하는 하는 것은 아닐까 한다.[179] 이러한 그녀들의 친정과의 관계는 베트남의 오랜 전통이었다. 예컨대, 기원 후 40년 중국 관리의 착취에 반기를 든 쯩 짝(徵側, Trưng Trắc)은 이미 결혼했었지만 여동생 쯩 니(徵貳, Trưng Nhị)와 저항운동을 일으켰다. 그리고는 저항운동이 어느 정도 성공을 거두자 왕을 칭하고는 도읍을 친정이 있는 메 린(麊冷, Mê Linh)에 정했다.[180] 팜 티 투이 빈(Phạm Thị Thùy Vinh)이 조사한 레 왕조 시기 낀 박(Kinh Bắc, 京北) 지역에서 발견된 비문들에 의하면, 특히 17, 18세기에 찐씨 궁중의 여인들이 자기 고향 마을의 세금과 요역을 줄여주도록 도움을 주는 경우도 있었다.[181]

이와 관련하여 앞에서 언급한 바와 같이, 레 왕조의 상속법은 결혼한 여인이 자녀가 없이 사망한 경우 그 여인의 재산은 친정 부모나 부모 모두 사

178 Edmund R. Leach, *Rethinking Anthropology*(New York: Humanities Press, 1966), pp.114-123.

179 북부의 '부(Vũ)'씨와 중부 이남에서의 '보(Võ)'씨는 같은 한자 '武'이다. 동일한 한자 성을 남북이 달리하는 경우는 적지 않다. 또 다른 예로, 북부에서의 '호앙(Hoàng,黃)'씨를 남부에서는 '후인(Huỳnh)'씨라고 한다.

180 Keith W. Taylor, *The Birth of Vietnam*(Berkeley: University of California Press, 1983), p.38.

181 Phạm Thị Thùy Vinh, *Văn Bia Thời Lê Xứ Kinh Bắc và Sự Phản Ánh Sinh Hoạt Làng Xã*, p.366(영문).

망했으면 친척에게 되돌려주어 그녀의 제사를 지내주게 했다. 이는 분명히 여인이 결혼에 의해 자동적으로 남편 가족의 완전한 일원이 되지 않았음을 의미한다. 그녀는 남편과의 사이에서 자녀를 낳았을 때에야 비로소 그 가족의 완전한 일원이 될 수 있었다. 여인이 결혼한 후에도 친정과 밀접한 관계를 유지했다는 것은 그녀에게 확고한 근거지가 마련되었다는 의미와 다름없다. 그녀는 결혼 후에도 자유로이 친정을 방문했다.

뿐만 아니라 딸과 친정의 밀접한 관계는 아들이 없을 때 딸이 친정부모의 제사도 지낸 사실로도 알 수 있다. 이는 베트남 가보에 부계의 조상과 함께 모계의 조상도 그 기일(忌日)이 기재되어 있는 것에 의해 입증된다.[182] "아들이 없으면 딸이 대신한다"라는[183] 민요가 오늘날까지 전해지고 있는 것도 딸의 제사상속이 상당히 일반적인 관행이었음을 말해준다. 18세기부터 서서히 개발되기 시작한 남부는 북부와 문화적 차이가 많지만, 여하튼 지금도 남부지방에서는 아들이 없으면 딸, 특히 막내딸이 부모의 제사를 모신다고 한다.[184]

앞서 언급한 유학자인 팜 딘 호(范廷琥)의 다음과 같은 지적에서 응우옌 왕조 초기까지도 딸의 제사상속이 널리 행해지고 있었음을 알 수 있다.[185] 그는 말하기를, 우리 베트남에서 행해지고 있는 딸의 제사상속이 언제부터 시작되었는지는 모르나 이러한 관례는 조상신에게 부당한 제사를 받도록 강요하는 것으로 결코 받아들일 수 없는 일이라고 했다. 그러면서 최근에는 사위와 외손이 근친에 우선하여 향화전(香火田)을 분배받는 일이 많아 친인척 간에 재산분쟁을 야기시켜 탐관오리의 주머니만 채워주고 있다고 비난

182 山本達郎, 「越南の家譜」, 1048-1049면; 末成道南, 「ベトナムの家譜」, 32-34면.
183 Mai Thi Tu and Le Thi Nham, *Women in Viet Nam*, p.35.
184 Do Thai Dong, "Modifications of the Traditional Family in the South of Vietnam," in *Sociological Studies on the Vietnamese Family*, edited by Rita Liljestrom and Tuong Lai(Hanoi: Social Sciences Publishing House, 1991), p.91.
185 『雨中隨筆』, 41면.

했다. 요컨대, 그의 말은 딸의 제사상속이 잘못되어도 크게 잘못되었다는 것이다.

오늘날 서구학자도 딸의 제사상속은 그녀가 결혼하면 향화전이 부계친족으로 넘어갈 위험성을 지적하고 있다.[186] 이러한 견해는 팜 딘 호가 지적한 사위나 외손의 상속이 잘못이라는 생각과 유사한 것으로, 제사는 부계로 이어지고 있는 현재의 관습에 의거하여 유추한 데서 생긴 결과이다. 그러나 오늘과는 달리 당시 베트남인들은 어느 쪽으로 이어지든지 간에 조상에 대한 제사가 받들어질 수 있으면 그것으로 족했다. 이는 그들에게 부계니 모계니 하는 개념이 뚜렷하지 않았기 때문으로, 아직 베트남 사회가 양계제에서 완전히 벗어나지 못했다는 증거인 동시에 아들과 딸의 지위에 별로 차별을 두지 않았음을 입증해준다고 하겠다. 앞에서 언급한, 베트남인들은 아들보다 딸을 더 선호한다는 반정규의 말도 무언가 근거가 있기에 그랬지 않았을까 한다.

냐 짱(Nha Trang)에 의하면, 이상적으로는 결혼한 딸은 일단 가족원으로부터 제외되었지만, 현실적으로 그녀는 친정 부모와 정신적인 면에서 굳게 연결되어 있었다고 한다.[187] 팜 티 투이 빈의 조사에 의하면, 재력이 있는 관리나 평민의 부인들 중에는 부모의 제사를 자기 대신 모시도록 고향에다 절을 지어주든가 또는 촌락의 사당인 딘(đình, 亭)을 수리해 주곤 했다. 한 예를 들면, 1698년 뜨 썬 부(phủ Thừ Sơn, 慈山府) 옌 퐁 현(huyện Yên Phong, 安豊縣) 호이 꽌 사(xã Hồi Quan, 回官社)에 세워진 비문에 의하면, 같은 현 내의 먼 싸 사(xã Mẫn Xá) 찌 롱 촌(thôn Chi Long) 출신인 부 티 띤(Vũ Thị Tín)이란 여인은 어머니

186 Stephen Young, "The Law of Property and Elite Prerogatives during Vietnam's Lê Dynasty," *Journal of Asian History* 10(1976), p.33.

187 Nha Trang, "The Traditional Roles of Women as Reflected in Oral and Written Vietnamese Literature," p.140.

를 부양해 주도록 고향마을에다 현금과 논을 기증했다. 그에 앞서 1694년에는 찌 롱 촌의 딘(亭)을 짓는데 사용토록 현금과 논을 바쳤다.[188] 그런고로 결혼생활이 만족스럽지 못하면 여인들은 이혼을 요구하고 친정으로 돌아올 수 있었다.

유교의 가족도덕 개념을 수용한 레 왕조의 법이 이러한 행위를 엄격히 금지하였음은 물론이다. 『국조형률』에서 처의 위배행위에 대한 처벌은 취실비(炊室婢)라는 도형이었다.[189] 여인은 형이 끝난 후 남편에게 되돌아갔고, 재산은 남편에게 몰수되었다. 이 역시 당률과 명률에서 보듯이,[190] 중국적 개념의 도입이었다.

한편 베트남계 미국인류학자가 조사한 바에 의하면,[191] 지금도 북부의 빈 푸 성(tỉnh Vĩnh Phú)의 비엣 훙(Việt Hung) 마을의 여인들은 친정의 주요 기일에 아이들을 데리고 간다. 뿐만 아니라 신혼부부는 신랑의 조상은 물론 신부의 조상에게도 똑같이 제물을 바친다. 이 또한 결혼한 여인이 친정과 밀접한 관계를 유지하고 있음을 보여준다.

결혼한 여인의 친정과의 관계는 양자(養子)를 입양할 때도 나타난다. 거듭해서 말하지만, 베트남인들에게는 사후의 제사가 가장 중요한 일 중의 하나였다. 그 때문에 자녀가 없는 이들은 양자를 맞아들였다. 입양이 여의치 않으면 재산을 촌락 자체나 아니면 촌락 내의 절에 재산을 기증하고 사후의

188 Phạm Thị Thùy Vinh, *Văn Bia Thời Lê Xứ Kinh Bắc và Sự Phản Ánh Sinh Hoạt Làng Xã*, pp.309-310(영문).

189 『국조형률』, 58a면; *The Lê Code*, vol.1, article 321, p.186. 취실비는 도형의 두 번째 형으로 관청의 부엌에 종사는 노비였다. 『홍덕선정서』에서는 태(笞) 50에 마실부(磨室婦)로 규정하고 있다. 마실부는 『국조형률』의 용실부(舂室婦)와 동일한 것으로 방앗간에서 노역하는 노비였다. 이는 도형 중 가장 무거운 세 번째 형벌이었다. 『洪德善政書』, 36면. 당률에서는 도형(徒刑) 2년이고, 명률에서는 장 100대였다.

190 『唐律疏議』 권14, 268면; 『大明律』 권6, 62면.

191 Hy Van Luong, "Vietnamese Kinship: Structural Principles and the Socialist Transformation in Northern Vietnam," *Journal of Asian Studies* 48-4(November 1989), pp.746-747.

제사가 끊어지지 않도록 부탁하기도 했다.[192]

레 타인 똥의 꽝 투언(光順) 5년(1464년) 규정에는 동성양자의 입양만이 가능하다고 했지만, 홍 득(洪德) 25년(1494년)에는 이성양자의 입양도 허용되었다.[193] 이성양자를 택할 때는 누이의 아들이 선호되었지 않을까 한다. 레 왕조 이전이기는 하지만, 『안남지략』을 저술한 레 딱(Lê Tắc, 黎崱)의 경우가 이를 말해준다. 그의 본래 성은 응우옌(阮)씨였는데, 외삼촌 레 풍(Lê Phụng, 黎琫)의 양자로 입양되면서 '레'씨로 바뀌었다.[194] 이러한 입양은 출가한 딸과 친정과의 밀접한 관계를 말해주는 것으로 생각된다.

베트남 여성들의 친정과의 밀접한 관계는 오늘날에도 엿볼 수 있다. 현재 가난한 베트남 젊은 여성들이 한국·대만 등 여러 외국의 남성들과 결혼하는 것도 본인의 행복을 추구해서라기보다 집안 가족의 생계를 위해서이다.

따라서 법의 규정이 어떠하였든 간에 베트남 여인들은 이혼에 대해 이무런 두려움을 느끼지 않았고, 쉽게 이혼을 요구할 수 있었던 것이 확실하다. 처는 자신의 권리나 이익이 침해된다고 느낄 때는 거리낌 없이 헤어지자고 요청했던 것 같다.

『국조형률』의 전반적 경향은 남편의 권리를 옹호하는 편이었음에도 불구하고, 몇몇 경우에는 부인을 보호해 주었다. 일례로, 부인은 남편이 5개월 동안 제대로 돌보지 않으면, 당국에 이혼을 요청하는 것이 허용되었다. 단 자식이 있으면 그 기간은 1년이었다.[195] 만일 부인이 이를 당국에 고발하면, 『국조형률』은 강제로 이혼토록 하는 규정을 두었다. 이 규정에 내포된 바는

192 Philippe Papin, "Saving for the Soul: Women, Pious Donation and Village Economy in Early Modern Vietnam," *Journal of Vietnamese Studies* 10-2(Spring 2015), pp.87-94.

193 『洪德善政書』, 96면 및 48-50면.

194 『安南志略』, 435면.

195 "諸夫疎妻五月 不親往來者(聽告所在官司 及社官爲憑) 失其妻 有子息者 聽一年." 『국조형률』, 56b면; *The Lê Code*, vol.1, article 308, pp.183-184.

남편이 처에 대한 의무를 충실히 이행하지 않는다면, 처 또한 남편에 대한 의무를 다할 필요가 없다는 의미이다. 이 규정은 베트남 가정 내에서 부부의 비교적 동등한 지위를 보여준다. 명률에서는 남편이 도망하여 3년이 지나면 부인은 당국에 이를 알린 후에야 재혼할 수 있었다.[196] 이는 남편이 처를 돌보지 않는다는 개념과는 다른 듯하다. 혹 범죄 같은데 연루된 경우가 아닐까 한다.

또한 남편이 적절한 이유 없이 아내의 부모에 대해 욕을 했을 때는, 당국에 알려 이혼을 할 수가 있었다.[197] 그뿐만 아니라 남편의 이런 패륜행위는 불효로 규정되어 장 80대의 형에 처해지는 동시에 적절한 금전적 보상을 해야만 했다.[198] 이렇게 본다면 이혼에 관한한 부부는 거의 동등했다고 할 수 있다.

이혼하면 부부관계는 완전히 끝나고, 어느 쪽이나 상대편에 대해 더 이상 아무런 권리도 없고 의무도 지지 않았다. 남편은 전처에게 자신과 재혼하도록 강요할 수 없었다. 『국조형률』에서 이 규정을 어긴 남편은 폄벌에 처하도록 되어 있다.[199] 재산에 관한 한, 남편은 자기 재산을 가지며, 아내는 남편이 준 것들을 포함한 모든 자신의 소유물에 대한 권리를 가졌다. 결혼 후 부부 공동의 노력에 의해 취득한 재산은 똑같이 나누었다.

자녀들은 일반적으로 남편에게 권한이 있었다. 그러나 만일 부인이 자녀들을 원하면 관습상 절반에 대한 주장이 가능했다.[200] 부부가 자녀를 나누는

196 『大明律』 권6, 62면; 仁井田陞, 『支那身分法史』(東京: 東方文化學院, 1942), 707면. 당률에는 유사한 규정이 없다.

197 『국조형률』, 60a면; *The Lê Code*, vol.1, article 333, p.189.

198 『洪德善政書』, 132면.

199 위와 같은 조문. "若已放妻 而再捕後娶者 以貶論." 이 구절의 영어 번역문은 오류이다. *The Lê Code*, vol.1, article 308, p.184.

200 Abbé Richard, *Histoire naturelle, civile et politique du Tonkin*, vol.1, p.103.

이러한 관습은 베트남 역사의 초기까지로 소급된다. 앞에서 언급한 전설에서 락 롱 뀐(貉龍君)과 어우 꺼(嫗姬)는 그들 아들 100명을 둘로 나누어, 전자는 절반을 데리고 바다로 가고, 후자는 나머지 절반과 함께 지상에 남았다고 했다. 베트남 속담에 "첫째 아들은 어머니 집에, 둘째 아들은 남편 집에"라는 말은[201] 역시 부부가 자녀를 나누던 풍습으로부터 생겨났을 것이다.

이혼의 경우와는 달리, 배우자 중의 한 사람이 사망할 때는 모든 관계가 끊어지는 것은 아니었다. 생존한 배우자는 사망한 배우자와 배우자의 부모에 대한 어떤 의무가 있었다. 레 왕조의 법규는 생존한 남편에게 사망한 아내에 대해 많은 의무를 요구하지 않았다. 남편은 죽은 아내를 위해 유교의 윤리에 따라 1년 상복을 입게 되어 있었지만, 중국에서와 마찬가지로 상중에 재혼하는 것이 실제로는 가능했다.

모거제의 경우, 남편은 장인·장모와 함께 살고 있었기 때문에 사정이 달랐다. 특히 자녀가 있을 때에는 더욱 그러했다. 경우에 따라서는 죽은 아내의 자매와 결혼했을지도 모른다. 베트남 사료들은 이에 대해 어떤 언급도 없다. 이런 관습의 존재를 언급한 것은 1800년을 전후하여 파리외방전교회(Société des Mission Etrangères de Paris) 소속의 신부였던 르모니에 드 라 비싸쉐르(Lemonnier de la Bissachère)였다.[202] 베트남 사회는 전근대시기에 부계와 모계의 친족제도가 공존했던 만큼,[203] 위와 같은 자매연혼(姉妹緣婚, sororate婚)이 있었을 가능성이 많다. 사실상 딸들만이 있는 부모는 가계의 영속성을

201 Phan Huy Lê, Trần Quốc Vượng, Hà Văn Tấn, Lương Ninh, *Lịch Sử Việt Nam*, p.78; 片倉 穣, 「ベトナム前近代の女性」, 『武庫川女子大學紀要·教育學科編』 24(1977), 10면.

202 Lemonnier de la Bissachère, *Le relation sur le Tonkin et la Cochinchine*, avec une introduction et des notes par Charles B. Maybon(Paris: E. Champion, 1920), p.162.

203 綾部恒雄, 「ヴェトナム人の親族組織とその原型一社會人類學的研究」, 『人類學雜誌』 66-1(1957), 28-39면; Yu Insun, "Bilateral Social Pattern and the Status of Women in Traditional Vietnam," pp.215-231. 베트남의 가보(家譜)에 모계의 조상이 기재되어 있는 것도 친족조직의 양계제와 관련이 있을 것이다. 山本達郎, 「越南の家譜」, 1048-1049면.

위해 이러한 결혼에 호의적이었을 것이다.

남편과 달리, 남편이 먼저 죽은 부인은 법에 의해 많은 의무가 요구되었다. 무엇보다 우선 그녀는 남편을 위해 3년 상(喪)을 지켜야만 했다. 3년 상을 지키지 않는다든가 또는 그동안에 재혼을 하는 행위는 십악 중의 하나인 불의에 해당되었다.[204] 남편의 죽음을 감추고 3년 상을 지키지 않으면 상실부(桑室婦)라는 도형에 처해지도록 되었고, 일시라도 상복을 벗고 즐기면 형벌은 2등급 강등에 해당되었다. 의도적이 아니고 우연히 즐거운 놀이에 참가하더라도 처벌을 받았다.[205] 간음하는 행위는 참형에 처해졌다.[206] 이와 관련하여 부인은 젊은 남자를 양자로 삼는 것도 금지되었다. 음행을 방지하기 위해서였다. 그녀는 또한 사망한 남편이 다른 처와의 사이에 아이들이 있으면 이들을 긍휼(矜恤)히 여겨야 하며, 사심을 품고 그들 재산을 빼앗을 궁리를 해서도 안 되었다.[207] 요컨대 생존한 부인은 정숙하며 도리에 맞는 행동을 하도록 요구되었다. 그뿐만 아니라 부인이 거짓으로 남편이 사망했다고 하고는 자기의 본분을 지키지 않으면 폄벌(貶罰)에 처해졌다.[208] 이 규정은 명률에는 없고, 당률에서는 도형 3년으로 레 왕조의 형벌에 비해 상당히 무거웠다.[209]

그뿐만 아니라 법은 3년 상이 끝나더라도 부인에게 토지의 증여라든가 열녀비의 건립 등과 같은 방법으로 재혼하지 않도록 권장했다. 이러한 권장의

204 『국조형률』, 3b면; *The Lê Code*, vol.1, article 2, p.98; 『전서』(중), 677면; 『唐律疏議』 권1, 15면; 『大明律』 권1, 4면.

205 『국조형률』, 25b면; *The Lê Code*, vol.1, article 130, pp.141-142; 『홍덕선정서』, 58면. 상실부는 누에치는 노비를 말한다. 당률과 명률에도 유사한 규정이 있다. 『唐律疏議』 권10, 204면; 『大明律』 권12, 94면

206 『국조형률』, 74b면; *The Lê Code*, vol.1, article 408, p.208. 당률에는 없고 명률에는 유사한 규정이 있다. 『大明律』 권25, 197면.

207 『黎朝詔令善政』, 282면; *The Lê Code*, vol.2, p.108. 당률과 명률에는 유사한 규정이 없다.

208 『국조형률』, 99b-100a면; *The Lê Code*, vol.1, article 543, p.249.

209 『唐律疏議』 권25, 472면.

중심사상은 '삼종지의'였다. 다시 말하면, 남편의 사후 부인은 아들에 의존하도록 요구되었다. 관리층 집안의 일부 여인들은 이러한 생각을 받아들였던 것 같다. 18세기 중반 도어사(都御使)였던 부 꽁 쩐(Vũ Công Trân, 武公珍)이란 이의 딸은 한 관리 집안의 아들과 약혼을 했었다. 불행히도 약혼자가 결혼 전에 사망하자, 그녀는 여자란 한 남자만을 따라야 한다면서 끝내 결혼을 하지 않았다.[210]

남편의 사망 후 재혼하지 않은 부인은 자녀들에 대해 어머니로서의 권위를 행사할 수 있었다. 자녀가 어리면 후견인이 되었다. 응우옌 반 후에(阮文惠)의 꽝 쭝(光中) 2년(1789)에 만들어진 토지매매문서를 보면, 모자가 공동으로 서명을 하고 있다.[211] 이는 아마도 미성년자인 아들의 재산을 어머니가 관리하고 있었기 때문이 아닐까 한다.[212] 그런가 하면 자식이 계속해서 나쁜 짓을 하면, 어머니는 이를 관아에 알려 사실이 인정되면 의절(義絶)하는 것이 가능했다. 이 경우 자식은 재산 상속권을 상실하게 된다. 다만 과부가 된 젊은 부인이 재혼할 생각을 가지고 자식의 행실이 나쁘다는 구실로 의절을 요청하면 관아는 이를 승인하지 않았다.[213] 이는 부인이 고의로 재산을 상속해 주지 않으려는 의도를 방지하기 위해서였다.

한편 일부 베트남인들 사이에서는 형제연혼(兄弟緣婚, levirate婚), 즉 남편이 죽으면 부인이 남편의 형제와 결혼하는 관습도 행해졌던 것 같다. 이 관습은 전근대 베트남 사회에서 결혼이란 아들을 낳아서 부계 가족을 영속시켜야 한다는 점에서 이해되어야 할 것이다. 기록에 나타나는 한, 이 관습은 중

210 范廷琥·阮案 編, 『桑滄偶錄』(EFEO microfilm A. 218) 권2, 51b면.
211 山本達郎, "安南の不動産賣買文書," 『東方學報』(東京) 11(1940), 373면.
212 야마모토 다츠로(山本達郎)는 모자의 공동 서명이 모자간의 재산공동소유 때문이었던 것으로 해석하고 있지만, 이는 분명 오류이다. 山本達郎, "安南の不動産賣買文書," 378면.
213 『洪德善政書』, 114면.

국 삼국시대 오(吳)나라가 지배하던 시기까지로 거슬러 올라간다. 당시 오의 관리였던 설종(薛綜)은 자오 찌(Giao Chỉ, 交趾)의 메 린과 끄우 쩐(Cửu Chân, 九眞)의 도 롱(Đô Long, 都龐), 두 현(縣)에서는 형이 죽으면 부인은 형의 동생과 결혼한다고 했다.[214] 테일러(Keith Taylor)가 말했듯이, 이러한 초기의 형제연혼 풍습은 고대 베트남 사회의 양계적(兩系的) 성격과 관련이 있을지 모른다.[215] 그러나 그 성격은 후대로 내려올수록 다소 부계적으로 바뀌었음에 틀림없다는 생각이다. 형제연혼은 『국조형률』이 편찬될 때까지도 존속했지만, 법전은 이를 금하고 있었으며, 만약 위반하면 유형에 처해졌다.[216] 법이 완전히 지켜졌는지는 알 수 없다. 레 타인 똥 이후 베트남 내의 계속된 내전으로 인한 정치적·사회적 혼란으로 보아 금지령이 지켜졌을 가능성은 희박하다. 그렇다고 형제연혼이 많이 행해졌다는 이야기는 아니다.

남편의 사후 자녀가 없는 젊은 아내들은 친정으로 돌아가 재혼하는 경향이 컸다. 유교적 가족도덕 관념과 법이 그녀들의 재혼을 부정적으로 보았음에도 불구하고, 법은 이를 엄격하게 금하지는 않았다. 『국조형률』에 남편의 사망하고 상이 끝난 후 수절을 하려는 부인을 부모가 아닌 사람들이 강제로 개가(改嫁)시키려 하면 폄벌에 처해진다고 했다.[217] 이는 부모는 강제라도 재혼을 권할 수 있었음을 말해준다. 또한 『국조형률』에서 남편의 사후 개가한 여인들의 재산관련 조항들을 보아도 그렇다. 남편의 사후에도 아내는 시부모와의 관계가 완전히 끊기는 게 아님을 강조하고 있을 뿐이다.

『국조형률』에서 과부가 된 며느리가 이전 시부모에 대해 행한 범법행위

214 『三國志』(北京: 中華書局, 1995) 권53, 吳書8, 薛綜傳, 1252면.
215 Keith Taylor, *The Birth of Vietnam*, p.76.
216 『국조형률』, 58b면; *The Lê Code*, vol.1, article 324, p.186.
217 『국조형률』, 58a면; *The Lê Code*, vol.1, article 320, p.186. 이는 당률과 명률의 규정과 동일하다. 『唐律疏議』 권14, 265면; 『大明律』 권6, 59면.

는 며느리가 시부모에 대한 같은 행위보다 한 등급만이 가볍게 규정되어 있다. 예컨대, 며느리가 시조부모나 시부모를 모살(謀殺)하려는 행위에 대한 형벌은 참형(斬刑)이었는데, 같은 행위를 한 이전 며느리는 교형(絞刑)으로 한 등급이 낮았다.[218] 만약 며느리가 시조부모나 시부모를 욕하면 그 죄는 남편이 생존해 있을 때의 경우보다 한 등급 낮았다고 했으니 도형(徒刑)에 해당된다.[219] 그러나 생존한 며느리가 범법행위에 연루되지 않고, 특히 재혼했을 때는 더더욱 그녀와 시부모와의 관계는 제3자의 그것과 별로 다른 바가 없었다. 다시 말해 며느리는 이전 시부모에 대해 특정한 의무는 없었다.

218 『국조형률』, 76a-b면; *The Lê Code*, vol.1, article 416, p.213. 당률에서 형벌이 유형 2,000리, 명률에서는 참형이었다. 『唐律疏議』 권 17, 328면; 『大明律』 권19, 150면.

219 『국조형률』 87b면; *The Lê Code*, vol.1, article 476, p.230. 당률에서는 1년의 도형, 명률에서는 교형(絞刑)이었다.

맺음말

베트남 역사의 발생지는 오늘날 베트남 북부의 홍 강 델타, 외국인들에게는 통킹 델타로 더 잘 알려진 지역이었다. 그뿐만 아니라 이곳은 그 후 일관되게 베트남 역사와 문화의 중심지로서 변함이 없었다.

이미 언급한 바와 같이 베트남 역사학계에 따르면, 이 지역은 일찍이 기원전 179년 중국의 침입을 받았으며, 그로부터 1,000여 년 동안 중국의 지배를 받았다고 한다. 그런가하면 중국의 침입은 세계학계에서는 기원전 111년부터라고 하여 견해의 차이가 있다. 그러나 이러한 견해 차이와는 관계없이 중요한 것은 일찍부터 베트남은 북쪽 중국의 위협에 직면하여 어떻게 이에 대처하느냐가 주요 관심사였다는 점이다. 다시 말하면, 베트남은 역사 초기부터 중국에 대해 제일 먼저 관심을 가질 수밖에 없었다.

10세기 중반 베트남은 중국으로부터 독립한 후에도 중화질서 속에 포함되어 조공국가로서 중국 황제에게 예를 다해야만 했다. 베트남의 왕조들 역시 중국 측의 요구를 당연한 것으로 받아들여 모든 군주는 즉위하면 중국 황제로부터 책봉을 받는 것이 상례(常例)로 되어 있었다. 만약 그렇지 않으면 중국은 무력을 동원해서라도 자기네 생각을 관철하려 했다.

이미 앞에서 언급한 980년 송 태조의 베트남에 대한 정벌은 그 목적이 베트남의 혼란을 틈타 이를 다시 식민지화하려는 것이었다. 그런데 이때 송은 출병의 명분으로 사대의 예를 따르지 않음을 들고 있다.[01] 1407년 명 영락제의 베트남에 대한 출병 역시 중국의 정삭(正朔)을 받들지 않고 마음대로 나라

01 河原正博,「ベトナム獨立王朝の成立と發展(905-1009)」, 18면.

를 세웠다는 것을 명분으로 내세웠다.

그렇다고 베트남이 중국의 요구나 위협에 무조건 굽힌 것만은 아니었다. 중국이 무력으로 침입하면 그에 적극적으로 대응했다. 중국의 지배 하에서 쯩자매의 저항, 쩐 왕조의 대몽항쟁, 명의 지배에 대한 레 러이의 독립투쟁 등이 이를 말해준다.

그러나 중국의 요구나 위협이 도를 넘지 않으면 이른바 '조공'이란 형식으로 친선을 유지했다. 사실 중국과 대결해서 이로울 바는 없었다. 잘못하면 왕조의 운명이 존망지추(存亡之秋)에 놓였기 때문이었다. 호 꾸이 리 정권은 명의 침입으로 멸망했고, 막 당 중 정권은 명나라에 모든 것은 양보함으로써 존속이 가능했다.

조공은 중국에 대한 사대(事大)의 예였지만, 베트남의 왕조들은 모두 대내적으론 중국과 대등하다는 태도를 잃지 않았다. 모든 군주들은 황제를 칭했고, 연호도 사용했다. 그뿐만 중국을 북국(北國)이라고 하면서 자기네는 남국(南國)이라 하여 양국 사이의 상하관계를 부정했다. 더욱이 응우옌 왕조의 민 망 황제는 월남(베트남)이란 이름이 청과 합의하에 이루어진 데 불만을 품고, 청이 대청(大淸)이라 부른 데 대한 저항하는 의미로 베트남을 다이 남(大南)이라고 바꾸었다.

오늘날 베트남이 남중국해의 도서들을 둘러싸고 중국과 대립하는 것을 보면서도, 과거 베트남이 중국에 대해 저항했던 모습을 상기시킨다. 그러면서도 베트남은 겉으로 중국과의 친선관계를 강조하고 있음은 예전과 다름이 없다. 실제로 중국은 베트남의 제일 중요한 무역대상국이다.

한편 베트남의 각 왕조는 조공을 통해 중국의 문물을 받아들인 이점도 있었다. 중국의 행정제도라든가 관료체제의 도입은 베트남으로 하여금 인도차이나반도에서 강력한 국가로 부상하게 했다. 현 베트남의 중부지방에 있던 참파를 멸하고, 더 남으로 진출하여 캄보디아로부터 남부지방을 획득할 수 있었던 것은 중국 제도들을 받아들인 결과라고 해도 지나친 말이 아니다.

베트남 중부지방에 위치했던 참파는 지리적으로 서부 고원지대로부터 동쪽 해안까지 뻗은 산맥들로 인해 이웃 지역들과 결합해 하나의 통일된 정치적 세력을 형성하기가 어려웠다. 그리하여 몇몇 소국들의 연합체로 이루어져 있었다. 경제적으로는 베트남이나 캄보디아처럼 넓은 평야를 가지고 있지 못했기 때문에 농업생산량이 적어 대외교역이 경제적 기반으로 중요했다. 대외교역은 중부 고원지대에서 산출되는 물자를 주로 중국으로 수출하는 것이었다. 다른 한편 중국과 동남아시아와의 중계무역 기착지로서도 중요했기 때문에 이로부터 얻는 이익 또한 적지 않았다. 그리하여 이러한 교역이 원활하지 못해 경제적으로 어려울 때는 주로 북쪽 베트남 해안지역에 대한 약탈을 행했다. 이는 특히 베트남이 중국지배 하에 있을 적에 그랬다. 베트남이 중국의 지배로부터 독립한 후에도 참파는 자체 내의 식량부족이나 무역이 부진할 때 이를 해결할 목적에서 약탈을 반복했다.

종전에는 참파의 베트남 침공을 사소한 일로 보고, 베트남은 약체의 참파를 공격하며 남진을 한 것으로 논해졌다. 그러나 베트남이 중국의 정치제도를 도입하여 강력한 중앙집권국가가 성립되기 이전에는 참파는 베트남과 거의 대등한 위치에서 싸워왔다. 이 시기는 베트남 역사에서 보면 쩐 왕조 말, 다시 말하면 1400년 전후까지라고 할 수 있다. 1069년 리 타인 똥의 비자야 함락은 베트남 측의 승리였다. 그러나 14세기 후반 참파 왕 쩨 봉 응아의 탕 롱 점령이라든가 쩐 왕조 주 똥(裕宗)의 전사는 참파가 우세했음을 보여준다.

문제는 쩨 봉 응아의 승리가 참파의 강력한 조직력에 의해서가 아니었다는 점이다. 그보다는 그 개인의 지도력에 힘입은 바가 컸다. 인도문화를 받아들인 참파는 베트남과 같이 조직적인 국가체제를 가지고 있지 못했다. 따라서 쩨 봉 응아의 전사는 참파에게 커다란 타격이었다. 때마침 베트남에서는 레 왕조가 세워지고, 특히 15세기 후반 타인 똥이 즉위하면서 중국적 국가체제를 완비함에 따라 참파는 더 이상 베트남의 적수가 될 수 없었다. 1471년 레 타인 똥의 원정은 참파에게 일대 타격이었다. 이전 영토의 4/5을 잃고 베트남 중남부에서 겨우 명맥을 유지했다.

이러한 참파에게 더욱 위협이 된 것은 1600년 응우옌 호앙의 중부 정착이었다. 북쪽 찐씨와의 남북대결에서 인적·물적 자원이 부족한 그와 그의 후계자들은 남으로의 팽창을 도모했다. 결국 힘이 부족한 참파는 응우옌씨에게 예속될 수밖에 없었다.

그러나 응우옌씨에게 보다 중요한 목표는 물자가 풍부한 남부였다. 당시 남부는 캄보디아의 영토였지만, 그 지배는 확고한 것이 아니었다. 캄보디아 역시 참파와 마찬가지로 인도문화의 영향을 받아 국가체제가 정비되어 있지 않았다. 9세가 초에 세워져 동남아시아 대륙부에서 번영을 구가한 앙코르 왕조는 왕의 신성함을 강조하여 앙코르 와트(Angkor Wat; 寺院都市의 의미)와 앙코르 톰(Angkor Thom; 거대한 도시라는 의미)과 같은 빛나는 문화를 발달시켰다. 그러나 불행하게도 이는 인력을 피폐시키고 국가재정을 낭비하여 14세기부터 왕조를 쇠퇴의 길로 들어서게 했다.

이러한 시기에 중국식의 확고한 왕위계승법이 없어서, 왕의 사망 시 당시 캄보디아 사회의 양계제(兩系制) 성격에[02] 의해 부계와 모계 친족 모두가 그

02 Thomas A. Kirsh, "Kinship, Geneological Claims, and Social Integration in Ancient Khmer Society," *Southeast Asian History and Historiography*, edited by C. D. Cowan and O. W. Wolters(Ithaca: Cornell University Press, 1976), p.201.

계승을 둘러싸고 투쟁이 계속되어 나라는 혼란 상태에서 헤어나지를 못했다. 그 결과 서쪽에 등장한 타이와 동쪽에서 남진하는 응우옌씨의 희생양이 되었다.

응우옌씨가 메콩 강 하류지역으로 진출할 무렵 명이 멸망하면서 중국인 이주민들이 들어와 캄보디아의 통제력 약화에 중요한 역할을 했다. 그런 때에 캄보디아의 왕위계승에서 밀린 자들이 와서 도움을 요청하자 그들을 도와주어, 그 대가로 결국 18세기까지에는 힘을 안 들이고 이 지역을 손에 넣을 수 있었다.

이상에서 말한 베트남의 북쪽 중국에 대한 조공과 대등의식이라든가 남쪽 참파와 캄보디아의 영토잠식과 그들을 야만시하는 태도는 왕조차원에서의 정책 및 지배계층의 관념이다. 이러한 것들이 베트남의 일반 사람들에게 어느 정도인지는 모르지만, 여하튼 영향을 끼쳤다는 것은 부정하기 어렵다. 그러나 어떻게 보면 이른바 '북거'와 '남진' 중심의 서술은 베트남 역사의 표면적 전개과정에 불과하지 않은가 하는 느낌도 있다. 왜냐하면 그러한 서술에서는 서두에서 언급했듯이 베트남 사람들의 삶이 나타나 있지 않기 때문이다.

베트남 역사에 관한 저술들을 보면 대개가 정치적 변동을 중심으로 서술되어 있다. 최근 테일러(Keith Taylor)가 펴낸 책은 『베트남사람들의 역사(A History of the Vietnamese)』로 되어 있지만, 이 역시 정치사 중심이고 베트남사람들의 일상적인 삶이라든가 사회적 성격은 거의 다루어지지 않았다.

이런 이유로 해서 이 책에서는 한 사회의 문화적 특성을 잘 나타내는 가족문제도 함께 다루었다. 특히 그 중에서도 부부관계를 중심으로 하여 여성의 지위문제를 논의했다. 가족재산이 부부만의 소유라든지 자녀들은 부모 생존 중에 분가할 수 있었다는 점 등으로 보아, 근세 베트남의 가족은 부부가 중심이 되었던 것 같다. 따라서 이들 관계를 살피면 베트남 사회의 특성도 이해될 수 있다는 믿음에서였다.

이미 언급한 바와 같이 부부관계도 계층에 따라 차이가 있었다. 지배계층은 중국문화의 영향을 받아 남편의 권위가 강했던 데 비해, 피지배계층은 중국문화의 영향을 적게 받아 부부의 지위가 거의 동등했지 않은가 한다. 레왕조는 유교를 지배이념으로 삼아 유교윤리를 강조했기 때문에 지배계층은 그 영향을 받지 않을 수 없었다. 그러나 피지배계층은 부부가 모두 외부에서 농업이나 상업 같은 경제활동을 함으로써 남편이 부인에 대한 권위를 행사하기가 어려웠다. 상업에서는 오히려 부인이 더 활동적이어서 가족경제에 기여하는 바가 컸기에 더더욱 그러했다.

그리하여 전반적으로 보면 근세 베트남의 남편은 중국의 남편보다 그 권위가 그렇게 강했다고 보기는 어렵다. 이는 베트남의 법이 중국의 법보다 부인에게 유리하도록 되어 있는 것도 한 이유라고 생각된다. 당률과 명률에 없는 처의 재산권을 인정한 규정은 말할 것도 없고, 남편이 부인에 대한 의무를 다하도록 한 것 등은 지배계층에 속하는 남편의 권위 약화에도 어느 정도 영향을 끼쳤을 것임에 틀림없다.

이는 중국사회에서 여성의 지위와는 확연히 다른 점이다. 이런 점에서 베트남은 중국문화권에 속하는 듯이 보이지만서도 그보다는 동남아시아문화권에 속했다고 할 수 있다. 이와 관련하여 사무엘 바론의 말은 주목할 만하다.[03]

통킹 사람들은 중국인들과는 다른 민족이며 … 그들은 빈랑의 열매를 씹고

03 Samuel Baron, "A Description of the Kingdom of Tonqueen," p.19.

치아를 검게 물들인다든가 맨발로 걸어 다닌다는 점에서 다른 인디안[동남아시아인]들과 유사하다는 것은 조금도 논란의 여지가 없다.

19세기 응우옌 왕조가 성립하면서는 여성의 지위가 이전보다 낮아졌던 것 같다. 이러한 현상은 갑작스러운 것이 아니고 이전시대부터 지속된 유교화의 과정이 신왕조에 들어와서도 부단히 지속되었기 때문이었다. 군주들은 조정에의 충성심을 유발하기 위해 유교도덕의 기본인 삼강(三綱)을 되풀이하여 강조했다. 1815년에 반포된 『황월율례(皇越律例)』는 실제 내용에서 『대청률(大淸律)』을 일부만 제외하고 그대로 계수하고 있다는 점은 이미 앞에서 언급했다. 한편 지배계층 사이에서도 『주자가례(朱子家禮)』에 따른 가훈이 점진적으로 보급되었다.[04]

이와 같은 유교적 가족도덕의 강조가 가부장권의 강화와 여성지위의 저하를 가져왔으리라는 것은 추측하기 어렵지 않다. "100명의 딸이 아들 하나만 못하다"라든가[05] "첫째는 아들을 갖는 것이고, 둘째는 과거에 급제하는 것이다"라는[06] 속담이 있다. 이들 속담이 언제 생겨났는지는 분명치 않으나, 적어도 19세기 이후 베트남 사회에서 아들의 중요성을 보여주고 있음에는 틀림없다. 19세기 초의 저명한 여류시인인 호 쑤언 흐엉(Hồ Xuân Hương 胡春香)이 시문을 통해 공공연히 일부다처제와 남성들의 방탕한 성생활을 공격한 것도 이러한 남성위주적인 사회로의 변화에 대한 반발에서였다.[07]

그렇다고는 하더라도 가부장권의 강화는 주로 지배계층에 한한 것이 아

04 Alexander Woodside, *Vietnam and the Chinese Model*, pp.38-41.

05 Mai Thi Tu and Le Thi Nham, *Women in Viet Nam*, p.48.

06 Huynh Dinh Te, "Vietnamese Cultural Patterns and Values as Expressed in Proverbs," p.97.

07 Alexander Woodside, *Vietnam and the Chinese Model*, pp.48-49; 최귀묵, 「호춘향(胡春香, 호 쑤언 흐엉)의 생애와 작품의 여성형상(女性形象)」, 『외국문학연구』 33(2009.2), 292-296면.

닐까 한다. 여성의 지위만이 아니라 일반적으로 지배계층과 피지배계층 사이에는 문화적 차이가 있었다. 상층과 하층 계층 간의 차이는 매우 뚜렷하여 19세기 초에 베트남을 방문했던 크로퍼드(John Crawfurd) 같은 외국인의 눈에도 쉽사리 띌 정도였다. 그는 다음과 같이 말하고 있다.[08]

> 하층민들은 활기가 넘치는 게 눈에 두드러진다. 그들은 아무것도 불평할 것이 없는 듯이 항상 웃고 큰소리로 말한다. … 그러나 이처럼 쾌활하고 활기찬 태도는 전혀 용납되지 않는다. 이곳에 오랫동안 거주한 프랑스인들 중의 한 사람은 우리에게 말하기를 … 웃고 왁자지껄하게 떠드는 것은 대나무 곤장으로 맞게 되어 있다고 했다. 따라서 상층계층 사람들은 중국인들처럼 행동거지가 근엄하고 엄숙하다.

결론적으로 말한다면, 중국문화의 영향은 오랜 동안 그와 접촉한 결과였지만, 그것은 베트남 사회의 일부 지배계층에 해당되었다. 베트남 사회전체가 중국문화에 의해 변화되지 않다는 것은 위의 크로퍼드의 말이 잘 보여준다. 이러한 사실을 모르고 제2차 세계대전이 끝난 후 1950년 전후까지만 해도 베트남은 '작은 중국(Little China, 小中華)'으로 불렀다. 그 원인 중의 하나는 정치제도, 철학, 문학 등을 중심으로 연구가 행해졌던 때문이었다. 그러나 오늘날에는 새로운 사료의 발견 및 역사인류학 등의 연구결과로 베트남은 중국문화의 영향을 받았지만, 그 나름대로의 고유문화를 간직하고 있다는 데 대해 이견이 없다.

08 John Crawfurd, *Journal of an Embassy to the Courts of Siam and Cochin China*, pp.487-488.

참고문헌

• 1차 사료

『國史遺編』, 1965, Hong Kong: 香港中文大學 新亞研究所.

『國朝刑律』, 東京: 東洋文庫 所藏.

『藍山實錄』, Hà Nội: Viện nghiên cứu Hán nôm A 26.

『唐律疏議』, 1983, 劉俊文 點校, 北京: 中華書局.

『大南寔錄』正編, 第1紀, 1963-1975, 東京: 慶応義塾大學 言語文化研究所.

『大南一統志』, 京都: 京都大學 所藏本.

『大南正編列傳初集』, 1962, 東京: 慶応義塾大學 言語文化研究所.

『大明律』, 懷效鋒 點校, 1990, 瀋陽: 遼瀋書社.

大汕,「海外紀事」, 陳荊和 編著, 1960,『十七世紀廣南之新史料』. 臺北: 中華叢書委員會.

『大越史記』, Hà Nội: Viện nghiên cứu Hán nôm VHv 1578/4.

『大越史記全書』3권, 陳荊和 編校, 1984-1986, 東京: 東京大學東洋文化研究所 附屬東洋學文獻センター.

『大越史略』, 陳荊和 編校, 1987, 東京: 創価大學アジア研究所.

馬端臨, 1936,『文獻通考』, 上海: 商務印書館.

『明實錄』, 1966, 中央研究院歷史語言研究所,『明實錄』縮印本, 臺北: 中文出版社.

武芳璟,『公餘捷記』, Ecole Française d'Extrême-Orient microfilm A.44.

武世營 撰, 1991,「河仙鎮叶鎮鄚氏家譜」, 戴可來·楊保筠 校注,『嶺南摭怪等史料三種』, 鄭州市: 中州古籍出版社.

박희병 옮김, 2000,『베트남의 신화 전설』, 서울: 돌베개.

潘鼎珪,『安南紀遊』, 2010, 인하대학교 한국학연구소 편,『小方壺齋輿地叢鈔: 越南篇』, 인천: 인하대학교출판부.

范廷琥,『雨中隨筆』, Ecole Française d'Extrême-Orient microfilm A.1297.

范廷琥·阮案 編,『桑滄偶錄』, Ecole Française d'Extrême-Orient microfilm A.218.

『續資治通鑑長編』, 1979, 北京: 中華書局.

『宋會要輯稿』, 1957, 北京: 中華書局.

『水經注疏』, 1989, 南京; 江蘇古籍出版社.

黎貴惇,『見聞小錄』, Ecole Française d'Extrême-Orient, microfilm A.32.

黎貴惇,『撫邊雜錄』, Hà Nội: Viện Nghiên Cứu Hán Nôm, VHv 1181.

黎貴惇, *Đại Việt Thông Sử* (大越通史), 1973, Sài Gòn: Bộ Văn Hóa Giáo Dục và Thanh Niên.

黎崱, 1995,『安南志略』, 北京: 中華書局.

劉恂, 1985,『嶺表錄異』, 北京: 中華書局.

吳時仕 (Ngô Thì Sĩ),『越史標案』, Ecole Française d'Extrême-Orient, microfilm A.11.

吳時任 (Ngô Thì Nhậm),『邦交好話』, Hà Nội: Viện Nghiên Cứu Hán Nôm, VH 1831.

劉安 等編, 1989,『淮南子』, 上海: 上海古籍出版社.

『二十五史』, 1963-1979, 北京: 中華書局.

『資治通鑑』, 司馬光 著, 胡三省 注, 1988, 臺北: 天工書局.

鄭東愈 著, 서울大學校 고전刊行會 編, 1971,『晝永編』, 서울: 서울대학교 출판부.

鄭懷德, 1962,『艮齋詩集』, Hong Kong: 中文大學 新亞研究所.

鄭懷德, 1991,「嘉定省通志」, 戴可來 · 楊保筠 校注,『嶺南摭怪等史料三種』, 鄭州市: 中州古籍出版社.

趙汝适 著, 楊博文 校釋, 2000,『諸蕃志校釋』, 北京: 中華書局.

조동일 해설, 지준모 옮김, 1992,『베트남 최고의 시인 阮廌』, 서울: 지식산업사.

中野煥 撰, 1797,『南瓢記』, 早稻田大學 舊藏本.

『天南餘暇集』, Ecole Française d'Extrême-Orient, microfilm A.4,「條律」.

『清光緒朝中法交涉史料』, 1967, 臺北: 文海出版社.

『清末對外交涉條約集』, 1963, 臺北: 國風出版社.

『清史稿』, 1988, 北京: 中華書局.

『清實錄』, 1985, 北京: 中華書局.

『囑書文契舊紙』, Viện Nghiên Cứu Hán Nôm A.2917.

『太平寰宇記』, 1882, 上海: 金陵書局.

Đại Việt Sử Lược (大越史略 譯), Nguyễn Gia Tường, dịch, 1993, Thành Phố Hồ Chí Minh: Nhà Xuất Bản Thành Phố Hồ Chí Minh.

Hồng Đức Bản Đồ [洪德版圖]. Bửu Cầm Đồ (biên soạn), 1962, Sài Gòn: Bộ Quốc Gia Giáo Dục.

Hồng Đức Thiện Chính Thư (洪德善政書), Trans. Nguyễn Sĩ Giác, 1959, Sài Gòn: Nam-Hà Ấn-Quán.

Lê Thống (黎統) 撰, 1819,『邦交錄』, École Française d'Extrême-Orient microfilm A.614 & A.691/1-2권.

Lê Triều Chiếu Lịnh Thiện Chính (黎朝詔令善政), Trans. Nguyễn Sĩ Giác, 1961. Sài Gòn: Nhà in Bình-Minh.

Lý Tế Xuyên (李濟川), 1960, *Việt-Điện u-linh tập* (越甸幽靈集), Sài Gòn: Nhà sách Khai-Trí.

Nguyễn Trãi, 1953, *Gia Huấn Ca* (家訓歌), Edited by Đinh Gia Thuyết, Sài Gòn: Tân Việt.

Nguyễn Trãi (阮廌), 1972, *Ức-Trai Tập* (抑齋集), 2 tập.Sài Gòn: Phủ Quốc-vụ-khanh đặc-trách văn-hóa xuất bản.

Phan Huy Chú (潘輝注), 1972, *Lịch Triề Hiến Chương Loại Chí* (歷朝憲章類誌). tập I, Sài Gòn: Phủ Quốc Vụ Khanh Đặc Trách Văn Hóa Xuất Bản.

The Lê Code: Law in Traditional Vietnam, 3 vols., translated by Nguyễn Ngọc Huy, et al. Athens: Ohio University Press, 1987.

Trần Thế Pháp, 1961, *Lĩnh-Nam Chích-Quái* (嶺南摭怪), Sài Gòn: Nhà Sách Khai-Trí.

Abbé Richard, 1778, *Histoire naturelle, civile et politique du Tonkin,* 2 vols, Paris: Chez Moutard.

Baron, Samuel, 1732, "A Description of the Kingdom of Tonqueen," In Churchill, Awnsham and John. eds. *A Collection of Voyages and Travels*, Vol.6, London: Printed for Awnsham and John Churchill.

Barrow, John, 1975, *A Voyage to Cochinchina in the Years 1792 and 1793,* Kuala Lumpur: Oxford University Press.

Bissachère, Lemonnier de la, 1920, *Le relation sur le Tonkin et la Cochinchine*, Avec une introduction et des notes par Charles B. Maybon, Paris: E. Champion.

Borri, Christopher, 1732. "An Account of Cochinchina," In Churchill, Awnsham and John, eds, *A Collection of Voyages and Travels*, Vol.2, London: Printed for Awnsham and John Churchill.

Cadière, Léopold, 1929, "Les Europeens qui ont vu le vieux Hué: l'Abbé de Choisy," *Bulletin des Amis au Vieux Hué* 16.

Chapman, Charles, 1817, "A Sketch of the Geography of Cochin China," *The Asiatic Journal and Monthly Register for British India and its Dependencies* 4.

Crawfurd, John, 1967, *Journal of an Embassy to the Courts of Siam and Cochin China*, Kuala Lupur: Oxford University Press.

Dampier, William, 1931, *Voyages and Discoveries*, With an introduction and notes by Clennell Wilkinson, Edited by N. M. Penzer, London: The Argonaut press.

Finlayson, George, 1828, *The Mission to Siam, and Hué, the Capital of Cochin China, in the Years 1821-1822*, London: John Murray.

Gaspardone, Emile & Aurousseau, Léonard (ed), 1932, *Ngan-Nan Tche Yűan* (安南志 原), Hanoi: Ecole Française d'Extrême-Orient.

Koffler, Jean, 1911, "Description historique de la Cochinchina," *Revue Indochinoise* 16.

Lamb, Alastair, 1970, *The Mandarin Road to Old Hue*, Hamden: Archon Books.

Cuong Tu Nguyen, *Zen in Medieval Vietnam: A Study and Translation of the Thiền Uyển Tập Anh*, Honolulu: University of Hawaii Press, 1997.

Rhodes, Alexandre de, 1651, *Histoire du royaume de Tunquin et des grands progrez que la predication de l'evangile y a faits en la conversion des infidelles*, *depuis l' année 1627 jusques à l'année 1646*, Lyon: Jean Baptiste Devenet.

Taboulet, Georges, 1956, *La Geste Française en Indochine*, Tome II, Paris: Adrien-Maisonneuve.

UBKHXHVN, *Thơ Văn Lý-Trân* (李陳詩文), tập I, 1977, Hà Nội: NXB khoa học xã hội.

• 2차 사료

Đặng Nghiêm Vạn, 1978, "Những chẳng đường hình thành dân tộc Việt Nam thống nhất" (통일 베트남 민족형성의 여러 단계), *Nghiên Cứu Lịch Sử* 179.

Đặng Thu (chủ biên), 1994, *Di Dân của Người Việt Nam từ thế kỷ X đến Giữa thế kỷ XIX*[10세기로부터 19세기까지 중반까지 베트남인의 이민], Hạ Nồi: Trung tâm Nghiên cứu Dân số và Phát triển.

Đào Duy Anh, 1994, *Đất nước Việt Nam qua các đời* (베트남 역대 강역), Huế: NXB Thuận Hóa.

Hoàng Văn Lâu, 1984, "Ai viết Gia Huấn Ca?", [누가 가훈가를 썼나?] *Nghiên Cứu Hán Nôm*, 2.

Lê Thước, 1963, "Nhận xét về tập bản đồ Hồng Đức số A.2499 của Thư viện Khoa học" (과학도서관 소장『洪德版圖』A.2499에 관한 견해), *Nghiên Cứu Lịch Sử*, số 54.

Nguyễn Quang Ngọc, 2010, chủ biên, *Tiến trình lịch sử Việt Nam* (베트남역사의 전개 과정), Hà Nội: NXB Giáo Dục.

Phan Huy Lê, Trần Quốc Vượng, Hà Văn Tấn, Lương Ninh, *Lịch Sử Việt Nam* (베트남 역사), 1991, tập I, Hà Nội: NXB Đại Học và Giáo Dục Chuyên Nghiệp.

Phạm Thị Thùy Vinh, 2003, *Văn Bia Thời Lê Xứ Kinh Bắc và Sự Phản Ánh Sinh Hoạt Làng Xã* (레 왕조 시기 낀 박 지역의 비문과 촌락생활의 반영), Hà Nội: Viện Nghiên cứu Hán Nôm.

Phan Huy Lê, 1998, "Tinh thống nhat trong đa dạng của lịch sử Việt Nam" (베트남 역사의 다양성 속에서의 통일성), Phan Huy Lê, *Tìm về cồi nguồn* (근원의 탐구), tập I. Hà Nội: Thế Giới Publishers.

Phan Huy Lê, 2007, "Thắng lợi và thất bại của Tây Sơn" (떠이 썬의 승리와 실패), Phan Huy Lê. *Lịch sử và văn hóa Việt Nam: Tiếp cận bộ phận* (베트남의 역사와 문화: 부분적 접근), Hà Nội: NXB Giáo Dục.

Phan Huy Lê, chủ biên, 2012, *Lịch Sử Việt Nam* (베트남 역사), tập I, Hà Nội: NXB Giáo Dục Việt Nam.

Phan Kế Bính, 1991, *Việt Nam Phong Tục* (베트남 풍속), Thành Phố Hồ Chí Minh: NXB Tổng Hợp Đồng Tháp (초판은 1915).

Tạ Ngọc Liễn, 1995, *Quan hệ giữa Việt Nam & Trung Quốc, thế kỷ xv-đầu thế kỷ xvi* (베트남과 중국 관계, 15세기-16세기 초), Hà Hội: NXB khoa học xã hội.

Trần Quốc Vượng, 2000, *Truyền Thống Phụ Nữ Việt Nam* (베트남 여성의 전통-), Hà Nội: NXB Văn Hóa Dân Tộc.

Trần Trọng Kim, 1971, *Việt-Nam sử-lược* (越南史略), 2 Quyển, Sài Gòn: Trung-Tâm Học-Liệu Xuất-Bản.

Trịnh Nhu, 1991, "Nguồn Gốc của Chiến Tranh Trung-Pháp (1883-1885)" (청불전쟁의 기원: 1883-1885), *Nghiên Cứu Lịch Sử*, So 1.

Trương Hữu Quýnh, chủ biên, 2008, *Đại cương lịch sử Việt Nam* (베트남역사 개요), tập I,

Hà Nội: NXB Giáo Dục.

Ủy ban khoa học xã hội Việt Nam, 1971, *Lịch Sử Việt Nam* (베트남역사), tập I, Hà Nội: NXB khoa học xã hội.

Văn Tân, 1958, *Cách Mạng Tây Sơn* (西山黨 혁명), Hà Nội: Văn Sử Địa.

郭振鋒 · 張笑梅 主編, 2001, 『越南通史』, 北京: 中國人民大學出版社.

宮澤千尋, 1996, 「ベトナム北部における女性の財産上の地位 ― 19世紀から1920年代末まで』の 補章」, 『人類學からみた ベトナム社會の基礎的研究』, 東京: 平成6·7年度科學研究補助金」(總合研究 A), 研究成果報告書, 3月.

권헌익 지음, 유강은 옮김, 2012, 『학살, 그 이후: 1968년 베트남전 희생자들에 대한 추모의 인류학』, 서울: 아카이브.

吉開將人, 2002, 「歷史世界としての嶺南 · 北部ベトナム ― その可能性と課題」, 『東南アジア ― 歷史と文化』 31.

羅香林, 1955, 『百越源流與文化』, 臺北: 中華叢書委員會.

綾部恒雄, 1957, 「ヴェトナム人の親族組織とその原型 ― 社會人類學的研究」, 『人類學雜誌』 66-1.

綾部恒雄, 1992, 『東南アジアの論理と心性』, 東京: 第一書房.

다이앤 머레이 지음, 이영옥 옮김, 2003, 『그들의 바다: 남부 중국의 해적, 1790-1810』, 서울: 심산.

大澤一雄, 1975, 「黎朝中期の明 · 淸との關係(1527-1682)」, 山本達郎 編, 『ベトナム中國關係史』, 東京: 山川出版社.

大澤一雄, 1980, 「阮朝皇帝の對外認識 ― 明命 · 紹治 · 嗣德時代を中心として」, 『山本達郎博士古 稀記念 東南アジア · インドの社會と文化』(上), 東京: 山川出版社.

桃木至朗, 1988, 「一家の事業としての李朝」, 『東洋學報』(東京) 79-4.

桃木至朗, 2011, 『中世大越國家の成立と變容』, 大阪: 大阪大學出版會.

嶋尾 稔, 2010, 「ベトナムの家礼と民間文化」, 山本英史 編著, 『アジアの文人が見た民衆とその 文化』, 東京: 慶應義塾大學言語文化研究所.

藤原利一郎, 1971, 「ヴェトナム諸王朝の變遷」, 『岩波講座 世界歷史』 12, 東京: 岩波書店.

藤原利一郎, 1972, 「黎朝後期鄭氏の華僑對策」, 藤原利一郎, 『東南アジア史の研究』, 京都: 法藏館.

藤原利一郎, 1975, 「黎朝前期の明との關係」, 山本達郎 編, 『ベトナム中國關係史』, 東京: 山

川 出版社.
藤原利一郎, 1986,「黎聖宗の官制改革」, 藤原利一郎,『東南アジア史の硏究』, 京都: 法藏館.
藤原利一郎, 1986,「鄭玖事蹟考」,『東南アジア史の硏究』, 京都: 法藏館.
牧野巽, 1944,「安南の黎朝刑律にあらわれた家族制度 ― 特に其の家産制度について」, 牧野巽,『支那家族硏究』, 東京: 生活社.
末成道男, 1995,「ベトナムの「家譜」」,『東洋文化硏究所紀要』, 第127册.
박희병, 2009,「조선 후기 베트남과 조선」,『한국문화』47.
山本達郎, 1938,「安南黎朝の婚姻法」,『東方學報』8.
山本達郎, 1939,「安南の貿易港雲屯」,『東方學報』(東京) 9.
山本達郎, 1940,「安南の不動産賣買文書」,『東方學報』(東京) 11.
山本達郎, 1943,「安南が獨立國を形成したる過程の硏究」,『東洋文化硏究所紀要』1.
山本達郎, 1950,『安南史硏究』I, 東京: 山川出版社.
山本達郎, 1961,「越南の家譜」, 和田博士古稀記念 論叢編纂委員會 編,『和田博士古稀記念東洋史論叢』, 東京: 講談社.
山本達郎, 1975,「陳朝と元と關係(1225-1400)」, 山本達郎 編,『ベトナム中國關係 史』, 東京: 山川出版社.
杉本直次郎, 1968,「五代宋初に於ける安南の土豪吳氏に就いて」, 杉本直次郎,『東南アジア史 硏究』I, 東京: 巖南堂書店.
杉本直治郎, 1968,「中國に知られたるチャンパの國号」, 杉本直次郎,『東南アジア史硏究』I, 東京: 巖南堂書店.
松本信廣, 1942,『印度支那の民族と文化』, 東京: 岩波書店.
宋正男, 1999,「베트남史의 兩面性」,『釜大史學』23.
송정남, 2006,「中世 베트남의 外交 ― 對蒙抗爭을 소재로」,『국제지역연구』10-1.
『岩波講座 東南アジア史』, 第2卷, 2001, 東京: 岩波書店.
黎正甫, 1945,『郡縣時代之安南』, 上海: 商務印書館.
鈴木中正, 1966,「清・越南 關係の成立」,『愛知大學文學論叢」33・34 合併號.
鈴木中正, 1967,「乾隆安南遠征考」(上),『東洋學報』50-2.
鈴木中正, 1975,「黎朝後期の清との關係(1682-1804)」, 山本達郎 編,『ベトナム中國關係史』, 東京: 山川出版社.
牛軍凱, 2012,『王室後裔與叛亂者: 越南莫氏家族與中國關係硏究」, 廣州: 世界圖書出版公司.

유인선, 1981, "越南黎朝社會에서의 家族制度와 財産相續慣行," 『亞細亞研究』 24-1.

유인선, 2001, 「전근대 베트남인의 歷史認識」, 『동양사학연구』 73.

유인선, 2003, 「베트남 『黎朝刑律』의 체재와 내용: 唐律의 繼受와 관련하여」, 『법사학연구』 27.

유인선, 2012, 『베트남과 그 이웃 중국: 양국관계의 어제와 오늘』, 서울: 창비.

유인선, 2013, 「1720년대 清과 베트남 레 왕조(黎朝) 간의 雲南 邊境 영유권 논쟁」, 『동양사학연구』 124.

유인선, 2014, 『근세 베트남의 법과 가족』, 서울: 위더스북.

兪長根, 1985, 「18世紀末 越·中關係의 一研究: 西山黨事件을 중심으로」, 『慶大史論』 창간호.

栗原朋信, 1956, 『秦漢史の研究』, 東京: 吉川弘文館.

伊藤正子, 2003, 『エスニシティ〈創生〉と國民國家ベトナム』, 東京: 三元社.

仁井田 陞, 1937, 『唐宋法律文書の研究』, 東京 : 東方文化學院.

仁井田陞, 1942, 『支那身分法史』, 東京: 東方文化學院.

仁井田 陞, 1959, 「南方民族法と中國法との交涉 ― 黎朝刑律考」, 『中國法制史研究 ― 刑法』, 東京: 東京大學出版會.

仁井田 陞, 1962, 『中國法制史研究 ― 奴隸制度法·家族村落法』, 東京: 東京大學 東洋文化研究所.

仁井田 陞, 1962, 「黎氏安南の財産相續法と中國法」, 仁井田 陞, 『中國法制史研究 ― 奴隸制度 法·家族村落法』, 東京: 東京大學 東洋文化研究所.

佐世俊久, 1985, 「ヴェトナム黎朝國家の確立過程に關する一考察」, 『史學研究』 167.

猪口孝, 1975, 「傳統的東アジア世界秩序序論 ― 十八世紀末の中國ベトナム干涉を中心として」, 『國際法外交雜誌』 73-5.

정지성, 1990, 『서구 가족사 연구의 부흥: 아날 학파와 케임브리지 그룹을 중심으로」, 『사회와 역사』 24.

陳荊和, 1960, 「清初鄭成功殘部之移殖南圻」(上), 『新亞學報』 5-1.

陳荊和, 1968, 「清初鄭成功殘部之移殖南圻」(下), 『新亞學報』 8-2.

陳荊和, 1969, 「河仙鄭氏世系考」, 『華江學報』 5.

陳荊和, 1984, 「解題 大越史記全書の撰修と伝本」, 『大越史記全書』(상).

竹田龍兒, 1975, 「阮朝初期の清との關係」, 山本達郎 編, 『ベトナム中國關係史』, 東京: 山川出版社.
川本邦衛, 1976,『ベトナムの詩と歷史』, 東京: 文藝春秋.
천성림, 2008,「새로운 여성사」,『역사학보』200.
최귀묵, 2009,「호춘향(胡春香, 호 쑤언 흐엉)의 생애와 작품의 여성형상(女性形象)」,『외국문학연구』33.
최귀묵, 2010,『베트남문학의 이해』, 서울: 창비, 2010.
최귀묵, 2011,「越南의 중국 使行文獻 자료 개관 및 연구 동향 점검」,『대동한문학』34.
최병욱, 2009,「이수광(李睟光)의 베트남, 1597-1598」,『동남아시아연구』19-3.
최병욱, 2010,「베트남의 캄보디아병합(1835-1847): 여왕 메이(Mei)의 처리문제를 중심으로」,『동남아시아연구』20-2.
八尾隆生, 2009,『黎初ヴェトナムの政治と社會』, 東廣島: 廣島大學出版會.
片倉 穰, 1977,「ベトナム前近代の女性」,『武庫川女子大學紀要·教育學科編』24.
片倉 穰, 1992,「ベトナム·中國の初期外交關係にする一問題」,『東方學』44.
河原正博, 1965,「丁部領の卽位年代について」,『法政大學文學部紀要』15.
河原正博, 1972,「宋初における中越關係 — 太宗のベトナム出兵を中心として」,『法政大學文部 紀要』18.
河原正博, 1975,「ベトナム獨立王朝の成立と發展(905-1009)」, 山本達郎 編,『ベトナム中國關係史』, 東京: 山川出版社.
河原正博, 1975,「李朝と宋との關係(1009-1225)」, 山本達郎 編,『ベトナム中國關係史』, 東京: 山川出版社.
和田博德, 1975,「阮朝中期の淸との關係」, 山本達郎 編,『ベトナム中國關係史』, 東京: 山川出版社.
後藤均平, 1975,『ベトナム救國抗爭史』, 東京: 新人物往來社.
Ariès, Philippe, 1960, *L'Enfant et la vie familiale sous l'Ancien Régime*, Paris: Plon.
Bernard, Gay. 1988, "Vue nouvelle sur la composition ethnique du Champa," in *Actes du séminaire sur le Campa*. Paris: Travaux du Centre d'Histoire et Civilisations de la Péninsule Indochinoise.
Birge, Bettine, 2002, *Women, Property, and Confucian Reaction in Sung and Yűan China*, Cambridge: Cambridge University Press.
Boudet, Paul, 1942, "La conquêt de la Cochinchine par les Nguyễn et le rôle des émigrés

chinois," *Bulletin de Ecole Fraçaise Extrêmê-Orient* 42.

Bui Quang Tung, 1961, "Le soulèvement des Soeurs Trung," *Bulletin de la Société des Études Indochinoises* 36-1.

Cadière, Léopold, 1906, "Le Mur Dông-Hoi: étude sur l'établissement des Nguyen en Cochinchina," *Bulletin de l'Ecole Française d'Extrême-Orient* 6.

Chandler, David, 1992, *A History of Cambodia*. Boulder: Westview.

Choi Byung Wook, 2004, *Southern Vietnam under the Reign of Min Mạng (1820-1841)*, Ithaca: Southeast Asia Publications, Cornell University.

Coedès, George, 1968, *The Indianized States of Southeast Asia*. Honolulu: East-West Center Press.

Cong-Huyen-Ton-Nu Nha Trang, 1973, "The Traditional Roles of Women as Reflected in Oral and Written Vietnamese Literature," Ph. D. dissertation.

Cooke, Nola, 1994, "Nineteenth-Century Vietnamese Confucianization in Historical Perspective: Evidence from the Palace Examination (1463-1883)," *Journal of Southeast Asian Studies* 25-2.

Cooke, Nola, 1998, "Regionalism and the Nature of Nguyen Rule in Seventeenth-century Dang Trong (Cochinchina)," *Journal of Southeast Asian Studies* 29-1.

Cooke, Nola, 2004, "Water World: Chinese and Vietnamese on the Riverine Water Frontier, from Ca Mau to Tonle Sap (c. 1850-1884)," in Cooke and Li Tana(eds), *Water frontier: commerce and the Chinese in the Lower Mekong Region, 1750-1880*. Singapore: Rowman & Littlefield.

Cordier, Henri, 1966, *Histoire des relations de la Chine avec les puissances occidentales, 1860-1902*, 3 vols, Taipei: Ch'eng-wen Publishing Company, Reprint.

Deloustal, Raymond, 1911, "La justice dans l'ancien Annam," *Bulletin de Ecole Française d' Extrême-Orient* 11.

Do Thai Dong, 1991, "Modifications of the Traditional Family in the South of Vietnam," in Liljestrom, Rita and Tuong Lai(eds). *Sociological Studies on the Vietnamese Family*, Hanoi: Social Sciences Publishing House.

Dutton, George, 2006, *The Tây Sơn Uprising: Society and Rebellion in Eighteenth-Century Vietnam*, Honolulu: University of Hawaii Press.

Eastman, Lloyd E., 1967, *Throne and Mandarins: China's Search for a Policy during the Sino-French Controversy, 1880-1885*, Cambridge, Mass.: Harvard University Press.

Fairbank, John K., 1966, "A Preliminary Framework," in Fairbank, John K.(ed), *The Chinese World Order*, Cambridge, Mass.: Harvard UniversityPress.

Fairbank, John K., 1966, "The Early Treaty System in the Chinese World Order," in Fairbank, John K.(ed), *The Chinese World Order*, Cambridge, Mass.: Harvard University Press.

Fujiwara Riichiro, 1970, "Vietnamese Dynasties' Policies toward ChineseImmigrants," *Acta Asiatica* 18.

Gaspardone, E., 1952, "Un Chinois des mers du Sud,"*Journal Asiatique* CCLX-3.

Gourou, Pierre, Trans. Richard Miller, 1955, *The Peasants of the Tonkin Delta: A Study of Human Geography*, New Haven: Human Relations Area Files.

Hall, Kenneth R., 1989, "The Politics of Plunder in the Cham Realm of Early Vietnam," in Niel, Robert Van(ed), *Art and Politics in Southeast Asian History: Six Perspectives*, Honolulu: University of Hawaii Center for Southeast Asian Studies.

Hareven, Tamara K., "The History of the Family as an Interdisciplinary Field," in Rabb, Theodore K. and Rotberg, Roberts I(eds), 1973, *The Family in History*, New York: Harper & Row.

Huynh Dinh Te, 1962, "Vietnamese Cultural Patterns and Values as Expressed in Proverbs," Ph. D. dissertation, Columbia University.

Hy Van Luong, 1989, "Vietnamese Kinship: Structural Principles and the Socialist Transformation in Northern Vietnam,"*Journal of Asian Studies* 48-4.

Kirsh, Thomas A., "Kinship, Geneological Claims, and Social Integration in Ancient Khmer Society," 1976, in Cowan, C. D. and Wolters, O. W.(eds), *Southeast Asian History and Historiography*, Ithaca: Cornell University Press.

Lafont, P-B, 2014, *The Kingdom of Champa: Geography-Population-History*, San Jose: International Office of Champa.

Lê Thành Khôi, 1981,*Histoire du Viêt Nam des origines à 1858,* Paris: Sudestasie.

Leach, Edmund R., 1966,*Rethinking Anthropology*, New York: Humanities Press.

Leshkowich, Ann Marie, 2014, *Essential Trade: Vietnamese Women in a Changing Marketplace*, Honolulu: University of Hawaii Press.

Li Tana, 1998, *Nguyễn Cochinchina: Southern Vietnam in Seventeenth and Eighteenth Centuries*, Ithaca: Cornell Southeast Asia Program.

Lingat, Robert, 1954, *Les régimes matrimoniaux du Sud-Est de l'Asie: essai de droit comparé indochinois*, 2 vols, Hanoi: Ecole Française d'Extrême-Orient.

Lockhart, M. Bruce, 2011, "Colonial and Post-Colonial Constructions of Champa." in Trần Kỳ Phương and Lockhart, M. Bruce(eds), *The Cham of Vietnam: History, Society and Art*, Singapore: NUS Press.

Mai Thi Tu and Le Thi Nham, 1978, *Women in Viet Nam*. Hanoi: Foreign Languages Publishers.

Majumdar, R. C., 1985, *Champa: History & Culture of an Indian Colonial Kingdom in the Far East, 2nd-16th Centuries A. D*. Delhi: Gian Publishing House, reprint.

Mak Phoeun, 1989, "La frontière entre le Cambodge et le Viêtnam du XVIIe siècle à l'instrauration du protectorat français présentée à travers les chronique royales khmès," in Lafont. p.B. ed. *Le frontières du Vietnam: histoire des frontières de la péninsule indochinoise*, Paris: L'Harmattan.

Mak Phoeun, 1995, *Histoire du Cambodge de la fin du XVIe siècle au du XVIIIe*, Paris: École française d'Extrêmê-Orient.

Marr, David, 1976, "The 1920s Women's Rights Debates in Vietnam," *Journal of Asian Studies* 35-3.

Maspero, George, 1988, *Le royaume de Champa*, Paris: Ecole Française d'Extrême-Orient, reprint(초판 1928년).

Maspéro, Henri, 1917, "La commanderie de Siang," *Bulletin de l'Ecole Française d'Extrême-Orient* 16.

Maspéro, Henri, 1918, "L'Expedition de Ma Yüan," *Bulletin de l'Ecole Française d'Extrême-Orient* 18.

Maybon, Charles B., 1972, *Histoire moderne du pays of d'Annam(1590-1820)*, Westmead, England: Gregg International Pulbishers, reprint.

McAleavy, Henry, 1958, "Varieties of huong-hoa: A Problem of Vietnamese Law," *Bulletin*

of the School of Oriental and African Studies 21.
Momoki Shiro, 2011, "'Mandala Champa' Seen from Chinese Sources," in Trần Kỳ Phương and Lockhart, M. Bruce(eds), *The Cham of Vietnam: History, Society and Art*, Singapore: NUS Press.
Nguyen Khac Kham, 1989, "Dai Co Viet Revisited,"『創大アジア研究』10.
Nguyen Thanh Nha, 1970, *Tableau économique du Viêt Nam au XVII aux et XVIII siè-cles,* Paris: CUJAS.
Nguyễn Thế Anh, 1989, "Le Nam Tiến dans les textes vietnamiens," in Lafont. p.B.(ed), *Le frontières du Vietnam: histoire des frontières de la péninsule indochinoise*, Paris: L'Harmattan.
Nguyen The Anh, 1996, "L'immigration chinoise du Delta du Mekong," *The Vietnam Review* 1.
Nguyen Tien Huu, 1983, "The Village State in Traditional Vietnam," in Eberhard, Wolfram et al.(eds), *Nation and Mythology*, Bremen: Simon & Megiera.
Nguyên Van Ky, 2002, "Rethinking the Status of Vietnamese Women in Folklore and Oral History," in Bousquet, Gisele and Brocheux, Pierre(eds), *ViêtNam Exposé: French Scholarship on Twentieth-Century Vietnamese Society*, Ann Arbor: The University of Michigan Press.
Ong Eng Ann, Alexander, 2010, "Contextualising the Book-Burning Episodeduring Ming Invation and Occupation of Vietnam," in Wade, Geoff & Sun Laichen(eds), *Southeast Asia in the Fifteenth Century: The China Factor*, Hong Kong: Hong Kong University Press.
Ooi Keat Gin and Hoàng Anh Tuấn(eds), 2016, *Early Modern Southeast Asia, 1350-1800*, London: Routledge.
Papin, Philippe, 2015, "Saving for the Soul: Women, Pious Donation and Village Economy in Early Modern Vietnam," *Journal of Vietnamese Studies* 10-2.
Pelley, Patricia, 1998, "'Barbarians' and 'Younger Brother': The Remarking of Race in Post-colonial Vietnam," *Journal of Southeast Asian Studies* 29-2.
Pelliot, Paul, 1903, "Le Fou-Nan," *Bulletin de l'Ecole Française d'Extrême-Orient* 3.
Phung Van Dan, 1963, "La formation territoriale du Viet Nam," *Revue du Sud-Est Asiat-*

ique 4.
Po Dharma, 1981, *Le Panduranga(Campa) 1802-1885: ses rapports avec leVietnam*, Tome I, Paris: École Française d'Exrême-Orient.
Pomeï, Paul, 1951, *Le droit familial et patrimonial au Viet-Nam*, Paris: Recueil Sirey.
Raffles, Thomas Stamford, 1817, *The History of Java,* vol.1, London: John Murray, Albemarle Street.
Reid, Anthony, 1988, *Southeast Asia in the Age of Commerce, 1450-1680*. vol.1, New Haven: Yale University Press.
Ricklefs, M. C., 2010, *New History of Southeast Asia,* New York: Palgrave Macmillan.
Sakurai Yumio, 2004, "Eighteenth-Century Chinese Pioneers on Water Frontier of Indochina," in Cooke and Li Tana(eds), *Water frontier: commerce and the Chinese in the Lower Mekong Region, 1750-1880*, Singapore: Rowman & Littlefield.
Schafer, Edward, 1954, *The Empire of Min*. Tokyo: Charles E., Tuttle Co.
Schhweyer, Anne-Valerie, 2000, "La Dynastie d'Indrapura (Quang Nam, Viet Nam)," in Lobo, Wibke and Reimann, Stefanie(eds), *Southeast Asian Archaeology 1998,* Hull, U.K.: Centre for South-East Asian Studies, University Hull.
Schweyer, Anne-Valérie, 2011, *Ancient Vietnam: History, Art and Archaeology*. Bangkok: River Books Co.
Sellers, Nicholas, 1983, *The Princes of Ha-Tien(1682-1867)*, Bruxelles: Thang-Long.
Southworth, William A., 2000, "Notes on the Political Geography of Campa in Central Vietnam during the Late 8th and Early 9th Centuries A. D," in Lobo, Wibke and Reimann, Stefanie(eds), *Southeast Asian Archaeology 1998*. Hull, U.K.: Centre for South-East Asian Studies, University Hull.
Southworth, William A., 2004, "The Coastal States of Champa," in Glover, Ian and Bellwood, Peter(eds), *Southeast Asia: From Prehistory to History,* London: Routledge/Curzon.
Stein, R. A., 1947, "Le Lin-yi: sa localisation, sa contribution à la formation du Champa et ses liens avec la Chine," *Han Hieu: Bulletin du Centre d'Études Sinologiques de Pékin* 2, 1-3.
Sun Laichen, 2006, "Chinese Gunpowder Technology and Đại Việt, ca. 1390-1497," in

Nhung Tuyet Tran & Reid, Anthony(eds), *Việt Nam: Borderless Histories*, Madison: University of Wisconsin Press.

Tạ Văn Tài, 1981, "The Status of Women in Traditional Vietnam," *Journal of Asian History* 15-2.

Taylor, Keith W., 1981, "The Literati Revival in Seventeenth-century Vietnam," *Journal of Southeast Asian Studies* 18-1(March).

Taylor, Keith W., 1983, *The Birth of Vietnam*. Berkeley: University of California Press.

Taylor, Keith W., 1986, "Phung Hung: Mencian King or Austric Paramount?," *The Vietnam Forum* 8.

Taylor, Keith W., 1993, "Nguyen Hoang and the Beginning of Vietnam's Southward Movement," in Reid, Anthony(ed), *Southeast Asia in the Early Modern Era*, Ithaca: Cornell University Press.

Taylor, Keith W., 1998, "Surface Orientations in Vietnam: Beyond Histories of Nation and Region," *Journal of Asian Studies* 57-4.

Taylor, Keith W., 2001, "On Being Mường ed," *Asian Ethnicity* 2-1.

Taylor, Keith W., 2013, *A History of the Vietnamese*, Cambridge, UK: Cambridge University Press.

Tran, My-Van, 1990, "The Position of Women in Traditional Vietnam: Some Aspects," in de Silva, K. M. et al.(eds), *Asian Panorama: Essays in Asian History, Past and Present,* New Delhi: Vikas Publishing House.

Tran, Nhung Tuyet, 2004, "Vietnamese Women at the Crossroads," Ph. D. dissertation, University of California at Los Angeles.

Tran, Nhung Tuyet, 2006, "Beyond the Myth of Equality: Daughters' Inheritance Rights in the Lê Code," in Nhung Tuyet Tran & Reid, Anthony(eds), *Việt Nam: Borderless Histories*, Madison: University of Wisconsin Press.

Trần Quốc Vượng, 1992, "Popular Culture and High Culture in VietnameseHistory," *Crossroads* 7-2.

Truong Buu Lam, 1968, "Intervention Versus Tribute in Sino-Vietnamese Relations, 1788-1790," in Fairbank, John K.(ed), *The Chinese World Order*, Cambridge, Mass.: HarvardUniversity Press.

Twitchett, Dennis and Fairbank, John(eds), 1986, *The Cambridge History of China*, Vol.1, *The Ch'in and Han Empires, 221 B.C-A.D. 220,* New York: Cambridge University Press.

Vickery, Michael, 2005, "*Champa Revisited*," ARI Working Paper No.37, Singapore: Asia Research Institute, National University of Singapore.

Wade, Geoff, 2005, "Champa in the *Song hui-yao*: A draft translation," Singapore: Asia Research Institute Working Paper Series No.53.

Wade, Geoff, 2008, "The *Ming Shi* Account of Champa," in Mantienne, Frédéric and Taylor, Keith(eds), *Monde du Việt Nam: Hommage à Nguyên Thê Anh*, Paris: les Indes Savantes.

Wang Gungwu, 1958, "The Nanhai Trade: A Study of the Early Trade in South China Sea," *Journal of the Malayan Branch of the Royal Asiatic Society* 31.

Whitmore, John K., 1968, "The Development of Le Government in Fifteenth Century Vietnam," Ph. D. dissertation, Cornell University.

Whitmore, John K., 1984, "Social Organization and Confucian Thought in Vietnam," *Journal of Southeast Asian Studies* 15-2 (September).

Whitmore, John K., *Vietnam, Hồ Quý Ly, and the Ming (1371~1421)*, New Haven: Yale Southeast Asian Studies, 1985.

Whitmore, John K., 2004, "The Two Great Campaigns of the Hong-Duc Era (1470-97) in Dai Viet," *South East Asia Research* 12-1.

Whitmore, John K., 2011, "The Lst Great King of Classical Southeast Asia: 'Chế Bồng Nga' And Fourteenth-century Champa," in Trần Kỳ Phương and Lockhart, M. Bruce(eds), *The Cham of Vietnam: History, Society and Art*. Singapore: NUS Press.

Wolters, O. W., 1979, "Historians and Emperors in Vietnam and China: Comments Arising Out of Le Van Huu's History, Presented to the Tran Court in 1272," in Reid, Anthony Reid and Marr, David(eds), *Perceptions of the Past inSoutheast Asia*, Singapore: Heinemann Educational Books (Asia), Ltd.

Wolters, O. W., 1996. "What Else May Ngo Si Lien Mean? A Matter of Distinctions in the Fifteenth Century," in Reid, Anthony(ed), *Sojournersand Settlers: Histories of Southeast Asia and the Chinese*, St. Leonards, NSW: Allen Unwin.

Woodside, Alexander B., 1963, "Early Ming Expansionism (1406-1427): China's Abortive Conquest of Vietnam." *Papers on China*. Vol.17. Cambridge, Mass.: Harvard University Press.

Woodside, Alexander B., 1971, *Vietnam and Chinese Model: A Comparative Study of Vietnamese and Chinese Government in the First Half of the Nineteenth century*, Cambridge, MA: Harvard University Press.

Woodside, Alexander B., 1984, "Medieval Vietnam and Cambodia: A Comparative Comment," *Journal of Southeast Asian Studies*, 15-2.

Yamagata Mariko, 2007, "The Early History of Lin-i Viewed from Archaeology," *Acta Asiatica* 92.

Young, Stephen, 1976, "The Law of Property and Elite Prerogatives during Vietnam's Lê Dynasty," *Journal of Asian History* 10.

Yu Insun, 1999, "Bilateral Social Pattern and the Status of Women in Traditional Vietnam," *South East Asia Research* 7-2.

Yu Insun, 2009, "Vietnam-China Relations in the 19th Century: Myth and Reality of the Tributary System," *Journal of Northeast Asian History* (Seoul) 6-1.

_찾아보기

ㅅ

ㅇ

석학人文강좌 77